U0605971

国家社科基金一般项目“我国适度普惠型社会福利制度构建的理论基础与路径选择研究”(项目批准号:11BSH066)最终成果

国家社科基金重大项目“中华民族传统福利文化研究”(项目批准号:12&ZD112)阶段性成果

重庆理工大学优秀著作出版基金资助

我国适度普惠型社会福利制度的建构：理论基础与路径选择

张　军　著

人　民　出　版　社

责任编辑:孟令堃
策划编辑:王艾鑫
装帧设计:朱晓东

图书在版编目(CIP)数据

我国适度普惠型社会福利制度的建构:理论基础与路径选择/
张军著.—北京:人民出版社,2018.10
ISBN 978-7-01-019805-7

Ⅰ.①我… Ⅱ.①张… Ⅲ.①社会福利制度-研究-中国
Ⅳ.①D632.1

中国版本图书馆CIP数据核字(2018)第217558号

我国适度普惠型社会福利制度的建构:理论基础与路径选择

WOGUO SHIDU PUHUI XING SHEHUI FULI ZHIDU DE JIANGOU LILUN JICHU YU LUJING XUANZE

张 军 著

人民出版社 出版发行

(100706 北京市东城区隆福寺街99号)

北京中兴印刷有限公司印刷 新华书店经销

2018年10月第1版 2018年10月北京第1次印刷

开本:710毫米×1000毫米 1/16 印张:26.75

字数:396千字

ISBN 978-7-01-019805-7 定价:79.00元

邮购地址:100706 北京市东城区隆福寺街99号

人民东方图书销售中心 电话:(010)65250042 65289539

序

一国社会福利的制度选择与制度构建通常植根于社会福利的初始理念、福利制度设计思路、文化历史传统、经济社会发展阶段与民众对社会福利的诉求和现实需要等。在中国经历改革开放40年的发展进程中，我国适度普惠型社会福利制度逐步成为中国社会福利制度的新型制度形态。社会福利制度的建设思路和发展路径必然是基于正确的理论指导和长期的实践探索与实践创新。但长期以来，国内学术界对适度普惠型社会福利理论的系统深入研究较为薄弱，也只是在随着改革开放40年的我国社会福利制度改革发展进程，进入21世纪之后才逐步受到更多学者的关注，理论成果在学习比较中，在实践探索中逐步丰富起来，但总体上仍然处于待系统化和深化的阶段。尤其是关于福利制度基础、福利文化如何实现融合创新等深层次问题，则缺乏系统深入的研究。

由于我国传统福利文化出现断层，不断在引进吸收外来福利制度的路径中徘徊，植根于本土化的福利制度的发展一直相当缓慢。福利文化的融合创新将从根本上制约着福利制度的健康发展。一是基于融合创新福利文化观的整体缺位，传统的基于家庭的福利制度如何在现代社会福利制度中继续扬长避短发挥积极的能动作用。政府、机构、家庭及个人如何在普惠型福利制度中发挥有效的作用。既体现政府在经济社会发展进程中承担底线公平的社会保障责任，同时基于经济社会发展成果共享，构建适度普惠的社会福利制度，则是需要认真研究的重要课题。二是缺乏融合创新福利文化使福利制度发展与长期存在的非正式福利制度难以实现融合创新。一国福利制度是否能实现可持续发展，在很大程度上取决于福利制度模式及其运行机制与其植根的制度基础是否牢固，正式福利制度与非正式福利制度是否存在制度性契合基础或契合方向保持某种内在的关联性。而这些看似远离社会福利制度构建和运行的核心制度化模块，则是至为关键的要素。仍然是国内学者研究的短板。三是社会福利制度的构建需要充分考虑国家经济社会发展阶段的综合国情，需要充分考虑国民社会福利文化和社会福利心理的成熟状态，需要充分考虑公民的基本福利权益及其实现途径。政府承担社会福利基本责任需要贯穿福利共享的主线。经济社会发展的根本目的是满足人民多样化的基本民生诉求，不断提升人民群众对适度普惠型社会福利的获得感和幸福感，进而增进国民的认同感和自豪感。以更好地服务于国家长治久安的发展目标。因而，只有当基于融合创新的福利文化成为国人的普遍共识，适度普惠型社会福利制度才能得到健康发展。显然，如果对福利制度的若干根源性、基础性问题，未能给予更多的关注，那么对福利制度的改革及未来发展趋势，则难以从宏观角度把握。文化对福利制度的影响更体现在价值体系、行为方式、社会心理积淀乃至集体无意识深层层面。共济互助、扶弱济贫的福利制度思想应该是人类社会不同文化、不同族群的共有理念。无论是儒家文化、佛教文化、基督教文化、伊斯兰文化，还是其他民族文化的古老典籍中都有丰富的扶弱济困的社会保障思想渊源。而现代福利的制度化形式，在不同文化背景、不同时代的表现形式则有很大差异。如传统中国家庭、家族内部的共济互助形式与现代组织化、制度化的社会福利制度则有很大不同。多元文化的融合发展，只能是以本土文化为核心而对外来文化进行吸收消化并实现融合创新，呈现出更显生机和活力的福利制度载体及形式。如果离开福利文化的融合创新，必然缺乏福利制度长期可持续发展的基础性文化及社会心理支持，出现制度运行低效、混乱乃至失效，需要认真反思。需要强调的是，社会福利的组织形式和运行机制如果未能充分吸收和体现本土福利制度运行的文化土壤，那么制度运行可能在相当时期内出现低效和混乱局面。因而，通过对看似远离现实的基础理论的系统深入探讨，对福利制度演化内在规律的认识，对福利制度运行轨迹的科学把握和可持续发展都是极有探索价值的。

张军教授的新著《我国适度普惠型社会福利制度的建构：理论基础与路径选择》是探讨我国适度普惠型社会福利制度的一部较有新意的力作。作为国家社科基金项目的结题成果，无论是在课题选题还是在分析思路与分析结论上，都具有重要的理论价值和政策意义。论著基于理论创新，从历史与现实的结合上，系统梳理了适度普惠型社会福利制度的思想理论渊源，在福利学术思想史基础上突出了福利文化在适度普惠型福利制度构建中的独特价值，初步构建了适度普惠型社会福利制度的理论基础，在理论分析和实践创新经验总结的基础上探讨了适度普惠型社会福利制度的目标、模式和战略选择路径，提出了较有创新价值的分析结论及政策建议。作者长期关注福利制度的理论前沿，有丰富的理论积累和对基层社会福利实践创新经验的总结提炼，该论著有助于拓展和进一步丰富适度普惠型福利制度的深入研究。论著的出版是张军教授在承担繁重的教学科研工作的同时，潜心学术研究，取得的又一丰硕成果。衷心祝愿张军教授在今后的学术研究中不断取得新成果！是为序！

林义

成都敬一斋

2018 年仲夏

目　录

导　　论

一、研究背景

随着我国经济的持续、快速发展和民生需求的日益增长，我国的社会福利制度得到了长足的发展与进步。迄今为止，我国整体经济实力居世界第二，人均国民收入已接近中等偏上收入国家水平，整体发展在迈入小康社会之后，已进入全面建设小康社会决胜阶段。然而在这一过程中，经济发展与社会发展却出现了明显的不协调的问题，即“一条腿长，一条腿短”的现象，其中社会福利制度落后于经济发展的现状尤为显著。为此，建立与经济发展水平相适应、与中国福利文化相契合的适度普惠型社会福利制度，就成了我国社会福利发展乃至中国特色福利社会构建的重要任务。2006 年 9 月，前民政部副部级领导在出席“第二届社会保障国际论坛”时指出，“一国的社会福利制度必然与该国的经济、社会发展水平相适应。随着中国的改革开放，中国的社会福利事业逐步向开放型方向发展，中国的社会福利将实现由补缺型向适度普惠型转变”。由此，2007 年 12 月，民政部开始革新以往的“补缺型”社会福利制度，使之发展、转变为“适度普惠型”社会福利。中国社会福利事业发展进程不断加快，并且，“适度普惠型”社会福利成了我国新时期的一大战略目标。至此，在全国范围内开始探索“适度普惠型”社会福利制度的建设。在 2011 年 3 月颁布的国民经济和社会发展“十二五”规划中，明确提出了要进一步扩大社会福利的覆盖面，逐渐推动我国社会福利发展为适度普惠型，从而使我国公民的社会福利水平不断得到提高。接着，在民政事业“十二五”规划中，也明确表示社会福利的覆盖范围已明显扩大，已经基本转变为“适度普惠型”社会福利，能够享受到与社会发展相适应的社会福利的广大民众越来越多。这标志着探索建立适度普惠型社会福利制度开始上升为国家层面的社会政策发展目标。近年来，北京、广东、安徽、湖南、青海、宁夏等省市相继提出计划构建与经济社会发展水平相适应的适度普惠型社会福利制度，在此过程中，一系列重要民生福利新理念、新政策先后落地，并成为加强和改善民生的重要突破口，构成了中国特色福利社会建设的重要经验。

2012年11月15日，习近平总书记在十八届中央政治局常委同中外记者见面会上发表讲话，他指出：“我们肩负了人民的责任，我们的人民热爱生活，期盼有更好的教育、更稳定的工作、更满意的收入、更可靠的社会保障、更高水平的医疗卫生服务、更舒适的居住条件、更优美的环境……人民对美好生活的向往，就是我们的奋斗目标。”习近平总书记讲话内容的核心都是关于民生福利——就业、收入、社会保障、医疗卫生服务、居住条件、环境等，这是对中国民生建设内容的高度概括，也是对中国特色的“民生社会”乃至中国未来构建的“福利社会”的形象描述。党的十九大报告提出“我国社会主要矛盾已经转化为人民日益增长的美好生活需要和不平衡不充分的发展之间的矛盾”，意义非常重大。这不仅是因为社会主要矛盾的变化是关系全局的历史性变化，而且因为社会主要矛盾的变化意味着中国特色社会主义展现出新的阶段性特征。因此，建立与经济发展水平相适合的、与民众福利需求相契合的具有中国福利文化特色的福利社会，已经成为发展和改善民生的“中国梦”的一个有机构成部分。在此背景之下，构建适度普惠型社会福利制度，也成为民生建设的重要组成部分，也将为建设中国特色福利社会指明前进的方向和道路。可以预见的是，随着总体民生福利水平不断得到提高和公共服务均等化的推进，我国社会福利制度正在朝着更加平等、更加包容的福利体系的方向发展[①]。

二、研究意义

我国适度普惠型社会福利制度构建的理论基础和路径选择是一项关于在当前形势下我国社会福利制度从补缺型、剩余型的社会福利制度转向制度型、普惠型社会福利制度的中间、过渡形态的一种社会福利制度，其理论基础和路径选择问题事关我国当前社会福利制度的构建，是基础性理论和应用性构建相结合的一项研究。当前我们所提出的构建适度普惠型社会福利制度的理论基础在哪里？如何构建我国的适度普惠型社会福利制度？本项目的研究无疑具有十分重要的理论和实践意义。

（一）理论意义

1. 有助于对我国适度普惠型社会福利制度构建的相关理论体系进行深入探析

实践证明，社会福利制度在一定程度上具有国别模式差异性的特点，正如中西社会福利制度表现出一定的差异性。在关于我国究竟应该选择什么样的福利制度模式上，存在两派争议。即是选择“剩余型社会福利模式”，还是选择“普惠型社会福利模式”。我们最后提出来要建立的是一种适度普惠型社会福利制度。然而，当前对这些问题的研究还比较浅薄，缺少深层次的探讨，其研究大多集中于狭义型、剩余型社会福利制度的完善上，而有关适度普惠型社会福利制度的一些基础性理论问题还缺乏深入研究，对适度普惠型社会福利制度等基础理论问题尚待进一步探索。本书将对社会福利制度建构过程中所涉及的社会福利内涵与外延，社会福利和社

① ［丹麦］托尼·赛奇：《中国社会福利政策：迈向社会公民权》，周凤华译，《华中师范大学学报》（人文社会科学版）2012 年第 4 期。

会保障的联系与区别，福利需求和福利文化的基本概念，适度普惠型社会福利的概念和特征对我国社会福利制度的发展历史和现存主要问题等一系列基础理论问题进行了深入的探讨和分析。因此，本书研究将弥补我国社会福利理论研究的缺失和不足，为进一步对适度普惠型社会福利制度相关理论体系研究提供更深入的剖析。

2. 有助于探寻我国适度普惠型社会福利制度构建的理论基础

归结起来探讨，我们发现在社会福利制度的研究上，存在“五多五少”的现象，其中五多指的是：①具有较多的部门性、分散性、零碎性研究；②具有较多的资料汇编、探索性和描述性研究；③具有较多的针对社会福利制度现状方面的研究；④绝大多数是国外和港澳台学者对社会福利制度所做的研究；⑤研究对欧美等国的社会福利进行介绍、翻译与借鉴的居多。其中五少指的是：①缺少全局性、整体性和系统性的研究；②极少从理论概况、解释性和深度分析方面展开研究；③很少结合横向国际比较和纵向历史发展进行研究；④我国大陆学者极少开展社会福利研究；⑤极少从理论升华、深度归纳与实地调查的角度展开研究[①]。2007 年开始学术界展开了相关的研究，提出了构建这一制度的具体化措施。但是，我们提出来构建适度普惠型社会福利制度，它的理论基础到底在哪里？是什么来支持我们向政府提出这样的建议？本书从中国古代传统的社会福利思想、中国近代的社会福利思想、中国共产党的现代社会福利思想、西方现代的社会福利理论和中国学者对社会福利的研究等方面探讨了这一福利模式构建的理论基础，探寻了我国适度普惠型社会福利制度构建的理论基础。

3. 有助于对我国适度普惠型社会福利制度构建的路径选择研究的操作化

总的来说，广大学者都是从应用性视角来研究社会福利制度的，很少

① 张军：《社会保障制度的福利文化解析：基于历史和比较的视角》，西南财经大学出版社 2010 年版，第 20 页。

从理论体系方面展开研究。目前我国的社会福利制度正从补缺型、剩余型逐渐向制度型、普惠型转变，而在这当中就形成一种中间过渡形态的适度普惠型社会福利制度，这种社会福利制度的构建基本上是受福利需求因素的影响，需要分析相关制度的路径选择体系，这是极具现实意义的。比方说谁是福利提供者？采用何种形式来提供福利？怎样提供福利？将福利提供给谁？诸如此类问题，社会精英和普通民众持有的观点各不相同，在这些具体差别化的观点背后是形态各异的福利价值观和福利态度，它们严重影响着社会福利的实践活动。所有属于观念形态的态度和价值取向都不是指福利技术和福利制度，而是属于福利需求的范围。因此毋庸置疑，福利需求与福利制度息息相关，针对二者之间的关系进行探讨是非常有必要的，本书从福利需求的角度，以目标、模式和战略三个层次对构建适度普惠型福利制度的路径选择展开深入分析，并对适度普惠型福利制度的选择体系进行了初步构建，这在某种程度上克服了以往社会福利研究可操作性不强的弊端。

4. 促进中国福利文化特色的社会福利制度的构建

在选择社会福利制度的路径时，如果一味追求西方发达国家的福利模式，而忽略中国福利需求的现实性和福利文化本土性的特征，那么，在引进国外福利模式的过程中，造成的结果只能是“水土不服”。当前，中国社会福利制度建设的经济社会背景已经发生了巨大变化，中国社会结构已经发生了变革，广大民众的福利需求已发生了根本变化，福利文化也发生了一定的转型，中国已经不可能在完全封闭的环境中建设自己的福利制度。一些学者提出了中国特色的社会福利制度——适度普惠型社会福利制度，这充分说明了我国要构建与时俱进的社会福利制度。构建制度时不能对西方福利国家的模式进行简单复制，而应该依据我国人民的具体福利需求，融合西方福利国家的相关经验与我国特有的福利文化，探索出与我国福利需求和福利文化相契合的社会福利制度。正如只有中国特色社会主义才能发展中国，也只有反映中国民众福利需求和中国福利文化特征的适度普惠型社会福利制度才能适应满足广大民众的需要和满足中国国情的需要。本书强调从福利需求和福利文化视角构建具有中国福利特色的适度普惠型社会福利制度。

5. 有助于厘清中国社会福利制度的适度普惠型的边界

随着经济社会的快速发展，以英国为代表的西方福利国家不断扩大社会福利的覆盖范围和提高社会福利水平，以致其社会福利的增长速度远远超过经济增长的速度，西方国家出现了福利病。中国建设适度普惠型社会福利制度的目标不是搞“西方式的福利国家”，不是搞“高福利”的福利制度。然而，我国福利制度怎样才能正确区分与我国国情相符的福利制度中的“适度普惠型”，如何才能准确界定社会福利的“适度性”，使之既能提高广大社会成员的社会福利水平，又不会陷入西方发达国家的福利陷阱是一个关系到社会福利制度发展成败的关键问题。本书运用福利社会学的方法，分别从社会福利覆盖范围、福利水平和社会福利机制等层面对社会福利的“适度普惠型”进行了深入分析，为厘清我国的适度普惠型社会福利制度与“西方福利国家”的边界提供了理论依据。

（二）实践意义

1. 为中国社会福利政策的制定提供“民意基础”

社会福利制度的基本功能是满足人类的基本需要和实现福利需求，只有厘清了当前中国社会福利制度的福利需求的实际，才能深入来构建中国特色的社会福利制度；另外，福利文化从本质上是一种“民意基础”，理解民情实质上就是解读当前中国的福利文化。世界上存在多种福利模式，比如“北欧模式”“德国模式”“智利模式”和“新加坡模式”等，福利模式多样化本身说明了世界上没有最好的福利模式，只有最适合的福利模式。中国社会福利制度完全不同于西方社会福利制度，简单“照搬”国外的福利模式，脱离中国社会福利制度的“民意基础”是注定不能成功的。

本书通过分析民众的福利需求与社会福利的适度性，中国当前的福利文化与社会福利的适应性来研究中国适度普惠型社会福利制度，为制定社会福利政策提供广大民众的“民意基础”。

2. 为构建适度普惠型社会福利制度提供了新思路

社会福利与社会具有十分紧密的联系，中国社会离不开社会福利理论的指导；但理论的产生和发展是紧紧依托实践活动形成的，所以福利理论也是通过总结实践经验、提炼福利思想所形成的，不能脱离社会福利的研究而独立存在。我国社会福利制度正面临从补缺型向普惠型转变的历史新阶段，目前我国学术界极少对适度普惠型社会福利制度展开研究。尤其是在适度普惠型福利制度的理论基础和路径选择方面的研究相当匮乏，无法适应当前社会福利实践对理论指导的需要。本书从社会福利的基本功能——福利需求和背景福利文化的视角入手，对中国社会福利制度的初创、发展和改革进行历史的审视，对中国当前的社会福利制度的现状进行了分析，在此基础上构建了适应中国福利需求和福利文化发展实际的适度普惠型社会福利制度。其中，福利需求、福利文化与社会福利的相关性与适度性是建设社会福利制度时必须要重点关注的，本书的研究结论能有效帮助政府制定让人民群众满意和与我国福利文化相适应的社会福利制度，能行之有效地提升政府的社会管理能力，使之更具针对性。

3. 促进社会福利体系建设的有机整合

“我国社会保障制度整体设计上还处于支离破碎，头痛医头、脚痛医脚的阶段，既没有一个追求的模式理念，也没有短期、中期和长期的量化规划[①]”。在社会福利实践中，社会福利体系处于明显的“碎片化”或“孤岛化”的现象，迫切需要整合。一是同一福利制度处于不同的政府主

① 郑秉文：《中国社保“碎片化现象”危害与“碎片化冲动”》，《甘肃社会科学》2009年第3期。

管部门。例如，养老福利制度中的城镇职工养老保险和机关事业单位养老保险由人力资源和社会保障部主管，新型农村社会养老保险（简称新农保）则由民政部主管，城乡的地域分割也分割了养老保险制度体系。二是不同社会身份的社会成员参与的福利项目不同，享受的福利待遇存在着较大差距。城镇企业职工“养老、医疗、工伤、失业、生育”五大社会保险都要参加，部分机关事业单位工作人员可以不参加失业保险，而广大农民工属于“城镇工种”和“农村户籍”两者的结合，处于社会福利的边缘。本书以社会福利的广义概念为基础，以社会成员的福利需求为标准划分福利项目和福利制度，把同一类型的福利需求加以整合，有利于促进社会福利体系中“碎片化”制度的有机整合。

4. 稳定社会成员的未来预期

相信未来原本是一件非常容易的事。所谓相信未来，就是指对生活中那些一成不变的价值观和约定俗成的普通常识表示相信。从本质上看，这些稳定的价值观和普通常识能增加人们的信心，会为人们成功指明方向，也会稳定人们的未来预期。很多时候，人们就是在为未来而活着，未来是人们生活的支撑。而对未来预期不稳定，对未来无法把握，则会使人们当期的心理普遍产生焦虑和恐惧等问题，由此导致一系列连锁反应，诸如消费下滑、生产下降、失业增加、社会动荡。因此，社会成员对未来的预期是他们当前心理行为反应的主要依据。社会福利是对社会风险一定程度的防范和规避，是降低社会风险、稳定社会成员未来预期的一种重要手段。完善的社会福利制度能显著降低社会成员的生活风险，稳定其未来预期，从而使整个社会经济处于良性运行的轨道上，事实上，社会福利制度在心理上所起的稳定作用与其以现金、实物等表现出来的物质上的意义是同等重要的。

三、研究框架和主要创新

（一）本书的总体框架

为了全面地、系统地研究我国适度普惠型社会福利制度的理论基础和路径选择，本书由四个部分构成，其总体框架结构和技术路线可参见图0—1。本书共有八部分，第一部分导论，为提出问题部分；第二部分为概念分析、厘清概念部分；第三部分到第五部分属于构建的理论基础部分，其中第三部分、第四部分为历史和问题分析部分，第三部分为我国社会福利制度的历史发展，第四部分分析了我国社会福利制度存在的主要问题，在历史考察和问题分析的基础上，得出了构建的理论基础（第五部分）；第六部分到第八部分属于构建的路径选择部分，其中第六部分为目标选择部分，第七部分为模式选择部分，第八部分属于战略选择和相关对策建议部分。

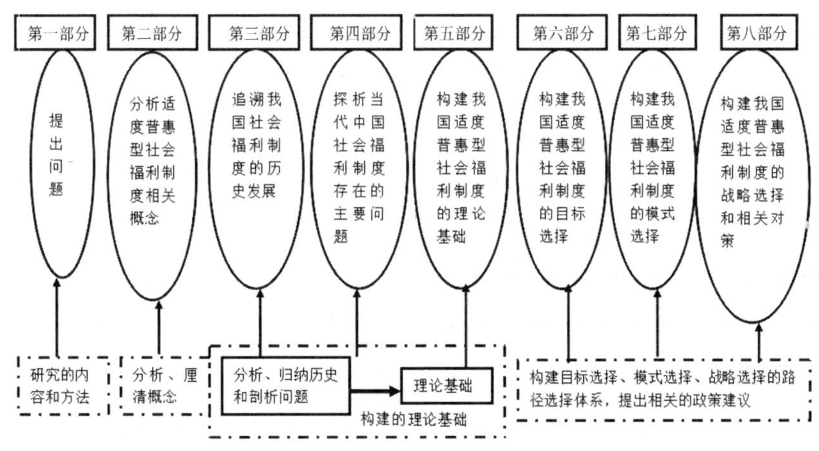

图0—1　本书的框架结构和技术路线图

导论部分，主要内容是介绍研究视角和采用的方法，对研究的背景、研究的目的和意义展开阐述，对研究的基本分析框架与逻辑体系展开概述，指明本书的主要创新和不足之处，确定本书所采用的研究视角和研究方法。

第一章介绍适度普惠型社会福利制度的相关概念。对福利需求和福利文化进行解读，厘清了社会福利和社会保障这两个概念；对福利需求和福利文化的含义、类型、特性进行了分析；对社会福利与社会保障之间的关系进行了分析，指出它们的联系和区别，并指出在研究社会福利制度时，福利需求与福利文化是两个十分重要的视角；对普惠型福利的内涵和适度普惠型社会福利的内涵与特征进行了研究综述，指出了本书对适度普惠型社会福利的界定以及它的基本特征。

第二章重点分析了福利文化视角下我国社会福利制度历史发展，对我国社会福利制度的福利文化基础和制度历史变迁展开了详细的考察。对中国社会福利的制度变迁从福利文化的视角和福利制度供给的维度进行考察，在制度变迁方面，我国大致可以划分四个阶段，即传统福利文化下的“家庭—宗族”福利制度（1949 年之前），社会主义福利理论中的“国家—单位”福利制度（1949—1983 年），“‘效率优先’发展的价值观”福利文化下的“国家—社会”福利制度（1984—2007 年）以及“‘公平优先’发展的价值观”福利文化下的“多元主义”福利即适度普惠型社会福利制度（2007 年至今）。

第三章分析我国社会福利制度存在的主要问题，指出当前中国社会福利制度存在的主要问题表现在福利观念落后，观念亟须更新；社会福利供应不足，福利水平偏低；福利供给结构失衡，显失社会公平；福利内容重经济轻服务，社会福利服务供给不足；政府的福利责任定位摇摆不定，社会组织发展严重滞后；家庭作用凸显，社会和市场提供的福利有限；为经济体制改革配套突出，预防性社会福利建设不足和福利需求表达机制不完善，自上而下渠道还不通畅八大问题。

第四章提出我国适度普惠型社会福利制度构建的理论基础。在对我国社会福利从历史审视和现实问题分析的基础上，进一步从福利文化的角度，详细地对我国适度普惠型社会福利制度的理论基础进行了梳理，提出了构建我国适度普惠型社会福利制度的理论基础是由中国古代的传统社会福利思想、中国近代的社会福利思想、中国现代的中国共产党社会福利思想、西方现代的社会福利理论与当代中国学者对中国福利的研究五个部分构成，并系统地对这些理论基础展开了颇为详细的梳理，构建了我国适度普惠型社会福利制度理论基础的系统框架。

第五章对我国适度普惠型社会福利制度的目标选择进行了构建。从促进经济持续增长、借鉴国外社会福利制度经验、满足民众不断升级的福利需求、维护社会公平正义的福利功能、统筹经济社会协调发展的要求五个层面指出中国社会福利制度目标转变的必要性。从社会福利理念、理论、认识、制度的变革和社会福利的经济、社会、文化基础变化七个方面对我国社会福利目标转变的可行性进行了分析，最后从公平与效率、生存与发展、稳定与调节和传统与现代四个维度对我国适度普惠型社会福利制度的目标进行了定位。

第六章对我国适度普惠型社会福利制度的模式选择进行了构建。依据我国社会福利制度的目标定位要求，提出了我国适度普惠型社会福利制度模式构建的基本原则，包括公平与效率相结合、就业优先和弱者优先相结合、福利水平与经济发展水平相适应、国家主导和多方参与相结合、法律外控和道德内控相结合、本土化和国际化相结合六项基本原则。并提出适度普惠型社会福利模式通用的包括经济、政治、社会、文化、管理和技术的六项基础条件。根据社会成员的基本福利需求来确定社会福利制度涵盖的主要项目，同时根据满足基本福利需求的水平和程度，构建了我国适度普惠型社会福利制度的基本模式。

第七章对我国适度普惠型社会福利制度的发展战略进行了构建，并提出了相关对策建议。提出了我国适度普惠型社会福利制度的“三步走”发展战略，并从社会发展战略、政治发展水平、经济发展水平、人口变化等四个方面指出其划分的依据。根据我国适度普惠型社会福利制度“三步走”的发展战略，结合当前和长远，提出了构建我国适度普惠型社会福利制度的对策建议：一是增强公民的权利意识，实行城乡一元化社会福利；

二是根据以需为本的福利原则，构建完善的社会福利法规体系；三是以福利“多元主义”为指导，构建多主体合作的责任分担机制；四是“先福带动后福”发展之路，实施阶梯式的社会福利制度；五是树立“福利资源公平分配”理念，将分配重点放在弱势群体上；六是建立统一的、有效的社会福利管理体制、运行机制及监控机制；七是普及慈善意识，大力发展社团组织保障；八是消除福利制度覆盖盲区，构建流动人口福利机制；九是以发展型社会政策为指导，进行社会福利制度建设；十是提高弱势群体的权利意识，完善福利需求表达机制十项相关对策。

（二）本书的创新

概括起来，本书有以下四个方面的创新。

1. 提出福利需求、福利文化是适度普惠型社会福利制度研究的新视角

本书的创新区别于以往的研究，主要是在研究视角方面进行创新。

第一，认为在社会福利制度研究中，福利需求既是出发点又是落脚点。它贯穿于社会福利制度的始终。从国外的研究来看，国外现有文献对于福利需求的内涵、特点以及弱势群体的福利需求特性等进行了多视角研究，对福利需求与社会福利制度之间关系的研究也进行了一定的分析。虽然国外学术界对福利需求的研究极为普遍，但是国内对福利需求的专门性研究还很少见到。到目前为止，仅有彭华民教授的《社会福利与需要满足》对此进行了专门论述，其他学者对此问题的研究付之阙如。有关福利需求的理论研究大大落后于社会福利制度构建和具体的实施需要，并且绝大部分的研究都是对国外相关成果进行阐述、评价和推荐，对我国福利制度改革的关注不多、回应不足，而且我国学者在研究本国福利创新方面还相当匮乏，至于现阶段建立的适度普惠型社会福利制度的研究基本空白。关于社会福利的含义依照其目标的定位，我国学术界还存在很多争议，从而导致我国社会福利研究尚未形成具有重大影响力和本土化的特征。与经济、社会发展相匹配的社会福利研究体系，亟待深入拓展福利需求和社会

福利制度之间的关系[①]。本书借助福利需求的研究视角，从宏观的目标选择和中观的模式选择和微观的对策选择三个层面对适度普惠型社会福利制度的构建进行了较为系统的探讨，在一定层次上对满足社会成员的福利需求和建设适度普惠型社会福利制度进行了相关分析。从这个意义上说，本书在一定程度上弥补了国内社会福利制度研究的不足。

第二，本书认为在目前社会福利制度的研究中，福利文化是具有独特性和创新性的角度，在研究社会福利制度时，福利文化往往具有较强的解释力。福利文化为福利制度提供了内驱力，福利制度的产生、发展与变迁都取决于福利文化，并且伴随福利制度的不断发展，福利文化也会得到进一步的丰富与发展。由此可见，在社会福利制度的研究中，非常有必要将福利文化理论或视角当作一种基本范式。在社会福利研究中，福利文化论这种新型研究方法是基于工具理性主义理论发展来的。如果采用传统的研究方法来研究社会福利制度，则基本是分析经济因素和政治因素。对福利制度的运行和社会个体经济行为所产生的影响进行分析，认为文化和福利文化都属于非经济性因素，是一种外生变量，因而不将其纳入研究范围。从 20 世纪 90 年代起，国外已从文化的角度对社会福利制度展开研究，而我国在研究社会福利理论时，则明显倾向于经济视角，由于过度关注经济因素，导致对文化因素考虑不足。为了填补这一空缺，本书以福利文化为研究视角，梳理了我国适度普惠型社会福利制度构建的各项基础理论，有助于帮助国人明确当前我国构建适度普惠型社会福利制度的必要性，使人们认可这一制度，从而奠定扎实的民意基础，同时指出社会福利事业的建设重点和发展趋向，并在一定程度上填补社会福利制度研究缺乏文化视角的空白，并且能很好地解释社会福利制度中某些深层次问题，有利于适度普惠型社会福利制度在我国得到长期稳定的发展[②]。

---

① 王磊：《福利需求与满足：一个文献综述》，《生产力研究》2012 年第 10 期。

② 张军：《社会保障制度的福利文化解析：基于历史和比较的视角》，第 25 页。

2. 初步构建了中国社会福利制度的历史发展新框架

在西方国家，随着社会福利的飞速发展，社会福利学界和史学界都已将社会福利史当作一项研究重点。但是，绝大部分西方学者在研究社会福利制度时，均是基于1601年英国颁布的《伊丽莎白济贫法》展开的，其研究主轴是工业社会之后的社会福利制度发展情况。之所以形成这一研究模式，是因为对其隐含前提进行了默认，也就是说西方国家社会福利制度是通过工业社会衍生和发展来的。所以，西方学术界并不重视对传统社会福利制度和前现代社会福利制度的研究。在我国，注意到社会福利史研究价值的学者并不多见。很多学者在研究中国社会福利制度时，都以新中国的成立为起点，将改革开放以前的福利制度称为传统型，将改革开放之后的福利制度称为现代型。

在研究我国社会福利制度时，目前我国大多数学者都是以新中国成立后的社会福利制度为基点展开论述的，并将研究对象选择为目前现实生活中关于社会福利的问题，很少涉及我国古代社会福利制度的研究，认为古代社会福利制度是一种低水平、单结构，尚未制度化的社会福利①。这种研究思路割断了传统与现实，导致人们对我国社会福利制度的发展存在严重的认知混沌。所以，不能一味参考西方而不重视历史，应该立足于我国现实国情，强调我国文化的独特性，福利文化属于文化的一个子系统，在对我国社会福利制度的产生进行追溯时，必须以福利文化为研究视角，将其当作制度追溯的重要理论方法。本书针对目前的研究现状，以福利制度与福利文化互动的理论分析为出发点，从福利保障的供给主体，如国家、市场、家庭、社团这几个方面对我国前现代与现代社会福利制度的发展路径进行历史考察，对我国社会福利制度发展的历史框架进行了构建，从而

① 这种社会福利制度研究现状实质上来源于“西方中心论”的研究理路和认知方式上。在这种思维定式的影响下，以社会保险为核心的社会福利制度似乎成为全球所共通的福利制度模式。也因为如此，人们似乎无须追寻济贫法之前的非西方社会福利制度的历史及其模式特征。

得出我国家庭、社团、国家这几种福利在历史上的地位及当前的发展趋势[①]。

3. 初步构建了我国适度普惠型社会福利制度的理论基础

本书通过对大量的文献进行梳理，并在已有研究成果的基础上，总结提炼出我国适度普惠型社会福利制度的理论基础。社会福利模式的选择不是盲目的自发臆想，而是一种自觉的社会行动；只有明确福利模式所依据的理论基础，才能保证福利模式构建的科学性、合理性与适当性[②]。当前，要在中国建立适度普惠型社会福利制度，首先需要探寻社会福利制度建设的理论支持，从理论上回答我国社会福利制度建立依据的福利文化，为什么这样做、向什么样的方向发展等问题。我国构建的适度普惠型社会福利制度第一个理论基础是中国古代传统的社会福利思想，包括从上古时期到1840年鸦片战争中国古代的社会福利思想。我国构建的适度普惠型社会福利制度第二个理论基础是中国近代的社会福利思想，包括从鸦片战争时期到五四运动时期，在与西方文化接触的过程中，中国近代众多思想家的社会福利思想。我国构建的适度普惠型社会福利制度第三个理论基础是新中国成立后中国共产党的四代领导核心提出的改革发展理论中所蕴含的社会福利思想，适度普惠型社会福利制度正是建立在古代的大同社会，近代的民有、民治和民享，现代中国共产党人提出的共同富裕、全面建设小康社会与和谐社会等中国社会福利思想基础上的具体实践。我国构建的适度普惠型社会福利制度第四个理论基础是现代西方社会福利理论，现代西方社会福利理论的形成具有很强的社会历史背景适应性。当代中国的社会福利制度主要是从西方引入中国的。因此，研究西方现代社会福利理论，提出对适度普惠型社会福利制度的借鉴和启示是必不可少的。公平和正义（即公正）是社会福利制度的基本价值理念，中国社会福利制度建设与发展，亦不能例外。公正的分配属于一个历史概念，它的内涵应该与时

① 张军：《社会保障制度的福利文化解析：基于历史和比较的视角》，第26页、第153页。

② 景天魁等：《普遍整合的福利体系》，中国社会科学出版社2014年版，第94页。

俱进地发展。当代西方社会研究福利公正分配理论有新自由主义的代表人物罗尔斯和古典自由主义的代表人物诺齐克，这包括罗尔斯的公正福利分配理论和诺齐克的公正福利分配理论。社会福利类型理论是直接支持适度普惠型社会福利制度的，维伦斯基和莱博福利国家的二分法、蒂特马斯福利国家的三分法、卡恩和罗曼尼斯克福利国家的四分法；以东亚国家为代表强调本国国情与社会福利制度建设相适应的适应性发展道路福利理论；以吉登斯、布莱尔等为代表主张超越左与右嵌入社会框架的社会福利模式、“无责任无权利”和以积极福利取代消极福利的“第三条道路”的福利理论；米奇利等人提出发展型社会福利理论，倡导经济与社会协调发展、注重社会发展的概念和主张社会福利项目生产性的思想观点；以及罗斯、伊瓦思、吉尔伯特的福利多元主义理论，强调多元化、分散/多元化和参与的理论观点。我国构建的适度普惠型社会福利制度第五个最为重要的理论基础是中国当代学者对中国社会福利的研究。随着我国经济的快速发展，社会成员面临的风险也急剧增加。由此，一些中国学者也提出了一些新的理论、新的思想。这包括民政部及杨团等提出的社会福利社会化思想、景天魁和毕天云提出的大福利理论、“中国社会保障体系研究”课题组提出的“基础整合”理论、景天魁提出的底线公平理论、中国发展研究会提出的全民共享发展的思想、王思斌和彭华民提出的“适度普惠的思想”。这些思想和理论都为我国适度普惠型社会福利制度的构建奠定了理论基础。

4. 构建了我国适度普惠型社会福利制度的目标、模式和战略的路径选择体系并提出了相关对策

本书提出“适度普惠型社会福利”适度的四维目标定位。与以往的社会福利制度仅从单一维度或两个维度分析社会福利制度的目标定位有所差别，本书从公平与效率、生存与发展、稳定与调节、传统与现代四个维度对我国适度普惠型社会福利制度的目标定位进行了系统分析，给出了其目标定位的确切选择。提出了我国适度普惠型社会福利制度模式构建的公平与效率相结合、就业优先和弱者优先、福利水平与经济发展水平相适应、

国家主导和社会参与相结合、法律外控和道德内控相结合、本土化和国际化相结合六项基本原则，并提出适度普惠型社会福利模式通用的包括经济、政治、社会、文化、管理和技术的六项基础条件。根据社会成员的基本福利需求来确定社会福利制度涵盖的主要项目，同时根据满足基本福利需求的水平和程度，构建了我国适度普惠型社会福利制度的基本模式，提出了我国适度普惠型社会福利制度发展的基本路径和相关的对策建议。我国适度普惠型社会福利制度的目标不是轻而易举达成的，必须分阶段、有步骤地加以推进。因此，本书认为适度普惠型社会福利制度应该从2011年开始到2050年，经历三个发展阶段，即我国适度普惠型社会福利制度的“三步走”发展战略，并从社会发展战略、政治发展水平、经济发展水平、人口变化四个方面指出了划分的依据。根据我国适度普惠型社会福利制度“三步走”发展战略，结合当前和长远，提出了增强公民权利意识，实行城乡一元化社会福利；根据以需为本的福利原则，构建完善的社会福利法规体系；以福利“多元主义”为指导，构建多主体合作的责任分担机制；走“先福带动后福”发展之路，实施阶梯式社会福利制度；树立“福利资源公平分配”理念，将分配重点放在弱势群体上；建立统一的、有效的社会福利管理体制、运行机制及监控机制；普及社会大众的慈善意识，大力发展社团组织保障；消除福利制度覆盖盲区，构建流动人口福利机制；以发展型社会政策为指导，进行社会福利制度建设；提高弱势群体的权利意识，完善福利需求表达机制十项相关对策、建议。

（三）本书的不足之处

创新与不足是同时并存的。从福利需求、福利文化的角度来研究中国社会福利制度及适度普惠型社会福利制度，并对其构建的理论基础和路径选择进行分析，在研究福利社会学时，这属于颇为新颖的研究视角。如前所述，虽然本书存在一定的创新，但因为知识储备、知识结构、研究视野的限制，所以本书还存在很多不合理的地方，亟待在后续研究中不断完善与补充。这些不足主要包括：其一是研究方法的局限性。对我国适度普惠型社会福利制度的研究主要从文献梳理中发现问题，对相关的实证研究、问卷调查显得较为缺乏，尚未开展定量实证研究，诸如对人民群众的福利需求、福利文化展开实地调查、人类学考察或者观察分析。在定量研究方面也处于空白状态，诸如选择福利需求、福利文化变量指标，对其进行抽样和统计等；对于我国福利需求、福利文化的研究与分析，对于广大民众的福利需求、福利文化的调查还没有展开相应的问卷调查，由此提出的政策难以建立在坚实的基础上。因此，对现实社会福利制度的现状和问题进行"福利需求"和"福利文化"调查分析尤为必要，运用定量与定性相结合的实证研究方法对社会福利研究探索还有待进一步展开。其二是对社会福利制度研究的全面性尚显不足，分析不够深入细致。本书是从广义角度研究社会福利，由于广义社会福利涉及的内容相当庞杂，对每一个社会福利子系统的研究还不够。因此，研究不可避免地存在着"挂一漏万""浮光掠影"的局限。

四、研究方法

（一）历史研究方法

社会学家龙冠海认为，历史方法就是采用科学的方法和态度，尤其是归纳法，对历史起源进行检讨，还原历史真相，并挖掘其因果关系[①]。诚然，任何经济制度和社会制度无疑不是一种历史的存在，不但有其自身的发生、发展的历史，而且制度本身的出现，无不是在历史发展的序列和一定的历史环境中，对原有制度形态的直接或间接的承袭和延续。在对我国的社会经济问题进行研究时，必须要对历史分析法中的哲学方法论引以为重，只有从历史的角度展开研究，才能帮助我们弄清社会经济的起源、发展，乃至未来的发展趋向。威廉·罗雪尔是德国旧历史学派的创始人，他

① 龙冠海：《社会学》，三民书局1966年版，第63页。

提出："只要没有完全步入迷途，历史方法不管在什么时候都具有客观真理，其最大的目的就是采用科学形式为后代提供人们已经获取的政治成果①。"诺斯是新制度经济学的代表，他提出："历史非常重要，其重要性表现在人们不仅可以凭此探索以往的经验，还表现在未来与现在是借助一个连续的社会制度与历史相连的，现在和未来的选择都取决于历史，只有在制度演进过程中才能真正理解历史②。"正如德国哲学家黑格尔所言："人类取得的所有历史工作成果，比如外部生活的技巧、技术、社会团结的组织、发明的积累和政治生活的习惯，均是思想、需求、困难、发明、意志的成果体现，因此在科学中，尤其是哲学中，我们都应该感谢历史。或者如赫尔德所言，所有因各种变化而早已成为过去的事物，都联结成了一条神圣的链条，保存前代的各种创获，并流传给后人。……这样的传统并非如石像一般，而是属于生命的洋溢，就如同一股洪流，距源头越远就会膨胀得越大③。"超脱历史环境下制度演变的外在形式，而对其内在规律进行把握就是历史分析法的真谛。另外，这种方法相对于历史分析中的动态方法和静态方法的简单取舍也具有一定优越性，能破除制度演化进程中变化与静止的简单分裂，注重在不断发展变化制度外形上，把握其中某些稳定规律。这意味着目前我们要构建适度普惠型社会福利制度，就必须首先了解历史，就必须对中国社会福利制度历史演变路径进行重点剖析。本书在分析我国社会福利制度的发展进程时，正是基于历史方法论原则展开的，特别是从福利文化与制度互动的视角出发，颇为详尽地探索了中国福利文化下的社会福利制度的历史变迁。从而得出结论，社会福利制度的模式与其自身所具备的福利文化紧密相连，属于特定历史条件下的一种必然性制度选择。所以，在探索社会经济问题，特别是社会福利制度时，必

---

① ［德］威廉·罗雪尔：《历史方法的国民经济学讲义大纲》，朱绍文译，商务印书馆1997年版，第12页。

② ［美］道格拉斯·C.诺斯：《制度、制度变迁与经济绩效》，刘守英译，上海三联书店1994年版，前言。

③ ［德］黑格尔：《哲学史讲演录》（第一卷），贺麟、王大庆译，商务印书馆1959年版，第7—8页。

须要注重分析历史进程，并充分应用历史分析方法论。不然，在探讨这些问题时，就会严重缺乏根基，从而极难制定出与我国现实相符的福利制度框架，也极难探寻出与历史变化规律相符的因素及未来制度的转变趋势，最终将很难走上与我国福利文化特色相符的社会福利发展之路。这是在研究我国社会福利制度的理论基础与路径选择时，历史研究方法论为我们提供的重要启示。

（二）跨学科研究方法

跨学科研究曾经是欧美社会科学研究的一个传统和受到重视的研究方法，独立的、自成体系的、有组织管理和规划的跨学科研究重新在20世纪50年代流行。从字面上说，跨学科当中的“跨”字就是指跨越边界，指的是在传统学科之间进行跨越或者跨出了传统学科。通俗来说，就是指超出了一个已知学科的边界限制，而涉及其他不同类型的学科之中的实践活动，都可以称之为“跨学科”[①]。从内容上来说，广义的“跨学科”至少可以包括和引申出三个层面各不相同却又存在一定关联的含义：①打破了学科的限制，是一种有机融合不同学科的理论研究方式的教育活动或研究；②指代包含了诸多学科在内的相互交叉、相互融合的学科群体；③指的是用于研究跨学科基本方法和内在规律的层次较高的学科[②]。跨学科研究存在三种优势：①使专业化垄断被打破，能充分融合不同类型学科的范式，促进研究以往被忽视的学科；②强化了各学科之间的融合与交流，使之转变为新学科；③提出了一种基于“解决问题”的新型研究范式，促进了很多重要问题的解决[③]。正是由于其存在这些优势，跨学科研究一经提出就备受推崇。在社会科学的研究中，它已发展为一种重要的方向与趋势。社会科学中的跨学科研究，首先是在社会心理学和人类学研究领域受到关注，希望重新寻找各学科关联的早期学术传统。在20世纪六七十年

① 刘仲林：《现代交叉科学》，浙江教育出版社1998年版，第69页。

② 刘仲林：《现代交叉科学》，第70—71页。

③ 金吾伦：《跨学科研究引论》，中央编译出版社1997年版，前言。

代，跨学科研究方法在社会史、家庭史、人口史等研究领域受到重视，在许多学术领域取得重大突破。新制度经济学的再度受到重视，也同其运用的总体的跨学科方法论交织的推行密切相关。20 世纪 90 年代以来，社会科学中的跨学科研究，再度受到西方学者的关注。尤其在社会学、历史学、人类文化学以及新制度经济学的一些领域中涌现出大量研究成果，强调在跨学科、多学科的结合中，联手对付 21 世纪日益复杂的经济、社会问题。跨学科的研究方法，也必将成为 21 世纪社会科学研究中非常引人注目的研究方法。社会福利制度安排深受各种因素的影响，诸如文化、政治、经济、伦理道德等，加之，各种传统学科也会错综复杂地影响到社会福利制度与政策，决定了社会福利学科是一门基于其他多种学科发展起来的一门年轻学科。所以在研究社会福利制度的方法和范式时，必须采用跨学科和多种学科交叉的方式展开研究。因为深受西方技术理性和工具理性的影响，目前我国学术界多半是从经济学的视角出发来研究社会福利制度的，只研究了其中社会保险制度这一单一层面，在展开分析与研究的过程中，只将其当作一种纯粹的经济制度，没能从文化学、历史学和社会学等角度展开综合研究及分析。在对社会福利制度进行分析时，这种范式存在较大局限性，它切断了事物之间的普遍联系，只单向、片面地进行分析，没有考虑众多因素及横向方面的影响，忽略了构建具有综合性、能有机联系的系统观。本书正是基于跨学科研究方法的理论思路，从制度经济学和福利文化学的视角出发，对福利需求、福利文化与社会福利制度之间的关系展开了研究，在剖析中国社会福利制度的福利文化时，主要采用的文化学和伦理学；在考察和分析中国社会福利制度的发展路径时，主要采用了文化学、历史学以及福利社会学；在分析中国社会福利制度的理论基础时，主要采用了社会学、政治学和福利文化学。在探寻中国适度普惠型社会福利制度构建的路径选择时，主要采用了社会学、政治学、经济学来对这种福利制度构建的目标选择、模式选择、战略选择和相关对策、建议进行深入的路径选择的策略性探讨，给出了我国适度普惠型社会福利制度构建的路径选择体系的基本框架。由此，本书对我国适度普惠型社会福利制度的理论基础和路径选择研究取得了较为完善和全面的认知，并建立了与之相适应的分析框架和理论概念。

（三）制度分析研究方法

所谓制度分析，通常是指基于制度变迁，充分考虑政治、经济、文化、历史等多种因素，对人类社会制度变迁的规律与轨迹展开综合分析的研究视角及方法[①]。通常情况下，在制度分析中，主要对象为制度变迁，由其普遍联系历史、文化、经济、政治、社会等多种因素，采用综合分析法来研究人类社会各种制度变迁的规律和轨迹[②]。制度分析这种方法的核心之处体现在研究经济与社会制度时，所采用的并不是抽象、静止和孤立的视角，而是以发展与现实的观点来看待。实际上，制度分析的本质含义是提供一种新的思维方式，使之与近代工具理性相区别，注重历史分析、人文传统分析和总体分析的方法论与分析框架[③]。总的来说，制度分析的特点主要表现在三个方面[④]：①重视分析历史。制度分析的主线是注重历史条件与历史传统所构成的制度转变路径，通过历史环境下制度转变的外部形式对其中的内在因素进行把握是其核心；②注重跨学科研究和综合性分析。制度分析表明，所有制度变迁都不是单独存在的，会内嵌在各种观念文化、社会关系、社会组织以及社会网络当中。所以，为了对制度的本质进行揭示，必须要从系统和整体出发，并深入宗教、意识等深层次领域。③注重跨文化分析。制度分析认为，观念文化在制度变迁中具有极其重要的潜在价值，因而，东西方之间差距较大的社会文化势必会严重制约着制度的路径依赖与选择形式。所以，在对各国的制度变迁进行考察时，如果从跨文化视角出发，则能对不同文化背景下相应的制度变迁进行有效

① 林义：《西方国家社会保险改革的制度分析及其启示，西南财经大学“211 工程”重点研究课题》，2000 年。

② 林义：《西方国家社会保险改革的制度分析及其启示，西南财经大学“211 工程”重点研究课题》，2000 年。

③ 林义：《制度分析及其方法论意义》，《经济学家》2001 年第 4 期。

④ 详细的论述参见林义：《制度分析及其方法论意义》，《经济学家》2001 年第 4 期。

把握。但是，目前不管是我国还是国外，在研究社会福利制度时，多半是研究运行机制的操作，极少从文化观念、历史传统等方面展开深入剖析。由此可见，在社会福利研究中，制度分析方法还相对薄弱。通过上文对制度分析方法的阐述，本书依据实际情况，制定了制度分析方法，采用诸如福利文化等众多因素进行系统分析，以发展、联系和综合的视角，来分析我国适度普惠型社会福利制度的理论基础与选择路径。从制度分析方法的观点来看，我国适度普惠型社会福利制度的理论基础正是来自社会福利思想和福利理论，而社会福利思想正是福利文化的一种类型，体现的是社会福利的观念及理论所体现出的价值观，这之中包括中国古代、近代和现代的社会福利思想，西方社会福利理论和当代中国学者对社会福利的研究。从制度分析方法的观点来看，中国适度普惠型社会福利制度是一个综合系统工程，其路径选择系统包括目标方向的选择、基本模式的选择、发展战略的路径选择体系和相关的对策建议等方面。总的来说，采用制度分析法，能对我国社会福利制度的文化积淀、历史传统、风俗习惯等影响予以更好地把握，基于现实的针对性与历史的延续性，在政策制定方面为我国社会福利制度的建设提供建议。

第一章 适度普惠型社会福利制度的相关概念

任何一门学科都有自己的研究范围与研究对象，由于社会福利制度的建设具有显著的战略性、系统性和全局性的特点，因此，这一实践活动始终需要扎实的理论体系来支撑。而社会福利实践与理论体系的建设，必须建立在明确清楚的概念基础上，这就意味着在构建我国适度普惠型社会福利制度的理论基础和路径选择时，必须先落实概念体系的建设。这说明在社会福利概念系统的建设中，最重要环节就是明确界定相关的基本概念，这与社会福利概念系统是否能构建成功息息相关。它的构建成功，能不断促进社会福利体系的成熟与完善。为了准确把握本书主题——“我国适度普惠型社会福利制度构建的理论基础和路径选择研究”，对涉及的“福利需求”“福利文化”“社会福利”“社会保障”等一系列概念进行梳理，准确对这些概念的内涵、外延及相互关系进行把握，有助于构建起与西方接轨的概念体系，也能帮助我们对中国适度普惠型社会福利制度建设中的一些问题进行科学回答，以提供一些科学化、可操作化的对策、建议。

第一节 福利需求的概念

社会福利对象需求的满足标志着社会福利的实现。社会福利对象需要什么帮助也表现为福利需求。因此，对社会福利对象的研究必须首先对福利需求进行相关的分析和研究。只有弄清楚福利需求的内涵、类型及特性，才能全面地了解我国适度普惠型社会福利制度中人们的基本福利需求和特殊福利需求。

一、福利需求的含义

需要是社会福利理论中最为基础的核心概念，是构建理论和评价社会福利制度的重要标准，是社会福利资源再分配和社会福利制度运作的价值基础。如英国《简明牛津辞典》所指，“需要”总共包含了4种含义：①需要采取某种行动的情况；②需要获得或者给予某种必需品；③遇到困境、危机或紧急情况时造成必需品的缺乏或导致贫困；④所需要的事物，与经济学中的需求相似[①]。这种对需要的界定认为需要是国家或政府，社会组织等提供所需物品。再如美国的《社会工作词典》认为：“需要是为了自身的生存生活、福祉以及自我实现，人类在社会、文化、经济、生理、心理方面的要求[②]。”这个表述将环境需要与人类的某种社会行为结合在一起，将需要与人类拥有的或者给予的必需品联系在一起，将需要与物质匮乏联系在一起。这是一个经常使用的定义，但是需要的含义仅仅这样表述就比较简单了。

“需求”明显不同于“需要”，就概念界定方面而言，“需求”单单只是从经济学领域来界定的。“需求”指的是在特定的时间内，处于一定的价格水平之中，消费者愿意并且有能力购买产品或者服务的数量。价格和支付能力是“需求”必须考虑到的两个重要因素[③]。所以，“需求”并不完全等同于“需要”，两者在概念上不能相互混淆。“需要”指代的是人类的一种欲望。而“需求”则是指具有现实意义的，有可能实现的需要。事实上，所有人都会有众多需要，然而，只有那些可能在既有条件下实现的需要，才能真正影响到人类的行为。一般来说，满足人的需求的方式与途

① 景天魁等：《福利社会学》，北京师范大学出版社2010年版，第180页。

② 彭华民：《社会福利与需要满足》，社会科学文献出版社2008年版，第14页。

③ 高鸿业主编：《西方经济学》（微观部分）（第三版），中国人民大学出版社2004年版，第21页。

径非常多，但基本上大部分需要都是人们通过劳动自我满足的。然而，在市场经济中，在这种需求满足的过程中可谓是危机四伏。从社会福利发展史来看，虽然社会福利概念的内涵不断扩大，社会福利已经成为公民的一项基本权利。但在实践层面，社会福利最主要的目的还是帮助那些市场竞争中的弱势群体解决工业化和市场化过程中发生的生活困难，帮助其摆脱经济发展过程中面临的资源匮乏的困境。因此，满足那部分靠自己无法抵御风险的群体的需求，需要通过政府将福利资源免费或低收费提供给个人或家庭。这里所谓的福利需求，即人们通过自身所处的环境，通过主观感受和客观比较，认为在某些地方有所缺乏而产生危机感，但同时因为自身经济能力差，无法解决问题，所以需要国家或政府进行干预，为其提供必要的物质或服务，以帮助他们走出困境、解决问题，增加福利[①]。由此可见，对一般需求而言，福利需求只是其中的一部分，而并非指所有需求，只是指那些无法通过市场手段和自身劳动所满足的需求。一般需求可以通过自己的劳动市场来满足，也可以通过他人的帮助或国家干预政策或组织服务得到满足。而福利需求，主要是通过国家的政策分配、制度安排和社会服务实现。

二、福利需求的类型

人类需求的类型划分非常多，在福利需求方面的划分，主要包含了两种形式。其中第一种属于社会行政观，注重系统地划分需求状态的类别，从而对方案执行和社会政策的落实进行协助。比方说，依照蒂特马斯的论述，斯拉克认为需求具有长期和短期之分[②]。第二种是将需求归纳后进行

① 詹火生：《社会福利理论》，台湾巨流图书公司 1989 年版：第 55—56 页；万育维：《社会福利服务——理论与实践》，台湾三民书局 2002 年版，第 127 页。

② Bradsha, Jonathan (1971), "The concept of Social Need," in Gilbert, Neil & Specht, Harry (eds.), *Planning for social Welfare*, Clayton susan, 1974, pp. 290—296.

分类，这里又有布兰德肖所提出的四种需求类型和福特所提出的五种需求分类[①]。

英国学者布兰德肖对现有福利需求进行归纳，认为有四种类型的需求[②]：

一是规范性的需求。确定和衡量这种需求时，可以以既有知识、专业人员、专家学者和行政人员的专业知识为依据。通常用于对最基本或者最低的需求进行规范。然后将已建立的标准与实际存在的状态进行比较，只要个人或团体的现状未能达到规定的标准，便认定处于贫困线之下的人有特定的消除贫困的需要。

二是感觉的需求。依据个人的经验与感觉，对个人期望进行反映的一类需求，这属于个体的反映和感觉，形成在获取帮助之前，以接受帮助或者以向外求助的不包含在内。

三是表达的需求。这属于一种行动性需求，是需求从感知上转变为实际行动的结果。例如，贫困者申请最低生活保障（简称低保）是一种表达需要，弱势群体的请愿行动所表达的也是这种需求。表达的方式有温和与激烈之分。

四是比较的需求。指当某些人所获取的服务和产品比其他同类人少，就形成了这种需求。如当事人具有与那些已经接受社会福利服务者相同的境遇和特征，却还没有接受同样的服务，就会产生“想要”或“希望”接受同样服务的需求。

以上四种福利需求类型，不但描述了福利需求的四种形式，也是从四种角度分析了福利需求概念的内在特点：规范性、主观性、表达性和比较性。

---

① Forder，Anthony，*Concept in Aocial Admininistration*：*A Framework for Analysis*. London：Macmllilan，1974，p. 123.

② 万育维：《社会福利服务——理论与实践》，台湾三民书局2002年版，第128页。

三、福利需求的特性

（一）福利需求的普遍性和特殊性

共同活动与享受形成了社会成员的生产与生活。这是社会生活普遍性和规律性的体现。景天魁在《福利社会学》中提出，福利需求普遍性存在主要源自两个原因：其一是对人们来说，基本需要是大致相同的；其二是现代人在生活和工作方面所面临的压力和风险具有一定相似性。所以，提供普遍性福利服务属于一种公共选择，能有效缓解压力、规避风险①。总的来说，普遍性福利需求源自对社会危机的深刻认识：一是经济富裕与匮乏的相对性。受西方工业化生产方式的局限，人类面临着日益严重的人口膨胀、资源短缺和环境恶化的现实，每个人都有失业的危险。二是风险社会的形成。随着技术的进步，人类进入一个“风险社会”，每个人都难以逃避社会中普遍存在的风险，都需要一定的福利制度予以保护。三是复杂社会弱势性的增长。我们所进入的复杂社会中，缺乏有效的社会整合机制，社会分工、分裂但缺乏有效的整合途径。只有社会福利体制能给予我们一定的社会保护②。

社会福利需求还具有个体性和特殊性。福利需求的这种特殊性主要根源于三个方面：一是个体弱势性的差异。在一个快速变化的时代，个体的适应性和自主性是相对的，而个体的弱势性则是绝对的，弱势性的表现则各有不同。二是需求的特殊性。对不同的社会群体来说，由于其生活境遇、人生阶段各不相同，所以其具体福利需要不完全一样。这些需求的不同容易导致需求的差异。三是需求的界定方式不同。信仰不同的人在幸福感和人生价值观上的主观感受存在较大差别，其行为方式也不尽一致，因

① 景天魁等：《福利社会学》，第185页。

② 景天魁等：《福利社会学》，第185—186页。

此，在感知福利需求时也具有各自的特点[①]。

（二）福利需求的系统性

人类的福利需求属于一个有机整体，是各种需求的综合，所以福利需求具有显著的系统性特征。这主要体现在两个方面：其一是不同的福利需求之间是相互影响的，存在非线性加合的特征；其二是不同的福利需求之间具有一定的层次性。层次性是系统性的重要体现。需求的层次性根源于需要层次理论[②]。实际上，对于人类需要的层次性，当代西方学者在弗洛伊德之后对福利需求展开了较为系统的研究，其中较有代表性的理论主要有马斯洛需求层次理论、多伊和高夫的人类需要理论。马斯洛率先将人的需求按照由低到高的顺序划分为生理需求、安全需求、社交需求、尊重需求以及自我实现需求，并且认为这五个层次之间是递进的关系，只有在低层次的需求满足之后才会有高层次的需求。对于马斯洛的需求层次理论，多伊和高夫认为存在两方面的缺陷：其一是马斯洛需求的层次排列并不合理，因为当人们在进行选择时，并不是一定根据基本需求来排列，在需求方面可能存在组合，甚至还会引发冲突；其二是需求与驱动力不兼容，身体会因驱动力的满足而受到伤害，因为身体原本无须这类活动[③]。

（三）福利需求的刚性和弹性

“福利刚性”意味着人们对自己的福利待遇预期只能增加不能减少，而且这种心理是社会福利和社会保障制度的变革不具备下调的弹性。一般情况下，福利项目只增不减，福利规模只大不小，福利水平只高不低。这是“福利刚性”的基本原则[④]。因为福利需求存在刚性，导致福利国家在社会福利方面的开支不断增加，使得政府财政压力巨大，入不敷出，因

---

① 景天魁等：《福利社会学》，第 186 页。
② 景天魁等：《福利社会学》，第 186 页。
③ 彭华民：《西方社会福利理论前沿》，中国社会出版社 2009 年版，第 39 页。
④ 景天魁等：《福利社会学》，第 18 页。

此，很多福利国家都进行了相应的福利制度改革。但是，同样由于福利存在刚性，国家在改革福利制度时，通常比较艰难和审慎。在改革时，都以实现最大化的福利、不降低既有福利水平为目标，实际上这种改革很难说是一种效率得到改进，福利得到提升的改革措施。

在基本实现福利需求的状态下，福利需求与供给也存在一定弹性。只要基本的福利需求得到了满足，政府就具有较大的选择空间。高福利的提供其实未必满足福利需求。著名经济学家张五常在《社会福利主义中看不中用》一文中，通过一位瑞典当地老太太在浴室中跌断骨头，政府为她提供免费治疗、1 年的有薪假期和浴室免费装修等社会福利待遇的案例，揭示出提供高水平的福利并不一定能满足福利需求，如果福利供给过于全面细致，则极易导致更高的福利需求[①]。

（四）福利需求的客观性和主观性

客观性即福利需求的存在和规范独立于个人偏好的特性。以往的社会福利实践者对需要的客观性抱有这样一种信念：社会福利是客观存在的，理应得到满足但没能得到满足因而陷入一种境地，即社会福利工作就应该从满足人的基本需要入手。后经验主义哲学重视需求的客观性的同时，也怀疑需要、需求的客观性，但这会带来理论上难以自圆其说的问题，即如果不承认福利需求的客观性，而是相信每个人只有自己才知道他们最需要什么，那么除了鼓励他们追求自我的主观目标和偏好之外，就没有什么别的选择了；而要满足主观性的需要，只能依靠市场机制，政府再分配措施就缺乏实施的依据了[②]。

福利需求的主观性是指个体福利需求的主观心理特性。福利不完全是客观的概念，还包括主观的、心理的含义。其一是自我幸福感，即个体对福利状态的感受。个体对自己身心健康或满意状况的体验，以及对以往经

---

① 张五常：《社会福利主义中看不中用》，《经济管理者》2008 年第 1 期。

② 景天魁等：《福利社会学》，第 184 页。

历的体验等。其二是对生活的满意度，指代的是个人评价自己生活是否满意。从广义上看，生活包含了那些直接对个体心理幸福产生影响的因素，诸如家庭、经济状况、工作以及居住环境等。其三是对社会的行为性评价。个体势必会对环境造成一定影响，一方面，个体的生活评价和自我认识是以此为前提的；另一方面，标志着其对生活与自我评价的具体态度①。

第二节 福利文化的概念

人是“文化的动物”，世界上并不存在绝对的“自然人”，因为文化会对人性进行模塑②。而社会福利制度是由人所构建的，所以观念文化因素在其发展进程中，必然产生十分重要的作用。所以，只有对文化与社会福利之间的互动机制进行充分认识，并基于文化视角来研究社会福利制度，才能对福利发展理论的内在要求进行充分把握，才能真正理解其客观需求。因此，福利文化是影响和“模塑”社会福利制度的基本变量，只有对福利文化的含义、类型和特性加以把握，我们才能构建适应中国特色的社会福利制度，才能为社会福利制度的可持续发展提供内在的动力。

一、福利文化的含义③

英国学者罗伯特·平克于 1986 年首次提出了福利文化的概念。他提出，不管在哪一种社会福利实践活动中，人们对权利与义务的看法都会受到价值观的影响，并借助行为习惯在福利实践中寻找具体的表现方式。从

① 景天魁等：《福利社会学》，第 185 页。

② ［英］马林诺夫斯基：《文化论》，费孝通译，华夏出版社 2001 年版，第 106—107 页。

③ 此部分内容参见张军：《社会保障制度的福利文化解析——基于历史和比较的视角》，第 60—63 页。

而使这种价值观和行为习惯构成“福利文化”[1]。黄黎若莲在其著作《边缘化与中国社会福利》中也阐述了福利文化的概念，表示应用文化的价值观与传统就是福利文化。人们对福利资格权利和责任义务的看法深受福利价值观影响，福利价值观的实际表现形式即为传统[2]。所以，不管是价值观还是制度安排，都具有十分重要的意义。在我国，第一个系统研究福利文化的学者是毕天云，他提出，文化中包含了福利文化，福利文化是在福利的实践中体现出来的所有思想意识、态度和心理[3]。在社会福利系统中，各种福利设施、福利项目、福利机构和服务均不属于福利文化的范畴。通过延伸抽象的福利文化内涵后，拓展了福利文化的外延，如福利模式、救济、养老、疾病、教育、宗教、贫困等观念。华中科技大学的杨蓉蓉从文化着手，对马林诺夫斯基关于文化的经典定义进行了借鉴，对福利文化的概念进行了探究，提出在社会福利中，福利文化属于一个有机整体，能有效促进社会福利的产生与运行，如对各项社会福利项目进行评价、考虑或感知时所呈现出来的价值观或者主观价值选择，及相关价值取向中的福利产品和福利状态[4]。

通过以上分析可知，当前不管在社会福利学，还是社会政策学上，在定义“福利文化”时都比较模糊和抽象，属于一种表面认知。并没有对其展开深入、细致和具体的界定与分析。综观当前国内外学术界，在使用“福利文化”时，基本是引入国外定义，对其内涵与外延并不详细知晓。或者属于一种下意识的使用，对其定义不甚了解。在社会福利制度中，福利文化属于一个有机整体，社会福利的形成与运行都离不开福利文化。归

① Pinker，R.（1986），*Social Welfare in Japan and Britain*：*A comparative View Formal and Informal Aspects of Welfare*，Comparing Welfare State and Their Future. England：Gower，pp. 114—128. 转引自黄黎若莲：《中国社会主义的社会福利——民政福利工作研究》，唐钧等译，中国社会科学出版社 1995 年版，第 16 页。

② Wong，L. J.（1998）. *Marginalization and Social Welfare in china*. London；New York：Routledge/LSE，p. 24.

③ 毕天云：《社会福利场域的惯习：福利文化民族性的实证研究》，中国社会科学出版社 2006 年版，第 36 页。

④ 杨蓉蓉：《福利文化下的福利制度道路选择》，中国社会保障网，2007 年 11 月 28 日。

结来说，福利文化就是指福利制度实践过程中所体现的各种价值观、思想观念、风俗习惯和在相应价值观下对社会福利关系进行确定与反映，并调控和整合这些关系的一整套规范性体系，是社会福利制度中精神文化与制度规范的综合[①]。在社会福利制度中，精神文化具有基础作用，社会和政府的各种制度安排受各种价值观的影响，这里所说的价值观包括了两个部分，其一是植根于心中的信念、思想；其二是客观及已经被理论化和对象化的思想体系。在特定时期，社会福利制度基本取决于主流社会价值观中的精神文化，且所构成的制度模式相当稳定，国家和社会所制定的各种正式制度文化如规则、规范等都属于福利文化规范体系中的制度文化，除此之外，非正式制度文化如传统伦理规范、习俗惯例等也包括在内，且在这当中，最重要的是非正式制度文化，正式制度文化正是非正式制度文化基础上经过长时间的发展与演变，逐渐形成的一种稳定形态。

二、福利文化的类型

通过上文对福利文化的概念描述可知，福利文化属于文化的范畴，是福利实践中表现出来的各种思想、意识、态度及观念。因此，福利文化具有多种类型或表现形式，总的来说，福利文化包含了意识形态、态度、思想、宗教观念等几方面[②]。

在福利系统中，相关主体对社会福利所形成的构想、理念和观念及其所形成的价值观都属于社会福利思想，它属于福利文化的一种重要类型。从广义层面来看，就是指福利制度和社会政策在思想方面的理论表述，同时，也可以将其当作各种福利问题与现象的哲学观[③]。西方社会福利思想包含了古代与中世纪的福利思想、马克思主义、空想社会主义、人道主

① 张军：《社会保障制度的福利文化解析——基于历史和比较的视角》，第62页。

② 此部分内容参见张军：《社会保障制度的福利文化解析——基于历史和比较的视角》，第63—65页。

③ 钱宁：《社会福利思想及其历史渊源》，引自钱宁主编：《现代社会福利思想》，高等教育出版社2006年版，第8—9页、第21—24页。

义、多元主义、公民权利等社会福利思想[①]。中国社会福利思想包含了传统的儒家、道家、法家福利思想；计划经济时期的社会主义和马克思主义福利思想以及市场经济时期的发展价值观的福利思想等[②]。

在福利文化中，福利意识形态观是一种十分重要的类型，其属于相对系统理论，在制定社会福利政策时，意识形态观在理论层面进行了阐释和论证。所以，福利文化在涉及需求、政策与国家之间的关系时，主要体现为一种福利意识形态。从不同的视角出发，可以对不同的社会福利意识形态系统进行划分。比方说，在《福利和意识形态》这部著作中，作者乔治和韦尔定提出了以下几种意识形态观[③]：①新右派。这种意识形态注重国家的最低保障和市场的自由化；②中间道路。认可国家组织能够改善社会福利，支持公共福利与其他福利混合；③民主社会主义。这种意识形态认为福利具有增加效率的作用，注重社会民主；④马克思主义。这种意识形态提倡人类所有需求的满足，注重平等与民主；⑤女权主义。这种意识形态注重性别平等，主张维护妇女的自身权利；⑥环境保护主义。这种意识形态非常注重环保，倡导环境的可持续发展。

福利的态度与意识形态息息相关，从一定程度上来看，福利意识形态是社会上大部分人福利态度的体现；反之，绝大多数人的福利态度也通过福利意识形态来反映。通常情况下，人民群众对社会福利的态度就是福利态度，它十分注重福利接受者的看法，比如福利提供者是私营部门还是公共部门以及市场和政府的福利角色看法等。在国家所制定的社会福利政策中，政府所选的社会福利制度模式和体系深受人们福利态度的影响。在福

---

① 关于西方社会福利思想的研究，参见邹理民等编：《观念史大辞典》，台湾幼狮出版公司1987年版；陈红霞编著：《社会福利思想》，社会科学文献出版社2002年版；丁建定、魏科科：《社会福利思想》，华中科技大学出版社2005年版；钱宁主编：《现代社会福利思想》，高等教育出版社2006年版；钱宁主编：《现代社会福利思想》（第二版），高等教育出版社2013年版。

② 关于中国社会福利思想的研究参见邱创焕：《中国社会福利思想制度概要》（上、下），台湾商务印书1977年版；潘皓：《中国社会福利思想与制度》，台湾中华书局股份有限公司1991年版；田毅鹏：《中国社会福利思想史》，吉林大学出版社1999年版；杨伟民：《当代中国社会福利理论探讨》，引自钱宁主编：《现代社会福利思想》，高等教育出版社2006年版。

③ George Victor and Paul Wilding, *Ideology and Social Welfare*, Routledge & Kegan Paul plc.

利态度方面，主要可以作出以下概括：①对社会弱势群体等福利接受者的看法；②对福利对象选择的态度；③对政府和其他福利供给者的看法；④对社会福利与工作伦理之间的看法。

古往今来，宗教福利观念在福利文化中表现得最普遍[①]。“各种宗教教义都有规范来奉劝人们行善，所有宗教都具有自身独特的福利价值观[②]”。以宗教福利研究为旨趣的台湾学者王顺民在其著作《宗教福利》中，依照目前我国台湾地区的实际情况，把宗教福利观念划分为以下几个类型[③]：①基于爱心互助和对人类福利事业的关怀所形成的基督教福利观；②基于“仁爱”“民本”等思想所形成的儒教福利观；③基于“布施”以及“发菩提心”等思想所形成的佛教福利观；④基于“原罪论”和“善恶报应”等思想所形成的民间宗教福利观。

三、福利文化的特性

（一）地区性

从地理空间方面看，不同地区之间的福利文化具有自身特色，即存在地区差别。地区即地理环境作为构成人类社会的基础要素，是人类文化创造的物质条件。文化生态学研究表明，地理条件的差异性是导致社会文化

① 关于宗教福利观念的研究，参见杨昌栋：《基督教在中古欧洲的贡献》，社会科学文献出版社 2000 年版；［美］施密特：《基督教对文明的影响》，汪晓丹、赵巍译，《北京大学出版社》2004 年版；王顺民：《宗教福利》，台湾亚太图书出版社 1999 年版；赵碧华：《中国佛教的社会福利观》，《东吴社会工作学报》1995 年第 1 期；［日］道端良秀：《中国佛教与社会福利事业》，关世谦译，台湾高雄佛光出版社 1981 年版；Hartley Dean & Zafar Khan 1997，“Muslim Perspectives on Welfare.” Journal of Social Policy，v26n2.

② Abbas J，Ali，et al. 2000，“Human Resource Strategety：The Ten Commandments Perspective”. *International Journal of Sociology and Social Policy*，V20N5，pp. 114－133. 转引自毕天云：《社会福利场域的惯习：福利文化民族性的实证研究》，中国社会科学出版社 2006 年版，第 54—55 页。

③ 王顺民：《宗教福利》，台湾亚太图书出版社 1999 年版，第 25—39 页。

多样性的重要原因，不同的地理环境“孕育”出不同的文化，福利文化是在人类的社会福利实践过程中产生和形成的，生活在不同地区的人，社会福利实践不完全相同，从中产生和形成的福利文化也不尽相同，如福利文化的洲际差异（如亚洲和欧洲）、洲内差异（如西亚和东亚）、城乡差异（如城市和农村）等。芬兰坦佩雷大学的林卡从地区文化特征与地区空间相结合的角度，分析了六类国家在福利的意识形态、福利制度的重点和人际关系的原则等方面的差异。他认为，在北欧的斯堪的纳维亚国家的福利制度规则是社会平等，基本人际关系原则是民主化；南欧的斯拉夫国家的福利制度规则是中央集权制度，基本人际关系原则是集体主义；西欧盎格鲁—撒克逊国家的福利制度规则是个体自由竞争，基本人际关系原则是商品化；欧洲地中海国家的福利制度规则是社群主义，基本人际关系原则是家族主义；欧洲大陆国家的福利制度规则是身份确证，基本人际关系原则是合作主义；东亚的儒家化国家的福利制度规则是家族制统治，基本人际关系原则是家族式的团体主义；这些国家福利意识形态的类型分别是社会民主、列宁—斯大林主义、自由主义、天主教、保守主义和儒家学说。[①]福利文化的地区性表明，福利文化具有“地区差异性”的特性，社会福利政策的制定和实践要以“地区差异性”特性为基础和前提。

（二）时代性

从福利文化的发展历史来看，不同时代的福利文化具有自身特殊性，即时代差异性。其形成与发展、内容与形式都受一定时代的经济制度、政治制度、社会结构和福利实践活动的影响，在不同的历史发展阶段，福利文化也不尽相同。纵览福利文化的历史进程，可以看出不同福利文化在每一个历史发展阶段具有其突出的特征，体现出鲜明的时代特征。自然经济和商品经济时代的福利文化不同，前工业社会、工业社会和后工业社会的

---

① Lin KA. 1999, *Confucian Welfare Cluster: A Cultural Interpretation of Social Welfare*. University of Tampere. pp. 14－188.

福利文化存在差别，农业经济时代、工业社会和知识经济时代的福利文化各有千秋。美国学者罗迈尼辛·M. 约翰详细分析了美国社会福利观念在传统农业社会和现代工业社会的差异[①]。罗迈尼辛提出，美国在农业社会时期的福利观念比较消极，主要表现在有很多特殊主义、善行、残留性观念，此外还有“最低限度观念”“个人责任观念”“自发行为观念”和“济贫观念”。相反，在现代社会，美国社会福利观念的总体特征是“积极的福利观念”，具体表现为“制度性观念”“公民权利观念”“普遍主义观念”“渐趋完善观念”“社会责任观念”“公益观念”和“福利社会观念”。福利文化的时代性特性表明，福利文化具有历史性、动态性和发展性，没有固定不变的福利文化；随着社会历史的发展演近，其时代特征也会随之发生发展变化，福利文化也随之发生相应的发展变化。

（三）层次性

从福利文化的内部结构来看，福利文化具有层次性。福利文化本身是由一系列要素组成的系统，不同的构成要素位于不同的位置。总体上包括表层结构和深层结构两个层次。人们在各种福利实践活动中所形成和概括出的价值观与福利思想，如福利模式、救济、养老、疾病、生命价值、教育、宗教福利等观念都属于福利文化的深层结构[②]。福利思想观念是福利行动的“精神动力”，是福利行为生生不息和时代延续的“精神源泉”。离开了福利文化的深层结构，一切福利行为都将成为“无源之水”或“无本之木”。福利文化的表层结构是指在人类社会福利实践中形成的用于调整福利行动的规范和准则，包括“非正式制度”（主要蕴含在老百姓日常生活中的习俗、惯例和道德、宗教之中）和“正式制度”（包括国家和政府制定的调整社会福利关系的法律、法规和党的方针、政策）。福利文化的

① ［美］罗迈尼辛·M. 约翰：《社会福利观念的变迁》，辛炳尧译，厦门大学出版社1990年版，第2—7页。

② 毕天云：《社会福利场域的惯习：福利文化民族性的实证研究》，中国社会科学出版社2004年版，第35—42页。

表层结构实质上是深层次结构的“外化”和“客观化”，通过表层结构可以“透视”深层次结构，通过深层次结构可以“预测”表层结构，二者之间存在着一种“相互建构”的关系[①]。

第三节 社会福利的概念[②]

在不同的国家和不同的时代，甚至在不同的场合，对社会福利都有不同的认知。世界各国政府以及学术界至今对于社会福利的内涵与外延都没有达成一个统一的认识。在欧美发达国家，对社会福利的概念界定和社会理解已经形成了某种形式的“国际惯例”。在英语中，福利起源于古代词汇 farewell，是 fare 和 well 的意义综合。本意是幸福、美满。fare 指代的是生活，well 指代的是美好。它们组合起来，就代表着“幸福美满的生活”“安乐的人生”“追求幸福生活”[③]。因此，认为福利属于一种福祉，是一种幸福美好、快乐满意的生活状态。在德语当中，福利为 wohlfahrt，也是 wohl 和 fahrt 这两个词汇的组合，指的是发展顺利，向理想方面发展[④]。在汉语中，福利的说法最早来源于《后汉书》中的《理乱篇》：“仲长统傅敞言理乱：是使奸人擅无穷之福利，而善士挂不赦之罪辜[⑤]”，此处所说的“福利”主要是指物质层面的“幸福利益”，这也成为今天“福利”含义的一部分。在欧美国家，通常认为社会福利具有两方面含义，其一是将其作为社会福利的状态，指人类正常、幸福的生活；其二是将其作为社会福利的制度，指为了达到社会福利状态而作出的集体努力（包括政

① 景天魁等：《福利社会学》，第 335 页。

② 此部分内容参见张军：《“社会福利”与“社会保障”的再解读——基于我国适度普惠型社会福利制度构建的视角》，《社会福利》2018 年第 1 期。

③ ［日］一番濑康子：《社会福利基础理论》，沈洁等译，华中师范大学出版社 1998 年版，第 2 页。

④ ［日］一番濑康子：《社会福利基础理论》，沈洁等译，第 2 页。

⑤ 王先谦：《后汉书解集》，中华书局 2006 年版，第 579 页。

府的努力)。由于一个国家的福利制度通常具有从中央到地方或由抽象到具体等许多不同的层次，因而侧重于强调制度的社会福利常可分为广义和狭义两个层次。广义社会福利指的是服务、物品、金钱等所有对人们有好处的东西及人们所作出的各种努力。而狭义层面的社会福利则存在时代性和地区性差别。因此，狭义的社会福利概念在不同国家与不同时期具有不同含义，是个动态发展和与文化相关的概念[①]。

在我国，理论界和实务界对社会福利概念的理解更多的是从狭义方面界定的。其主要含义如下所述：①特殊福利，这种福利是专门为社会弱势群体所提供的。在这种观点下，社会福利的界定是从供给对象方面展开的，认为福利的接受者是社会弱势群体，而并非全体社会成员。所谓社会福利，就是指国家为弱势群体提供服务保障和收入保障，主要包含残疾人福利、老年人福利以及未成年人福利。从本质上看，这种福利类型就是西方国家所说的“补缺型社会福利”或“选择型社会福利”。②由各级民政部门所提供的民政福利。这种观点是指国家由民政部门所代表，为社会优抚对象、残疾人、老年人等提供服务与收入保障，主要是保障社会弱势群体的基本生活。最近几年，随着福利社会化的不断推进，也提供了个人付费型服务保障，这在一定程度上提升了福利水平[②]。这种类型的社会福利含义比较狭窄。非常重视国家的福利供给责任，甚至将其视作唯一的、最重要的责任主体，认为社会福利完全等同于国家福利。在我国民政福利的实践活动中，这一定义十分普遍。③认为社会福利在社会保障体系中居于最高层次，属于最高纲领。这种看法是从供给目标方面所考虑的，认为社会救助、社会保险与社会福利属于社会保障体系中的三个层次，且这三个层次的保障水平是依次提高的，社会福利是社会保障体系的最高层次[③]。这个观点认为社会福利属于社会保障的一个子系统，是社会保障的一个有机组成部分。④为全体成员提供的基本生活福利。这种观点认为，福利需

① Midgley, *Socail Welfare in Global Context*, Thousand Oaks; Sage, 1997. p. 4.

② 周良才：《中国社会福利》，北京大学出版社 2008 年版，第 3 页。

③ 孙光德、董克用：《社会保障概论》，中国人民大学出版社 2000 年版，第 26—33 页。

求有多种需求，而社会福利就是指国家为保障全体公民的基本生活水平而提供的福利[①]。其针对不是满足全体成员的所有福利需求，而仅是全体社会成员的衣、食、住、行等基本的生存性福利需求。

在社会福利领域，对大多数国外学者而言，在使用社会福利这一概念时，多半是从普遍意义出发。在我国，主张大福利概念的学者也不在少数，认为应该适当拓展社会福利的外延，使之等于或大于社会保障。因此，这是从一种从广义上来理解社会福利概念，其认识也达到了基本一致。北京师范大学的尚晓援教授在《"社会福利"与"社会保障"再认识》一文中，对"社会福利"与"社会保障"两个概念进行厘清，她从一些国家的实践经验和国际惯例出发，认为将社会福利当作一项社会保障制度是不合理的。并提出了广义层面的社会福利：为了实现社会福利制度状态，国家和社会进行的所有制度安排，把为了增加收入安全的社会保障制度安排也包含在内[②]。著名社会学家、中国人民大学教授郑杭生在《社会学概论新修》中指出，社会福利有广义和狭义之分。狭义的社会福利专指对生活有困难者进行帮助。而广义层面的社会福利，就是指为了提高公民的精神和物质生活水平，政府与社会所开展的一系列举措。社区文娱设施、医疗保健网络、劳动就业培训指导中心等都属于社会福利的内容[③]。华东理工大学的范斌在《福利社会学》一书中，对国外学者对社会福利概念的解释和中国学者对社会福利概念的解释进行了分析，指出中国学者对社会福利大致有三个不同层次的理解，从狭义社会福利观点上来看是保障社会成员的最低生活标准，是一种剩余性社会福利的观点，从广义社会福利上来看是发展型社会福利的观点和制度性、发展性与剩余性的综合福利观念。她认为，人们的生活水平因社会福利而有所改善，人们的生活质量因社会福利而有所提升，这就是广义上的社会福利。也就是说，社会福利并不是

① 张建明、龚晓京：《社会福利与社会保障关系刍议》，引自窦玉沛主编：《重构中国社会保障体系的探索》，中国社会科学出版社 2001 年版，第 36—50 页。

② 尚晓援：《"社会福利"与"社会保障"再认识》，《中国社会科学》2001 年第 3 期。

③ 郑杭生：《社会学概论新修》，中国人民大学出版社 2003 年版，第 450 页。

只需要保障全体公民的最低生活水平，同时也应该不断致力于提高全体公民的生活质量[①]。

中国社会科学院学部委员景天魁研究员认为广义的社会福利概念包括四个层次的含义：一是社会福利的接受者为全体公民。这就是说所有社会成员都有平等享有社会福利的权利，且所有社会成员都能享受到某一福利项目；二是以社会成员的基本福利需求为本的社会福利。所谓基本福利需求涵盖了所有民生基本福利需求，如工作、教育、养老、健康、居住等方面的福利需求；三是社会福利的供给者具有多元化。这里的多元福利供给主体包括国家（政府）组织、市场和社会（民间）组织等现代社会中的三大部门，其中最重要的是政府；四是它包括社会救助、社会保险、公共福利和社会互助四种供给形式的社会福利。社会福利既包括缴费性的方式（社会保险），也包括免费性方式（社会救助和公共福利）；既有强制性方式（社会保险），也有自愿性方式（社会互助）。他认为广义的社会福利具有对象的广泛性、内容的基本性、主体的多元性和方式的多样性四大特征。相对于狭义的社会福利概念，这些既是广义福利概念的特点，也是广义福利概念的优点[②]。

基于中国改革开放40年经济发展的巨大成绩及当前中国社会福利正在从补缺型、剩余型的社会福利迈向适度普惠制度型社会福利时代和国民的社会福利需求正在发生升级的现实，我们更应该从广义的角度来理解社会福利。具体来说，应从五个方面来理解广义的社会福利含义：第一，福利对象是面向全民。以前的社会福利仅覆盖了一部分公民，如贫困群体、老年人、残疾人、妇女、儿童等弱势群体，这只是补缺型福利。社会福利要遵循普遍主义原则，面向全体社会成员提供福利支持。这有三层含义：一是所有的社会成员都享有社会福利权利。社会福利不再是少数群体的特权，而是全体公民平等享有的一项社会权利。二是将全体公民纳入社会福

① 范斌：《福利社会学》，社会科学文献出版社2006年版，第17—20页。

② 景天魁等：《当代中国社会福利思想与制度》，中国社会出版社2011年版，第3—4页。

利体系。把所有社会成员都纳入社会福利体系的保护范围，不断保证全体公民切实享受到社会福利。三是所有公民共同需要的基础性福利项目应该实现“全覆盖”。第二，福利内容的全面性。补缺型福利的覆盖范围比较狭窄及以满足全体公民尤其是社会弱势群体的最低生活保障需求为主；现代社会福利以社会成员的基本福利需求为中心，覆盖范围涉及民生生活的主要领域，是以民生为本的福利体系。民生的需求主要包括就业福利需求、基本生活福利需求以及教育、健康、养老、住房等方面的福利需求。如果仅仅满足社会成员的某一方面或几方面的需求，就只能是“片面型”的社会福利。当然，不管是哪一个国家，在满足公民福利需求时都无法做到一蹴而就，而只能逐步拓展和依次实现。第三，福利形式的综合性。社会福利的基本形式可以分为实物、货币和服务这三种形式。货币福利也就是我们通常所说的现金福利，它具有众多优点，是最方便、最直接的福利形式，但它不是万能的。实物福利是最常见、最重要的，是维持贫困人口生存最有效的福利形式。但它也具有高成本，传递过程会发生损失等缺点；在服务福利中，行动特征十分明显，实质上服务福利属于行动上的支持，它具有非常重要的地位。补缺型福利模式特别强调货币形式的重要性和优先性，而比较忽略实物形式和服务形式的意义和价值。我们认为社会福利的三种形式各有自身的优点和缺点，应该强调这三者之间的协同性和互补性，形成一个“功能互补，相互协调”的综合型社会福利体系。第四，具有多元化的福利提供主体。在社会福利体系中，福利主体既是福利的提供者，也是生产者和输送者。随着社会福利事业的不断发展，福利供给主体的数量和种类将不断增多，呈现多元化发展趋势。补缺型福利模式并不反对福利主体的多元化，但它比较推崇以市场与家庭为主导，认为在福利供给中，发挥主要作用的是家庭和市场，鼓吹国家和政府应该发挥“补缺者”的角色，发挥“剩余者”的作用。现代社会福利推崇福利主体的多元化，支持政府、市场、工作单位、社会组织、家庭共同参与福利供给；强调国家和政府在福利供给中居于主导地位和负首要责任，充分发挥工作单位、家庭、社区、社会组织等其他主体的作用。第五，福利方式的多样性。社会福利提供方式，是福利提供主体为福利对象提供福利支持的方法，即社会成员获得福利支持的途径。大体上有社会救助、社会保险、公共福利和社会互助这四种方式。在补缺型福利模式中，占主导地位的供给方式是社会救助。现代社会福利则是强调多种供给方式并存的福利体系。社会救助面向的对象是某些弱势群体或特殊人群，它属于一种福利接受者无须支付任何费用就能获取的免费福利。社会保险是一种遵循“大数法则”强制性的社会保障制度，受益对象必须预先缴费才能获得福利支持。国家公共财政支出所提供的福利就是公共福利，这是一种面向全体公民和特殊人群，为了提升他们的生活质量而提供的公共服务。社会互助是一种非正式福利供给方式，它具有非政府性、自愿性、双向性和交换性的特征。

第四节 社会保障的概念①

在一个国家的社会制度当中，社会福利和社会保障这两个概念既存在一定联系，又具有某些差别。不管是国内还是国外的学术界，对于社会保障和社会福利概念的理解都充满了很多争议。这恰恰是我们在研究社会福利时不能规避社会保障的原因所在。同一个道理，研究社会保障，也不可避免社会福利。社会保障制度作为制度设置与制度安排的范畴，其萌芽可以追溯到英国《伊丽莎白济贫法》的出台，而现代社会保障制度的诞生，则以俾斯麦于1883年颁布实施的《疾病社会保险法》为标志。社会保障这个词语最早是在美国总统罗斯福颁布的《社会保障法》中使用，在1942年颁布的《大西洋宪章》当中，进一步明确了社会保障制度的概念。在最开始时，社会保障要求政府建立强制性和制度性的社会保险制度来维

① 此部分内容参见张军：《“社会福利”与“社会保障”的再解读——基于我国适度普惠型社会福利制度构建的视角》，《社会福利》2018年第1期。

护社会安全，并不断致力于让身处工作中的公民摆脱失业、战争、疾病、贫困等不安全因素或风险，其与社会安全和社会保险更加适应。

目前，国际上有两个比较权威的社会保障定义，分别从狭义和广义两个层面来加以界定。狭义层面社会保障的概念可追溯到国际劳工局于1954年所发布的《社会保障导言》。社会采用各种公共措施来保护其成员，以免他们因工伤、失业、残疾、疾病、妊娠、年老等中断或降低收入而导致经济窘迫，从而为他们提供一定补贴或者医疗照顾，这就是社会保障[①]。《新大不列颠百科全书》则在比较宽泛的层面来加以界定，认为社会保障就是指各种被法律所认可的集体措施，这些措施主要是指当个体或者家庭的收入来源受损或被中止，或者需要支付一笔超出他们经济承受能力的费用（如医疗费用或者子女抚养费）时，为他们提供帮助，以便于维持他们的收入。由此可见，为病残、失业、丧偶、妊娠、退休的人提供现金补贴；为法律援助，疾病护理、康复，医疗提供服务或现金都属于社会保障。社会保障的提供可以是政府、单位及其他组织自由提供，也可以是法院强制提供，比如对某些故意伤害进行赔偿[②]。这两个经典定义经常被中外社会保障学界所引用，成为各国制定或研究社会保障制度的重要依据。

新中国成立之后，20世纪50年代开始，中国在社会科学和社会福利方面基本已经停顿下来，直到80年代才开始恢复其学术地位。这期间，中国的社会福利活动与政治活动混为一体，并没有独立地使用“社会福利”这个概念。这时期，中国使用社会保障概念来代替西方社会福利一词所带来的空缺。由此，社会保障概念渐渐呈现在人们的研究层面。中国人民大学侯文若教授把社会福利作为社会保障的一个部分，在比较宏观的层面上指出，可以将社会保障理解为一种社会机制，能为贫困者和弱势群体提供救助，保障他们的最低生活，让他们即使在失去劳动能力之后，还能

---

① 陈银娥：《社会福利》，中国人民大学出版社2004年版，第3页。

② Encyclopedia Britannica Inc, ed., *The New Encyclopedia Britannica*, Chicago, Encyclopedia Britannica Inc, 1990, Vol. 27, p. 247.

享有基本生活。同时，面向全民实施福利措施，确保福利水平的提高，从而达到社会安定的目的，并确保全体社会成员都具备生活安全感[①]。陈良瑾教授也从狭义层面来界定社会保障内涵，他提出社会保障就是指国家对人们的收入进行再次分配，依法保障所有公民的基本生活权利的一种社会安全制度[②]。中国人民大学的孙光德、董克用两位教授认为，国家和政府在社会保障中居于主体地位，依照法律规定，采用再次分配国民收入的方式，为生活困难或者丧失劳动力的公民给予一定的物质资助，为其提供最低生活保障的制度即为社会保障[③]。中国社会保障学会会长中国人民大学郑功成教授从广义上解读了社会保障，并提出：所有具有社会化和经济福利性的国民生活系统的综合都属于社会保障。社会救济、社会保险、社会福利、社会优抚以及医疗保健服务都属于社会保障的范畴。其系统必须要具备两个要素：一是经济层面体现出一定福利性，也就是接受保障者所获取的资金必须高于其花费的；二是属于社会化行为，即由官方或社会中介团体来承担组织实施任务；以实施保障和改善国民生活为根本目标，包括经济保障和服务保障[④]。南京大学的童星教授表示，所谓社会保障，就是指国家采用法律规范和行政手段再次分配人们的收入，将这些收入作为社会消费基金，用于补助那些年老、病残、失业或遭遇不幸而导致生活困难的人，对其基本生存权予以保护的各种活动、制度和措施[⑤]。南京大学的周沛教授在对社会保障进行认知时，主要是从社会福利体系的视角出发的，将社会保障当作其子系统。认为社会保障属于一种社会制度，且这种制度是基于立法，面向全民，以国家（政府）为主体，采用诸如社会救济和社会保险等特定形式为遇到困难的公民提供福利。在社会福利体系中，它是最基本的一个子系统，具有显著的制度性和政策性[⑥]。

① 侯文若：《社会保障理论与实践》，中国劳动出版社1991年版，第11页。
② 陈良谨：《社会保障教程》，知识出版社1990年版，第5页。
③ 孙光德、董克用：《社会保障概论》，中国人民大学出版社2000年版，第4页。
④ 郑功成：《社会保障学——理念、制度、实践与思辨》，商务印书馆2000年版，第11页。
⑤ 童星：《社会保障与管理》，南京大学出版社2002年版，第6页。
⑥ 周沛：《社会福利体系研究》，中国劳动保障出版社2007年版，第39—40页。

在本书中，我们主要是从狭义角度来理解社会保障的，把社会保障看成国家和政府为了防止民众因年老、疾病、工伤、失业、生育、残疾、丧偶等方面发生风险给予的制度安排和制度设置。强调社会保障提供的主体是国家和政府，社会保障的手段是借助于建立各种正式的社会保险制度以及社会救助制度，社会保障的目的是减少社会矛盾与社会冲突，确保社会安全，减少民众可能出现的社会风险，实现经济、政治与社会的和谐发展。

第五节　社会福利与社会保障的联系与区别[①]

在本书中，我们坚持认为社会保障是社会福利体系中的一个子系统，是社会福利体系中的基础性制度，在坚持“大福利、小保障”概念的前提下讨论社会福利与社会保障的联系与区别。

一、社会福利与社会保障的联系

不管是在概念理论，还是在制度实践上，社会保障与社会福利都存在诸多相似之处。它们之间相互影响、相互交织，其依赖程度较高，很难将它们区分开。

（一）社会福利与社会保障相互影响

社会保障是采用收入保障的方式，满足贫困者和社会弱势群体最基本的生活需求，使他们的社会功能得到恢复，提升其社会竞争力和综合素质，从而使既有社会秩序得到维护，促使社会正常运行[②]。总而言之，保

① 此部分内容参见张军：《“社会福利”与“社会保障”的再解读——基于我国适度普惠型社会福利制度构建的视角》，《社会福利》2018 年第 1 期。

② 莫泰基：《香港贫穷与社会保障》，香港中华书局 1993 年版，第 56—57 页。

护个人以免由于失业、残疾、年老而出现经济困难无法正常生活就是社会保障的主要目标[①]。社会福利制度具有十分复杂多样的目标体系，具体目标和总体目标相互交融。其中，总体目标就是通过提供实物、资金和服务，不断提升人们的福祉。而具体目标，则包含了各种各样的类型，并且因社会经济的不断发展而变化。一些美国学者表示，由经济发展、就业充分、贫困消除、社会稳定这四个部分构成了社会福利制度的目标[②]。因此，可以将提供收入保障，满足有需要群体的最低生活水平当作社会保障制度的目标，只有达到这一目标，才能有效地维护既有社会秩序。相对于社会保障来说，社会福利制度不管是在层次结构还是在目标体系方面，都明显更加复杂，涵盖了人们生活的方方面面。而且社会保障目标的实现在一定程度上取决于社会福利的基本目标，社会保障的结构体系、具体内容乃至制度发展方向均与社会福利相关，使社会保障能更好地与社会福利相契合。同时，以社会保险为主体的社会保障制度影响着整个社会福利制度的建设，社会保障的项目、社会保障的待遇以及社会保障的提供方式都会影响到社会福利的供给。

（二）社会福利与社会保障的对象和主体基本相同

不管是社会福利，还是社会保障，其实施对象都是广大的社会成员，包括弱势群体和社会劳动者两部分。弱势群体主要是指老弱病残等没有劳动力，无法通过劳动满足自身或其家庭成员的最低生活需要的人[③]。社会保险的主要对象为社会劳动者，主要属于企事业单位员工及其直系亲属。

---

① Romanyshyn, *Socail Welfare*, *Charity in Justice*, New York; Random House, 1971; p. 9.

② Mencher, *Poor Law to Poverty Program*; *Economic Security Policy in Britain and the United States*, Pittssburgh, University of Pittsburgh Press, 1974, p. 347.

③ Rothman, *Practice with Highly Vulnerable Clients*, *Case Management and community - Based Service*, New Jersey: Prencice Hall, 1995, p. 3.

总而言之，所有的劳动者及其家庭成员都属于社会保障的对象[①]。而社会福利对象则包括所有公民。这就说明了社会福利对象不仅涵盖了贫困者和弱势群体还包括普通人群，从欧美发达国家的社会福利发展状况来看，已经从社会底层和贫困人群拓展至全体社会成员。另外，社会保障与社会福利都是为了满足群众基本福利需求而设置的一种正式制度，它们是整个社会制度体系中两个不同的方面。其中，面向特殊群体以及整个社会民众的社会福利以及面向弱势群体的社会救助制度都强调国家和社会的责任。同时，任何一个政府都有义务不断满足人民与时俱进的物质文化和生活需求，逐步完善社会保障和社会福利体系，规范社会保障与社会福利待遇、标准、范围以及对象，提高整个民众的福利水平，实现整个社会的和谐发展。

（三）社会福利与社会保障相互依附

一方面，社会福利是基于社会保障所形成的，只有满足人民的社会保障需求，才能对层次相对较高的社会福利进行追求。目前，我国社会保障制度呈现出明显的城乡二元分割状况，是残缺的和剩余的。打破城乡二元分割是当前我国社会福利制度改革的重中之重，唯有如此，才能保证城乡居民平等享有社会保障权利，也就是说实现人民的社会保障机会公平与起点公平，继而不断致力于实现人们的过程与结果公平。只有保障人们最低生活水平的社会保障制度体系得到完善后，才能够推进发展性和享受性福利需求的高层次社会福利。另一方面，社会保障也离不开社会福利，社会保障是一种生存性福利，属于最低层次，主要是对失业、生育、疾病、死亡等社会风险进行预防，其满足的是社会成员的基本生活需要，而社会成员的生活状态的满足与幸福程度、对自身生活的幸福与否评价尺度主要还是依赖于社会福利供给的情况。如果没有社会福利的提供，仅有满足最低

---

① 美国社会保障总署：《全球社会保障制度》，魏新武等译，华夏出版社1989年版，第5页。

层次的生活保障的福利提供，则不能满足当前社会成员升级的福利需求。因此，也应当适当提供发展性福利和享受性福利需求的社会福利，更有效地提高社会成员的生活质量。因此，离开了社会福利，社会保障就不能促进社会的和谐发展，无法使社会成员产生较高的幸福指数，社会保障也就失去了存在的价值。

二、社会福利与社会保障的区别

虽然社会福利和社会保障之间存在千丝万缕的联系，但它们毕竟属于两种不同的制度安排，它们两者存在五个方面的差别（见表2－1）。

（一）两者的兴办动机与发展动力不同

对经济问题及其衍生问题进行被动回应是各国构建社会保障制度的直接动机；为了确保社会整合与维护社会秩序则属于间接动因。通过对美国建立社会保障制度的原因进行探究，发现其主要动机表现在：①保护雇员和其就业机会；②为员工提供退休津贴；③拓展社会服务项目；④需求者受政府的支持。在以上动机的驱使下，1935年，美国颁布实施了《社会保障法》[①]。另外，在从事社会福利方面，人类的动机与目标可谓是丰富多样，覆盖意识形态、经济、政治、宗教、社会等方方面面，在动机与推动力量方面，相对于社会保障而言，明显更为丰富多样。总的来说，在从事社会福利时，人类的主要动机为：①人们的团结互助。②宗教福利活动的影响和教义感召。③政治层面的优势及所获取的权利。④出于对社会成本的考虑。社会福利属于一项积极的社会投资，是至关重要、必不可少的。⑤受意识形态所影响。对社会福利事业影响较大的价值观包含了公平、平等、效率、集体主义、个人主义等[②]。综上所述，在建立社会保障

① Beoek, *The Law of the Poor*, California: SAR, 1966, p. 5.

② Macarov, *Social Welfare Structure and Practice*, California, Sage, 1995, p. 31.

时，就业保障及相关经济方面的关注是各国的主要动机与动力。相对于从事社会福利来说，从事社会保障显得更加直接、简单和一目了然。人们在兴办社会福利时，由于深受多种因素的影响，如政治、文化、经济、意识形态等，所以在动机方面也更加复杂多样。正是由于社会福利事业的发展具有多元化的推动力量和发展动因，导致其具有十分浓厚的政治色彩，并且充满了价值判断及争议。

（二）两者的资金来源与资源构成不同

社会保障的资金主要来源于政府的财政支出，再辅之以市场供款，相对来说，资源的来源渠道比较固定和明确；而政府救助的资金，主要来源于国家财政收入。社会保险的资金主要源自单位、国家和个人共同负担[①]。而社会福利的资金主要来源于国家财政支出，除此之外，还包括其他众多渠道，如家庭、单位、社区、宗教团体、市场以及志愿机构等，其资金来源具有显著的多元化特征。尤为重要的是，社会福利还包含着丰富多样的内涵与外延，如历史文化传统与政治经济因素。除了物质福祉之外，还包含心理层面的福祉。既包含了机会、选择与权利，还涉及社会环境和社会平等。由此可见，社会福利资源的范围要广于社会福利资金，涉及多种非货币收入与资源，如价值观、创造美满的家庭生活、构建和谐的社会环境、形成良好的社会网络关系等。自20世纪70年代起，在西方国家，选择福利政策模式越来越倾向于福利多元主义，并不断发展成一种流行思潮。随着社会福利事业的不断发展，福利资源的来源与构成越来越多样化。在福利供给与需求的满足中，社区、家庭、单位、志愿机构和慈善团体的作用越来越大。总的来说，社会保障资金的来源渠道通常比较明确和固定，社会保障资源是专项和单一的。社会福利不管是资金来源、筹资渠道，还是社会福利资源都极为丰富多彩，打破了单一货币资源的限制。

---

① 国际劳工组织（主编）：《社会保障基础》，王刚义、魏新武译，吉林大学出版社1989年版，第4—10页。

社会福利需求的满足由政府、市场、社区、家庭共同承担。

（三）两者的服务性质与福利功能不同

社会保障尤其是其中的社会救助制度发挥出了巨大的社会作用，起到了有效的社会控制与社会治疗作用，同时还有助于工作伦理的强化。美国著名学者皮文（Piven）和克洛尔德（Cloward）在其著作中提到，要想正确解读救助（救济）的含义，其功能必须要服务于更大的政治与经济秩序[①]。然而，在现实中，社会救助中的社会控制与社会治疗常常让受助者认为是一种耻辱。在社会保险制度当中主要具备两大社会功能，其一为社会互助，其二为社会风险的预防。就服务性质层面而言，社会救助主要表现为消极的事后赔偿和治疗[②]。而社会福利则是确保人民各种功能得到有效发挥，不断提升人民的生活质量，尽量减少社会不平等的现象，创造平等和谐的社会环境，不断挖掘人类的潜能，使之得到最大化发展。瑞典学者阿尔瓦·迈达尔表示，社会福利和社会政策主要发挥如下基本功能：①通过对医疗、康复、儿童照顾和教育预防来对社会未来进行投资；②通过各种补助，如养老金、住房补贴、医疗补贴等来补充收入；③对牺牲者的家庭和不幸人群进行社会补偿[③]。由此可见，社会福利的主要性质就是预防和发展。总的来说，强化工作伦理和社会控制属于社会保障服务的主要功能，事后补偿和治疗则是其基本的性质。而社会服务福利功能却并不如此，它是兼顾投资与预防的制度性机制，而并非消极的社会开支。这表明了社会福利也不会给经济增长带来负担，而是属于促进经济增长的社会基础设施与前提。

① Piven, Cloward, *Regulating the Poor: The Functions of Public Welfare*, Updated Edition, New York: Vintage Books, 1993, p. xiv.

② Robson, *Welfare State and Welfare Society: Illusion and Reality*, London: George Allen & Unwin, 1976, p. 31.

③ Robson, *Welfare State and Welfare Society: Illusion and Reality*, London: George Allen & Unwin, 1976, p. 23.

（四）两者的保障方式和保障形式不同

从保障方式上看，社会保障主要为实物救济和现金保障，提供服务保障相对较少。通常情况下，收入保障为主要的社会保障服务方式，并辅之以提供服务的保障[①]。欧美一些发达国家的福利服务提供方式主要表现为以下几个类型：①服务提供；②经济保障；③实物救助[②]。社会福利主要是为福利接受者提供服务，并辅之以一定的实物补助和经济保障。在西方发达国家中，随着人们生活质量的不断改善和社会经济水平的不断提升，在社会生活中灵活性强的社会福利服务显得越来越重要。在福利需求的满足中，心理、社会和文化等因素影响力越来越大。当人们的基本生存需求得到满足之后，现金收入的保障作用会呈现出下降的趋势。综上所述，社会保障的提供方式主要为实物补助和物质性的收入保障，并辅之以一定的服务保障。而对于社会福利而言，随着经济水平的不断提升，社会服务及心理、精神健康方面的服务将越来越重要，物质救助和经济保障只充当了基础性保障的角色，非物质性的服务方式的重要性将日益凸显。当前，为广大民众提供各种社会工作服务以及社会福利设施，比如为老年人、残疾人、精神病患者提供养护、教育、康复、安老、咨询等服务在西方国家越来越流行，成为民众获得物质上、精神上以及心理满足的一个重要层面。

（五）两者的服务范围和服务内容不同

社会保障中的实物救助和收入保障具有十分浓厚的经济色彩。国际劳工组织对社会保障服务的内容进行了界定，其具体包含了以下几个部分：①社会救助；②社会保险；③国家财政补贴；④家庭津贴；⑤储蓄基金；⑥单位规定的补充条款；⑦与社会保障相关的各种补充方案[③]。注重

① 美国社会保障总署：《全球社会保障制度》，魏新武等译，第4页。

② Macarov, *Social Welfare Structure and Practice*, California, Sage, 1995, p. 10.

③ 美国社会保障总署：《全球社会保障制度》，魏新武等译，第4页。

救助者及其家人的实物救助和收入保障是以上服务的共性。然而，与之相应的社会福利的覆盖范围明显更广，涉及我们生活的方方面面，并且随着社会经济发展水平的不断提升，各国的福利内容会越来越丰富，福利范围也将不断拓展。很多英国学者表示，社会福利范围包括以下几个组成部分：①社会保障；②教育福利；③住房福利；④健康服务；⑤个人社会服务；⑥就业服务[①]。认为在社会福利制度中，社会保障只是其中最基础的部分。尤其应该注意，随着福利观念的不断变化和经济水平的日渐提升，社会福利的范围与内容会不断扩展和增加。这种现象在英国福利发展史上表现得尤为突出。

英国社会福利在“二战”之前主要是为了满足工薪阶层的需求，并且这是社会福利范围适当的表现。“二战”之后，英国首相艾德礼率先宣布在世界上建成了福利国家，至此，社会福利的范围得到了持续拓展，逐渐开始向全民覆盖，这在国家卫生保障、基础教育、年金计划等面向全民的福利上表现得尤为突出，从而导致当前很多人觉得中产阶级才是社会福利的主要受益者，最底层的社会群体获益不多[②]。这种现象并不是英国特有的，在欧美发达国家十分常见。当前，社会政策的外延不断拓展，其边界已经延伸到了原本认为是公共政策和经济政策的领域，诸如移民、工业关系、法律强化、就业、货币政策和财政政策等[③]。总的来说，在世界范围内，社会保障的范围都得到了明确的限制与固定，其服务内容多半集中在经济保障方面。然而，社会福利却并不如此，其内容与范围属于一个动态发展的状态，会随着经济的发展而增加和拓展。经济保障、社会环境与社会投资均属于社会福利的范畴。这意味着人类的基本需求在不断提升，体现了社会满足基本需求能力的不断强化。与此同时，人们的生活水平也在不断提升。可见社会福利内容和范围的拓展是历史发展的客观规律，是顺

---

① Hill, *Understanding Social Policy*, Oxford: Basic Blackwell, 1980, p. 2.

② Robson, *Welfare State and Welfare Society: Illusion and Reality*, London: George Allen & Unwin, 1976, pp. 23－24.

③ Ginsburg, *Divisions of Welfare: A Critical Introduction to Comparative Social Policy*, London: Sage, 1992, p. 1.

应历史发展的。

表1—1　社会福利与社会保障的比较

比较的层面	社会福利	社会保障
兴办动机与发展动力	互助、宗教教义、政治、经济考虑、意识形态	经济保障与社会稳定
资金来源与资源构成	国家、家庭、社区、自愿组织和慈善团体、市场	国家、雇主和雇员三方负担
服务性质与福利功能	人的发展，预防性与发展性功能	经济保障、社会控制、治疗性与补救性功能
保障方式与保障形式	社会服务为主，收入保障和实物救助为辅	收入保障和实物救助为主
服务范围与服务内容	普通民众、中产阶级、全体社会成员	穷人、弱势群体、社会劳动者

从国际通行的角度来看，虽然社会福利与社会保障内涵、外延存在共同点，但二者之间的差异也十分明显，从而使其关系更加错综复杂，需要我们对此重新解读。社会保障与社会福利的理解存在巨大的社会意义，社会福利政策的分析与社会现实的理解都是以此为基础展开的。总而言之，不管是社会制度还是概念，在外延上，社会福利比社会保障大，就内涵层面而言，社会福利明显更加博大精深和丰富多样。不管从哪种视角出发，社会保障的概念都小于社会福利的概念。根据上文西方关于社会福利的理解的国际惯例来看，二者之间的关系既是部分与整体、基础与主体、物质福祉与社会心理福祉的关系，同时也是低级与高级、简单与复杂、现实与未来的关系。总的来说，意味着社会福利中包含社会保障，社会保障只是其中的基础部分。国家层面的制度设计和制度安排应该是社会福利制度而并非社会保障制度。

然而，在我国对社会保障与社会福利的概念内涵的解读却与国际惯例大相径庭。在相当长的一段时间内，由于深受历史传统、政治经济与社会文化的影响，我国学术界在解读社会保障和社会福利等概念时，与普通民众的理解是大致相同的，并且形成了高度的“社会共识”的局面。总的来说，当前中国特色的社会福利与社会保障主要体现在：社会保障属于一个大概念。中国为了改善民生，改善人们的物质文化和生活状态而作出的制度安排属于社会保障制度而非社会福利制度；在中国，社会福利属于一个包含在社会保障中的小概念，在国家宏观层面制定的整体性社会保障制度中，它只属于一个组成部分，是社会保障制度体系的最高纲领。这证明在我国关于社会保障和社会福利的概念早已约定俗成，在一定程度上与其原本内涵外延截然相反，二者的概念与国际惯例和国际通则大相径庭，在我国这种理解非常普遍，不可胜数。

在我国，就社会福利和社会保障的概念进行本土解读非常重要，不仅能对我国社会福利的现状进行直接反映，并且会对我国整体的社会质量乃至社会福利制度的创新产生重大影响。当前，我国对社会福利的制度安排及相关政策模式反映出了人民群众所追求的“社会保障”主流价值观念，而并不是“社会福利”，这意味着当前我国社会经济水平不高，依然处于社会主义初级阶段，人们的生活正从解决温饱问题，慢慢过渡到小康社会。当前我国的社会福利水平较低，满足人们福利需求的能力亟待提升，加之我国属于发展中国家，在制度安排和制度建设上重点考虑社会保障领域。所以强调社会保障高于社会福利，这是与我国目前社情民意相符的，也是能够理解的。但是立足于长远，根据社会保障中内含社会福利的思路进行制度安排与发展规划，这将严重不利于我国社会福利制度建设，让人觉得逻辑混乱、本末倒置，并且极易将人带入误区，无法找到前进的方向。还应该特别注意，当前我国对社会福利和社会保障的概念解读不利于我们对我国福利现状进行科学准确的认识与理解，严重制约了我国的社会福利制度创新，不利于我国与国际学术界开展平等对话和国际交流。目前，我国即将全面进入小康社会，我国与世界的交流与融合将越来越深入，在此背景下，我国的福利政策也应该与世界接轨。当前，这已发展成我国政府和学术界的一项亟待解决的工作。让我国福利政策与国际习惯和国际通则接轨，将有利于我们对社会政策进行国际比较研究，能使政策的交流与合作进一步强化。除此之外，还能参考和借鉴西方发达国家在社会福利事业发展方面的经验，在社会福利方面缩小与西方发达国家之间的差距，继而使我国人民的生活水平和社会经济的发展尽快赶上西方发达国家，最终实现中华民族伟大复兴的中国梦。

第六节 适度普惠型社会福利内涵和特征

相对于西方国家的普惠型社会福利而言，我国的适度普惠型社会福利在内涵和特征上并不一致。厘清我国适度普惠型社会福利的内涵、特征是构建我国适度普惠型社会福利理论基础和路径选择的前提条件乃至概念基础。

一、适度普惠型社会福利的内涵

“普惠型社会福利”的概念最初起源于西方国家，主要是源自西方学者对西方福利国家类型的划分研究层面。“普惠型社会福利”这种福利模式是一种福利发展水平较高的社会福利，其主要代表是瑞典、丹麦等北欧福利国家；“补缺型社会福利”是西方资本主义发展初期的一种社会福利模式。美国学者威伦斯基和莱博提出了“补缺型社会福利”和“制度型社会福利”两种类型[①]。前者指的是基于全体公民的福利需求，在一定程度上具有普救主义的特征。后者又被称为剩余型社会福利，主要是指市场和家庭遇到困境时国家提供的福利。英国社会政策大师蒂特马斯也认为社会福利可以划分为机制和补缺两种类型。其中，机制模式属于一种分配性的服务制度，它面向全民，覆盖面大而且具有一定普遍性；而补缺模式是一种有选择性的服务。两者结合起来就构成了普惠型社会福利[②]。普惠型社

① Wilensky，H. I&C. N.，*Lebeaux*，*Industrial Society and Social Welfare*，New York；The Free Press，1965.

② Titmuss（2001），*Social Policy. Welfare and Well-being*，Edited by Pete Alock et al.，UK：The policy Press.

会福利的政治基础可以从马歇尔对公民权利的论述中得到。马歇尔从历史的宽广角度出发，解释了人的自由价值与实质以及追求普遍、平等的社会福利[①]。除此之外，还有学者提出了另一种划分社会福利的方法，即“选择型福利”和“普惠型福利”[②]。前者仅针对一部分公民，采用家计调查的方式确定福利资格；后者针对全体公民，所有公民都具有福利资格。不同学者对普惠型福利国家的称谓不同，如“普惠型制度化福利国家”“制度化全面型福利国家”“社会民主型制度化福利国家”等。虽然表面上称谓不一致，但实际意义却大致一样，主要是指面向全民提供社会福利，具有较高福利水平的普惠型福利国家。在福利水平较高的普惠型全民福利国家，福利普惠主义是其基本原则，也就是说福利对象面向某一阶层或者全社会公民，所提供的福利服务是无差别、完全一致的，而并不是只面向低收入弱势群体[③]。普惠型社会福利的理论基础是马歇尔的公民权利理论，只要相应的社会成员具有公民身份，即可享受社会福利服务[④]。瑞典、挪威等斯堪的纳维亚国家的“社会民主型福利模式”就代表了全民普惠型福利制度。这些国家在社会各个阶层拓展了去商品化社会权及普惠主义原则，并且相应的社会福利水平特征也十分明显[⑤]，“……以强调普遍的平等为特征——没有人享有特权，也没有人应当被排斥在外——它要确保所有人获得充足的资源……确保所有家庭在渴求得到所需资源时，社会上每个他人都能以共同援助的方式发挥作用[⑥]”。

在我国，“普惠型社会福利”概念的兴起源自对社会公平理念的追求。

① [英] T. H. 马歇尔：《公民权与社会阶级》，刘继同译，《国外社会科学》2003年第1期。

② Mike Reddin, “universality Versus Selectivity”, *The Political Quarterly*, Volume 4 (1), 1969.

③ 丰华琴：《从混合福利到公共治理——英国个人社会服务的源起于演变》，中国社会科学出版社2010年版，第316页。

④ T. H. Marshall, *Citizenship and Social Class*, Cambridge: Cambridge University Press, 1950.

⑤ [丹麦] 哥斯塔·埃斯平·安德森：《福利资本主义的三个世界》，苗正民、滕玉英译，商务印书馆2010年版，第38—39页。

⑥ [丹麦] 哥斯塔·埃斯平·安德森：《转型中的福利国家——全球经济中的国家调整》，杨刚译，商务印书馆2010年版，第42页。

众多学者提出了普惠型的社会福利制度，如王思斌（1999）提出的建立“现实—理性的社会保障制度”，即所制定的社会保障制度既现实又具有合理性。所谓现实即所制定的社会保障制度在当前经济、政治和文化条件下可以实施、运行，它具有经济的、政治的、社会组织的保障条件，以确保应保障对象可以得到应有的保障。所谓合理性则考虑社会公平和社会进步因素。社会保障的本质特征是社会公平，是要保证在社会运行中遭受损失者得到必要的补偿[①]。景天魁（2009）提出的建立底线公平的社会福利制度就反映了这种公平价值的理念追求，底线公平福利模式的主要特点是不以追求福利最大化为目标，而是以追求经济与社会均衡发展为目标[②]。以此为基础，一些政府官员也提出了建立普惠型社会福利的概念，如前民政部领导认为普惠型的社会福利制度应当是一种普遍的、基本的、无差别的社会福利制度。郑功成（2008）从“大保障，小福利”的认识出发，提出中国社会保障制度发展的战略目标是构建“公平、普惠、可持续的社会保障体系”。他认为，中国社会保障制度建设要坚持六项基本原则，处理好公平与效率、国民福利与国家竞争力、政府与市场、中央与地方、权利与义务以及本土化与国际化六大关系[③]。彭华民（2010）认为，中国社会福利制度应该包括社会救助、社会保险、社会福利服务、就业福利、教育福利、住房福利和社区福利等内容。基于社会需要的社会福利制度改革应该遵循多元主义的视角，国家、市场、家庭和社区共同参与、共担风险的积极福利的社会需要满足策略，个人责任与权力紧密结合的合作包容型、积极的社会福利制度[④]。中国共产党十六届六中全会更是吸纳了学界和官员的理念与思考，提出了要建立覆盖城乡居民的社会保障制度，这种城乡贯

---

① 雷洁琼主编：《中国社会保障体系的建构》，山西人民出版社1999年版，第94页。

② 景天魁：《大力推进与国情相适应的社会保障制度建设——底线公平的福利模式》，《理论前沿》2007年第18期。

③ 郑功成：《中国社会保障改革与发展战略——理念、目标与行动方案》，人民出版社2008年版，第27—36页。

④ 彭华民：《论需要为本的中国社会福利转型的目标定位》，《南开学报》（哲学社会科学版）2010年第4期。

通的社会保障制度无疑是对以前城乡分割社会保障制度的一种质的进步，也体现出普惠型社会福利已经成为中国占主导地位的政治主张①。学术界普遍认为，目前我国还是发展中国家，经济和社会发展水平还不高，特别是人均国民收入比较低，因此应当构建与经济发展水平相适应的中国特色适度普惠型社会福利制度。很多学者还特别强调应警惕福利国家的教训，不能照搬福利国家发展普惠主义的经验，避免因发展高水平福利而陷入“福利陷阱”②。因此，发展福利应当结合中国国情和经济社会发展水平，建立与中等发展水平相适应的中国特色社会福利制度。

社会福利的适度性最初指的是经济增长与社会开支之间保持平衡。依照国内既有的研究成果，穆怀中（1997）很早就涉及该领域。他有机结合了人口老龄化以及柯布道格拉斯生产函数，计算出社会福利支出适度水平，即在职职工医疗保障支出比重、工伤生育保障支出比重、社会福利优抚支出比重、退休老年人人口及失业保障支出比重的75%③。曹艳春、戴建兵（2012）对我国适度普惠型制度下财政需求进行了预测，并对我国各阶段的财政供给情况进行了估算。他们认为，今后40年，我国国内生产总值（GDP）的增长速度要维持在4%～8%，财政支出在其中所占的比例要达到21%～27%，只有这样，才能与我国适度普惠型社会福利制度的需求相适应④。苏京春（2013）提出，当前我国加大力度发展社会经济，构建中国社会保障体系时，务必要重视福利的“适度”性。这里所谓的“适度”，指的是我国GDP从中等收入国家过渡至高收入国家，人民越加需求社会福利。在此背景下，不仅要避免社会福利增长阻碍社会经济的发展，反而要能为经济发展助力⑤。梁辰、陈谦明采用动态模拟的方法预

① 窦玉沛：《中国社会福利的改革与发展》，《社会福利》2006年第10期。

② 郑秉文：《高福利适应中国？不能简单套用西方福利制度》，《人民日报》（海外版）2006年8月30日。

③ 穆怀中：《中国社会保障水平研究》，《人口研究》1997年第1期。

④ 曹艳春、戴建兵：《我国适度普惠型社会福利制度的财政支持分析》，《现代经济探讨》2012年第5期。

⑤ 苏京春：《避陷阱——中等收入阶段的福利赶超与经济赶超》，经济科学出版社2013年版，第5页。

测了我国改革开放后1978—2011年这段时期的社会福利水平，并得出结论。他们认为，从总体上看，我国的社会福利水平基本居于缓慢上升的趋势，在较长一段时间内，我国的社会福利水平和经济增长之间的关联性并不密切。而中国社会福利水平长期以来发展缓慢的原因主要在于福利支出不多，社会分配在一定程度上不够合理。所以，当前最迫切需要解决的问题就是民生问题①。从理念方面来看，所谓适度性问题要注重与本国国情相适应。也就是说，社会福利水平要符合国家的基本国情。毛捷（2012）认为，一个国家的社会福利体系直接关系着整个社会的和谐安定与可持续发展。在构建社会福利体系时，政府居于主导地位，福利支出要遵循适度、合理的原则。如果政府投入过大、参与度极高，就会导致社会福利过度，如北欧福利国家。反之，如果政府投入较少、参与度不足，就会导致福利缺乏，继而导致社会经济发展不平衡，如印度。我国福利水平的适度性就是社会福利水平应与经济发展阶段相适应，当前政府要进一步加强对人民群众的引导，使他们能合理地期望社会福利，以免因福利需求过度而造成政府压力居高不下②。另外，适度性还表现在国家经济的发展与国家福利规模相适应这方面。所谓适度性，指的是社会福利发展存在一定的阶段性。由此可见，我国适度普惠型社会福利制度属于一个阶段性制度，指的是我国从现阶段到新中国成立100周年时需达到的福利水平。我国的社会福利从传统的剩余型福利转型到普惠型、制度型福利的中间过渡形态。适度性还包括了当前国家经济在向发达国家赶超的过程中，要注重福利科学、合理地发展，要确保社会福利不能阻碍经济的发展，而是促进经济发展。另外，适度性还体现在工作与社会福利之间也要保持适度平衡的状态。对所有的社会成员来说，福利与其工作动机之间维持平衡状态也是福利的适度性。西方福利经济学认为，如果人们的工作动机是获取更多的福

① 梁辰、陈谦明：《比较域下中国社会福利水平及动态模拟测度》，《统计与决策》2014年第12期。

② 毛捷：《中国社会福利体系适度性研究——国际比较与实证分析》，《财贸经济》2012年第2期。

利，那就意味着他患有“福利病”。合理的福利不能导致人们的工作动机不纯，而仅仅是帮助他们走出生活的困境。可以说，一个人如果过度消费福利，就会导致别人的福利减损，即“一个人消费可能减损别人的福利[①]”，如果福利产生了大量的社会成本，这也是不允许的。从适度性实现方式来看，适度的实现比较难以判断。在提及中国社会福利发展时，阿瑟·林德贝克表示难以确定这一福利的界限。他觉得严格意义上的社会福利供给应当归属于再分配领域。所以在设计社会福利时，要着重考虑采用怎样的方式来实现再分配。既要防止社会失衡，也要保证福利的合理供给，以免福利供给过度而危害社会，引发道德危机。

“适度普惠型社会福利”概念的提出缘于对中国社会福利制度改革取向的选择。这种取向大致可分为三种观点：第一种观点认为社会福利模式应该重视底线公平，也就是说要摒弃“补缺型”模式，在革新社会福利制度时，要遵循公平、公正和共享等原则，实现经济社会发展成果的全民共享，始终追求经济与社会均衡发展的价值目标[②]。第二种观点继续坚持“补缺型社会福利模式”，反对实行城乡均等、覆盖全民的普惠型福利模式，认为普惠型福利制度模式容易让中国患上福利国家的“福利病”。第三种观点是以上两种观点优缺点的综合，提出应该推行“适度普惠型”社会福利制度。例如，王思斌（2009）提出，适度普惠型这一社会福利制度是面向全民并且适度的一种福利制度，在构建过程中务必要坚持政府的责任优先[③]。代恒猛（2009）表示，在经济社会转型的时期，我国国内的社会福利制度改革一方面要兼顾“补缺型”社会福利的特征及理念，另一方面要兼顾“普惠型”社会福利的特征及理念[④]。张映芹（2010）从我国分配领域所凸显的贫富差距、收入差距出发，分析了我国现阶段权利、福利

① ［英］理查德·蒂特马斯：《蒂特马斯社会政策十讲》，吉林出版集团有限责任公司 2011 年版，第 39 页。

② 景天魁：《底线公平：和谐社会的基础》，北京师范大学出版社 2009 年版，第 131—148 页。

③ 王思斌：《我国适度普惠型社会福利制度的建构》，《社会学研究》2009 年第 5 期。

④ 代恒猛：《从“补缺型”到适度“普惠型”——社会转型与我国社会福利的目标定位》，《当代世界与社会主义》2009 年第 2 期。

等资源分配的不平等，主张应该建立一种立足于我国经济社会的实际，面向城乡居民的“广覆盖、低水平、适度性”的社会福利制度[①]。郑功成（2011）认为，适度普惠型社会福利制度的特点是兼顾弱者照顾和全民普惠，具有适度普惠的特点，与经济发展水平相适应，既不滞后也不超前[②]。褚福灵（2011）认为，适度普惠型社会福利制度是“人人享有适度社会福利”的制度，以个人缴费与政府补贴结合为特征，既覆盖全体居民，又根据劳动收入不同区别对待，其中，“人人享有”是指制度要覆盖全体国民，力争人人享有相应的社会福利待遇；“适度福利”是指个人缴费与政府补贴相结合，保障国民的最基本生活水平[③]。时任北京市民政局局长吴世民（2011）指出，适度普惠型社会福利为全体国民提供，涵盖其基本生活主要方面，并具体指涵盖居民基本生活主要方面的社会福利，包括医疗保险、贫困救助、失业保险、住房保障以及老人，残障服务等[④]。戴建兵（2012）认为，适度普惠型社会福利制度是由政府和社会基于本国的经济和社会状况，向全体国民提供的，涵盖其基本生活主要方面的社会福利[⑤]。

本书认为，适度普惠型社会福利是从传统的补缺型社会福利向普惠型社会福利过渡的形态，它以中国普惠主义理念为价值引导引领社会愿景，它与我国目前的时代特征相吻合。它以公平、正义、共享原则为指导，由政府和社会基于本国（或当地）的经济和社会状况，向全体国民（居民）提供的、涵盖其基本生活方方面面的，有差别、多层次的共享性社会福利。如基本生活福利、养老福利、健康福利、教育福利、住房福利、就业和工作福利和社会福利服务等内容，其福利水平遵循着适度的原则。其

① 张映芹：《构建中国特色普惠型——社会福利制度的基础与路径选择》，《思想路线》2010年第5期。

② 郑功成：《中国社会福利改革与发展战略：从照顾弱者到普惠全民》，《中国人民大学学报》2011年第2期。

③ 褚福灵：《关于社会福利发展战略的若干理论问题》，人民网，2011年10月17日。

④ 吴世民：《大民政与适度普惠型社会福利制度》，《北京日报》2011年2月28日。

⑤ 戴建兵：《构建我国与中等收入水平相适应的适度普惠型社会福利制度》，《华东经济管理》2012年第8期。

中，“普惠”对应“补缺”，是公平正义的体现。在同等条件下，所有的民众都应该享受到同等水平的社会福利，体现的是基本公共服务均等化；福利对象也将由老年人、残疾人、儿童等社会弱势群体向全体公民扩展，使经济社会发展成果更多地惠及广大民众。“适度”是指我国社会福利建设具有阶段性。一国或地区的社会福利制度水平高低只有与经济社会发展相适应，才能实现经济和社会的协调发展。福利国家高福利水平带来的福利国家危机给我们提供了一定的借鉴，因此，适度性体现了减弱福利刚性的特征，更好地体现福利制度柔性调节的特点。

二、适度普惠型社会福利的特征

针对当前我国社会与经济发展不平衡的状态，政府为了更好地解决民生问题，特选择适度普惠型社会福利。它既是现实中国社会问题集中反映的结果，又是嵌入中国经济、社会体制转型之中，与原有补缺型、剩余型社会福利制度不同的特征。

首先，适度普惠型社会福利具有全民覆盖、广泛普及的特征。从社会福利覆盖的对象来看，适度普惠型社会福利不仅要覆盖贫困群体，老年人、残疾人、妇女及儿童等社会弱势群体，还要覆盖全体社会成员。从社会福利的内容来看，适度普惠型社会福利所提供的社会福利是以社会成员的基本福利需要为中心的社会福利需求。它主要包括基本生活福利、教育福利、住房福利、养老福利、健康福利、就业和工作福利、社会福利服务等内容，全面满足全体社会成员的基本福利需求。

其次，适度普惠型社会福利具有形式综合、方式多样的特征。目前，从社会福利的基本形式来看，适度普惠型社会福利将包括现金福利、实物福利和服务福利三种主要的形式。这三种福利形式各有自身的优点和缺点，适度普惠型社会福利强调这三者之间的协同和互补，构成一个综合性社会福利体系。从提供方式来看，适度普惠型社会福利将涉及国民生活的方方面面，主要包括社会救助、社会保险、社会优抚、社区服务、社会工作服务、公共福利和社会互助方式。

再次，适度普惠型社会福利具有多元供给、注重发展的特征。适度普惠型社会福利具有福利供给主体的多元性，福利提供的主体包括政府、市场、家庭、工作单位、社区组织和个体，其原有的单一目标和形式的福利将被多元混合的组合福利所替代。适度普惠型社会福利具有发展性、注重能力提升的特征。适度普惠型社会福利的目标不仅是维持生存、缓解贫困，更在于增强社会成员维持生计的能力、增进全民的福利，因此社会福利建设将更为积极主动，注重人力资本投资，社会成员的能力建设。

最后，适度普惠型社会福利具有适度福利、弱者优先的特征。这里所谓的“适度”有两层含义：一是从历时态来看，社会福利水平要随着经济社会发展水平的不断提高而保持动态的调整，遵循渐进式发展道路；二是从共时态来看，社会福利水平要与现有的经济社会发展水平相适应，既不超前，也不滞后，而要恰到好处。适度普惠型社会福利的“适度普惠”就是中等水平的社会福利，就是适合我国经济发展水平和福利文化实际的社会福利。“弱者优先”是福利供给首先面向“老弱病残幼”等社会弱势群体，主要是通过家计调查将公共福利资源供给社会的“最不能自助者”。

第二章 我国社会福利制度的历史发展

任何社会科学的研究都不能脱离历史的视野，社会福利亦不例外。由于我国大部分学者认为我国社会福利制度的历史起点是新中国成立之时。在新中国成立之后，我国建立了传统社会福利制度；改革开放以后，我国建立了现代社会福利制度。我国学者极少认真分析和系统地梳理我国古代的社会福利制度。只是笼统地认为我国古代的社会福利制度水平极其低下、结构十分单一、严重缺少制度化。事实上，这种研究思路严重地割裂了现实与传统，毫无疑问会让国人对我国社会福利制度的历史变迁认知不够透彻清晰。所以，必须要强调中国文化的独特性。作为文化子系统的福利文化，无疑是追溯中国社会福利制度产生和发展的重要研究视角和理论方法。本章的主要内容是对我国福利文化背景下社会福利制度变迁作简要的回顾。

第一节 中国传统福利文化下的“家庭—宗族”福利制度（1949年之前）

我国的文化传统十分悠久，在传统的社会福利制度中，家庭历来居于核心地位，人们的生、老、病、死、医、穷等基本社会问题都是以家庭或宗族介入的方式来解决的。虽然我国离传统时代相去甚远，但人民群众的价值观和行为依然受福利文化遗产所影响，当时的社会福利制度是基于这种以往的福利文化传统所形成的，并且以往的福利文化传统还会对当代社会福利制度构建产生持续的影响[①]。

一、中国福利文化传统：传统社会福利制度的历史积淀

黄黎若莲认为，“福利文化”就是指文化传统和价值观会对人们的资格、权利和责任义务的观点产生影响，且这些价值观是通过传统的方式表现出来的[②]。不管是制度安排，还是文化价值观，都具有极其重要的意义。传统社会福利的模式特征和制度形态都是由传统的福利文化和价值观所造就的。

（一）“家庭为本”的责任观念

在我国，家庭是最早的社会组织和唯一的社会组织，我国的文化是植根于家庭建立起来的。根据《尚书・尧典》中所记载：“克明俊德，以亲九族，九族既睦，平章百姓。”可见家庭的重要性是不言而喻的。在我国古代的家庭和家族中，包含了各种各样的政治组织和经济组织，因此，广泛的人群又被称为家族。人们的整个人生基本是包含在家庭之中的，经济生活需要仰赖于家庭，政治生活则是孕育在家族之中。由此可见，如果对中国家庭不够了解，根本无法透彻地明白中国社会，更谈何了解中国文化。家庭文化观是构成中国人义务和权利的观念中最为关键的一种价值观念。一旦遇到灾难和意外风险，中国人更倾向于在家庭或者家族内部寻求帮助；而西方社会的人们在遇到风险和灾难时，则更倾向于向团体寻求帮助。

在我国传统的家庭组织中，家庭伦理的作用是非常重要的，并以此为

---

① 此部分内容参见张军：《社会保障制度的福利文化解析：基于历史和比较的视角》，西南财经大学出版社2010年版，第111—130页；张军：《主导、冲突与融合：中国福利文化下社会保障制度的历史演进》，《经济问题探索》2012年第4期。

② Wong，L. J.（1998），*Marginalization and Social Welfare in china*. London；New York：Routledge/LSE，p. 24.

中心，依次向社会和国家辐射。所以，家庭显著的特征是注重人伦。在历史上，五伦（君臣、父子、兄弟、夫妇、长幼）被视为天下之达道，且五伦之中有三伦源自家庭，其中，朋友关系也是由兄弟关系所构成的。在家庭组织中，人群交往拓展产生了诸如宗教、政治、职业等各种团体。在所有的传统伦理原则之中，孝道文化观念尤为重要，即子女应该孝顺、尊重和赡养自己的父母及长辈。另外，父母和长辈则有义务帮助和教育年轻人。孝道文化观念除了对家庭内部成员产生影响之外，还会对家庭之外的其他成员产生重大影响，其中效忠君主与对父母的孝道如出一辙。因此，“家庭为本”的责任观构成了我国福利文化的根基。

（二）“差序之爱”的互助观念

中国人在互助关系上倾向于依据人际关系的亲疏来提供救助，这种观念从本质上看是来源于我国传统福利文化中所提倡的“差序之爱”。

“仁”是孔子的道德核心，他提出“仁者爱人”的观点，认为人之所以为人，是因为存在“仁”这种品德。孟子也提倡人应该有恻隐之心，儒家圣贤们认为人善是人道的标志，是人类固有的本性，虽然具备了这种思想，但平等之爱依然属于一种理想状态。在我国权利和义务的划分中自始至终都存在等级优劣之分，比方说，孔子认为“爱亲谓之仁”。孟子也主张：“仁之实，事亲是也。”由此可见，儒家在提倡施行仁义时，应遵循先亲后疏的“差序之爱”，依照现有关系的距离选择具体的道德行为，权利与义务随个人轴心的增大而减小。

历史上国人在人际互动模式中，“差序之爱”属于一种下意识的行为，这种福利文化的构成要求个体要明确区分自己人和外人，辨识熟人与陌生人，己群与他群，并依照上下尊卑关系，以自己为中心，沿着与自身的亲疏关系层层外推，对不同的人加以差别化对待。在这种遵循“差序之爱”的伦理文化下，人与人之间的互助关系都是依据亲疏决定的。在这种伦理文化的影响下，鲁迅、梁启超、费孝通等指出国人有“私”无“公”的观点，导致人们对公众事情不负责，一副“事不关己，高高挂起”的态度。

受这种传统福利文化的影响，中国人不喜欢帮助陌生人，也不会积极地参与到社会福利事业中。

（三）“专制主义”的文化传统

在古代，中国属于一个专制、集权型国家，家长制家庭关系的拓展与延伸就构成了国家，因此家庭是国家的根本。对集权制国家而言，普天之下莫非王土，皇帝对国家具有绝对的管理权力，国家是由其通过权力集中的官僚集团所管辖和统治的，皇权掌握着经济、宗教、军队乃至整个社会。我国封建时期的权威结构是等级式，根据阿普德的分类主要包括：①政治权威，这一等级自上而下为“君主—官吏—平民”；②社会权威，这一等级自上而下为“圣贤—士—平民”；③家族权威，这一等级自上而下为“族长—家长—家庭成员”等；此外也称之为金字塔式，如图 2－1 所示，这一权威金字塔上，塔尖是天（君主），三条边都包含了实际主宰者（中央官吏、社会圣贤、族长）[①]。在这种结构下，国人慢慢养成了权威性格，主要表现为面对上级和权威，唯命是从、百依百顺；对下级刚愎自用，为所欲为，政府虽具有至高无上的权力，但基本上不对人们的日常生活加以干预，通常是依靠地方的自治组织，对人们日常生活进行管理。在对社会行为进行监管时，一般是通过族长、村主任和家长来实现的，包含对某些道德规范的推崇。封建时期，国人认为“人治”比“法制”重要，也就是社会不认可“不近人情”的法律，注重“廉洁公正”的官员治理，国家实行管理主要是为了构建一个太平盛世的社会环境。国家以“仁政”为治国理念，认为皇帝和各级官吏具备较高的道德水准能够以身作则，官办社会福利事业的发展深受仁政思想所影响。

---

① 李亦园、杨国枢主编：《中国人的性格》，第 52—54 页。

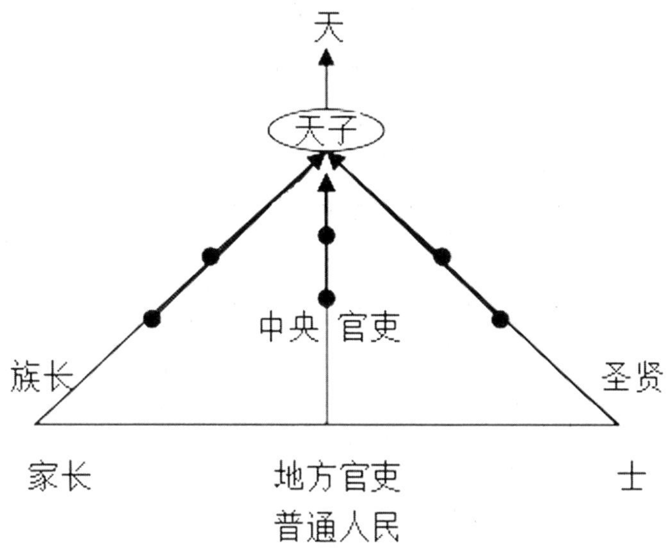

图 2—1 中国的权威结构等级①

二、传统社会福利的制度安排："家庭—宗族"福利制度

从制度安排上看，可以从家族、政府、社团这几方面来分析我国传统福利制度的变迁，在以上福利供给者中，以家庭为核心的"家庭—宗族"福利在社会福利体系中居于主导地位，社团互助的会社福利和政府救济的国家福利都是在其基础上逐渐发展起来的，"家庭为本"的传统福利文化特征得到了淋漓尽致的体现。

(一)"家本责任"的"家庭—宗族"福利制度

一夫一妻制的家庭模式在我国很早就诞生了。在我国传统家庭中，最

① 李亦园、杨国枢主编：《中国人的性格》，台湾中央研究院民族学研究所 1972 年版，第 52—54 页。

显著特征就是父家长制。在传统家庭内部，父家长非常重视礼法，协调代际关系，与国家的专制君主如出一辙。这种家国同构的专制模式，使我国传统封建家庭成为以家长为中心的多功能综合体。家庭承担着众多的功能，如财产传承、精神寄托、子女教育、生产组织、性欲限制、养老抚幼等。在我国传统家庭福利中，养老抚幼这一职能非常重要，儒家的理想境界就是“幼有所长”“老有所养”的格局。养老抚幼这一福利功能主要体现在养老方面，加之儒家孝文化极力倡导，家庭养老福利功能受社会方方面面的力量所影响，养老福利得到了前所未有的强化，而且民间广泛传播“恶有恶报、善有善报”的善恶报应观，认为养老抚幼是一种善报，能提高自身的功德，反之不承担养老抚幼的责任，就会遭受恶报，有损“阴德”。所以，人们对养老抚幼功能的意识不断强化，使家庭福利模式得到极大发展。

在传统封建社会，家庭并非一个彼此独立的个体，依托血缘关系会将很多家庭组合为“族”。很多家族是通过共产、祠堂结合在一起的，由此形成了规模和程度不尽一致的宗族组织。在西周时期，我国就出现了宗法式家族制度，此制度结合了“政权”“族权”“君权”和“宗统”。在这种家族制中，同族之间的权利与义务都是通过宗法制进行规定的。在这一时期，家族福利制度延续了原始社会时期部落成员相互救助的习惯。从魏晋时期到唐朝，我国的家族制度为世家大族式，也就是将同宗族子弟的小家庭进行组合，使之成为一个大户。在这种类型的家族中，家族团聚的维持主要体现在族众之间相互救助、相互帮衬、互通有无方面，同样这也是所有族众必须要尽到的义务。从宋朝开始，到新中国成立之前，我国家族制度属于近代祠堂族长族权式。在这一时期，所有家族都会选择购买族田，采用族田的收入对遭遇不测与灾荒的族人、孤寡和贫困的族人进行救助，以便让族众从经济方面聚合在一起，不致离散，从而成功达到收族的目的①。

① 徐扬杰：《宋明家族制度史论》，中华书局1995年版，第42页。

（二）"互助合作"的社会福利制度

在我国，很多地区或村庄都由一个或几个姓氏的人所聚居。通过幼年时期的联系、对经济利益的一致认同和世世代代的相邻而居，形成了一定的社区精神。道路修建、集市管理和地方秩序的维持都是由乡村社区负责。为了更好地发展慈善事业，一些村庄专门建立起了帮助贫困家庭、照顾弃婴和孤儿的地方会社及合会这种互助性的借贷会社组织。这些组织遵循了"互帮互助""集体合作"的原则，为社会弱势群体提供了救灾、赈济等各类福利保障。

除了乡村以外，很多移居城市的居民会参与各类商业活动，他们在城市定居后，经常会和同乡们互帮互助，主要以组织各类行会的方式来开展各种互帮活动，这些行会形成了我国古代最常见的志愿性福利机构。之所以建立这类机构，是为了使特定行业人员的利益得到保护。此外，机构中的成员也会救济其他有困难的人，所以也属于一种会社福利形式。这种行会属于商业性质，自唐朝诞生一直延续到明清时期，是一种比较松散的组织，缺乏固定的组织制度以及聚会场所。因此，无法充分地保障行会成员的福利。发展到清朝时期，很多会馆纷纷崛起，不管是在组织制度的建设上，还是在结构的划分上，都取得了极大进步。

除此之外，我国历史上还出现过很多善会以及善堂。这些机构的成立源自我国传统民间社会上流行的善书思想，也就是倡导"善有善报、恶有恶报""诸恶莫作、众善奉行"的福利文化观。这种观念对渴望福寿绵延、关注现实利益的中国人具有极大吸引力。相对于明朝时期，清朝的善会具有更加繁多的名目，且通常是由民间集资或者地方官绅创建，在当时的社会福利制度中，属于一个非常重要的组成部分。相比之下，善堂往往比较固定，不像善会这般具有临时性，善堂颇具固定性，且设有专门的管理人员，同时存在一定的捐款和固定资产，所以善堂具有长久稳定性①。

---

① 陈宝良：《中国的社与会》，浙江人民出版社1996年版，第197页。

（三）“政府补救”的国家福利制度

我国历史上的社会福利是依托家庭和宗族发展起来的，但并不意味着国家没有起到任何作用。一旦发生比较严重的自然灾害，家庭或宗族的救济能力不足，特别是对那些无家可归的流民而言，只有国家才能为他们提供帮助。在我国，国家承担社会福利责任的思想可谓源远流长。早在《周礼》当中，就出现了“荒政”“保息”的说法，这就是如今“社会救济”的雏形。

我国历史上的社会福利制度与自然灾害所形成的灾荒息息相关。二十四史就好比我国的灾荒史。严重的灾情除了危及人们的生命财产之外，还会造成经济衰败，引发人口流动和政治危机，不利于社会的和谐稳定。所以，历朝历代都开展社会赈济和救济工作。诸如当自然灾害来临时，国家实施粮食、钱财、衣物等方面的赈济及移粟就民和以工代赈等；在灾后补救方面施行了劝导流民还乡，免除和缓交赋税等救灾措施，还鼓励人们放贷生产等①。政府提供的荒政救济除了体现天子体恤民情的仁爱之心外，还能增强社会的稳定性，灾民会把国家的帮助当成皇帝的恩赐，而不是自己应得的权利和国家必须承担的责任。

国家的社会救济相对于完善的救灾制度来说，呈现出明显的滞后性，尚未建立对有需求的人们定期提供社会救济方面的制度。这种现象主要是由儒家主张的“家庭为本”的福利文化所导致的。在我国历史上，鳏寡孤独者长期被当作社会最可怜、最需救助的对象，主要原因是他们没有家庭的供养。国家提供救助是在家庭这一自然照顾机构不能发挥作用的前提下而存在的，能促进社会的稳定和谐。此外还是受某些政治因素的影响所形成的，因为灾民救济是国家亟须解决的问题，如果灾民问题没有得到妥善处理，将出现暴乱，致使王朝遭受灭顶之灾。所以，是否有效提供灾民救济与政权的安危息息相关，而对社会弱势群体如老弱病残等提供救助则更

① 孟昭华、王明寰：《中国民政史稿》，黑龙江人民出版社1986年版，第189—197页。

体现国家对百姓的关怀与仁爱[①]。

第二节 社会主义福利理论中的"国家—单位"福利制度(1949—1984年)

1949年新中国成立,面对穷困潦倒的旧社会遗留下来的各种问题,新中国在经济、政治和社会制度等方面进行了全面变革,致力于把贫穷落后的旧中国建设成一个自由、民主、富强的社会主义新中国。而在实现这一目标时,社会福利制度起到了重要作用。在这一时期,我国福利文化的特征是注重公平和平均主义,并以此为导向加以展开。也就是说,使全民获得最基本的福利保障[②]。

一、社会主义福利理论:改革前社会福利制度的福利文化根基

(一)马列主义福利理论

马列主义福利理论认为社会福利就是指所有人能平等地共享,能自由地参与各种政治、经济和社会活动,马列主义认为个体自由指代的是参与方面的自由,而不是个体自由,这是一种与生俱来的自由。根据这种福利理论,政府的决策允许所有公民不管其地位高低与否、能力强弱与否,都能充分享有自由选择的权利。所以,政府在社会福利上的主要作用是提供

---

① 梁祖彬、颜可亲:《权威与仁慈:中国的社会福利》,香港中文大学出版社1996年版,第20页。

② 此部分内容参见张军:《社会保障制度的福利文化解析:基于历史和比较的视角》,西南财经大学出版社2010年版,第132—142页;张军:《主导、冲突与融合:中国福利文化下社会保障制度的历史演进》,《经济问题探索》2012年第4期。

各种社会福利制度，政府是其中最主要的承担者。根据社会和个体需求来制定个人所享受的福利服务标准，因此对社会主义国家而言，福利这种机制能起到稳固政权，促进经济发展的作用，代表着政府对人民的恩惠与照顾①。

社会主义国家的福利制度相对于资本主义国家的福利制度而言，所具有的社会主义观念十分浓郁。比如在《哥达纲领》中，马克思提出了社会主义的分配制度，认为在对社会产品实现按劳分配之前要预先扣除一部分，将其当作公共费用，再将剩下的部分进行按劳分配。在我国计划经济时期，这一观点是保障社会主义事业健康发展的思想基础。另外，列宁认为国家保险是工人保险的最佳形式。这些观点为社会主义国家社会保障制度的构建奠定了理论基础。由此可见，在计划经济时期，马列主义福利理论构成了一种主流的福利文化，充斥在当时社会主义福利制度的建设与发展之中。

（二）毛泽东福利理论

毛泽东是新中国的重要奠基者之一。他的思想对社会福利价值观的形成具有重要影响力，曾一度主导我国社会福利制度的价值观。新中国成立后，社会福利制度的建立离不开这种福利理论的指导。综合而论，毛泽东福利理论主要包括三方面内容："自给自足""平均主义"和"群众路线"。

我国历史上"自给给足"的小农思想的源头在这种意识下要求所有单位在生产和发展过程中，不能依靠政府和其他力量的援助，要依靠自己的力量，"自力更生"这一价值观与"自给自足"颇为相似，它要求所有单位都应依靠自身力量来谋求发展，其他力量只能起到辅助作用，在"自力更生"的原则下，不赞成资源配置通过市场和交换来实现。

在社会福利公平的职能观点上，毛泽东提倡"平均主义"的分配观。

---

① G. V. Rimlinger（1971），*Welfare Policy and Industrialization in Europe*，America and Russia：New York：Wiley，p. 133.

这种分配观一方面体现在“一大二公”这种价值认知上，也就是说尽量拓展公有化组织单位的规模，不断提高生产资料公有化的程度。另外体现在“一平二调”价值认知上，也就是说在所有单位实现资源分配时，要遵循平均主义，缩小贫富差距，平均分配不会使人懒惰，反而收入差距会导致社会矛盾加剧。

在毛泽东思想中，以人民为主体的价值观核心是通过“为人民服务”和走“群众路线”这两种思想体现的，其中群众路线指的是各项事业的发展都要考虑人民群众的利益，要不断致力于为人民谋福利。毛泽东认为只要赋予群众适当权力和正确的认识，就能妥善处理各种疑难杂症。于是在各种工作中都采用这一方式，如农村合作医疗制度的建设。

二、计划经济时期的社会福利的制度安排：“国家—单位”福利制度

如果以社会结构、经济结构与福利制度之间的关系为视角来探讨，会发现在改革开放之前，我国社会呈现出显著的高整合与低分化特征[①]。其中，所谓高整合，指的是人们生活的方方面面都被行政权力所垄断。而低分化，则是指国家、社会与市场在功能和角色定位上没有明显界限，呈现出显著的同质化现象。所以，在这一阶段，社会福利制度包含三大福利体系：①城镇的企业单位福利；②农村的公社集体福利；③国家的补缺型救济福利。从实质上看，属于一种“国家—单位”的福利制度。在这种制度模式下，由于城镇企业单位福利水平相对较高，且保障项目比较全面，所以在整个社会福利制度体系中居于主体地位，其他两种福利保障则成为两翼，三者共同构成了整个社会的福利制度。

① 范斌：《福利社会学》，社会科学文献出版社2006年版，第250页。

（一）职工福利基本确立和成为福利制度的核心内容

由于民政福利只对社会弱势群体进行了覆盖，对大多数城镇居民而言，其福利保障主要是通过各大企事业单位所提供的员工福利获取的。我国政务院于1951出台并实施了《中华人民共和国劳动保险条例》，该条例和前面制定的《救济失业工人的暂行办法》都规定了工人福利的最低标准，所提供的福利覆盖职工的医疗、养老、生育、失业、伤残等方面，使员工的基本生活得到了保障，从而解决了员工的后顾之忧，并且连同职工供养的直系亲属也可以享受一定的保险福利待遇。另外，我国还于1956年针对女性职工的保护颁布了专门的管理条例；1957年，我国卫生部针对职业病的范围及相关患者的处理制定和实施了专项规定，因而形成了企业职工福利的框架。除此之外，也以单行法规的形式逐步建立起针对事业单位和国家机关工作人员的社会福利制度。我国内务部于1950年针对革命人员的褒恤颁布了暂行条例；1952年颁布了《国家工作人员公费医疗预防的指示》，《国家工作人员公费医疗预防实施办法》《各级人民政府工作人员在患病期间待遇暂行办法》；1955年又颁布了《关于女工作人员生育假期的通知》《国家机关工作人员退休处理暂行办法》《国家机关工作人员退职处理暂行办法》。以上单行法规涉及职工的疾病、伤亡、养老、生育等方面的职工福利。此后，政府又陆续针对国家机关工作人员子女医疗问题出台了有关通知，针对企事业单位和国家机关冬季宿舍取暖补贴出台了通知，颁布了《职工生活困难补助办法》等，在国家机关和企事业单位建立起了一套较为完善的单位福利制度。总体来看，单位福利大致包括三种类型：一是为便于职工生活、减少家务劳动而创建的各种集体福利设施，诸如食堂、宿舍、浴室、托儿所等。二是为减少职工日常生活开支所设置的各种福利补贴，诸如取暖补贴、探亲补贴以及生活困难补贴等。三是建立俱乐部和文化宫等丰富员工生活的文化福利设施，并定期开展各类文娱体育活动。在1956年前后，我国大致建立了以国家责任为主导，涵盖国家机关和企事业单位员工生活方方面面的福利制度。使他们通过集体福利设施的建设和相关福利活动的开展而得到更加便捷的生活，并享受到一定的经济实惠。

在新中国成立之初，我国的职工福利存在诸多不科学的地方，比如部分项目混乱、福利待遇过高、制度规定有失合理、管理不善等问题。为此，国务院于1957年1月针对职工生活方面颁布了指示性文件，1957年5月针对国家机关工作人员福利费用的掌管颁布了暂行规定。明确规定了职工的生活必需品、交通补助、生活困难补助以及福利费用的来源及掌管使用等规定①。此后，国家整顿了劳保福利工作和制度，一是对其中不合理的制度予以改进，使原本过高的福利待遇下降到适当水平。取缔了部分不合理的补贴项目，暂缓建立房租补贴和交通费用补贴。二是降低了各级政府机关工作人员的福利待遇，由之前按工资总额5%提取改为按2.8%提取。三是取缔了某些部门不科学的房贴制度。取缔原本住单位宿舍享有房贴的制度，并依照规定缴纳一定的租房费用。为了解决企事业单位职工和国家机关职工退休制度不统一的问题，国务院于1958年分别针对工人和职员的退职和退休处理颁布了暂行规定，对他们退职和退休的条件进行了适度放宽。另外，由于之前的公费医疗和劳保医疗中存在一些浪费现象，我国于1965年针对公费医疗的改进颁布了通知，并于1966年针对企业职工劳保医疗制度的改进问题发布了通知，使广大职工在患病时的医疗待遇得到了改善；为了使在职员工在受伤、生病、生育时能得到合理的休养待遇，全国总工会联合卫生部颁布了《批准工人、职工病伤、生育假期的试行办法》。针对职工因伤而丧失劳动力的，应做好鉴定工作，为此我国出台了《医务劳动鉴定委员会组织通则》。为了便于异地退休员工能及时享受其应有的福利待遇，做到理性节约、缓解基础负担压力，防止支付时产生差错。我国于1960年颁布实施了《关于享受长期劳动保险待遇的移地支付办法》②。

① 宋士云：《新中国社会福利制度发展的历史考察》，《中国经济史研究》2009年第3期。

② 黄艳：《我国社会保障立法的历史发展》，《四川三峡学院学报》2000年第3期。

1966年至1976年是十年“文化大革命”时期，职工福利事业遭受到严重冲击和干扰，各项福利事业大都止步不前，原本已经建立好的关于社会福利方面的立法也受到了严重摧残[①]。《中华人民共和国劳动保险条例》在理论上被彻底否定，认为劳动保险具有鼓励懒汉的嫌疑，属于典型的“修正主义”。从而造成了理论方面的错乱。在实践方面则表现为撤销了劳动保险管理机构，停止了社会保障款项的征集、调剂与管理。中止了正常退休的职工享有的待遇，同时不再执行异地支付保险待遇。尤其是在当时，政府颁布了《关于国营企业财务工作几项制度的改革建议（草案）》，不再对社会保险金进行提取，对社会保险资金的统筹制度进行了取缔，把原本的社会保险改成了企业保险。在“文革”期间，我国社会福利制度非但没有取得任何进步，反而不断倒退[②]。1980年2月，财政部、国家劳动总局针对城镇集体制企业的工资福利标准和支付问题下达了通知；1981年3月国务院对职工探亲待遇的规定进行了重新修改，适当延长了探亲时间；1983年8月全国总工会联合劳动人事部和财政部针对经济改革中需注意保障企业职工的劳动保险和福利待遇等问题发布了指导意见。相关数据统计表明，从1978年起发展至1984年，这几年间，全民所有制单位的职工福利大致增长了两倍[③]。为了消除“文化大革命”给职工福利造成的混乱，适应现代化建设的需要，1980年国家劳动总局、中华全国总工会专门发出了《关于整顿和加强劳动保险工作的通知》。为了进一步改善职工的生活福利，政府发布了《关于解决军人、机关工作人员、参战民兵民工牺牲、病故一次性抚恤金标准的通知》（1979），《关于调整在职革命伤残军人残废金标准的通知》（1982），《关于提高职工退休费、退职生活费的最低保证数的通知》（1983），《关于革命烈士一次性抚恤标准的通知》（1984）。

---

① 此部分内容参见关信平主编：《社会政策概论》，高等教育出版社2004年版，第41—42页。

② 黄艳：《我国社会保障立法的历史发展》，《四川三峡学院学报》2000年第3期。

③ 严忠勤：《当代中国的职工工资福利和社会保险》，中国社会科学出版社1987年版，第205页。

（二）城市民政福利的初建和继续发展

受“统包统配、充分就业”这种制度安排的影响，大体上所有具备劳动能力的人均可获得工作，尤其是在城镇地区。然而在以企业或公社为基础的集体福利制度下，只要人们有了生产单位，就意味着拥有工作就能获得相应的福利待遇。所以，政府主要是为了那些不受集体福利制度保障的社会弱势群体提供社会救济①，我们把这种福利称为民政福利。

新中国成立初期，受长期战乱的影响，很多人都积贫积弱，许多大城市都出现了规模较大的贫困群体，这些贫困群体亟待政府救济②。政府在构建社会救济系统时，主要通过两个途径来实现：其一是民政部新建了许多救济性事业单位，诸如一些生产性教养院；其二是对国民政府创建的“慈善堂”“救济院”和外资救济机构进行改造与调整。同时，还组织贫民生产自救，为此建立起了贫民习艺所等早期的福利生产机构。1950 年 6 月，政务院颁布了《救济失业工人的暂行办法》。随着国民经济的发展，这种类型的贫困很快就消失殆尽了。在我国进入“第一个五年计划”时，社会救济事业开始向规范化、经常化发展，在全国范围开始建立稳定的社会救济制度。从 1952 年开始，许多城市开始贯彻生产自救的方针，组织一些城市贫民和烈军属参加小型工业或手工业生产，随着这些单位的不断发展壮大，慢慢吸收了部分残疾人就业。政府于 1954 年对社会救济工作方针进行了修正：提出要依靠集体的力量，开展生产自救，并动员群众互帮互助，政府的救济只是一种辅助手段。依照这一方针，贫困者在申请政府救助之前，必须先从自身家庭和集体等途径寻求帮助。从这些主要途径无法获得救济时，才可获得政府救济。并且在这一时期内，“三无”人员是最主要的社会救济对象。而对于那些具有劳动力的人员，政府主要通过生产自救的方式为其提供救助，而并非直接为其提供食物或现金。据统

① 根据民政部的划分方法，救济主要有救灾和社会救济两种形式。以灾民为对象的紧急救济，即救灾；以一般贫困人口为对象的经常性救济，即社会救济。这里论述的是后者。

② 多吉才让：《中国最低生活保障制度研究和实践》，人民出版社 2001 年版，第 53—54 页。

计，1955年全国城市组织贫困户参加生产自救的人数约有60万，生产单位有近8000个[①]。

城市福利事业的建设主要是通过国家资助，同时享有国家提供的各种优惠政策。在我国，内务部于1958年召开的全国民政会议上对兴办贫民疗养院、精神病人疗养院、残疾人习艺所、退休人员公寓的经验进行了总结与推广。此后，从各大城市及县级地区的许多民政部门都纷纷建立精神病人疗养院、儿童福利院等福利机构。相对于1958年，1964年的社会福利事业单位显著增多，大致增加了219%，这些单位收养的人员大致增加了99%，尤其以儿童福利院和精神病疗养院的增加数量最多。在1959年的全国民政工作会议上，社会福利生产组织被分门别类，会议上明确提出社会福利企业属于那些吸收残疾人就业的生产单位，它们可享受社会政策的扶持。经过20世纪60年代初的一些调整，我国城市民政部门所属的社会福利企业大致稳定在1000余家。民政福利的发展也深受"文化大革命"的影响，在1968年，我国内务部被撤销，许多有效的规章制度被取缔，多数福利性事业单位被迫撤销与合并，福利设施严重受损，从而导致福利服务质量有所下滑。1978年的统计数据表明，当时全国只有577个福利院，工作人员和所收养的人员分别为3233人和38457人。这一数据对于1964年而言，不管是事业单位还是收养的人员都大幅减少，许多孤老残幼只得重新流落街头[②]。

我国民政部于1978年2月正式成立，其下属机构为城市福利局，由其承担城市各种社会福利事务，诸如相关设施工厂及社区的建设事项。全国城市社会救济福利工作会议于1979年11月召开，在这次会议上，对城市福利事业的福利性质进行了进一步的明确，针对社会福利事业的发展制定了专项方针及政策。与1978年相比，1981年的社会福利事业单位增长了138个，达到了866个，增长率为19%，其所收养人数增长了0.4万

① 多吉才让：《中国最低生活保障制度研究和实践》，第53—55页。

② 崔乃夫：《当代中国的民政》（下），当代中国出版社1994年版，第211—212页。

余人，达到了6.1万余人，增长率为7%。与此同时，福利院还打破了原本只收养“三无对象”的限制，逐渐放宽了双职工家庭中退休孤老和残疾人的自费收养业务，在一定程度上有效解除了他们的后顾之忧，并很好地缓解了单位经费不足的问题，实现了经济效益和社会效益的双赢①。

（三）农村的集体福利发展和起落

在我国广大的农村地区，人民公社诞生于1958年。它属于一种政权组织，集政治、经济于一体，达到了“政社合一”的状态。农村社会福利的制度安排，主要是由人民公社所提供，其在提供社会福利方面主要包含了如下内容。

首先，为广大农民提供了最基本的福利保障，在人民公社内部所实行的分配方式是按需分配和按劳分配这两种分配方式相结合的方式，其中“工分粮”制度体现了按劳分配原则，也就是在分配粮食时是根据社员一整年所积累的工分数来决定的。通常情况下，一个家庭具有越多的劳动力，参与劳动的时间越多，那么其一整年所积累的工分和所分配到的粮食也越多。而“人头粮”制度则体现出了按需分配这一原则，包含了老弱病残在内的所有社员都享有粮食分配权。“人头粮”这一制度主要是为了维护全体社员最基本的生活。所以，从整体来看，人民公社在发展集体经济时，为农民提供了“铁饭碗”，特别是对那些因老弱病残而丧失劳动力的家庭，提供最基本的生存保障②。

其次，为农民提供了最基本的医疗福利——农村合作医疗，这种制度主要以农民为对象，主要是为了解决他们看病难、看病贵的难题，依照自愿、惠及、适度的原则，由集体、行政组织及个人共同出资购买基本的医

① 宋士云：《新中国社会福利制度发展的历史考察》，《中国经济史研究》2009年第3期。

② A. Hussain, "Rural Social Welfare in China", in *Remaking Peasant China*, edited by J. Delman, et al. (Denmark: Aarhjus University Press, 1990), p. 140; E. Ahmad and A. Hussain, "Social Security in China: A Historical Perspective", in *Social Security in Developing Countries*, edited by E. Ahmad, J. Dreze, J. Hills and A. sen (oxford: Clarendon Press, 1990), p. 266.

疗保健服务，对患病群体和健康群体之间的医药费进行再分配的互助共济型模式。在经济发展水平不高，国家财政投入有限的情形下所形成的一种水平低、覆盖面广的集资医疗保健制度[①]。它诞生于我国农业合作程度最高时期，尤其是在“文革”时期，它被迅速推广与普及。有关数据统计表明，我国农村合作医疗覆盖率在1958年时达到了一成，在1962年时达到了近六成，发展到1976年在全国范围内超过九成的生产大队都建立了合作医疗制度，这项制度也于1978年12月载入《中华人民共和国宪法》。在我国广大的农村地区，缺医少药问题主要是通过合作医疗、赤脚医生以及合作社的保健站这三大法宝解决的。然而，随着家庭联产承包制的推行和农村经济体制改革的深入，与集体公益金相关的各类事业严重受挫，集体经济也相应解体。在此背景下，农村合作医疗不断衰落，许多地区的合作医疗组织不得不停办与解体。1980年，我国农村的合作医疗覆盖率为68.8%；发展到1986年这一数据仅为5.5%[②]；1989年，全国的覆盖率降至4.8%。这种现象使绝大多数农民在医疗方面只能依靠家庭保障，看病基本自费。

最后，是针对“五保户”所设置的五保供养。1952年起响应国家政策的号召，全国各地的农民纷纷成立“互助组”和各种级别的农业生产合作社。在合作社中，土地的支配权不再由农民所有，农民的收益与合作社的经营状况紧密相关，1956年颁布实施的《高级农业生产合作社示范章程》提出：“合作社对那些完全丧失或者缺乏劳动力，没有生活依靠的老、弱、孤、寡及残疾人员，在生活和劳动方面给予一定的照顾与安排，确保他们的基本吃穿与柴火方面的供应，确保年幼者获得教育，年老者死后能得到妥善安葬，保障社员的生老死葬。”所以，农村“五保户”就是享受“吃、穿、烧、教（孤儿）和葬”这五个方面的保障，享有这种福利的家庭和个人被称之为“五保户”和“五保对象”。据统计，在1958年，全国

① 宋士云：《1955—2000年中国农村合作医疗保障制度的历史考察》，《青岛科技大学学报》（社会科学版）2007年第3期。

② 卫兴华：《中国社会保障制度研究》，中国人民大学出版社1994年版，第140页。

农村共计有519万对象享受“五保”待遇[①]。至此，五保供养制度成为广大农村地区最基本、最普遍的社会救济制度，成为各级政府和民政部门最常见的一项工作[②]。依托国家的财政救助和农村集体经济，五保供养制度使农村老弱病残者能受惠于社会福利制度，使之成为农村社会福利中的一大特色[③]。农村五保供养制度采用的管理方式是属地化，集体收入是其主要的经费来源，所以具体的供养标准应根据集体经济状况来决定。如果集体经济发展不景气，那么农村五保供养制度很难得到保障。

20世纪80年代起，我国开始实行农村经济体制改革，实行家庭联产承包责任制。使农村经济得到了飞速发展，使农民增收，农民的收入水平普遍得到了提升。另外，农村生活管理和分配形式也发生巨大变革，农村日渐增长的需求很难通过村集体组织的公益金来满足，并且很多地方的农村经济组织早已宣告解体。此外，各地经济发展不平衡的现象越来越明显，从而导致之前依托集体经济发展起来的五保供养制度缺乏有效保障，也就是说对“五保对象”的供养难以为继，使他们的生活水平严重下降。自1982年年底到1984年年初，我国民政部在全国范围内开展了第一次五保普查。并发现以下几个严重问题：①没能全面落实五保供养，很多地方虽然具有五保供养制度但并不全面，只保其中一两项，更有甚者只供给粮食。②供养水平较低。在很多已经落实的“五保户”中，有相当一部分供养水平较低，使他们无法得到应有的保障，一些地区的“五保对象”生存十分艰难。③群众负担不平衡。在我国农村经济发展并不均衡，不同地区之间存在巨大的差别。特别是那些偏远的贫困地区，“五保对象”繁多，人们收入水平普遍不高，导致五保供养制度为群众带来沉重的负担，难以具体落实。[④]

---

① 多吉才让：《中国最低生活保障制度研究和实践》，第57页。

② 宋士云：《新中国社会福利制度发展的历史考察》，《中国经济史研究》2009年第3期。

③ 成海军：《计划经济时期中国社会福利制度的历史考察》，《当代中国史研究》2008年第5期。

④ 崔乃夫：《当代中国的民政》（下），当代中国出版社1994年版，第12—113页。

（四）补缺型的国家救济福利

在新中国成立之初，我国城市贫困户数以万计。各种各样的难民、灾民和无依无靠的孤寡残幼在各大城市的街头巷尾随处可见。虽然当时国家财政不够充足，但依然下拨了大量的粮食和经费，在社会上进行大规模救济。新中国成立初期所制定的社会福利制度是与我国当时的具体国情相适应的。这一制度极大地解决了大量难民、灾民、游民、乞丐、失业者的基本福利需求问题，对当时的社会稳定起到了较大的改善作用，对中国经济社会发展起到了重要的支持作用。然而，这种政府包办的民政福利仅仅针对特殊群体，是典型的“补缺型”社会福利制度。因为当时经济的局限，导致社会福利领域资金供给不足、物质资源比较匮乏，使得福利服务覆盖面不足和质量偏低，社会福利供给处于较低水平，远远不能满足广大人民群众的福利需求。1954 年，国家提出了新的救济政策方针，依靠集体的力量进行生产自救，并结合群众互帮互助，政府救济只是一种辅助手段。发展至此，我国才真正建立起补缺型政府救济制度。在这一阶段，“三无”人员是主要的救济对象，而对于那些尚未丧失劳动力的贫困者，国家采用生产自救的方式为他们提供救助。20 世纪 50 年代中后期，我国广大农村地区实现了合作化，人民公社集体对农民的生、老、病、死提供福利保障，就算那些因老弱病残而丧失劳动力的农民也可以通过集体分配力所能及的劳动，同样计入工分，在年底参与分配，如此一来他们的生活就得到了有效保障。另外，各大公社还负责“五保对象”的供养，对部分集体经济、不景气的公社，政府给予一定资助，因此大致将农村残留的福利接受者纳入社会福利范畴。由此可见，城镇企事业单位福利网和农村公社集体福利网已覆盖到了大多数中国人口，很少有人被漏在网外（见图 2－2）。在计划经济时期，只有这些社会弱势群体才能获得政府救济。由此而形成的社会福利制度深刻地体现着“补缺型”性质，这意味着与社会福利的时代定位吻合。

另外，在计划经济时期，住房分配以及教育属于一种福利方式，当时

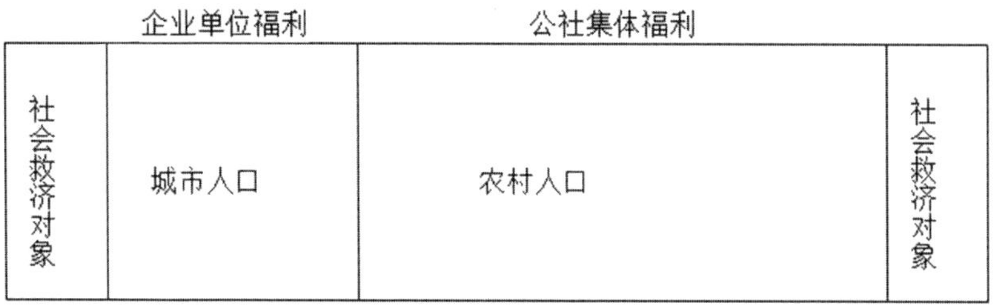

<table>
<tr><td></td><td>企业单位福利</td><td>公社集体福利</td><td></td></tr>
<tr><td>社会救济对象</td><td>城市人口</td><td>农村人口</td><td>社会救济对象</td></tr>
</table>

图 2—2 中国计划经济时期的社会福利网

我国的中小学教育大致是免费的，高等教育的福利水平更高，学生除了免交学费和住宿费之外，还能享受一定的助学金补贴，可以有效地解决吃饭问题，教育福利是基于公有经济支撑的公立教育所实现的。在城市地区，各学校通常分为两个教育系统，政府举办和各单位自办，但二者均属于公立学校，只是在招生时，分工不同；在农村地区，大部分中小学是由农村集体所主办，只有一部分中学是由政府所主办。在农村教育事业中，民办教师曾做出了重大贡献[①]。在住房分配方面的福利上，企事业单位依照职工的年龄、工龄、家庭人口等条件，采用实物福利分配方式，无偿为他们分配住房，在分到住房之后，仅需缴纳几乎可以忽略不计的房租，如1978年为0.13元/平方米的月租，职工所缴纳的房租甚至无法抵偿维修和管理成本，亏损部分由企事业单位及政府加以补贴[②]。为了保障城镇居民的基本生活，国家财政部门负责对居民购买的粮油及相关副食品给予一定的价格补贴[③]。

计划经济时期的社会福利特征是强调纯公益的、不计成本的、追求公平的。当时社会福利把大部分社会成员都网罗到社会福利这张“安全网”之内，漏在网外的人数是极少的。他们可以得到“民政福利”的支持，能在一定程度上保障社会成员的基本生活。所以，在计划经济时期，虽然人

① 郑功成：《中国社会保障制度变迁与评估》，中国人民大学出版社2002年版，第329页。

② 陈伯庚、顾志敏、陆开和：《城镇住房制度改革的理论与实践》，上海人民出版社2003年版，第24—25页。

③ 郑功成：《中国社会保障制度变迁与评估》，中国人民大学出版社2002年版，第248页。

们没有享受到较高的福利水平，但只要有集体单位，就能被社会福利“安全网”所覆盖。

但是，计划经济时期的社会福利也具有历史局限性。

首先，各福利项目条块分割，封闭运行。在城乡二元的经济结构和严格的户籍管制之下，计划经济的社会福利被分割为职工福利、民政福利和农村社会福利三个独立的制度板块，它们覆盖不同的群体对象，所享受的福利水平相差巨大，这些福利项目之间缺乏协调的机制。城镇职工福利居于主体和核心地位，并且具有相对健全和完善的制度，基本上覆盖了所有的城镇劳动者及其直系家属，也就是说超过95%的城镇居民享受职工福利待遇，在全国总人口中大概占四分之一。“小而全”“大而全”是职工福利项目最显著的特征，然而因为不同单位的经济状况和性质不一致，所以在福利标准与待遇方面也存在较为显著的差异。民政福利则覆盖了“三无”人群等弱势群体，名义上数以千万计，实际上真正覆盖的人口不到1000万人，占总人口的比例不足1%。由国家包办，服务机构的规模与数量相对较小，导致运行水平不高。农村社会福利由民政部管辖，具体实施则由农村集体组织负责，所供养的五保对象大概有300万户。

其次，它的运行模式是“国家—单位”的运行模式，这时期的社会福利制度是由国家的补缺型救济福利、农村的公社集体福利、城镇的企事业单位福利整合而成。从本质上看属于一种“国家—单位”福利制度。在城市，国家通过单位为职工提供了方方面面的福利待遇，如为职工提供生活困难补助、交通补助、住房补助，为职工建立食堂、医务室、体育馆、托儿所甚至为城镇居民提供粮油和副食品的价格补贴等，这样一个企业或单位就如同包罗万象的迷你型社会。在农村，具体的规则同样是由政府制定，农村的集体福利由集体组织承担。从本质上看也属于一种单位福利，集体的经济情况直接关系着农民的福利水平。在农村公社集体福利和城镇的单位福利中，覆盖了绝大多数人口，只有某些社会弱势群体才能获得政府所提供的救济福利。

最后，具有十分显著的补助式特征，与西方国家的普惠型福利不同，民政福利主要为社会弱势群体和“三无”人群提供最基本的生活保障，这种社会福利模式属于补缺型社会福利。广大社会成员的基本福利需求得不到完全的满足。政府只是负责“三无”人员等弱势群体的福利保障，所以，这种社会福利只是一种“补救型”社会福利，并且它与救济联系在一起，确切地说这属于社会救助的范畴。对绝大部分的居民来说，如果没有职工福利，仅凭工资极难满足家庭成员的生活与服务需求，所以城镇居民的生存离不开职工福利。而在农村地区，除农村居民能够享受到基本医疗服务和部分“五保户”的集体供养之外，国家的福利在农村地区几乎没有体现。

第三节 “‘效率优先’发展价值观[①]”福利文化下的“国家—社会”福利制度(1984—2007年)

1984年，我国出台了《中共中央关于经济体制改革的决定》，该决定中所提出的城市经济体制改革是触及计划经济体制的一场革命。随着经济体制从计划经济体制转轨到市场经济体制，人们面对的社会风险明显加大，政府已无力大包大揽个人的福利。因此，都迫切要求建立与之相适应的社会福利制度。社会福利制度的转型和改革并不意味着是在原有的制度上进行修补，而是彻底的转型与构建，需要具有前瞻性、全局性和制度性的福利制度安排。这一时期的社会福利制度改革都围绕着社会化的目标展开。在这一阶段，国家的指导思想和方针政策发生了巨大变化，从之前阶级斗争转变为以发展为重心的经济建设。所以，在这一阶段，发展是最为

① 价值观是人们对于各种事物所具有的各种价值的观点或看法，是人们进行价值判断和选择、确立价值取向和追求的范型。这里我们谈到的价值观念并不是单个人的特殊价值观，而是在社会福利制度产生和发展过程中起主导作用的、为全社会所普遍认同的价值观念，即“主导的价值观念”。作为改革开放后福利文化的重要组成部分“发展的价值观”一方面它随着社会经济的变迁而变化，另一方面它又对社会经济有着重大的反作用。因此，“发展的价值观”是反映改革开放后社会福利制度深层结构的福利文化。

核心和主流的价值观。与此同时，随着经济结构的不断转型，全社会的经济社会结构也随之发生了重大改变。根据格兰诺维特所提出的社会网络理论来探讨，社会福利制度是在特定的经济社会结构中“嵌入”起来的，一方面它受特定的经济社会结构所塑造，另一方面它在一定程度上影响着经济社会结构，所以，不论哪一种类型的福利制度，其与计划经济体制相符的制度安排都必须要进行彻底的改革，为此，从 20 世纪 80 年代中期开始，受“效率优先”发展价值观这一福利文化的影响，我国的福利制度逐渐转变为“国家—社会”福利。

一、“‘效率优先’发展价值观”：市场经济初期社会福利制度的福利文化基础[①]

改革开放之初，为了对之前的计划经济体制进行深刻反思，并充分认识到国际发展趋势，因而在全社会达成了“效率优先”的共识，这一时期，全党和全国的工作重心转变为以经济建设为中心，经济增长成了举国上下的头等大事，人们的价值观也随之产生了翻天覆地的变化，不再是计划经济时期的“贫穷光荣”，而是转变成了“致富光荣”，社会上越来越认可“效率优先”发展价值观。此时“效率优先”也成了国家政策的指导思想；在社会分配方面采取按劳分配制度；在生产方面采取以公有制经济为主，其他所有制共同发展的制度，从而使集体、私营、外资等各种所有制经济相互竞争，从而提升效率。受“效率优先”的发展价值观影响，我国经济得到了迅速的发展，综合国力也明显得到增强。

同样，“效率优先”发展价值观也对社会福利方面产生了巨大影响，以“公平”为核心的价值观不再被社会福利制度所认可，而是认为只有注重“效率优先”才能兼顾公平，所以“铁饭碗”“大锅饭”被社会彻底摒

① 此部分内容参见张军：《主导、冲突与融合：中国福利文化下社会保障制度的历史演进》，《经济问题探索》2012 年第 4 期。

弃。曾一度被当作社会主义制度优越性的全民福利日渐被人们遗忘，改革时代的初期主流价值观是“社会福利并非免费午餐”。综上所述，我们发现在改革初期，社会福利的价值取向、主流价值观及经济政策不断背离与相互混同，很多人认为这一时期的社会福利就是将政府责任降到最低，而将个人责任放大到最大限度。

所以，在改革开放初期，我国福利文化倡导的是“效率优先，兼顾公平”的价值观，这种福利文化的产生主要是受当时特定的背景影响，主要来自三方面：一是当时我国的经济体制改革正由计划经济体制向市场经济体制转型，所以原本统包统配、平均主义的计划体制必须要彻底破除，在工资分配上应采取“效率优先”的分配制度；为了减轻国家的财政负担，在社会保障方面也应采取“效率优先”这一原则，鼓励个人财产分担社会福利的改革。二是受西方国家“福利病”所影响，西方发达国家的福利制度一度得到飞速发展，在此之后却面临着来自经济发展恶化、社会福利支出增加这两方面的压力，所以，很多西方福利国家都采取节约财政开支、减少福利项目和降低福利待遇的策略。三是国际社会深受智利和新加坡等国的个人承担缴费责任的个人账户制社会保障制度的影响，这种制度与福利国家的制度反差巨大，这种情况对我国当时的福利文化产生了显著影响。

二、市场经济初期社会福利的制度安排：“国家—社会”的福利制度

（一）改革职工福利，使其回归到本来的功能

在我国的经济体制逐渐向社会主义市场经济体制转型的过程中，职工福利随着国有企业的改革而改革，从发展历程来看，主要是通过以下路径来展开的。

一是梳理职工工资与福利之间的关系，将部分职工福利向工资转化。

将一部分具有工资性质的福利补助归属到工资分配中，使职工的收入不断向货币化和工资化方向发展。根据市场经济的一般工资构成情况，将那些具有工资性质的福利补贴转变为工资，这部分费用不再从职工的福利基金中支出。针对国营企业职工福利基金提取比例的提高与调整以及职工教育经费的计划，财政部于1992年出台了《关于提高国营企业职工福利基金提取比例，调整职工福利基金和职工教育经费计划基数的通知》。该文件进行了明文规定：将职工的福利费用依照其工资总额并扣除各类奖金之外的14%来提取，已经对福利基金所计提的工资总额不再对副食品的价格补贴进行扣除；这一规定自1992年5月1日起开始执行。职工教育经费按其中1.5%的比例进行提取；将从1985年起国务院统一给国企发放的副食品价格补贴中由企业基金所承担的部分全部都转变为企业成本。从2007年元旦之日起我国开始颁布实施新的《企业财务通则》。该文件中应付福利费和相关计提已经无迹可寻，这意味着职工福利基金的提取和列支是从企业税后利润中完成的，也就是企业为员工设置福利项目，决定福利水平及待遇时，要充分考虑自身的实际经济效益及条件[①]，另外要严格区分福利费用和保险费用，避免因概念混淆而相互挤占。采取在企业中设置社会保险基金的方式分列在职职工与非在职职工的各种保险项目，诸如将养老、工伤、医疗、生育和待业等保险项目覆盖起来。

二是对企业福利进行改革，实行社会保险制度的改革[②]。在养老保险方面，为了平衡新老企业之间畸轻畸重的养老负担，政府于1984年开始进行社会统筹试点。1986年，中央政府决定国有企业新招的工人一律实行劳动合同制，并规定了合同工和固定工不同的养老保险筹资模式和收益原则。为了让传统养老保险的缴费基础得以扩大，在1991年就企业职工养老保险制度下达了专项决定。至此，我国基本养老保险计划的制度基础得以奠定。1988年，八个部门联合召开医疗制度改革研讨会，该会议上

① 宋士云：《新中国社会福利制度发展的历史考察》，《中国经济史研究》2009年第3期。

② 此部分内容参见关信平主编：《社会政策概论》，高等教育出版社2004年版，第42—43页。

明确提出，医疗成本应由个人、企业和国家共同承担，部分医疗费用由个人负担。这项改革的基本框架由1992年9月针对职工大病医疗费用社会统筹的意见上得到了确定。1994年国务院下属的四部委联合下发了职工医疗保险制度的试点文件，使医疗保险制度的改革试行工作得到了进一步推动。国务院在1999年针对职工基本医疗保险制度的建立正式出台了相关决定，至此，我国医疗保险制度的基本框架得到了确定。在失业保险方面，政府相继出台了《国营企业职工待业保险暂行规定》(1986)、《国营企业职工待业保险规定》(1993年)，初步建立了我国的失业保险制度。1994年颁布的《中华人民共和国劳动法》正式确立了我国的失业保险制度。1999年颁布的《失业保险条例》标志着失业保险作为一个独立制度正式建立。

三是企业后勤服务社会化受单位福利设施服务社会化的影响而加大了改革力度。针对快速发展的第三产业，国家于1992年6月发布了《关于加快发展第三产业的决定》，该文件指出："要将事业型、福利型和公益型的第三产业单位进行转变，使其向经营性单位发展，并对其实行企业化管理"，在发展过程中，始终以社会化为导向，不断推动条件允许的企事业单位和政府机关既有的服务设施、交通运输工具和信息咨询机构面向全社会开放，为社会提供有偿服务，并遵循独立核算、自主经营的原则。在上述指导思想的影响下，企业从后勤服务化、产业化方面开始福利设施服务的改革，删繁就简，慢慢挣脱了"企业办社会"的困扰，使其能更好地参与市场竞争。一方面，很多企业推动既有的后勤服务设施向市场化、社会化运作方向转变，使之成为第三产业的关键组成部分；另一方面，还有机结合了企业福利机制和市场运作机制，使企业由封闭福利型慢慢过渡到开放经营型①。

四是改革住房福利制度。改革开放以来，我国职工福利的重大改革就是城镇住房制度改革。我国在这方面的改革经历了两个发展阶段，其一是

① 宋士云：《新中国社会福利制度发展的历史考察》，《中国经济史研究》2009年第3期。

20世纪80年代提出的“优惠售房”试点；其二是1986—1988年施行的“提租增资改革”。针对城镇住房改革，国务院于1989年提出了具体的实施方案，自此在我国开始了住房商品化改革之路，从1992年起在全国范围内施行新的住房改革，具体的改革措施包含了新房新租、有偿租房和新房先卖后租等方式。在这一时期，全国各地都在积极摸索住房福利改革的路径。针对城镇住房制度改革，国务院于1994年7月发布了《关于深化城镇住房制度改革的决定》，在这一文件中，提出了采用标准售价这一政策；发展至1998年年底，企事业单位不再为职工提供福利分房，使公房出售得到顺利开展。在实施住房商品化改革的过程中，国家提出了由职工及其所在单位共同负责住房公积金的缴纳，并提出了经济适用房的建设与出售举措，发展至2000年国家又提出了保障性住房政策，如廉租房、公租房等。通过以上种种改革，当前职工福利正在回归其本质功能及地位，并形成一个与当前企业制度和市场经济体制相适应的新型福利制度。

（二）“社会福利社会化”背景下社区福利服务的发展

这里所说的社会福利化就是指在国家提倡、组织与适度资助下整合各种社会资源和社会力量，创办福利设施，开展社会福利服务，使社会对福利服务需求得到满足。主要体现在具有市场化的运行机制、专业化的服务队伍、多样化的服务方式、公众化的服务对象以及多元化的投资主体等方面[①]。“社会福利社会化”思想早在20世纪80年代初期就已经提出来了。明确提出是在1983年，民政部在第八次全国民政会议上提出“兴办社会福利事业要调动多方面的力量，广开门路。采取多种渠道、国家可以办，社会团体可以办，工厂、机关可以办，街道可以办，家庭也可以办。要依靠基层，组织动员社会力量，举办小型多样的社会福利事业单位”。这是中国社会福利社会化的发端，标志着中国传统的社会福利制度开始从封闭型向开放型、由国家兴办向国家、社会共同举办的方向转变。1990年，

① 王子今、刘悦斌、常宗虎：《中国社会福利史》，中国社会出版社2002年版，第336页。

原民政部副部长张德江在北京召开的“中国内地与香港社会福利发展第一次研讨会”上提出了社会福利社会化的内容应包括服务对象的社会化、资金来源的社会化、管理的社会化、服务设施的社会化和服务队伍的社会化这五个方面①。2000年，民政部等部委联合发布了《关于加快实现社会福利社会化的意见》（国办发〔2000〕19），对社会福利的内容进行深入完善，其中包含了公众化的服务对象、多样化的服务方式、多元化的投资主体和专业化的服务队伍等方面。“社会福利社会化”在实践中表现为以原有的社会救济为特征，由政府包办、只针对“三无”对象和“五保户”模式向政府负责社会福利费用、全社会兴办社会福利、福利机构市场经营的社会福利模式转变。在这个过程中具有满足社会成员需求功能的社区福利服务成为改革的重要方向。

在社会福利体系以及社会化服务体系中，社区服务是一个极其重要的组成部分，它能为社会成员提供各种各样的福利需求，依托居委会、街道的社区组织，为居民提供具有社会福利性质的服务。第一届全国城市社区服务工作座谈会于1987年9月在武汉召开。在此次会议上，对社区服务的内容、特点、性质、范围和其在城市社会福利系统中的作用展开了阐述。1993年，为了进一步促进社区服务业的发展，使其规范化，国家计委联合民政部等14家部委共同颁布了《关于加快发展社区服务业的意见》，从社区服务业的任务、统筹规划、政府扶持、资金筹集、价格系统建立及管理等方面进行了规定。在这一发展阶段，社区福利服务事业步入了前所未有的飞速发展阶段。以民政部针对社区老年福利服务于2001年启动的“星光计划”为集中代表。依照此计划，从中央到地方，在2～3年内，通过发行福利彩票筹集的大部分福利金（40亿元～50亿元）要用于资助区、县政府建设城市街、居和农村乡镇的老年人福利服务设施和活动场地。在城市，以社区居委会为重点，逐步形成社区居委会有站点、街

① 张德江：《九十年代中国社会福利事业展望，中国内地及香港迈进九十年代的社会福利发展研讨会报告集》，1990年。

道有中心的社区老年服务设施和活动场所建设格局。到2007年年底，在全国范围内，共计有172000处城镇社区服务设施，在这当中，街道社区服务中心和居委会社区服务站分别为10222个和50116个。社区从业人员和服务志愿者组织数量分别为2422000人和476000个[①]。当前，很多传统职工福利功能都已被社区服务所取代。在社会福利方面，我国逐渐从计划经济时期的“单位人”转向市场经济时期的“社区人”。

（三）农村社会福利加快推进，城乡福利有所改善

1984—2007年，20多年的社会福利制度改革使我国广大农村地区传统的二元福利结构体制受到了极大的触动。农村在共享社会福利资源和促进城乡福利一体化发展的道路上进行了许多摸索。在制度方面，农村地区也建立了与市场经济发展相适应的社会福利制度。这是自改革开放之后，农村地区在社会福利制度方面最大的变革及政策调整。

在农村老年人福利方面，民政部于2006年启动了“霞光计划”，在5年内共计投资50亿元，用于农村五保供养服务设施的改造与建设。在城市实行的“星光计划”也拓展到农村，以乡镇为重点，新建和改扩建一批乡镇敬老院，逐步兴建了乡镇敬老院的老年人服务福利设施网络。为了给农村生活困难的群众提供生活保障，国务院于2006年对《农村五保供养工作条例》进行了重新修订，在公共财政保障范围中列出了五保供养经费，至此，农村五保供养福利制度发生了历史性巨变。在医疗福利方面，2003年民政部等发布了《关于农村实施医疗救助的意见》，为广大农村地区的贫困户和“五保户”提供医疗救助。同年，国务院发布《关于建立农村新型合作医疗制度的意见》，创建以大病统筹为主的农民医疗互助制度。截至2007年6月30日，全国开展新农合的县（区）达到2479个，占全国农业人口的82.83%。从2007年开始我国的新农合制度由试点阶段转

① 宋士云：《新中国社会福利制度发展的历史考察》，《中国经济史研究》2009年第3期。

入全面推进的阶段[①]。

通过上述福利制度建设，农村社会福利得到了逐步改善，但是与城市相比，农村社会福利项目仍然比较少，福利也处于比较低的水平，城乡福利的二元化分割现象比较严重。有关数据表明，20%的城市人口占有全国95%的福利资源，而占全国人口的80%的农村人口仅能享受5%的福利资源[②]。

1984—2007年是我国社会福利制度改革的探索阶段，经过了职业福利的改革，福利社会化以及社区福利的推动和农村社会福利的建设等，使社会福利的供给主体、福利接受者、目标、内容、服务方式、提供手段等都发生了巨大改变。我国社会福利实现了逐步从救济补缺型向福利型转变的过程。然而，从总体上来看，我国此阶段社会福利的根本特征是原有的计划经济特色的补缺型福利与市场经济体制下的福利型福利的混合体。国家尚未建立起面向全体社会成员的普惠型社会福利，社会福利仍然属于"补缺型"社会福利类型，由于受到身份、就业类型等方面的限制，广大人民群众的福利需求仍然未能得到满足。

第四节 "'公平优先发展'价值观"福利文化下的"多元主义"福利(适度普惠型社会福利)制度(2007年至今)

一、"'公平优先'发展价值观"：市场经济中期社会福利制度的福利文化基础[③]

改革开放之后，虽然我国经济得到了飞速发展，但社会并没有与之同

① 成海军：《三十年来中国社会福利改革与转型》，《马克思主义与现实》2011年第1期。

② 成海军：《当代中国社会福利政策研究——以民政社会福利为视角》，《中国发展研究基金项目报告》2009年。

③ 此部分内容参见张军：《主导、冲突与融合：中国福利文化下社会保障制度的历史演进》，《经济问题探索》2012年第4期。

步发展，而是严重滞后于经济发展，社会和经济的发展极其不均衡。这是因为我国在相当长的一段时间内，都注重“效率优先”发展价值观，专注于“效率优先”发展，忽视了“兼顾公平”。正是因为存在这种现象，导致我国在提升经济效率时，呈现出严重的公平缺失，尤其表现在收入分配方面呈现出严重的“两极分化”。目前我国的基尼系数早已超过国际公认的警戒线 0.4，并且呈持续上升的态势。在这一背景下，国家从 1998 年起开始实施“两个确保[①]”，其一是确定最低的生活保障制度；其二是不断拓展社会保险制度的覆盖面。至此我国的社会福利制度已经走过了矫枉过正的阶段，开始重新回归到价值公平的取向中。2003 年 7 月，胡锦涛同志在其讲话中提出了要“坚持以人为本的原则，树立科学发展观，不断促进人与经济社会的全面协调发展”，按照城乡统筹、区域统筹、经济社会统筹、人与自然和谐共处、国内发展和对外开放的统筹要求等，促进各项社会事业的发展与改革，这是国家的重大战略思想。科学发展观的主要内容包括四个方面：①全面发展观；②以人为本；③协调发展观；④可持续发展。科学发展观是在中国共产党十六届三中全会上正式提出来的，至此，“公平优先”发展价值观的福利文化在我国被正式确立。其中坚持以人为本是科学发展观的核心。“以人为本”体现了“公平优先”发展价值观。首先，以人为本的“人”是指全体人民，而并不是单一的群体，它既包括了社会弱势群体，也包含社会强势群体；既包含了穷人，也包含了富人。人的生存权是平等的，经济参与权是平等的，发展权也是公平的。其次，“以人为本”体现了全民共享、共同受益的公平性价值观。即保障所有社会成员的基本生存和发展条件，使他们的生活水平和发展能力随着社会的不断发展而有所提高。最后，从社会整体上来看，以人为本应该体现出整体的和谐与协调。

---

① “两个确保”：一是确保国有企业下岗职工的基本生活，在国有企业普遍建立下岗职工再就业服务中心，由再就业服务中心为下岗职工发放基本生活费，并为他们缴纳社会保险费。二是确保离退休人员的基本生活，保证按时足额发放基本养老金。

国家在落实科学发展观时，是以社会福利制度为操作化手段来实现的[①]。众所周知，社会福利制度就是为了满足人们的福利需求，促进社会和谐与公平、处理社会问题、协调社会关系而存在的，是一种政府弥补市场不足，干预社会生活的重要手段，从一诞生开始，社会福利制度就不断致力于追求以人为本、社会公平的核心价值观，在改革开放之初，我国社会发展一直处于止步不前的状况，主要原因就是社会福利价值观不够科学，也就是在计划经济时期“公平优先”的价值观被过分强调。由此可见，基于科学发展观的社会福利制度，应具备深刻的“公平”价值观，这意味着对福利文化的价值观将更加关注社会弱势群体，在社会发展过程中，必须要注重保护困难群体和社会弱势群体的权益，并陆续颁布实施与此相关的社会政策。鉴于此，很多学者表示我国正在走向社会政策的时代[②]。

二、“多元主义”福利（适度普惠型社会福利制度）：市场经济中期社会福利的制度安排

2007年在中国社会福利发展历史上是具有里程碑意义的一年。2007年，国家民政部提出了建立“适度普惠型社会福利”的设想，提出了要在全国范围内“推动社会福利由补缺型向适度普惠型转变”，即由“补缺型”福利提供给特定的老年人、残疾人、孤儿向全体老年人、残疾人和困境儿童转变。在服务项目和产品供给上，要满足目前全体老年人、残疾人和困境儿童需要。尽管从发展的目标来看，它只是一个狭义的民政福利转型的目标，但它却意味着我国逐渐废止了“补缺型”社会福利的理念和目标，

① 张秀兰：《发展型社会政策：实现科学发展观的一个操作化模式》，转引自李培林、王思斌、梁祖彬等：《构建中国发展型的社会政策——“科学发展观与社会政策”笔谈》，《中国社会科学》2004年第6期。

② 王思斌：《社会政策时代和政府社会政策能力建设》，转引自李培林、王思斌、梁祖彬等：《构建中国发展型的社会政策——“科学发展观与社会政策”笔谈》，《中国社会科学》2004年第6期。

而将社会福利提供从特殊群体延展到全体社会成员，由此拉开了全国各地探索建立适度普惠型社会福利制度的序幕。

针对城镇居民基本医疗保险的试点，国务院于2007年下达了《关于开展城镇居民基本医疗保险的指导意见》，拟定三年内在全国范围内推行城镇居民基本医疗保险，使之逐渐覆盖到所有的城镇从业居民[①]。同一时期，国务院相关部门针对农村医疗救助和城市医疗救助下发了意见，从此，在制度上"3＋1"的医疗保险项目开始惠及所有城乡居民。发展到2007年，完善城镇社会保障体系和养老保险体系省级统筹的试点省份分别达到13个和17个。除此之外，针对农民工的社会保险也不断推进，一些地区针对农村居民开始试行养老保险。在北京、上海等大城市对退出城乡无收入老人提供养老补贴。针对农村最低生活保障，国务院于2007年出台了《农村最低生活保障制度》，至此农村居民开始有了最低生活保障。在教育方面，面向中西部农村的义务教育普及问题，国务院于2003年颁布了决定，提出为农村地区贫困学龄人口免除学杂费和教科书费，同时补助寄宿生一定的生活费，发展至2007年，这一政策大致覆盖了所有义务教育阶段的学生，各级政府在公共财政保障的范围中，加入了义务教育的经费保障。针对城市低收入家庭住房困难的问题，国务院于2007年下发了《关于解决低收入家庭住房困难的若干意见》，即在城市建立廉租房制度，对经济适用房制度予以改善和规范，使城市住房困难者的居住条件得以改善，构建多维住房保障体系。针对廉租住房的保障，2007年，建设部联合其他部门印发了《廉租住房保障办法》，加强对廉租房住房资金的管理。同年，财政部颁布了专项管理办法，使廉租住房资金的来源和渠道得以确定[②]。

随后，国家连续出台了一系列具有普惠性质的社会福利政策。2009

① "3＋1"的医疗保障项目包括日常医疗救助、大病医疗救助、临时医疗救助和慈善医疗援助。

② 中国发展研究基金会写：《中国发展报告2008/09：构建全民共享的发展型社会福利体系》，中国发展出版社2009年版，第15页。

年1月正式下发了关于事业单位养老保险制度的改革方案，先在5个省市区试行[①]。针对新型农村社会养老保险的试点，国务院于2009年下发了《关于开展新型农村社会养老保险试点的指导意见》，提出了建立以集体补助、个人缴费、政府补助相结合的新农保制度，使社会统筹与个人账户结合在一起，与社会救助、土地保障、家庭养老等形成配套性保障措施，从而有效地保障农村老年人的基本生活。新型农村社会养老保险为保障广大农民在年满60周岁以后能够与城镇居民一样可以按时足额领取国家普惠式的养老金。同时，国家民政部针对福利机构儿童的最低养育标准下发了《关于福利机构儿童最低养育标准的指导意见》，提出对福利机构儿童最低养育标准为1000元/人。这一标准涵盖了日常生活费用，如伙食费、日常生活用品费、教育费、医疗康复费，但寄养家庭的劳务费与儿童大病医疗救助费不包括在内。国家民政部于2009年10月针对孤儿最低养育标准下发了《关于制定孤儿最低养育标准的通知》，制定了社会散居孤儿的最低养育标准，每人每月为600元。同时要依照当地经济发展和物价上涨指数建立自然增长机制。针对高龄津、补贴制度，民政部于2010年出台了《关于建立高龄津、补贴制度先行地区的通报》，对超过80岁的老年人按月发放高龄津贴。总的来说，以上政策对建立资金与服务双重保障模式下的社会服务体系具有重要的摸索价值，能有效推动社会福利向适度普惠型转型。2011年，“推动社会福利由补缺型向适度普惠型转变，逐步提高国民福利水平”先后被写入我国《国民经济和社会发展十二五规划纲要》和全国《民政事业发展第十二五个发展规划》，这标志着我国建立适度普惠型社会福利制度开始上升为国家层面的社会政策发展目标。

在过去的半个多世纪中，我国社会福利制度经历了从无到有的过程，在发展过程中，遇到了许多困难和挫折，如今我国社会福利制度正处于改革与发展的新时期。随着城镇社会保障制度的不断完善与发展，参保职工

① 中国发展研究基金会写：《中国发展报告2008/09：构建全民共享的发展型社会福利体系》，中国发展出版社2009年版，第15页。

数量逐年增加。例如养老保险在1989年时，城镇职工（包含农民工在内）参加养老保险的人数不足4900万，发展到2007年，这一数量增长到1.5亿人，年均增长超过了6%。除此之外，失业保险和工伤保险都获得了巨大发展，在1994年时参加失业保险的职工数量仅为8000万，发展到2007年这一数值增长到1.2亿。尤为重要的是，在参加这些社会保险的城镇居民中，农民工的数量正在逐年增长，相关统计表明，2007年参加基本养老保险、失业保险、医疗保险、工伤保险的农民工分别为1846万、1150万、3131万、3980万①。

① 中国发展研究基金会写：《中国发展报告2008/09：构建全民共享的发展型社会福利体系》，中国发展出版社2009年版，第15页。

第三章 我国社会福利制度存在的主要问题

虽然我国已初步建立了覆盖城乡的社会保障体系，但是中国城乡社会保障体系建设相对于经济社会发展的要求还相当滞后。中国社会福利制度改革取得了较大的进步，社会福利事业由此得到极大的发展。但是，随着各种经济成分争相涌现，多元利益主体的形成，各种社会组织的形成和生活方式的多样化发展趋势，尤其是中国老年人口的迅猛增长，对增加社会福利供给，拓宽福利服务设施和提高福利水平，提供多元化的社会福利服务，提供多层次、多形式的社会福利制度提出了一些新的要求。为此，当前我国的剩余型社会福利制度还存在许多值得研究的问题。总体上来看，我国当代社会福利制度存在着福利观念落后，观念亟须更新；社会福利供给不足，福利水平偏低；福利供给结构失衡，显失社会公平；政府福利责任摇摆不定，社会组织发展严重滞后；福利需求表达机制不完善，自下而上渠道还不通畅等几个比较突出的问题。

第一节 福利观念落后，观念亟须更新

从前述关于社会保障与社会福利的比较分析中，我们可以看到在社会保障和社会福利的国际社会政策学术研究当中都有稳定的学术一致性，即呈现出“普遍性知识”的特点。从总体上来说，社会保障包含的内容比社会福利包含的内容要狭小得多。而我国学术界社会福利的含义却呈现出“地方性知识”的特点。大都认为社会福利只是社会保障体系当中的一个

组成部分，这明显是用小范围的概念来囊括大范围的概念，从而将两者间的主从关系倒置了。其结果造成了国家政策性文件也是根据理论界的这一结论来加以界定，造成了社会保险、社会保障与社会福利这几个概念的部分内涵的混合使用，这不仅在理论上使概念混乱，也给实践中形成的制度体系规范造成了障碍。在我国实际的福利保障工作中，社会保险被看作与社会保障等同，因此也就无法被社会福利这一概念所包容。

社会建构的结果产生了一定的社会福利观，福利世界不仅反映了社会的基本现实，而且体现了现实社会关于社会福利制度安排的基本特征。社会福利观并非单独存在的，而是现实生活中人们思想观念对现实福利的反映。

当前我国在建设社会福利观时主要包含了以下特征[①]：①认为社会福利是政府的权威与仁慈的体现，人民群众不具备社会权利；②将我国的社会福利与资本主义制度下的社会福利相等同，混淆了社会制度和社会需求满足社会福利的概念，有可能对社会主义的社会生产形成误判；③将社会福利与社会救助完全等同，对社会福利的角色进行消极、狭隘的解读，认为社会福利属于一种社会保障，二者之间不是并列关系，这种解读与国际惯例的认识截然相反，不利于形成科学的福利观和制度；④将社会福利与企事业单位的职工福利视为同一概念，使我国的社会结构和经济文化特色得到充分彰显；⑤认为社会福利属于城镇居民独享的权利，农民只是从形式上享有社会福利权利，并没获得真正意义上的公民权，并且进一步拓展国家承担的福利责任范围；⑥将社会福利工作与民政工作完全等同，这种观念具有极强的局限性，并且使福利存在显著的政治性特征，而缺乏应有的社会政策意识，意味着经济政策与社会政策尚未形成有效的互动关系。

大力提高人们的物质文化生活水平是社会主义现代化建设的根本目标，这就要求我们要最大限度地发展社会福利，使人们的生活质量不断提

① 刘继同：《社会福利：中国社会的建构与制度创新路向》，《哈尔滨工业大学学报》（社会科学版）2003 年第 1 期。

升，这是当前我国社会福利制度转型阶段的核心目标。要实现这一目标就需要实现社会平等与社会公平，需要社会结合与社会整合，需要强调人的价值和人的需要，也需要保障公民的基本权利，这正是现代取向的社会福利观念。长久以来，人们或者把社会福利看作社会救助，或者把社会福利视为社会保障的一部分，这与中国经济发展水平不高，国民的人均 GDP 很低有关。但是，随着经济的不断发展，统筹城乡、社会经济协调发展以及人与自然之间的和谐发展，仅把社会福利视为社会救助，是有局限性的。正如英国社会政策大师蒂特马斯认为，社会福利范围广泛多样并非仅仅局限于人们所认为的由政府财政所建立的社会公共福利，社会福利还包含了财税福利和职业福利，以及由四部分组合而成的社会福利体系，即社会救助与贫困救济是福利制度中发展最早的基础福利。随着经济的发展，还应建立社会保险和为弱势群体提供的公共福利服务，并为城乡居民提供医疗卫生服务、教育、住房和公共福利服务等具有发展性、预防性功能以提高人们的生活质量为目的的社会福利，以实现经济社会的协调发展，达到社会政策与经济政策的良性互动、相互促进，最终实现人的全面发展的目标。

在我国，处于底层的普通群众与处于上层的社会精英通常认为社会福利属于一种国家权威，社会福利是国家仁慈和恩赐的体现。形成这一认识的根源在于中国社会普遍缺乏实质公民权、社会权利要素和坚实的价值基础。从福利观念的视角出发，我国社会和福利观当前还处于社会现代化的初级阶段，相关制度建设的责任还很重，需要经过长期的奋斗。现代福利观念与社会福利制度都是建立在公民权利的价值基础上的。另外一个重要原因是我国社会保障的概念要大于社会福利的概念。社会福利的概念与制度安排曾一度被包含在社会保障概念当中[①]。中国底层的普通群众与上层的社会精英通常认为社会福利属于企事业单位为职工提供的福利待遇，所以更加重视组织性福利，忽视了个人福利，究其缘由，主要是因为新中国

① 白益华、吴忠泽：《社会福利》，中国社会出版社 1996 年版，第 1 页。

成立以来，我国逐步建立了基于各种企事业单位的社会组织体系，在工作单位当中几乎涵盖了全体国民的生活。在中国人的观念之中，人不可能没有单位。在我国，工作单位并不是简单的经济生产单位，而是肩负其职工生老病死各种福利的准福利机构。我国底层的普通群众与上层的社会精英之所以认为社会福利是城镇居民的特权，主要原因在于将社会福利提供对象限于城镇居民，将广大农民排除在外，导致福利制度成为我国社会中一种不平等的制度。从根本上剥夺了广大农民的社会权利，将他们搁置于社会福利的边缘地带，使他们只在形式上享有公民权，而实质上并未享受到切实意义上的公民权。中国底层的普通群众与上层的社会精英常常将社会福利工作与民政工作画等号，主要原因就在于中国习惯上是由民政部门负责社会福利工作，从而导致民政部门的工作与社会福利工作挂钩，使我国社会福利的政治性高于制度性。社会福利属于民政工作最根本的属性，主要是为了满足弱势群体对福利的基本需求。然而，应该注意的是，这并不意味着所有的民政工作都是与社会福利挂钩的。随着社会经济发展水平提高和福利观念变化，社会福利内容与范围也在不断扩大。

社会福利观念的转变，尤其是价值观的革新和思想的解放，是我国社会福利制度最重要的突破口，是其改革与发展的主要思想基础。思想解放和观念革新属于思想革命的范畴，在社会福利制度的改革中，这方面所面临的困难最多、发展阻力最大。

第二节　社会福利供给不足，福利水平偏低

一、社会福利覆盖较窄，社会福利供给不足

社会福利作为依靠收入再分配来实现社会公平的一种手段，具有全民性的特点。目前，我国的社会福利制度已经建立了市场机制的需求满足机

制，但其制度体系还远未完善，制度覆盖面较窄的问题依然较为突出。对于城乡居民低保方面而言，覆盖面偏低，即使是北京、上海和广州等经济发达地区，城乡居民低保制度的覆盖率也不高。2016年年底，北京、上海和广州的城乡低保人数分别为12.76万、20.20万和4.90万，当年三地户籍人口数分别为1362.9万、1745.2万和870.49万，城乡低保人数占户籍人口总数的比例都在2%以下[①]。相比之下，早在2011年，香港综援[②]受助人数为46.56万人，当年香港人口总数为707.16万人，综援受助人口占人口总数的比重达到6.58%。对于社会保险方面而言，覆盖面较窄的问题仍然较为突出。城乡养老保险覆盖率和失业保险参保率都不高，并未真正实现应保尽保。我国城乡养老保险覆盖率虽未实现全民覆盖，但近年来稳步提高，覆盖面不断扩大。2010年城乡养老保险覆盖率仅为41.39%，2011年增加到62.88%，2013年达到79.7%，2014年达到80%，2015年达到85%，2016年超过85%。截至2017年年底，在全国范围内，参加基本养老保险的人数共计有9.15亿人，其中，城镇职工和城乡居民参加基本养老保险的人数分别为4.02亿人和5.13亿人，两者合计覆盖率超过了90%[③]。在中国人口总数中，将学龄前儿童和在校学生等人群去除，符合养老保险参保条件的人数约为10亿人。也就是说，目前我国尚有将近1亿人口游离于养老保险制度之外，养老保险要实现全民覆盖，应保尽保，还有很大的改进和提升空间。2010年、2011年、2012年、2013年、2014年、2015年、2016年和2017年失业保险参保率分别为38.56%、39.86%、41.03%、42.93%、43.36%、42.88%、43.66%和44.24%，失业保险参保率不足60%，相当一部分就业人口游

① 资料来源：北京市民政局、上海市民政局、广州市民政局《2016年四季度社会服务统计数据》。

② 综援是“综合社会保障援助计划”的简称，主要是面向经济困难的人士提供基本生活保障，资金来源于税收和政府拨款，面向收入低于一定水平的贫困群体，类似大陆的最低生活保障制度。

③ 资料来源：人力资源和社会保障部《2017年度人力资源和社会保障事业发展统计公报》。

离于失业保险安全网外，其中一个重要社会群体就是农民工[①]。根据人力资源和社会保障部的统计，2017年全国农民工总人数达到28652万人，参加失业保险的农民工人数为4897万人，仅占农民工总人数的17.09%，超过80%的农民工未被纳入失业保险的覆盖范围[②]。

二、资金投入不足，福利水平偏低

从规模性指标来看，我国社会支出在GDP和公共财政支出中的比例不高，整体规模不大。在2014年，国内公共财政支出和GDP总值分别为151662亿元和635910亿元。社会支出在国家公共财政支出和在GDP中的占比分别为35.52%和8.47%。相关研究显示，2007年OECD国家的社会支出对国内GDP和广义政府支出的比重分别为24.4%和61.8%[③]。相对来说，我国的同类比重分别为8%和36%，还没有达到其一半。根据国务院发展研究中心课题组的计算，即使人均GDP为3000～6000美元的国家，社会支出占广义政府支出的比重一般也达到40%甚至50%的水平。相比之下，我国社会支出占公共财政支出的比重明显偏低[④]。社会福利投入水平通常以社会福利支出在GDP当中所占的比重作为衡量的指标。国际上，各国社会福利支出项目虽然都不相同，但是具有福利性质的项目占GDP的比重一般维持在20%～30%之间，近年来，虽然我国加大了社会福利的开支，但是社会福利资金投入仍然不足，福利供给的矛盾仍然比较突出。由于测算口径存在着一定的差异，准确计算我国社会福利支出占GDP的比重较为困难，针对部分社会福利项目占GDP的比重与国际相关指标比较可以看出我国社会福利投入水平较低。例如，2017年我国就业

① 资料来源：人力资源和社会保障部2010—2017年人力资源和社会保障事业发展统计公报。其中失业保险的参保率是将参加失业保险的人数与城镇从业人员数对比求得的。

② 资料来源：人力资源和社会保障部《2017年度人力资源和社会保障事业发展统计公报》。

③ 贡森、葛延风：《福利体制和社会政策的国际比较》，中国发展出版社2012年版，第217—218页。

④ 贡森、葛延风：《福利体制和社会政策的国际比较》，第217—221页。

和社会保障的国家财政支出占 GDP 的比重仅为 3%。2017 年我国城乡低保的国家财政支出占 GDP 的 0.2%，而在 1995 年美国社会救助支出占 GDP 的比重为 1.5%，英国为 3.9%，加拿大为 1.8%，意大利为 2.9%。2017 年我国卫生总费用为 51598.8 亿元，占 GDP 的比重约为 6.2%，根据世界卫生组织（WHO）建议各国的卫生总费用占 GDP 的最低标准为 5.0%，世界上中等发达国家普遍都在这一水平之上，平均指标都位于 10%以上。而其他国家在 2011 年的数据如下，美国（17.7%），丹麦（10.9%），OECD 国家（平均 9.3%），以色列（9.2%）、俄罗斯（6.2%），南非（8.5%），智利（7.5%），我国医疗卫生支出占 GDP 的比重不仅远低于 OECD 发达国家，也明显低于南非、智利等发展中国家。2017 年，我国国家财政性教育经费占 GDP 的比重为 4.13%，而世界上大多数国家教育财政支出占 GDP 的平均比值早在 1995 年就超过了 5.5%。2010 年，OECD 国家教育支出占 GDP 的平均比重为 6.3%，占公共支出的平均比重为 13%，其中，韩国、新西兰、美国、以色列等国的教育支出占 GDP 的比重均超过 7%。我国与 OECD 国家的差距还比较大，甚至还落后于一些拉美国家，如阿根廷（6.8%）、智利（6.4%）。

社会福利投入不足在社会福利制度实践中直接表现为社会福利水平低，福利供给不能满足社会成员的福利需求。在此，利用低保资金替代率来对我国城市低保水平进行了测算。把全国各省、自治区、直辖市的城市低保人均支出水平与各省、自治区和直辖市同期的最低工资平均标准进行了比较，构造出低保金平均替代率来衡量低保保障水平（见表 3—1）。所谓低保金替代率是指在低保收入与低保对象参加工作收入后可能获得收入（一般以最低工资作为参照）之间的比率。通常认为，如果替代率在 50%以下表明低保救助水平较低，达不到保障基本生活的目的，低保替代率在 50%～80%的区间则代表低保救助水平处于一个较为合理的区间，而当低保金对在职时期工资的替代率等于或大于 80%，则表明低保金就存在普遍的福利依赖问题。从具体的测算结果来看，低保福利不足的问题在全国各省市普遍存在。从全国范围来看，用全国各地的最低工资的平均标准来计算的低保金替代率最高的省份大多在30%以下，最高的省份为北京，低保金替代率为39%，全国大多数省份的低保金替代率集中在17%～30%之间。全国各省市的平均替代率为23%。总体上来看，中国的城市低保救助水平还处于比较低的水平，不能从根本上保证低保户的基本生活需要，我国城镇低保居民的基本生活福利需求较大。因此，无论是从全国来看，还是从具体调查来看，中国城市低保都不存在所谓低保对象的福利依赖，而是低保福利提供不足，我国的低保制度呈现出来的是救助水平偏低、福利不足的问题。

表3—1　我国2016年第4季度城市低保的概况与低保替代率

地　区	人数（人）	家庭数（户）	人均低保支出水平（元）	最低工资平均标准（元）	低保金平均替代率（%）
北　京	81851	48787	730.77	1890	39
天　津	121873	74609	695.85	1950	36
河　北	475763	273874	282.18	1525	19
山　西	530928	280134	314.64	1470	21
内蒙古	491401	304482	427.51	1490	29
辽　宁	620183	372978	375.75	1267.5	30
吉　林	678127	454143	248	1380	25
黑龙江	1111158	674024	350.35	1270	28
上　海	168225	118379	728.52	2190	33
江　苏	249075	142024	393.85	1590	25
浙　江	107611	74733	537.36	1607.533	—
安　徽	545865	345467	368.59	1317.5	28
福　建	87952	54947	343.52	1302.5	26
江　西	876735	425848	326.19	1370	24
山　东	308575	172849	335.49	1550	22
河　南	821178	512956	249.80	1450	17
湖　北	552906	340349	305.91	1298.75	24
湖　南	1118804	662793	272.83	1200	23
广　东	225425	132645	464.27	1491.25	31

续表

地 区	人数（人）	家庭数（户）	人均低保支出水平（元）	最低工资平均标准（元）	低保金平均替代率（%）
广 西	226375	121964	304.37	1173.75	26
海 南	75328	36213	330.99	1346.67	25
重 庆	347765	214749	362.30	1450	25
四 川	1349524	820454	275.26	1380	20
贵 州	358537	202870	344.25	1500	23
云 南	896829	591769	315.99	1383.33	23
西 藏	35856	20590	425.82	1400	30
陕 西	420888	210320	339.77	1325	26
甘 肃	707179	296817	328.41	1395	24
青 海	162107	81774	222.31	1260	18
宁 夏	145860	77117	329.78	1396.67	24
新 疆	868901	413254	289.45	1460	20
全 国	14798784	8553912	333.38	1454.21	23

资料来源：①中华人民共和国民政部《2016年4季度全国县以上城市低保数据》；最低工资数据来自全国各省（自治区、直辖市）民政厅2016年第四季度发布的最低工资标准规定；②在全国各省（自治区、直辖市）种，最低工资标准分类情况：一档（即最低、最高档、平均档均一致）有4个，即北京、天津、上海，西藏；二档有1个，即重庆；三档有10个，即吉林、江苏、山东、河南、海南、四川、贵州、云南、青海、宁夏；四档有15个，即河北、山西、内蒙古、辽宁、浙江、安徽、福建、江西、湖北、湖南、广东、广西、陕西、甘肃、新疆；五档有1个，即黑龙江。③各省市的最低工资平均标准为各档标准的均值，1档的四个地区被视为特例。最低工资标准均含“五险一金”。

第三节 福利供给结构失衡，显失社会公平

目前，我国的社会福利供给不但总量不足，不能满足广大人民群众的基本生活需要，而且供给结构还严重失衡，福利供给与福利需求之间存在着明显的“错位”或“缺位”，这种供给结构失衡主要表现在城乡之间、区域之间和城乡内部不同社会群体之间社会福利享有存在着严重不均衡的特点。社会福利供给结构失衡造成了以追求社会公平为宗旨的社会福利制度成为固化社会不平等的制度安排，造成了社会不公平的现状，其制度的积极功能严重降低。

一、城乡间福利差距较大

我国城乡社会福利体系按照城乡二元分割的社会结构分别设置城市和农村二元化的社会福利体系，在项目设置、保障水平及覆盖范围等方面，农村社会福利制度均远远落后于城市，其享有的福利水平远远低于城市。我国城镇已经基本建立了涵盖基本生活保障、养老、医疗、公共卫生、住房、教育、就业、工伤、生育、公共服务等多个领域的社会福利项目，覆盖了绝大部分的城镇居民。相比之下，农村社会福利项目主要局限在低保、医疗、养老等几个少数领域，覆盖范围极其有限。而“新农合”“新农保”等覆盖农村居民的社会福利项目也只是在最近几年才获得较快的发展，其保障的程度也仅是满足其基本的福利需求。从福利享受的程度来看，有关统计数据显示，1991—2005 年城市人均社会保障支出占人均 GDP 的比重约为 15%，而农村只有 0.18%，农村人均社会保障支出只有不到城市的 1/90①。另据有关学者测算，城乡二元体制导致城乡之间社会保障财政支出相差悬殊，60%的农民仅占有不足 30%的国家公共财政资源②。下面分别就养老保险、医疗卫生、低保制度等城乡社会福利进行简单的比较，以说明城乡福利差异较大的表现。

我国城乡的基本养老保险制度的建立有着深刻的历史和文化背景，城乡社会、经济的发展都会对其产生深远影响。为此，我国城乡基本养老保险制度在内容、模式、性质方面均存在显著的差异。它们在运行上自成体系，形成了两种大相径庭的制度。由于受到国家的重视，我国城镇地区养老保险经过数十年的发展运行，当前在养老保险方面已有较高的保障水平，并大致形成了基于基本养老保险制度的多层次养老保障体系，但农村

---

① 丛峰、王涛、傅兴宇：《中国离“全民社保”时代有多远》，《半月谈》（内部版）2006 年第 8 期。

② 杨艳东：《我国劳动者的福利差距与社会保障制度的公平性——基于就业所有制性质的视角》，《学术界》2013 年第 3 期。

养老保险并不如此。在我国广大农村地区，养老基本上是依靠自身。因为农民收入普遍不高，从而导致农村养老保险状况不佳。截至2011年年底，在全国范围内开展新型农村社会养老保险试点的地区共有27个省、自治区，1914个县（市、区、旗），以及4个直辖市的部分区县，共有32643万人参保，相对于2010年同期增加了22367万人。在这当中，共有8525万人实际领取了养老金。2011年全年，我国新型农村社会养老保险基金收入相对于2010年增长了135.9%，达到了1070亿元。在这当中，个人缴费比2010年增长了84%，达到了415亿元。共计支出资金比2010年增长了193.3%，达到了588亿元，实现了1199亿元的累计结存[①]。

我国城镇职工的养老保险成功经验为新农保制度提供了很多参考，但二者之间存在的差异依然相当明显（见表3－2），在这些差异的长期影响下，我国城镇居民和农村居民在养老问题的认识上形成了巨大差异。城镇居民大多是依靠政府和社会来解决自己的养老需求，而农村居民则认为养老需求主要靠自己的家庭自我解决。这是因为城镇职工基本养老保险是单位和个人一同缴费，并且所缴纳的费用与待遇相关；但农民却并不如此，其养老保险以个人缴费为主，政府补贴为辅，政府虽然给予了一定的补贴。但待遇水平仍然偏低。此外，从表3－2中，我们可以看到，城市和农村的基本养老保险制度在筹集资金、责任分担、确定支付水平以及基金运行方面均存在十分明显的差距。除此之外，在具体内容、覆盖范围、缴费办法和标准、投保期限等方面也大相径庭。正是因为二者之间存在着明显的差异，导致其在性质上也呈现出明显的不同。

---

① 人力资源和社会保障部：2011年人力资源和社会保障事业发展统计公报，见http://www.mohrss.gov.cn/SYrlzyhshbzb/zwgk/szrs/tjgb/201206/t20120605_69908.html。2012年城镇居民养老保险与新型农村社会养老保险实现整合统一为城乡居民养老保险。因此，人社部的统计对象发生了变化，不再有对新型农村社会养老保险的统计数据。

表 3－2　当前我国城乡基本养老保险制度的差异性比较

	城镇基本养老保险制度	农村基本养老保险制度
保障对象	城镇的所有企业员工、个体工商户、灵活就业人员	非城镇户口、农村人口
资金来源	政府、用人单位和个人三方分担	个人缴费、集体补助和政府补贴三方分担
资金运行	社会统筹＋个人账户	社会统筹＋个人账户
缴费标准	上一年度社会平均工资的 60％～300％	100～1000 元 10 个等差定额档次及 1500 元、2000 元档次
缴费办法	比率缴费，其中个人 8％、企业 20％	定额缴费
给付水平确定	基础养老金（退休后上一年度社会平均工资的 20％）＋个人账户养老金（当年缴费本金、当年本金产生的利息和历年存储额产生的利益总额÷120）	基础养老金（2016 年标准为 55 元，今后随国家政策调整）＋个人账户养老金（个人缴费＋政府补贴＋集体补助＋社会和个人资助＋上述金额产生的利息÷139）
强制性	强制	自愿
统筹层次	省级统筹	县级统筹
投保年限	15 年	无
领取年龄	男 60 岁、女 50（55）岁	男性和女性均为 60 岁
完善程度	相对成熟	试点推广

在城乡医疗卫生费用方面，医疗卫生费用的分配明显倾向于城市。表 3－3 列出了 2004 年到 2014 年，政府在城乡卫生费用投入方面的差距。虽然我国农村人口一直居高不下，远远高于城市人口，但在卫生费用的投入方面却严重落后于城市地区①。相对于农村居民而言，城镇居民的人均卫生费用消费水平要高出了 2.5～3 倍。如表 3－3、表 3－4 所示，2004 年，我国农村居民的卫生费用为 2651.08 亿元，在 2014 年，这一数值增长到了 8736.80 亿元，人均卫生费用从 2004 年的 301.6 元上升到 2014 年的 3558.30 元；但 2014 年，城市的卫生总费用为 26575.60 亿元，人均卫生费用为 2581.70 元。从总量和人均来看，农村与城市之间的差距还是比较大的，政府对农村医疗卫生费用的投入还是远远不足的②。此外，在医

① 2011 年年末，国家统计局统计显示，城镇人口 69079 万人，乡村人口 65656 万人，城镇人口占总人口比重达到 51.27％，自此至今我国城市人口一直保持着超过农村人口的态势。

② 2014 年农村人均卫生费用首次超过城市人均卫生费用，这主要因为，一是我国人口城乡结构发生了变化，据国家统计局统计，2014 年年末城镇常住人口 74916 万人，乡村常住人口 61866 万人，城镇人口占总人口比重为 54.77％；二是国家政策导向发生了变化，大幅增加对农村人均卫生经费的投入。

疗保险资金筹集的来源方面，城乡之间也存在着极大差异，城市居民医疗保险的筹资渠道来源是多元化的，城市职工和居民的医疗保险不仅仅由个人自负医疗费用来承担付费的责任，它的资金来源渠道也有政府、企业或单位，城市职工和居民自负的医疗费用相对来说较为少见。在我国广大农村地区，医疗保险基本上由农民自行负担，作为筹资者的政府只补贴少量资金。可以看出，在医疗保险待遇方面，城乡之间存在天壤之别。城市地区的医疗保险系统相对比较完善和全面，不管城市居民和职工患有哪一种疾病，都能够从医疗保险中报销大部分费用。而相对于农村，只有比较严重的病症，农民才可以得到一定程度的报销。可以说，农村大多数的医疗保险还是主要通过依靠农民个体和家庭来负担医疗费用的，国家承担的责任比较小。

表 3—3 我国城乡 2004—2014 年医疗卫生总费用的投入差异

年份	城乡卫生费用（亿元）		
	城市（亿元）	农村（亿元）	农村占城市的比重（%）
2004	4939.21	2651.08	53.67
2005	6305.57	2354.34	37.34
2006	7174.73	2668.61	37.19
2007	8968.70	2605.27	29.05
2008	11251.90	3283.50	29.18
2009	13535.61	4006.31	29.60
2010	15508.62	4471.77	32.60
2011	18571.87	5774.04	31.09
2012	21065.69	6781.15	32.19
2013	23644.95	8024.00	33.94
2014	26575.60	8736.80	32.88

资料来源：《中国卫生和计划生育统计年鉴 2017》，根据《中国卫生和计划生育统计年鉴 2016》，2015 年、2016 年城乡卫生总费用数据缺失。

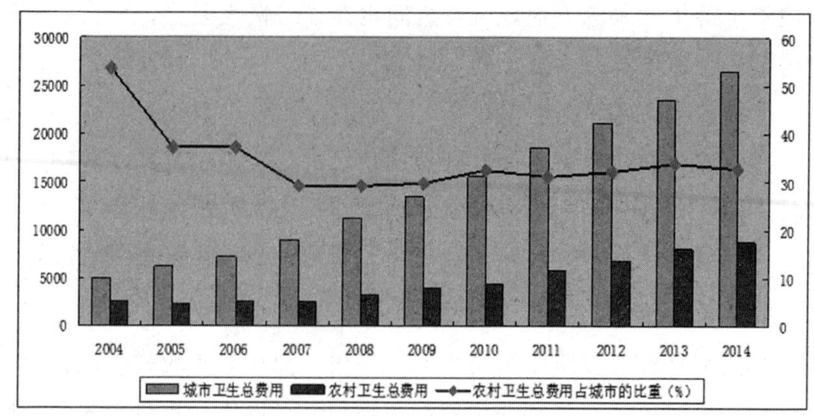

图 3—1 我国城乡 2004—2014 年卫生总费用对比图

表 3—4 我国城乡 2004—2014 年人均卫生费用的投入差异

年份	城乡人均卫生费用（元）		
	城市（元）	农村（元）	农村占城市的比重（%）
2004	1261.90	301.60	23.90
2005	1126.40	315.80	28.04
2006	1248.30	361.90	28.99
2007	1516.30	358.10	23.62
2008	1861.80	455.20	24.45
2009	2176.60	562.00	25.82
2010	2315.50	666.30	28.78
2011	2697.50	879.40	32.60
2012	2969.00	1055.90	35.56
2013	3234.10	1274.40	39.41
2014	2581.70	3558.30	1.39

资料来源：《中国卫生和计划生育统计年鉴 2017》，根据《中国卫生和计划生育统计年鉴 2017》2015 年、2016 年城乡人均卫生费用数据缺失。

从城乡低保制度来看，我国城市和农村都先后建立起低保制度，城市居民低保制度建立于 1997 年，农村居民低保制度建立于 2007 年，农村居民低保制度的建设远远落后于城市的步伐。城市居民低保制度从 1993 年

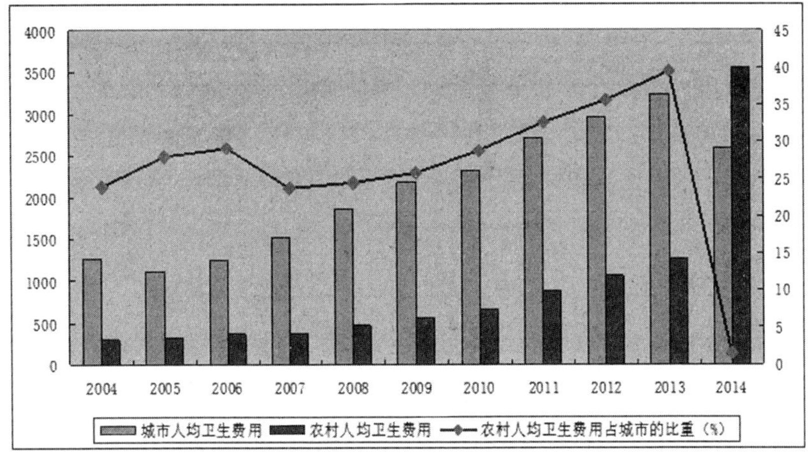

图 3—2 我国城乡 2004—2014 年人均卫生费用对比图

上海的最初建立到 1999 年全国的《城市居民最低生活保障条例》颁布，经过十几年来的完善和发展，已经在全国所有城市和县镇建立和实施，形成了一整套规范的操作流程和管理体制。而农村地区的低保制度，则自 2007 年国务院下达《关于在农村建立最低生活保障制度的通知》之后，才进入了制度化、规范化的阶段。由此可见，城市居民低保制度建设远远领先于农村居民低保制度建设，时间长达 10 年。另外，就资金投入补差水平方面也存在着较大的差距。城乡二元体制下，相对于农村居民较低的转移性收入，城镇居民转移性支付一般都在 20%左右，占总收入的 1/5。在城乡二元经济社会模式下，以城乡居民低保制度为例，城乡居民低保标准的巨大差距造成了城乡社会救助资源配置的显著差异。从表 3—5 可以看到，2007 年以前，我国城乡居民低保救助标准差距在 5 倍以上。2007 年以后，随着农村居民低保制度在全国各地普遍建立，我国城乡居民低保标准的差距呈逐年缩小的趋势，但截至 2017 年农村居民与城镇居民低保标准的差距仍然超过 1.5 倍。

表 3－5 我国城乡 2001—2017 年低保标准及其对比

年份	城镇低保标准（元/月/人）	农村低保标准（元/月/人）	城乡低保标准比
2001	147.0	12.84	11.45
2002	148.0	14.5	10.21
2003	149.0	21.16	7.04
2004	152.0	27.66	5.5
2005	156.0	25.35	6.15
2006	169.6	33.2	5.09
2007	182.4	70	2.61
2008	205.3	82.3	2.49
2009	227.8	100.84	2.26
2010	251.2	117.0	2.15
2011	287.6	143.2	2.01
2012	330.1	172.3	1.92
2013	373.0	202.8	1.84
2014	411.0	231.4	1.78
2015	451.1	264.8	1.70
2016	494.6	312	1.59
2017	540.6	358.4	1.51

资料来源：城城市低保数据来源于 2001—2017 年各年民政事业发展统计公报；农村统计部分数据来源于国家发改委就业和收入分配司《关于稳妥推进农村最低生活保障制度的政策建议》。

二、区域间福利差距较大

新中国成立以来，中国在社会发展指标的主要方面取得了令人瞩目的成就。尤其表现在以下几方面：文盲率和婴儿死亡率不断下降，儿童入学率不断提高，国民的平均寿命有所延长，公共卫生水平不断提升。人类发展指数（简称 HDI）是联合国根据人均 GDP、预期寿命、识字率和平均受教育年限计算出来的。主要用于对某一地区或者国家的人类和社会发展程度进行衡量，是反映人类健康、教育发展以及社会福利发展水平的重要

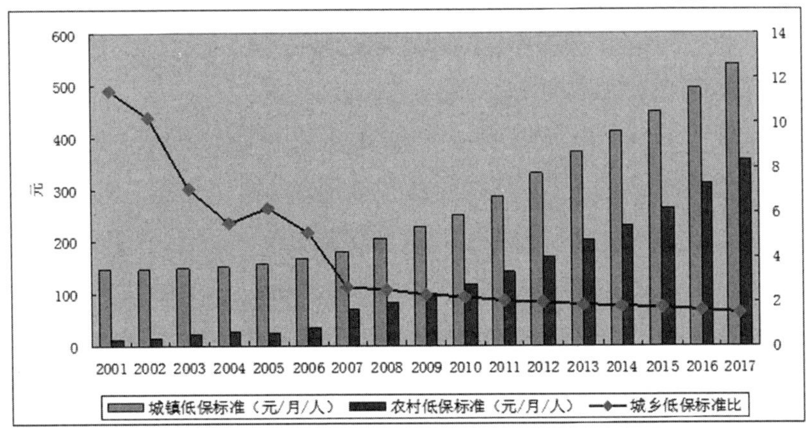

图 3－3 我国城乡 2001—2017 年低保标准对比图

指标。联合国开发计划署依照 HDI 长期展开了跟踪研究。从 20 世纪 90 年代开始，每年都发表《人类发展报告》，并依据世界 170 多个国家和地区的“预期寿命、教育水平和生活质量”三项基础变量，按照一定方法，得出 HDI 指数进行排名，并在当年的《人类发展报告》中发布。虽然我国经济的增长较快，年增长率达到了 8%，但相对于 GDP 来说，我国 HDI 的排名仍然比较低。联合国开发计划署 2014 年的报告显示，在 2013 年，我国和印度的 HDI 指数分别为 0.719 和 0.586，世界排名分别为第 91 位和第 135 位。该年的世界平均指数为 0.694。可见，我国人类发展水平处于相对较高的水平，但与 GDP 的排名不相适应。2013 年，中国 GDP 在全世界排第 2 位。

然而，还应该注意，如果用 HDI 来衡量，我国最富裕地区和最贫困地区的差距就如同世界最发达国家与最贫困国家之间的差距一般。从联合国开发计划署《1994 年人类发展报告》中发现，在世界范围内，地区 HDI 差距最大的有四个国家。除中国之外，还有巴西、埃及和尼日利亚。对于这一问题的处理，联合国开发计划署建议中国政府必须加以关注和谨慎处理。《1997 年人类发展报告》再次提出，巴西、中国和印度这三个发展中国家在人类贫困指标（HPI）上存在极大差距。中国 HDI 整体为 44%，其中贵州达到了 55%，在 78 个发展中国家排倒数第 5 位；沿海地区为18%，北京不到10%，在78个发展中国家排第5位①。北京、上海、天津三个直辖市2014年的HDI已经超过了0.8，进入高水平发展的行列，然而西藏HDI只有0.600、贵州只有0.673和云南只有0.668，这些省份处于中等水平行列，其差距完全类似于发达国家和发展中国家之间的差距。具体数据参见表3－6。

表3－6 中国人类发展指数（HDI）的部分省市的地区差距（2014年）②

地区	HDI	世界排名③	预期寿命指数	教育指数	收入指数
全国	0.754	90	0.868	0.709	0.697
北京	0.869	27	0.952	0.854	0.806
上海	0.852	30	0.953	0.807	0.803
天津	0.843	32	0.932	0.791	0.814
云南	0.668	113	0.784	0.613	0.620
贵州	0.673	112	0.809	0.613	0.616
西藏	0.600	134	0.762	0.451	0.630

联合国开发计划署所列2014年中国大陆31个省、自治区和直辖市的人类发展指数量化排名显示（见表3－7），在我国31个省、自治区和直辖市中，北京市的人类发展指数排名第一为0.600（预期寿命指数为0.952，教育指数为0.709，收入指数为0.806）。西藏自治区排名垫底，为0.600（预期寿命指数为0.762，教育指数为0.451，收入指数为0.630）。大大落后于北京。排名前10位的省份，除了内蒙古自治区属唯一的西部地区之外，北京、上海、天津、江苏、浙江、辽宁、广东、山东、吉林，这些省份均属东部沿海发达地区。排名后10位的省份有江西、

① 胡鞍钢、邹平：《社会与发展——中国社会发展地区差距报告》，浙江人民出版社2000年版，第34—35页。

② 资料来源：联合国开发计划署：《2016年中国人类发展报告》，中译出版社2016年版，第97页。联合国开发计划署：《2014年人类发展报告》，联合国开发计划署网站2014年，第160—163页。

③ 根据联合国开发计划署2013年世界各国人类发展指数值来参考中国各地区排位。

安徽、广西、甘肃、新疆、四川、云南、贵州、青海、西藏。除了江西、安徽（这两省有大量区域属于山区和革命老区，交通不便，属于贫困地区），其他均属西部欠发达的地区。

表 3—7 中国各地区人类发展指数（HDI）及其构成（2014 年）①

地区	人类发展指数	预期寿命指数	教育指数	收入指数	人类发展排序
全国	0.754	0.868	0.709	0.697	
北京	0.869	0.952	0.854	0.806	1
天津	0.843	0.932	0.791	0.814	3
河北	0.735	0.870	0.677	0.675	19
山西	0.738	0.869	0.704	0.656	16
内蒙古	0.766	0.861	0.689	0.758	10
辽宁	0.798	0.892	0.764	0.745	6
吉林	0.768	0.889	0.721	0.708	9
黑龙江	0.755	0.886	0.723	0.672	12
上海	0.852	0.953	0.807	0.803	2
江苏	0.798	0.896	0.730	0.778	4
浙江	0.798	0.913	0.732	0.761	5
安徽	0.720	0.871	0.656	0.654	23
福建	0.758	0.882	0.666	0.741	11
江西	0.726	0.860	0.681	0.655	22
山东	0.769	0.893	0.693	0.735	8
河南	0.727	0.864	0.671	0.664	20
湖北	0.754	0.868	0.706	0.699	13
湖南	0.735	0.866	0.679	0.676	18
广东	0.772	0.894	0.694	0.741	7
广西	0.713	0.872	0.641	0.648	26
海南	0.738	0.891	0.671	0.671	17
重庆	0.747	0.881	0.676	0.701	15

① 资料来源：联合国开发计划署：《中国人类发展报告 2016》，中译出版社 2016 年版，第 97 页、第 102 页。

续表

地区	人类发展指数	预期寿命指数	教育指数	收入指数	人类发展排序
四　川	0.720	0.866	0.656	0.657	24
贵　州	0.673	0.809	0.613	0.616	29
云　南	0.668	0.784	0.613	0.62030	
西　藏	0.600	0.762	0.451	0.630	31
陕　西	0.751	0.865	0.700	0.698	14
甘　肃	0.689	0.826	0.642	0.616	28
青　海	0.694	0.791	0.627	0.674	27
宁　夏	0.727	0.845	0.668	0.682	21
新　疆	0.718	0.828	0.660	0.677	25

此外，就社会保障方面而言，由于我国存在十分显著的城乡二元结构，并受城镇职工以社会保险为主体的社会保障模式影响，导致社会保障水平的城乡差距较大。同时，中西部地区[①]的劳动力不断迁移至东部沿海地区[②]；在现有养老保险省级统筹，医疗保险市级统筹的情况下，劳动者一般都在就业地缴纳社会保险，但却无法在户籍所在地享受社会保障。在当前社会保障费用不能异地转移的情况下，导致东、中、西部不同区域间的社会保障水平差距也比较明显。

社会保障作为一种主要由政府提供的公共产品，必须满足全民的基本福利需求。随着分税制改革的不断深入，各地的经济发展水平不尽一致，从而导致经济和财政性社会保障支出也相去甚远。在区域经济发展水平差别较大的影响下，我国东中西部的社会保障也差距较大。我国中西部地区

① 中部地区包括8个省，即黑龙江省、吉林省、安徽省、湖南省、湖北省、江西省、河南省和山西省。中部地区的社会保障基金与财政社会保障支出两者差距不大，反映出内部差异较小。西部地区包括12个省（自治区、直辖市），即四川省、重庆市、贵州省、云南省、广西壮族自治区、西藏自治区、宁夏回族自治区、甘肃省、青海省、陕西省、新疆维吾尔自治区、内蒙古自治区。西部地区的财政社会支出超出社会保障基金支出，内部社保基金缴付基数较低，严重依赖中央财政转移支付。

② 东部地区包括11个省、直辖市，即北京市、天津市、上海市、河北省、辽宁省、山东省、江苏省、浙江省、福建省、广东省、海南省。东部地区经济比较发达，社会保险缴付基数大。

的社会保障水平明显要低于东部地区，中西部地区的社会保障覆盖不全面、养老负担较重，特别是西部欠发达地区社会保障水平还比较低。在我国，社会保障制度是由户籍所在地管理，并对既有社会保障基金实施省级统筹，社会保障基金只在本省区域内实行调剂，不能跨省级调剂，从而不利于社会保障对不同区域之间收入的再分配，除此之外，也无法与各区域基本公共服务均等化的要求相适应。

从表3—8可知，在2009年我国的人均社会保障支出中，东部地区和中部地区、东部地区和西部地区之间的差额分别为565.23元、478.65元，5年之后，这两组数据持续扩大，达到了1087.89元、781.46元。这意味着，随着社会经济的不断发展，不同区域之间的人均社会保障支出差距不断加大，尤其是东部地区和中西部地区。中西部之间的差距则相对较小。在2009年，中部地区的人均社会保障支出为1267.76元，西部地区的人均社会保障支出为1354.34元，5年以后，两者分别为2447.90元和2754.33元。2009年东中西部人均社会保障支出之比为1∶0.69∶0.74，5年以后的比值为1∶0.69∶0.78，2008年，东中西部人均GDP之比为1∶0.52∶0.47，发展到2013年，这一比例变成了1∶0.58∶0.55。通过以上数据表明，东中西部地区的人均GDP差异大于其社会保障支出的差异[①]。究其原因，主要表现在两方面：其一是支出项目和人口结构是社会保障支出的主要因素，社会保障是制度性的硬性规定，其待遇具有不可降低性；其二是国家的财政转移支付对不同区域之间社会保障的差异进行了弥补。

---

① 何秀芝：《我国社会保障水平的区域差异，影响因素与政策优化路径》，2015年博士学位论文，南京大学公共管理学院，第82页。

表 3－8　2008—2013 年我国东中西部人均社会保障支出比较

单位：元

地区＼年份	2008	2009	2010	2011	2012	2013
东部	1548.84	1832.99	2117.08	2547.91	3021.81	3535.79
中部	1027.01	1267.76	1446.36	1743.84	2061.29	2447.90
西部	1057.42	1354.34	1588.41	1971.47	2343.47	2754.33
结构	1:0.66:0.68	1:0.69:0.74	1:0.68:0.75	1:0.68:0.77	1:0.68:0.78	1:0.69:0.78

资料来源：根据《中国劳动统计年鉴》（2009—2014 年）相关数据计算整理。

三、群体间福利差异较大

“我国的社会福利安排处于典型的四分五裂状态。城乡户籍制度、行业系统和身份地位成为划分不同类型的四大标准[①]”。社会福利制度在具体的实施过程中，福利项目分割运行，制度安排背离了社会福利所追求的社会公平的原则。“条条”福利待遇非常优厚，令人艳羡，“块块”的福利待遇差异显著，明显落后。条条与块块，行业与系统福利待遇差别明显，条块差别又集中反映在工作单位之间的差别，不同性质、规模、行政级别、权力大小、资源多寡决定不同工作单位职工福利待遇的好坏[②]。在我国，各种福利保障制度之间因为社会福利制度的分割而产生了非常明确的界限，人们随职业身份的不同所享受到的再分配方式也各异。

其中，以养老保险制度最具代表性。在分配方式方面，也不完全平等。从养老保险制度中的分割性来看，我国典型的养老保险制度有三种：其一为机关事业单位工作人员养老保险制度；其二为城镇职工养老保险制度；其三为新型农村社会养老保险制度。这三种不同的养老保险制度所覆盖的社会群体也不一样。通过调查的描述性统计可知，不同职业身份的人所参与的养老保险制度不尽一致。由于社会保障制度不一致，被保障的社

① 刘继同：《国家与社会：社会福利体系结构性变迁规律与制度框架特征》，《社会科学研究》2006 年第 3 期。

② 路风：《单位：一种特殊的社会组织形式》，《中国社会科学》1989 年第 1 期。

会群体也必然存在一定差距，所以，职业身份成了最显著的分割方式。依照不同的职业身份来决定哪些养老制度是哪些人群参与的。通过表3—9可知，城镇各类企业职工构成了城镇养老保险的主体，一些由事业单位改制成企业单位的员工也包含在内；公务员和事业单位工作人员是机关事业单位养老保险的参与主体；农民则是新型农村社会养老保险的参与主体。简单地可以通过这三类人群的收入与养老保险待遇之间的关系来看养老金的再分配效应。从收入水平来看，这三类人群中，农民的平均月收入是最低的，机关事业单位工作人员的月均收入是最高的，企业职工处于两者之间；而从退休后领取的基本待遇来看，月均收入低的群体，领取的养老金低，月均收入高的群体，领取的养老金高（见图3—4）。如农民月均养老金低于1000元，企业职工月均养老金为2000元左右，而机关事业单位工作人员的月均养老金则在3500元左右。《中国收入再分配状况调查》和《中国社会保障绿皮书：中国社会保障发展报告（2012）》调查数据表明，大部分企业职工的养老金都在2000元以下，这一比例大约为75.4%。机关事业单位工作人员的退休养老金基本超过了4000元，这一比例高达92.3%；被调查者2011年8月领取的养老金最低为200元，最高为10000元，前者为后者的1/50[①]。养老保险“双轨制”拉大了不同单位性质退休人员的养老金差距，造成了不公平，在一定程度上加剧了社会矛盾，降低了政府的公信力。我国企业职工养老保险制度自1997年起建立，当时，我国养老保险的替代率均值为58.5%。国家审计署于2012年8月对社会保障审计报告中的相关数据进行了发布。2005年我国企业职工养老金人均每月为713.25元，发展至2011年人均每月职工养老金增长至1516.68元，年均增长率为13.4%，均高于这期间的居民消费价格指数（简称CPI）增速。但是，养老金替代率却呈现逐年递减的趋势，2011年企业职工养老金替代率为42.9%，低于国际养老金替代率50%。中央财

① 王延中主编：《社会保障绿皮书：中国社会保障发展报告（2015）No.5——社会保障与收入再分配》，社会科学文献出版社2012年版，第66—68页。

经大学社会保障系主任褚福灵教授的调研数据显示机关单位的公务员养老金替代率1999年和2002年分别为101.61%和104.56%，虽然涨幅较低，但一直呈现上涨的趋势；事业单位工作人员的养老金替代率在1999年和2002年时分别为100.92%和97.49%。当前，我国企业和机关事业单位工作人员的养老金替代率分别为维持在40%和100%左右。

在养老金的待遇给付方面也存在国家财政对养老保险金补贴的巨大差异。2010年颁布的《社会保险法》中对城镇企业职工养老保险和新农保的政府财政补贴作出了明确规定，规定了政府对这两种养老保险制度承担补贴的责任，但是补贴量的大小却存在着明显的不同。2016年之前，对机关事业单位的工作人员来说，是无须缴纳养老金费用的，养老金都是由国家财政支出，由国家和政府全权负责。由于企业职工的养老金存在一定的收支缺口，因而国家财政补贴不断增加。参保的离退休人员在2011年达到6299万人，这一年，国家财政补贴的社会保障基金为1954亿元，从而计算出人均每月可获得258元财政补贴。新农保中明确规定，国家对农民基础性养老金补贴为人均55元/月，地方财政则依照超过人均30元/年的标准进行补贴。对于城镇和农村的群体，差距过大的财政补贴意味着不同地位群体在财政再分配上不尽一致。当然，由于目前国家没有实现基础养老金全国统筹，各地养老金水平并不统一。经济发达地区养老金数额绝对水平更高一些[①]。北京市自2007年开始对符合条件的全北京市当地户籍的城乡无社会保障老人人均每月发放200元养老金，其他沿海省份也有类似的政策规定。

① 王延中主编：《中国社会社会保障收入再分配状况调查》，社会科学文献出版社2013年版，第68页。

表 3—9 我国从业人员参加养老保险制度的类型

单位：人，%

养老保险类型		农民	企业职工	机关事业单位人员	公务员	个体工商户	私营企业主	自由职业者	其他	村组（社区）干部	合计
城镇企业职工养老保险	频数	22	344	147	22	19	8	34	176	64	836
	占比	2.60	41.10	17.60	2.60	2.30	1.00	4.10	21.10	7.70	100.00
新型农村社会养老保险	频数	258	36	9	1	38	1	24	46	11	414
	占比	62.30	6.30	2.20	0.20	9.20	0.20	5.80	11.10	2.70	100.00
城镇居民养老保险	频数	19	25	12	5	48	9	38	136	9	301
	占比	6.30	8.30	4.00	1.70	15.90	3.00	12.60	45.20	3.00	100.00
机关事业单位养老保险	频数	5	22	141	63	1	1	1	25	6	265
	占比	1.90	8.30	53.20	23.80	0.40	0.40	0.40	9.40	2.30	100.00
商业养老保险	频数	3	8	4	9	2	2	6	34	—	—
	占比	8.80	23.50	11.80	26.50	5.90	5.90	17.60	100.00		
其他养老保险制度	频数	5	1	1	2	2	3	25	39	—	—
	占比	12.80	2.60	2.60	5.10	5.10	7.70	64.10	100.00		
合计	频数	312	426	314	91	117	23	102	414	90	1889
	占比	16.50	22.60	16.60	4.70	6.20	1.20	5.40	71.90	4.80	100.00

资料来源：中国社科院 2011 年度国情调研重大课题“中国社会保障发展与收入分配状况”项目对全国五省省区市的调查数据。

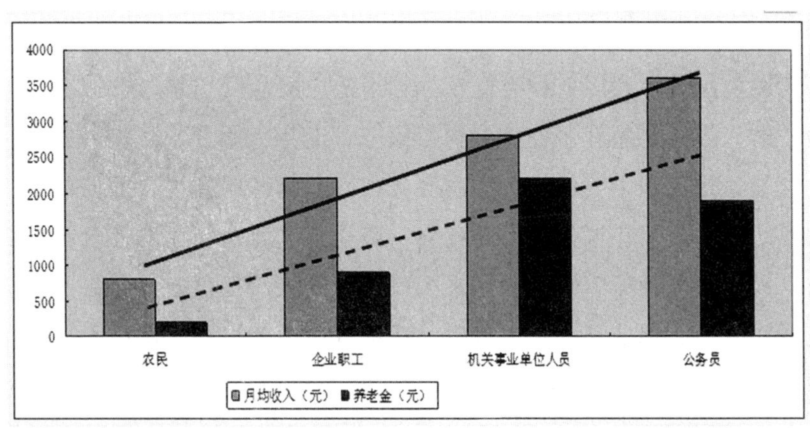

图 3—4 我国不同类型人群月均收入与养老金差异图

资料来源：中国社会科学院 2011 年度国情调研重大课题“中国社会保障发展与收入分配状况”项目组对全国五省市的调查数据。

第四节 福利内容重经济轻服务，社会福利服务供给不足

社会福利服务是社会福利资源传递的一种重要形式，其本身也是社会福利体系的重要组成部分，是满足社会成员特别是弱势群体的社会成员生存与发展的基本保障。然而，长期以来我国政府倡导的是重经济保障而轻社会福利服务的原则，社会福利服务供给能力严重不足，即使是从狭义社会福利的角度来看，很多社会群体的社会服务需求也未能得到满足。

首先，社会服务规模较小，在整体福利规模中没有占据较大比重。我国社会福利在2017年全年的实际支出为4927.1亿元，其中用于城乡低保、农村“五保”、城乡医疗救助和社会抚恤事业费等方面的开支达到了2983.6亿元，占社会福利总开支的61%，社会服务经费方面的开支只占其中的6%，只有373.3亿元。[①] 相对来说，在香港社会服务方面的开支通常占到了社会福利总开支的30%。

其次，社会福利服务种类比较少，不适应民众日益增长的服务方面的福利需求。当前，家庭服务、青少年服务、老年人服务、残疾人服务和社区综合服务是我国主要的社会福利服务内容，这些服务主要面向的是“老弱病残幼贫”等弱势群体，面向社会一般受众和普通公民的社会福利服务比较少；在服务种类上缺乏为外来人口、流动人口提供各种新兴的社会福利服务，诸如心理辅导、医疗卫生、违法者服务等，服务供给无法满足多元群体多元化的福利需求。总体上，我国社会福利服务供给与民众日益增长的多样化福利需求相比明显滞后，社会福利服务的资金投入、服务设施、服务种类乃至服务能力，都跟不上民众福利服务增长的需要。当前，

① 民政部：《2017年4季度全国社会服务统计数据》，见 http：//www.mca.gov.cn/article/sj/tjjb/qgsj/2018/201803131510.html。

福利服务供求矛盾最突出的表现是在老年群体福利需求的满足方面。根据联合国制定的标准，一国或地区60岁以上的老年人占总人口的比例高于10%，或者65岁以上老年人在总人口的比例高于7%，就被称为“老年型”的国家或地区。我国早在1999年就已经进入“老年型”国家的行列，截至2017年年底，在全国范围内，超过（包含）60岁的老年人在总人口中占17.3%，达到了2.41亿人，老年人口接近澳大利亚全国总人口；超过（包含）65岁的老年人在总人口中占11.4%，达到1.58亿人；空巢和独居老年人已经增加到1.18亿人。[①] 我国人口老龄化的进程正在加速并走向峰值。随着人口老龄化程度的不断加深，老年人口的社会福利需求也在急剧增加，社会福利服务也面临着严峻的挑战。然而，面对如此强烈的养老服务需求，养老服务供给却严重不足。我国老年人社会福利通常比较重视为其提供经济方面的保障，而忽略了对其个人社会服务需求的满足。所以，全社会没有足够重视养老服务业。虽然我国传统的养老服务基本单位为家庭，但是这种模式的社会支持不足，同时也缺乏专业化的老年服务。在老年人的长期护理服务方面，缺乏必要性政策支持，并且相应的老年服务业不够专业。截至2017年年底，我国共有各类社区服务机构和设施40.7万个。在这当中，社区服务指导中心、社区服务中心、社区服务站、社区养老服务机构、互助型养老设施及其他社区服务机构的数量分别为619个、2.5万个、14.3万个、4.3万个、8.3万个和11.3万个，还拥有9.6万个社区志愿服务组织。[②] 虽然社区服务指导中心、社区服务中心和社区服务站数量有所增加，但是社区服务中心老年福利服务设施相对落后。城市社区居委会中，老年人活动场地所占比例相对较高，但是多维文化体育活动场地，社区托养和照顾的比例不高，为老年人提供送饭服务或饭桌的覆盖率非常低，不足1/5。尤其是在农村村委会，为老年人提供

① 民政部：《2017年社会服务发展统计公报》，见 http：//www.mca.gov.cn/article/sj/tjgb/2017/201708021607.pdf。

② 民政部：《2017年社会服务发展统计公报》，见 http：//www.mca.gov.cn/article/sj/tjgb/2017/201708021607.pdf。

简陋的劳动场地、活动室或家政服务的社区不到1/3，提供送饭服务和饭桌的不足1/10，提供托养服务的比例则更加低。在西方发达国家，有着十分发达的养老服务业，能够提供高水平且种类丰富的服务。例如，德国社区养老服务就有着非常丰富的种类，包括洗衣做饭、采购、咨询、康复治疗、娱乐、日间护理、陪同外出、流动图书馆等，极具人性化和精细化。还有日本社区养老服务也非常齐全，有派遣家庭服务员料理家务、陪护看病、电话咨询、购物、养护委托以及家庭护理，并且服务模式非常友好和个性化，可以针对不同老人的具体需求提供相应的服务①。相比之下，我国社区养老服务发展时间较短，提供的服务种类较少，服务内容比较单一，服务的专业水平还不高，且普遍存在专业人力资源缺乏，服务素质不高的现象。根据全国老龄办2008年公布的《我国城市居家养老服务研究》中表明，在我国城市地区，具有各种养老服务需求的老年人达到了48.5%。在其中，满足居家养老服务、家政服务、护理服务和聊天解闷服务的分别为15.9%、22.61%、8.3%和3.16%②。

第五节 政府福利责任定位摇摆不定，社会组织发展严重滞后

社会福利到底是谁的责任？对于社会福利这样一个基本理论问题，社会福利学术界和实务界都在不断积极探寻答案，并且提出了各种各样的看法。总结起来，形成了几种责任取向的社会福利责任观，即个人责任本位观、企业责任本位观、社会共同责任本位观与国家责任本位观。其中，个人责任本位观支持和倡导由公民自行承担福利责任，在社会福利中发挥主要作用，占据核心地位的是个人与家庭；企业责任本位观倡导社会福利责

① 熊必俊，冯秀春：《对发展社区助老服务产业的理论研究和战略思考》，《老龄问题研究》2001年第8期。

② 全国老龄办副主任阎青春：《我国城市居家养老服务新闻发布稿》，2008年2月21日。

任由企业提供，注重企业在其中所发挥的核心与主导作用；而社会共同责任本位观则提倡社会福利责任由国家、企业、社会、个人共同承担。提倡各个责任主体相互合作、合理分工；国家责任本位观则认为社会福利的主要责任承担者为国家，重视在各种社会福利项目中政府所具备的核心作用[①]。通过分析各国社会福利的实施状况可知，社会福利责任观的发展趋势为社会福利共同责任本位观。但是，在这种责任观前提下，不同责任主体在分担责任方面的排列组合不尽一致，不同的国家或地区会有不同的选择，同一国家或地区的不同历史发展阶段也会有所不同。不过无论哪种排列组合方式，明确政府的责任定位都是一个至关重要的环节。不能简单笼统地说社会福利属于谁的责任，而应该充分考虑社会福利体系中的具体组成部分，并以此为基础展开深入分析。

在不同的社会发展阶段，中国政府承担社会福利责任呈现出不同的作用，政府在不同时期发挥的作用也是不完全相同的，政府的社会福利责任定位始终都处在摇摆不定的状态，有的时候扮演着全能者的角色，而有的时候则完全撒手不管。在计划经济时期，为了体现社会主义社会比资本主义社会的巨大优越性，政府扮演着全能者的角色，但在赶超战略的影响下，最终政府通过单位制为全体城镇居民提供了较为全面的但是水平不高的社会福利，而对广大农村地区的社会福利（主要是养老、医疗）则完全撒手不管，完全交由农民自己去解决。改革开放以后，我国的经济社会发展战略发生了转变，在“效率优先，兼顾公平”的指导思想下，基本上纠正了计划经济时期社会福利低效率的弊病。然而，在改革开放初期，由于简单复制西方国家的经验和理解上的误区。将西方福利中政府的福利责任退出简单地理解为政府不再管事，政府卸掉包袱，而认为整个社会才是社会福利责任的主体，这种看法并不恰当。实际上，社会福利的主要承担者应该属于个人与家庭，而政府则是对由计划经济转为市场经济时导致的部分权益受损者进行补偿。除了继续对农村社会福利撒手不管外，城镇社会

① 田北海：《社会福利研究中的若干争议问题探讨》，《学习与实践》2006 年第 9 期。

福利受市场化改革的冲击，政府的社会福利责任是一降再降。到了建设和谐社会时期，情况又发生了转变，无论是在农村，还是在城镇，政府又开始承担起更多的社会福利责任。总之，从计划经济时期到市场经济时期再到和谐社会建设时期，政府的社会福利责任始终都处于一种摇摆不定的状态。

然而，迄今为止，政府在社会福利制度中的责任定位依然尚处于朦胧的状态，政府的社会福利责任定位仍然尚不清楚。公共管理学认为，政府的公共行政职能应该定位在“掌舵人”而非“划桨人”。事实上，政府在社会福利制度中应该承担制度设计、社会福利资源供给和协调国家、市场、社会三大力量的均衡发展以及法规建设、运行监管等责任。与之相比较可以发现，目前我国政府在社会福利制度中的“缺位”“错位”和“越位”情况依然存在。在公共福利领域，教育、公共卫生、医疗保健、住房等具有公共产品或准公共产品性质的项目，由于成本较高，单纯由个人来负担成本必然会加大个人的经济负担，因而必然由政府承担主要责任。但我国在社会福利改革过程中，政府完全从福利责任中退出，教育、医疗保健、住房等完全走向市场化，个人成为福利责任的主要承担者，导致个人负担加重，社会成员的福利需求无法得到有效的满足。当前，在我国普通家庭的整个家庭储蓄中，以子女教育为储蓄动机占44％。在医疗上，需要自费的城镇居民和农村居民分别为40％和71％。1990年我国城镇居民家庭的医疗保健支出占比为2％，到2010年，这一比例上涨到6.5％，增长了4.5个百分点，年均提高0.228个百分点；占农村居民消费支出中的比重由3.3％提高到7.4％，增长了4.1个百分点，年均提高0.21个百分点，我国房价超出了人们收入的10倍以上，远远高于国际平均水平的4～6倍。究其原因，我国社会福利制度改革的动力并不是来自下层人民群众的福利需求，而是来自上面层级的考核压力。在社会福利改革过程中，不排除个别地方政府有自觉的行为，但绝大多数地方政府的改革动力来自上级政府的考核。当考核的重点为经济方面时，地方政府就千方百计地招商引资，发展经济；当考核的重点为民生方面时，地方政府就会向民生方面倾斜，但经济发展依然是重点。在我国，虽然政府在社会福利体系中发挥着重要作用，但其作用机制有着自己的特点，这一点是与欧美福利国家不同的地方。

再如在社会组织发展领域，社会组织作为福利责任多元主体之一，在满足社会成员的福利需求，承担社会福利提供者的责任方面，具有十分重要的地位。目前，我国社会组织发展严重滞后，特别是在社会福利领域，还无法承担其应有的职能。民政部统计数据显示，到2017年年末，我国共有76.2万个社会组织登记注册。与1988年的4446个社会组织相比，增长了将近170倍，每年增长速度为5.7%。[①] 然而，长期以来，社会组织多半属于政府主导型，只能完全听命和服从于政府，自我生存空间十分有限，有着明显的官民二重性，自治程度比较低；我国社会组织尚处于形成和发展之中，还很不成熟，其自主性、自愿性和非政府性的典型特征不明显；“合法性”程度比较低，不具有规范性。毫无疑问，社会组织将构成未来社会福利领域的主体，而非政府部门的本质属性决定了它必然是一个独立自治的主体，才能真正发挥作用，这说明我国的社会组织未来还有很长的一段路要走。

第六节 家庭作用凸显，社会和市场福利有限

前面谈到，从提供福利的主体来看，福利的供给主体应该是多元化的，既包括政府，也包括个人、家庭、社会组织、企业、商业保险组织、社会慈善组织等。政府提供的福利只能保证广大人民群众的基本福利需求，是底线的社会福利；而家庭、企业、社会组织、商业保险组织和社会慈善组织等非政府主体提供的则是补充性的社会福利，其起到的作用是在

① 民政部：《2017年社会服务发展统计公报》，见 http://www.mca.gov.cn/article/sj/tjgb/2017/201708021607.shtml。

基本生活福利基础之上的锦上添花式非底线社会福利。例如，我国的养老保险制度体系就是由政府提供的基本养老保险、企业提供的补充养老保险（职业年金或企业年金）和个人自主购买的商业养老保险（人寿保险）三部分组成。在教育方面，政府必须提供九年义务教育，而高中教育、职业教育、高等教育则主要由政府和非政府主体共同来提供。政府主体和非政府主体在福利提供上面，他们只有分工的不同，而没有重要与非重要的区别，他们更不是一种相互替代的关系，而是相互补充的关系，共同构成社会福利供给的责任。

分析中国社会福利发展历史，我们会发现，在我国，家庭制度一直是最重要的制度。家庭和家族本位观是我国社会福利制度中最重要的一种福利文化。在中国，“人的生老病死都无法脱离家庭生活，家庭成员之间相互依赖，个人可以没有工作，但不能没有家庭。人的衣食住行都是由家庭提供的[①]”。从家庭不断延伸至社会，继而延伸到整个国家，以家庭为本的价值观成为中国主流社会价值观。这种文化的品格使中国人在寻找安全保障、规避风险和处理问题时，主要依靠家庭或者家族这一“扩展型家庭”结构，而依靠商业保险等市场机制和慈善事业等社会机制方面发挥作用则极为有限。无论是在计划经济时期，还是在市场经济时期，家庭都提供了社会福利供给的主要责任，其主要原因是政府提供的福利保障非常有限。如新型农村社会养老保险在 2009 年才开始建立，虽然当前实现了制度的全覆盖，但由于其保障极为有限，所以老年人的生活费、日常照料均来自家庭。在 20 世纪 90 年代中期，在国有企业职工下岗分流的改革过程中，家庭起到了重要的生活保障作用，是其他主体所无法替代的。虽然随着家庭结构的日益核心化，家庭保障功能有所下降，但大量的城乡居民在养老安全方面仍然对家庭有着很大的需求，特别是在精神层面。家庭养老保障满足了中国人特有的血缘亲情的精神层面的需求。因此，家庭在社会

① 卢作孚：《中国的建设问题与人的训练》，转引自王建芹：《第三种力量——中国后市场经济论》，中国政法大学出版社 2003 年版，第 182—183 页。

福利供给中的重要作用不应被忽视，尤其是在中国这样一个有着家庭福利文化传统的国家。

在计划经济体制下，无论是国有企业，还是集体企业，都被动地承担着为政府提供福利保障的责任，不再有动力为自己职工提供补充性的福利待遇。而商业保险几乎陷入停滞的状态，根本谈不上为老百姓分担社会风险。在市场经济体制下，企业成为市场的主体，但其为广大职工提供补充性的福利仍然显得无足轻重，企业也没有尽到应尽的社会责任。商业保险虽然发展较快，但由于人们收入低以及长久以来形成的“关系信任”的福利文化，民众通过商业保险分散社会风险的情况还不是非常理想。在计划经济时期，慈善事业根本不存在，所谓的补充作用更是无从谈起。到了市场经济时期，慈善事业才得以恢复，而且发展很快，在一些重大自然灾害方面发挥了一定的作用，但总的说来，其作用还很有限，与一些发达国家比较起来，发展状况还很不理想。

总之，在当前社会福利制度的变革之中，在非政府提供主体方面，家庭的作用较为突出，而企业、商业保险等市场机制发挥作用较为有限，慈善事业等社会机制作用可能稍好，但其作用仍然有限。

第七节 为经济体制改革配套突出，预防性社会福利建设不足

“中国社保制度整体设计尚未从全局出发，还处于零散阶段，一方面缺乏有效的模式理念，另一方面是没有依据不同的阶段来量化规划”。[①]不管是20世纪80年代的制度调整，还是90年代向市场经济转型，社会福利往往被定义为经济体制改革的配套措施，对社会福利目标改革本身的

① 郑秉文：《中国社保“碎片化制度”危害与“碎片化冲动”》，《甘肃社会科学》2009年第3期。

精准定位不足。以城市低保制度为例，我国最初建立城市低保制度就是为了解决国有企业下岗职工的基本生活保障问题。20世纪90年代初期，我国面临的主要问题是国有企业职工大规模下岗失业，为了应对因大规模下岗职工的出现而带来的城镇贫困危机，我国提出了建立“三条保障线”，即为下岗职工基本生活保障、失业保险和城市居民低保制度。城市低保制度就是作为国有企业改革的一项配套工程被提出来的。不可否认的是，改革开放30多年我国社会福利制度正逐步从经济体制附属品的地位中独立出来，成了一个相对独立的体系，但也必须意识到，这种独立性还很不够。从本质上看，满足社会成员的物质精神与服务需求就是社会福利制度的基本目标，部分领域与经济体制存在一定共性。因此，在具体实行过程中，可以采用市场经济体制的手段。然而，也有些领域是存在市场失灵的。例如，为人民群众提供基础性公共服务，对公民权利表示尊重以及救助社会弱势群体等。通过经济手段和竞争机制根本无法实现弱势群体的福利需求。倘若社会福利制度完全演变为经济体制的附属品，就彻底丧失了公平效用，极难使自身得到更好的发展。所以，一方面要让社会福利自成体系，另一方面要使其从经济制度的束缚中挣脱出来，成为一个独立发展方向。

过去在经济体制改革等大的战略部署之后，社会福利制度改革才会进行，社会福利制度作为社会问题的事后补偿措施，扮演着“头痛医头、脚痛医脚”的补偿保障的角色，缺乏积极的事前预防的政策。

社会福利的本来含义应是为社会成员提供物质的和精神的福利保障，是社会的“安全网”和“稳定器”。这内在要求社会福利不能仅仅是事后补救的，而应该是连续稳定的，要做到有备无患，是一种未雨绸缪的保障，而不是亡羊补牢。倘若只是在经济体制改革出现问题时才进行社会福利制度的改革，这显然存在一定的滞后性，会使二者之间出现断层，无法将经济制度改革与社会福利制度改革有机融合。这种关系到老百姓和广大社会成员衣、食、住、行等基本生活福利需求的断层，会使整个社会处于不稳定的状态，使改革的发展受到制约。所以，必须要不断完善各种社会福利制度的建设，如就业保障、社会救助、医疗卫生以及低保等，充分落实好预防措施，再循序渐进地改革国有企业，确保下岗职工得到低保[①]。这种预防性福利制度将有助于促进社会福利的可持续发展，同时也有助于社会福利与经济发展实现良性互动。吉登斯的“第三条道路”理论认为，采取“事先预防”的积极福利模式能够推动人的发展，有利于社会成员的自我实现。

第八节 福利需求表达机制不完善，自下而上渠道还不通畅

根据经济学的需求理论，需求是由供给决定的。公共物品的供给绩效取决于供给是否满足公共需求，无视或忽视公共需求的供给，是一种没有效率和浪费的供给。然而，由于福利需求表达机制不完善，社会福利决策尚未形成自上而下与自下而上的良性互动，导致福利供给特别是对社会中低收入人群和弱势人群福利供给的缺位和错位。

现有体制内社会成员的福利需求表达的基本方式有两种，间接表达和直接表达。间接表达最主要的方式是通过选举人大代表，是选民意志的间接表达，即是由人大代表表达而不是本人福利需求的直接表达。从本质上说，人民代表是对人民群众福利需求的反映中最具权威性和合法性的途径，但由于间接表达要求的民主程度相对来说比较高，而我国民主建设相对来说处于初步阶段。再加上我国中低收入人群特别是社会弱势群体代表占比较小，没有较强的素质和能力。因此相对来说，其参政议政能力较低，从而难以使弱势群体的意见与呼声得到直接反映。后现代主义思想家、法国著名哲学家福柯指出：“‘话语’意味着一个社会团体依据某些法规将其意义传播于社会之中，以此确立其社会地位，并为其他集团所认识

① 任丽新：《农民工社会保障：现状、困境与影响因素分析》，《社会科学》2009年第7期。

的过程。”[①] 西方现代民主的发展历程充分证明了公民的利益诉求只有通过利益集团、利益代表为其代言，才不会被政府所忽视。体制内部社会福利需求表达的另一种基本方式是信访。信访是直接表达的主要方式，所谓信访就是指法人、公民及其他组织采用走访、电话或者邮件的方式向各级（县级以上）人民政府表达自身诉求，或提出相应的建议，并依法由行政机关处理的各类活动，通过政府设置的信访机关，向各级政府反映其福利需求。信访是联系群众与政府之间的重要“桥梁”和“纽带”，是人民群众表达其福利诉求的关键性途径。然而，信访制度也存在一定的不足，包括需要的文化程度相对较高、维权成本高、时间长、过程复杂等，所以这种途径并不十分普遍。由此可见，我国体制内的福利需求表达机制还不完善，自下而上的福利需求表达渠道还不通畅，在社会各阶层利益分化的状况之下，广大社会成员特别是弱势社会成员的福利需求还不能充分表达。

在社会福利决策当中，采用自上而下的主要优势为更具全面性和综合性，反之采用自下而上的模式则能作出精准反映，这两者模式应该互相配合，做到相辅相成，不能厚此薄彼。现有福利需求表达机制存在的利益表达不通畅问题导致社会福利决策这两种模式的良性互动受到了严重制约，使社会福利财政投入不断下滑，不利于维护社会福利制度的成效，制约了广大社会成员福利需求的满足与实现。因此，适度普惠型社会福利制度的建设必须理解福利需求表达机制，只有这样才能实现社会福利的适度普惠目标。

① 王治河：《福柯》，湖南教育出版社 1999 年版，第 159 页。

第四章 我国适度普惠型社会福利制度构建的理论基础

古今中外社会福利制度发展表明，作为对人们福利行为进行约束的制度规则和具有复杂内容的制度体系，虽然社会福利制度运行规律具有自身特色，但不管是哪一种社会福利制度都不是孤立存在的，都会与其他事物存在一定联系，都必然是根据一定的思想、理论所建构起来的。因此，只有明确社会福利制度模式所依据的理论基础，才能保证福利制度模式构建的科学性、适当性和合理性。我国适度普惠型社会福利制度构建的理论基础包括中国古代传统的社会福利思想、中国近代的社会福利思想、中国现代的社会福利思想、西方现代社会福利理论和中国学者对中国社会福利的研究。

第一节 中国古代的社会福利思想

中国作为一个有着五千年发展历史的国家，具有比较系统的社会福利思想。尽管中国在20世纪以前一直都没有稳定和相对制度化的国家社会福利体系，但是历史上都有一些社会福利制度实践。总的来说，中国社会福利制度可以概括为三个方面：一是依托家庭、社区、宗族所形成的福利体系；二是民间社会上广泛存在的各种慈善活动；三是有限的政府救灾、社会救济及社会服务。中国历代思想家在民间和官方的各种社会福利实践基础上进行概括、总结和加工，形成了中国古代传统的社会福利思想。中国古代有着大量而又系统的社会福利思想，提出了一些具体的社会福利主张，对此进行系统的整理研究，既有助于我们继承中华民族传统的社会福利思想遗产，又能为我们建设科学合理的适度普惠型社会福利制度提供有益的启示和借鉴，为社会福利制度的实施拓宽思路。中国古代传统的社会福利思想有其存在的合理性和现实性。皇帝的“德政”和民间宗法属于传统福利制度的基础。在构建适度普惠型社会福利制度时，不能忽视自身传统所提供的独特视角及有效经验。

虽然现代社会福利制度诞生至今不过百余年的历史，而福利国家也不过是近几十年才有的名词，但历代统治者对社会福利的实施则由来已久。中国历代文献不乏对帝王将相“德政”的歌颂，各派思想家也提出了精彩纷呈的社会福利思想。诚然，维护政权稳定，粉饰太平景象是当政者的现实目的，但借着与传统天命的贯通，“德政”作为一种社会理想更有一种超越现实的意义，并始终鞭策着当政者致力于民众的社会福利[①]。早在春秋战国时期，孔孟、管子、墨子等古代思想家就创建了我国福利社会的雏形，并在一定程度上影响着我国历朝历代社会福利的开展。特别是其中的大同福利社会理想，对我国社会福利思想的形成与实践产生了十分深远的影响。

中国社会福利思想由来已久，《尚书》是我国现存最早的一部历史文献，反映的是殷周时期原始经济条件下所发展出来的社会观念和生活观念，其中蕴含有上古先人对社会福利思想的基本构想。比如，对帝尧的记载，可见《尚书·尧典》：“乃命羲和，钦若昊天。”此处的“天”就是指像神一般的人，能对所有人和事的旦夕祸福进行主宰。在我国古代，人们认为世界万物的运作都属于天命，而天命不可违。天子，则是受到上天的命令，对天下予以统治。并且，世间的所有法则均为天命所授。周公旦又在此基础上深化对“天”的认识。他认为“天命靡常，惟德是辅”。也就是说，上天赋予的天命并不是固定不变的，上天只辅助有德行的人，天命

① 刘华丽、李正南：《中国古代社会福利思想综述》，《南昌高专学报》2003年第1期。

是否转移是通过人君的德行来判断的。如此一来，“天”的释义就成了“德”，所以，“明德”就是“敬天”的表现。这样，就将“天”和“德”进行了统一。故天子根据“天命”行事就意味着施行“德政”，如果不这样做，便背离了天意而终将被上天所抛弃。上古先人要建立一个以伦理为本位，强调人际和谐的社会，所以《尚书·尧典》说：“克明俊德，以亲九族，九族既睦，平章百姓，百姓昭明，协和万邦。”

至西周初年，中国古代的思想家对社会福利问题的思考已经达到相当高的水平，成书于战国时期的《周礼》，是一部周代典章制度的总结汇编。《周礼》把荒政列为国家大政之一。对备荒抗灾提出了许多独到的见解，最具代表性的是备荒粮食储备制度。“乡里之委积，以恤民之艰厄；门关之委积，以养孤老；郊里之委积，以待宾客；野鄙之委积，以待羁旅；县都之委积，以待凶荒①。”“遗人”所主管的粮食储备，其用途是多方面的，主要用于贫苦百姓和孤老的救恤，也用于接待宾客和周济陷入困境的过路人。值得注意的是，“县都之委积”主要用于备荒。可见，《周礼》中关于灾前备荒已经有比较严格的规定。对于灾情发生后的救济工作，《周礼》列举了12项紧急措施：“以荒政十有二聚万民，一曰散礼，二曰薄征，三曰缓刑，四曰驰力，五曰舍禁，六曰去几，七曰眚礼，八曰杀哀，九曰蕃乐，十曰多昏，十有一曰索鬼神，十有二曰除盗贼②。”用这12种赈济灾荒的措施来安定万民，实际上都是用于灾后救济的。可见《周礼》关于灾后的社会救济工作，设想得非常全面，堪称战国后期前国家救灾活动集大成的总结。此外，《周礼》中还有恤民振穷的思想，即以六项与民休息的安民政策来养育万民，即爱幼、养老、振穷、恤贫、宽疾和安富。上述所列的老、幼、鳏、寡、孤、独、废疾者都是国家重点的救助对象。国家救助鳏、寡、孤、独者还有特定的经费来源，注意改善被救助者的生活。《周礼·天官》中记载有：“飨耆老、孤子。皆供其酒，无酌数。”对

① 《周礼》卷十三。

② 《周礼》卷十一。

老者、孤子，并非以最低限度养活他们，而是供酒不限量，让他们尽兴饮用。无息贷放的措施，通过贷粟、借钱的无息贷款的方法对百姓进行救济的措施。《周礼·地官·乡师》记有：即乡师按时巡视王城和六乡四郊，救济遇到种种困难的老百姓，以君王名义施展恩惠。而旅师的职责更为具体明确，负有“掌聚野之锄粟、屋粟、闲粟而用之。以质剂致民，平颁其兴积，施其惠，散其礼而均其政令[①]”。即直接贷粟给百姓，秋后偿还。这是一种适用于农村的无息贷款。免服徭役的规定，对老者、疾者这些已经丧失劳动能力者，准予免服徭役。

在先秦时期，《管子》对社会福利制度的建构有相当多的思考。《管子》一书以为人民谋求福利作为治国安邦的先决条件。“王者藏富于民。……民富，君无与贫；民贫，君无与富[②]。”《管子》一书对经济问题表现出浓厚的兴趣，尤其注意把经济问题与社会问题联系起来加以探讨。《管子》中的社会福利主张就是从这一基本思想中派生出来的。一方面，他揭示了“仓廪实则知礼节，衣食足则知荣辱”和“爱之，礼之，益之，安之”的社会福利原则，以及“教养兼施”的治国之策；另一方面，还具体设计了“九惠福祉”来高度概括当时的社会福利制度。“九惠之教”包括老人福利、儿童福利、社会救助、医疗保障、婚姻咨询、健康服务、小本贷款、创业服务、义亲奉祀等内容，显示出完善的福利社会构想和配套制度：“一曰老老；二曰慈幼；三曰恤孤；四曰养疾；五曰合独；六曰问疾；七曰通穷；八曰振困；九曰接绝[③]。”这是中国古代社会福利制度的系统记载，不仅在中国历史上，而且在整个世界历史上也是有关社会福利设施的最早记载之一[④]。春秋战国时期，随着社会的急剧变迁，贫富不均现象日益严重，《管子》既分析了贫穷产生的原因，又提出了解决贫穷问题的具体办法。第一，《管子》分析了百姓贫困的原因，他认为由于人

---

① 《周礼·地官·旅师》。

② 《管子·山至》。

③ 《管子·入国》，对于这九点的理解参见王卫平：《论中国古代传统社会保障制度的初步形成》，《江海学刊》2002 年第 5 期。

④ 潘皓：《中国社会福利思想与制度》，台湾中华书局 1991 年版，第 73 页。

的智、愚不同，产生贫富分化也是必然的。第二，《管子》认为，贫富应该有一定的适当区间，过于贫穷就不安其业，过于富裕则不听上令，最终导致社会上出现严重的两极分化，其结果对封建国家是不利的。《管子》的作者分析了“甚贫”对社会稳定的危害，并提出了“贫困线”的问题，这在中国历史上还是第一次。这为封建国家控制“贫富分化”之度，制定相应的赋税政策具有重要意义。《管子》把国家的社会福利政策与其“徕民策”结合起来，在中国历史上较早提出采用社会福利政策招来并稳住来投人口，主张对无土地的百姓提供衣食；对死而无力归葬者给予埋葬费；使饥者得食，寒者得衣。这样，天下的百姓就会归顺如水了。《管子》建议封建统治者给生产者以切实的物质利益，提出了许多重民尊民的观点，如“民之所利立之，所害除之，则民人从”“以天下财利天下之人”“府不积货，藏于民也，王者藏于民”。他们坚信：“得人之道，莫如利之。”正是以上述重民思想为基础，《管子》中蕴藏着如此丰富的社会福利思想。

春秋末至战国时代，人文思潮达到顶峰。不同阶级、阶层的代言人，从自己的立场出发，对社会问题与社会变革表达了自己的看法，提出了自己的主张。这些观点蕴含有丰富的社会福利思想，其中影响较大的有儒、墨、道、法等学派。

孔子是儒家学派的创始人。他疾呼养民、保民、利民。孔子社会福利主张的依据是其仁学思想体系，从总体上来看，孔子的思想体系是由“重礼”“贵仁”这两方面构成的。“重礼”是孔子思想体系的表层结构。礼是一种社会行为规范。孔子极力提倡“礼治”，孔子“礼”内含反对残酷的剥削压迫，倡导维持、复兴并着重强调相对温和的上古三代的原始氏族统治，兼具人民性和民主性的特征①。这种带有原始氏族内部的民主、仁爱、人道思想要素的残留，正是孔子社会福利主张的思想基础。“贵仁”是其思想核心。“仁”的基本内涵包括“爱人”“孝悌”“忠恕”三个方面，其最核心的是“仁者爱人”。这种超越“亲亲”范围的“博爱、泛爱”的

① 李泽厚：《中国古代思想史论》，人民出版社 1986 年版，第 15 页。

精神，与“孝悌”和“忠恕”结合在一起，形成了由“爱亲”推己爱人，推己及人，设身处地体谅别人、宽恕别人的精神。孔子从“礼”和“仁”这些儒家思想的核心概念出发，强调了原始氏族体制中具体的民主性和团结、秩序、互助、协调的原始的人道主义，并以此为基础，系统提出了“济众助人”“均无贫”“薄赋敛”“惠民论”等“惠民利民”的社会福利思想。提出了建立“有道”社会的福利观，在这种“有道”社会里，老百姓的生活是最安定的、和睦的、愉快的；在“有道”的理想社会里，应该重点关心老人和儿童。孟子被称为儒家的亚圣。孟子生活在社会动荡的战国中期，在这样的历史条件下，孟子提出以“仁政”为核心一统天下，实现“王道”的济世之方。孟子的社会福利思想的总框架是建立在他的“性善说”和颇具民本主义的“仁政”学说基础上的。孟子认为人之所以区别于禽兽在于人皆有恻隐之心、善恶之心、辞让之心、是非之心这“四心”，孟子把“四心”作为人性善的基本内容，实际上是把人性归之为社会性。孟子认为“四心”是人类道德的肇端。因此，“四心”又称为“四端”。虽然人性本善，但社会上仍然存在“君子”与“小人”之分，这一方面是由于社会环境不同导致的，另一方面是由于忽视社会规范导致的。孟子通过“性善论”，直接导出了“仁政”，并成为其社会福利思想的理论出发点。孟子社会福利思想的又一个重要理论依据是民本主义的重民思想。他认为，一个国家必须以“民”为本，没有“民”，也就不存在国家。“民为贵，社稷次之，君为轻”。[①] 孟子从“民贵君轻”的民本思想出发，提出了“爱民”“重民”“利民”的政策主张。孟子参照远古社会的“尧舜之道”，结合战国的实际，详细描绘了理想的“仁政”“王道”的社会福利主张。

春秋战国时期，儒墨并称“显学”。墨子思想体系的核心是“兼爱说”，他认为人与人、国与国之间应该毫无条件地彼此相爱，这反映了小生产者要求平等互爱的善良愿望，也构成了墨子社会福利思想的理论依

① 《孟子·尽心下》。

据。墨子的“兼爱说”包括几个部分的内容：第一，墨子认为，天下之所以混乱不堪，就是因为人们之间“不相爱”，不相爱根源于“自爱”和“自利”。第二，要想去除“不相爱”造成天下大乱的恶果，必须以“兼相爱”原则来代替“自爱”。第三，人与人之间的“相利”是分不开的，二者必须结合在一起，是否做到“兼相爱”，必须要看是否实行了“交相利”。综上所述，墨子的思想体系的核心是“兼相爱”“交相利”，这既是他的一种美好愿望，也是其社会主张的出发点。根据兼爱原则，墨子提出了一些具有社会福利性质的思想，如“爱民”和“利民”。第一，“利民”就是指为老百姓提供其赖以生存的各种基本物资，如衣服、食物、车船等。墨子认为统治者应该关心人民的疾苦，鼓励富人将多余的财产分给穷人，以保证他们的基本生存，此即“利民”“爱民”的具体工作，也可称为“移则分”。同时墨子还认为“移则分”应该与“以力劳人”思想相结合，一方面应该把多余财产分给百姓，另一方面应该用自己的劳动去帮助别人。第二，所谓“利民”，就是反对苛捐杂税，主张实行轻徭薄赋。老百姓之所以赋税如此沉重，根本原因在于统治者的腐化奢侈。要想减轻百姓的苛捐杂税，必须限制统治者挥霍无度的行为。第三，所谓“利民”，除了使饥者得食，寒者得衣之外，还应包括“劳者得息”。“古代思想家能够察觉劳苦大众的饥寒交迫的穷困生活甚多，而把不得息作为人民巨患之一与饥寒并列者，还只有墨子一人”。[①] 因此，“劳者得息”作为“利民”的重要指标，是墨子社会福利思想的一大特色。

在先秦诸子之中，孔孟的儒家是以血亲人伦来美化社会矛盾关系的，为其提出的社会福利思想主张提供依据。而老子则是从其“道”论出发，企图超越时代，崇尚自然无为，以超然的态度来对待人世间的纷争。他援引“天道”来论证“人道”，他认为“天道”均平，“人道”也应该均平。他从两个方面来论证“天道均平”的思想，首先，老子提出“天之道损有余而补不足”的思想，抨击统治阶级的剥削贪欲，力倡均富。使百姓，尤

① 胡寄窗：《中国经济思想史》（上），上海人民出版社 1998 年版，第 139 页。

其是那些穷困孤独者能够保有基本的生存权利。其次，老子还宣扬“圣人不积”的观点，认为过多地积累私人财产，就破坏了“道”，违背了自然，因为“天道”是反对持盈的。老子把天道自然无为论运用于人类社会，提倡无为政治。当然，所谓“无为”，并不是无所作为，无所事事，而是以顺乎自然来处世事，不强为。在这一意义上，无为政治就是自然政治。老子认为统治者的“有为”是百姓的灾难。只要统治者的贪欲没有得到遏止，违背自然的不道行为就不会停止，统治者所谓的“安老”“慈幼”“恤孤”的社会福利措施也就无从谈起。统治者“为无为，事无事”是百姓最大的社会福利。老子“无为而治”的自然主义思想被认为是与西方“自由放任”的经济与社会理念极其接近的。在此基础上，老子提出了“小国寡民”的理想社会模式。从社会福利思想的角度来看，“小国寡民”的理想社会模式的独特价值在于：第一，老子提出的理想社会是“小国寡民”这样的社会模式，直接对现实社会中强权剥削和压迫表示否认，表现了其对现实社会的最深刻、最彻底的批判，体现了中国古代先民追求公正平等的急切心愿。在这一意义上，“小国寡民”的思想堪称中国古代大同思想的发端。第二，“小国寡民”的理想社会方案中，老子提出“甘其食，美其服，安其居，乐其俗”等内容，作为理想社会生活福利指标。第三，老子认为上述社会福利思想指标实现的一个重要前提是国与国之间避免交往，百姓“重死而不远徙”。

法家社会福利思想的代表人物是韩非。韩非反社会福利思想主张提出的理论依据是“性恶论”和“自利自为”的人际关系论。“人无毛羽，不衣则犯寒，上不属天，而下不着地，以肠胃为根本，不食则不能活，是以不免于欲利之心”。[①] 在韩非看来，人们为了衣食生存，不能不有欲利之心，这是由人的生理机能所决定的。只要能满足欲利，人们自然会趋“恶”了。韩非从人是自私的这一人性论出发，尖锐地指出社会中人与人关系的本质是自利自为的交换关系，这包括父子关系、母子关系、君臣关

① 《韩非子·解老》。

系。一般社会职业中均是“自利自为”的。韩非从“性恶论”和“自利自为”的人际关系论出发，提出的社会福利，主要有“贫富分化合理论”。韩非认为，在“争于气力”的社会里，社会上出现贫富分化现象是正常的、合理的。韩非认为，社会上之所以贫富差距十分严重，是因为财货少而人口众多。勤俭可以成就富有，但贫穷却不是由奢侈造成的，而是懒惰所致。所以对于贫困的人不应该给予赈救；倘若一味讲求仁爱慈惠，非但无法止乱，甚至还会养虎遗患。他还认为，人类的欲望是无穷尽的，如果将“足民”当作治国方略来实行，会步入非常危险的境地，非但不能让人富足，反而使人更加堕落。所以，贫富两极分化是一种正常现象，但实施“足民”政策却不是科学之举，因而国家无须采取“济贫”政策。韩非表示，儒家“仁爱说”是虚伪的，唯有严格遵照法制来办事，才能真正实现国家大治。总的来说，法家为了维护君主专治制度，不赞同国家提供面向全民的社会福利保障。以韩非为代表的反社会福利观十分具体和系统，其主要内容是“反足民论”和“贫富分化合理论”。他所提出来的这些观点在当时社会具有鲜明的思想个性，可谓别具一格。秦统一天下，中国开始了两千多年郡县制大一统封建王朝的巩固、完善和发展，直至清末。这一时期也是中国传统福利思想基础发展的历史时期。

《礼记》，又称《小戴礼记》，是战国末期至汉初儒家的一部论文集。在《礼记》49 篇中，蕴含着丰富的社会福利思想。其中阐述的“亲民”思想，对后世影响深远。《礼记》的“亲民”思想认为，家庭血缘关系的简单放大便构成了所有各种社会关系，家庭道德经过简单的延伸也就成为社会道德。国家经过家族化，政治伦理化，也就是实现所谓“亲民”。即“所谓治国必先齐家者，其家不可教而能教人也，无之。故君子不出家而成教于国。孝者，所以事君也；悌者，所以事长者也；慈者，所以使众也”。[①] 君臣关系是父子关系，上下尊卑关系是兄弟关系，统治者与被统治者之间是慈孝的关系。在政治伦理化的氛围下，统治者必须做“父母

① 《礼记·大学》。

官”，行“亲民之道”，只要统治阶级在道德上起表率作用，人民就会模仿，天下便会太平。其次，所谓“亲民”，必须遵行“德本财末”思想，对百姓实行德政，具体表现为轻徭薄赋，博施济众，厚以养民的社会福利主张。“道得众则得国，失众则失国。是故君子先慎乎德，有德此有人，有人此有土，有土此有财，有财此有用。德者本也，财者末也。”[①] 因此，统治者要想得到民众支持，就必须取财有道，要合乎道德的要求。如果置国家政权的根本利益于不顾，贪得无厌地进行剥削，则势必招致亡国失众的可悲结局。《礼记》所阐发的上述思想事实上已经超越了先秦儒家一般意义上的“薄赋敛”，把“聚财以聚民”，还是“聚财以失民”的问题提到了治国方略的高度，主张通过“散财”，即给民以一定的社会福利济助的办法，来争取民心，稳定统治，最终达到“惠民”“得众”“得国”的目的。在《礼记·礼运篇》中有一段关于理想“大同之世”的精彩描写，其具体内容是：“大道之行也，天下为公，选贤与能，讲信修睦……故外户而不闭，是谓大同。”[②] 在大同之世，全体社会成员都可以享受社会福利保障，但重点是老、幼、鳏、寡、孤、独、废疾者。人们“不独亲其亲，不独子其子”，对社会中任何一个社会成员都会像自己的父母和子女一样对待，人与人之间充满爱心，这是社会福利保障目标能够得以实现的精神条件。这个社会没有统治者和被统治者的区别，社会福利保障的执行者是大家选出的贤者和智者，而且大家也主动地投身于社会公益事业[③]。

贾谊、晁错是西汉前期对巩固汉帝国有重要作用的人物，二人的主要功绩是帮助文帝和景帝稳定天下，使汉朝的经济渐趋繁荣，出现了“文景之治”的盛世。两人在社会福利思想史上的重要贡献是对西汉前期国库空虚、百姓贫弱的现状，提出了“贵粟救荒论”，强调充足的粮食储备是社会救济和救荒必备的前提条件。他们的“贵粟论”在中国救荒史上产生了深远的影响。为了“富安天下”，帮助封建王朝避免危机，贾谊和晁错将

---

① 《礼记·大学》。

② 《礼记·礼运》。

③ 田毅鹏：《中国社会福利思想史》，吉林大学出版社1999年版，第38—41页。

自然因素和社会因素结合起来考虑，对灾荒的成因做了颇具新意的分析。首先，从自然界演化的规律来看，灾荒的发生往往具有一定的必然性。他们说："世之有饥穰，天之行也，禹汤被之矣。"[①] 其次，富商大贾生活腐化穷奢极欲，霸占和消耗了社会上的大量财富，使国家日益贫穷，抗御自然灾害的能力大大降低。他们说："夫百人作之不能衣一人，欲天下亡寒，胡可得也？一人耕之，十人聚而食之，欲天下亡饥，不可得也。饥寒切于民之肌肤，欲其亡为奸邪，不可得也。国已屈矣，盗贼直须时耳。"[②] 在灾荒成因认识的基础上，贾谊和晁错从社会统治安危的战略高度看待社会的积蓄问题，提出了"积粟备荒论"。首先，他们强调了以粮食储备为核心内容的社会储备的重要性。其次，要想使国家"粟多而财有余"，就必须让农民从事农业生产，打击富商大贾的商业投机活动。最后，还可以通过移民归农、入粟受爵、禁奢侈风气等方式来增加国家的粮食积累。二人在文景年间提出的"贵粟救荒论"，体现了二人"惠民""利民"和"安民"的仁政思想。

为了汉王朝的长治久安，汉武帝时，董仲舒对王朝如何建立长期有效的政治统治进行了系统思考，提出了封建大一统思想，社会福利有助于政权稳定，因而思考社会福利的问题也成了"董学"思想体系的重要组成部分。从社会福利思想角度审视董仲舒的思想主张，我们会发现，他提出的"教化论"和"限民名田论"最具代表性。他敏锐地察觉到，在王朝盛世的背后隐藏着深刻的社会矛盾，其中最为严重的社会问题便是贫富分化悬殊，使富者骄奢淫侈，穷则困苦无以为生，对封建统治构成了严重的威胁。从维护西汉王朝统治的角度出发，董仲舒提出了使贫者"足以养生"的社会福利思想。"利"是"养体"所不可少的，而体也是天生予人的。因此，百姓为生存而在一定程度上追求"利"，也是符合天意的，"治民者先富之而后教"。[③] 而统治者"以利养民"，一定要把握好贫富之"度"，

① 《汉书·食货志》。

② 《汉书·贾谊传》。

③ 《春秋繁露·仁义法》。

既不要出现“大富”，也不要出现“大贫”。董仲舒认为，百姓贫穷空虚的原因是非常复杂的，但官僚地主凭借特权“与民争利”是最主要的原因。他呼吁应该对官僚“与民争利”行为予以限制，以保障贫苦百姓的基本生存权利。造成西汉社会存在严重的贫富分化的原因，除了封建官僚“与民争利”之外，还有一个深层次的原因——土地兼并。为了解决这一问题，他提出了“限民名田”论，“限民名田，以澹不足，塞并兼之路”。[①]“限民名田”的思想价值在于，它把贫苦百姓基本生活、生存权利的保障，与封建土地所有制的改造问题更紧密地联系在一起，这是在当时历史条件下所能达到的认识深度。

三国两晋时期思想界兴起玄学思潮，玄学思潮实际上是借助道家资源对经学的反叛，所以这一时期思想界和社会福利思想也融入了道家思想因素，阮籍、嵇康即是其中的代表。阮籍所构想的理想社会：“昔者天地开辟，万物并生。大者恬其性，细者静其形。阴藏其气，阳发其精，害无所避，利无所争。放之不失，收之不盈。亡不为夭，存不为寿。福无所得，祸无所咎。各从其命，以度相守。明者不以智胜，暗者不以愚败，弱者不以迫畏，强者不以力尽。盖无君而庶物定，无臣而万事理。保身修性，不违其纪。惟兹若然，故能长久。”[②]通过上述文字，我们可以发现阮籍构想出的理想社会具有两个特点：首先，这是一个无君无臣的理想社会，所有事物都自理自定。人们生活自由自在，各取所需，幸福稳定。其次，这是一个平等的、人际关系和谐的社会。虽然不同的人在强弱、智慧方面仍然存在一定差别，但人与人之间是平等的关系。彻底消除人与人之间的贫富贵贱差距，是保有人类间平等关系的基本前提，他说：“夫无贵则贱者不怨，无富则贫者不争，各足于身而无所求也，恩泽无所归，则死败无所仇。”[③]嵇康在其著作《养生论》中对怎样才能健康长寿进行了探讨，他认为，通过在形神两方面的保养能实现长寿。人们应该做到“爱憎不栖于

① 《汉书·食货志》。
② 《阮籍集·大人先生传》。
③ 《阮籍集·大人先生传》。

情，忧喜不留于意，泊然无感，而体气和平”，并辅之以“呼吸吐纳，服食养身，使形神相亲，表里互济”。也就是崇尚自然和服食养生。他还认为，从本质上来说，统治者置身于名利声色和各种纷争之中的生活习性无法与生命的保持和延续相容。嵇康还提出，“知足”是“养生”的一大法宝。他认为丰衣足食的生活并不利于养生，常常会“富贵多残、野人多寿”。他不赞成统治者贪欲过大，为了一己私利而损害百姓利益。嵇康之所以提出“养生论”，是为了反对统治者滥杀无辜，要求他们减轻对百姓的剥削，节制自己的贪欲，要给予老百姓维持和延续生命的权利。在当时，嵇康的这一观点是非常积极进步的。

经过隋唐时期的思想变迁，自北宋开始，儒家走上了新的发展道路。在中国历史上，北宋是一个“积贫”“积弱”的王朝，对外靠纳岁币苟存，对内社会矛盾也极度激化，北宋的思想界兴起了一股强劲的“富国强兵”思潮，探讨国家富强之道。李觏就是其中的代表。李觏的思想带有强烈的功利主义倾向，他把“衣食”“器皿”等物利纳入儒家的“仁”“礼”等核心范围之内，力倡“食不足，心不常”的功利主义。在他的“富国论”中，百姓的衣食寝居等基本的社会生活和社会福利的保障占据着重要的位置。李觏认为“礼”是“圣王”根据人们对于物质生活的需要与情欲的自然要求，为了建立稳定的社会秩序而制定的。他称：“夫礼之初，顺之人之性欲而为之节文者也。”[①] 这里所谓的“性欲”泛指人发自内在本性的各种欲求。李觏认为，礼的出发点是顺从人的本性欲求，而且“唯礼为能顺人情”[②] 人之情或人之性“欲”，最基本的表现就是饥求食，渴求饮，寒求暖，暑求轻。在“礼论”的理论基础上，李觏又提出了其社会福利思想主张——“生民论”。李觏以其“礼论”和“生民论”为准则，分析研究现实社会时，发现社会上存在大量的触目惊心的贫富不均现象。他说：“贫民无立锥之地，而富者田连阡陌。富人虽有丁强，而乘坚驱良，食有

① 《礼论第一》。

② 《与胡先生书》。

粱肉，其势不能以力耕也，专以其财役使贫民而已。”[①] 李觏进一步分析，土地占有不均是农民饥寒冻馁的根本原因。他还认为封建统治者侵夺百姓的劳动时间，施行繁重的徭役和兵役，夺其常产，废弃农时，以致饥寒憔悴，也是劳动人民走向赤贫化的重要原因。他以《周礼》为依据，虚构了其理想社会的图景。在理想社会中，百姓无饥寒冻馁之忧，统治者必须保障人民基本的生活条件和社会福利。因此，他提出了“立法制，均田地”的主张，认为要使农民拥有土地就要以井田制的办法来平土均田。李觏的“平土”思想主张包括限田和均田的思想，限田就是建议王室、贵族占田均有定数，不得任意扩占；均田就是要解决贫富不均的问题，由国家将土地分给无地和少地的农民，使之丰衣足食。通过“平土”的思想主张，确立井田制的规定，李觏认为，这样便达到了“井地立而田均，田均耕者得食，蚕者得衣”。[②]

朱熹是中国封建社会后期在文化、思想领域最为关键的人物。他以儒家思想为核心，糅合释、道构建的理学体系，成为儒学发展的又一高峰。朱熹的社会福利思想就是从这一体系中引申出来的。朱熹生活的南宋时期，社会上的贫富分化极为严重，阶级矛盾日趋激化，朱熹一方面把人的贫富看作命定的，要求贫穷者安于贫贱，不得奢求富贵，另一方面他又提出贪官污吏的盘剥是百姓穷困的重要原因，并认为“民富”是“君富”的前提和基础，主张君主应采取富民政策，只有这样，其统治才能稳固。朱熹非常认可社会福利事业的作用与地位，并赋予其前所未有的新理解、新认识。朱熹认为，赈济灾民是关系到封建王朝统治存亡的大事。他说：“天下国家之大务，莫大于恤民。”[③] “尝谓为政者，当顺五行修五事，以安百姓。妥曰赈济于凶荒之余，纵措置得善，所惠者浅，终不济事”。[④]而且赈济一定要足量，否则赈济就起不到应有的作用。朱熹主张设立“社

① 《富国策第二》。

② 《潜书一》。

③ 《宋史·朱熹传》。

④ 黎靖德：《朱子语类》卷一一一，《论民》。

仓”来解决饥民的粮食问题。乾道七年，朱熹在五夫里建立起了社仓，社仓用于收藏政府和乡民所捐献的粮食。如果遇上小饥荒，就按照减半收取利息的方式借给乡民，遇到大饥荒则免除其利息。社仓由四位乡民进行管理。社仓与古代的常平仓截然不同。常平仓是由政府主办的，设立在城市，一旦发生饥荒，常常来不及赈济乡民。社仓建立在乡村，实施自治管理，一旦遇到饥荒，能及时就地赈济。所以，对我国民间所创建的救济事业来说，五里夫社仓就如同一块里程碑，它是基于汉代的常平仓和隋代的义仓所形成的一种制度创新，主要目的是改善乡民生活和稳定物价。

在明清之际进步思想家的群体中，唐甄鲜明的个性在于激烈反对宋明理学的空谈义理心性。他强调“经世致用”，主张以实际行动衡量事物的价值标准，开明清启蒙思潮之先河。而唐甄在社会福利领域的突出贡献则在于他提出了两点核心主张：其一，“不能救民者，不如无贤”；其二，“夫治国之道，必先富民”。与空谈心性，耻言事功的宋明道学家不同，唐甄认为作为人类社会活动都应具备明确的、实用性的目的追求。在评价儒者推崇的仁、义、礼、智等道德准则时，必须把道德准则的实际功用考虑进去，欲穷天下理，必尽天下事。儒者的才是否值得赞誉褒扬，主要应看它是否符合民的利益，是否符合“救民爱人”的标准。唐甄认为，在国家中，“民”是最伟大的，他说：“国无民，岂有四政！封疆，民固之；府库，民充之；朝廷，民尊之；官职，民养之。奈何见政不见民也！”[①] 从社会福利思想的角度看，唐甄的“爱人救民”说，实际上是在劝诫统治者实施善政，把剥削控制在一定限度内。很显然，唐甄已经意识到，在封建专制的国度里，统治者应是实施社会福利政策的主体。政治上的失意和生活上的穷困潦倒，使唐甄有机会接触现实社会生活，他对社会上严重的贫富分化现象非常不满，认为贫富差别是违反天道的，如不加以解决，会导致“倾天下”之祸。为此，他提出了系统的富民理论。“立国之道无他，惟在于富。自古未有贫而可以为国者。夫富在编户，不在府库。若编户空

① 《潜书·明鉴》。

虚，虽府库之财积如丘山，实为贫困，不可以为国矣”。[1] 从上文可以看出，唐甄已把“富民”提到“立国之道”的高度上，“富国”的核心内容是“富民”。唐甄探索富民之道，他认为听民自利是富民的唯一途径，财富的产生和增值不是人为的过程，而是自然而然的过程，统治者应该扶植民众从事经济活动，应该做到“官不扰民”，给百姓较多的经济活动。唐甄还鼓励社会发展各种工商事业。他指出：“三代以下，废海内无穷之利，使民不得厚生，乃患民贫，生财无术。”[2] 因此，“我欲使蚕桑遍海内，有禾之土必有桑”。[3] 这反映了唐甄把发展工商业作为人民达到富裕的途径。

现代社会是应用社会行政手段，通过各级地方政府向社会推行具体社会福利措施。为了较好地完成福利资源分配的任务，政府又设立专门机构来提供有效服务。于是，社会福利机构应运而生。在中国古代社会，社会福利资源传递的渠道有一套有效而便利的方式，这就是中国宗法社会特有的“家庭—宗族”福利制度。“家庭—宗族”福利制度从西周创设以来，一直延续至今。作为一种基层组织，它在中国古代社会福利制度体系中承担着极为重要的角色。第一，整个社会的福利网络是以宏大的家庭—宗族为基础，整个宗族如同一个大家庭承担着对人们日常的行为管理，也发挥着强大的经济福利保障的功能[4]。政府福利一般只到县级行政区域，基层的组织是由宗族开展的，政府的救济活动通过宗族方便通畅地实施下去。第二，在水旱灾害来临之际，宗族内部组织起来共同抗灾，这是个体力量所难以达成的。同时，宗族自身为贫苦无依这部分人施行救济。第三，族田族产的收入除用于祭祀祖先之外，还用于教育文化事业与社会福利事业。第四，彼此间的守望相助依赖血缘亲情关系维系，为社会福利体系提供了第一道网络。自西周以后，宗法意识深深地蕴含在中华文化的血脉之中，其后两千多年来中国社会的性质由此基本确立。古代中国并据此建立

① 《潜书·存言》。

② 《潜书·富民》。

③ 《潜书·富民》。

④ 刘华丽、李正南：《中国古代社会福利思想综述》，《南昌高专学报》2003年第1期。

了日益完善的福利体系，把整个社会笼罩在温情脉脉的大家庭之中，由此自近及远地扩散至整个社会福利体系。家是个体生命原初和最终的福利保障，而中国传统社会中，国是由家组成的，家是缩小的国，这种家国同构的国家观奠定了传统福利思想的风格，同时也规定了中国古代社会福利实施的渠道。

第二节　中国近代的社会福利思想

自 1840 年鸦片战争爆发，到 1919 年五四运动，中国社会进入近代时期。进入近代以来，中国社会发生了天翻地覆的变化，在社会福利制度和思想方面与古代社会有很明显的差异。随着国家的实力下降，社会福利行动大幅度下滑。与此同时，随着西方思想涌入，西方社会福利思想与制度也逐渐传入中国。从 19 世纪后期开始，在一些“放眼看世界”的学者推动之下，中国人开始逐渐接受西方的社会福利思想与制度，出现了古今融通、中西汇聚的历史特色，以至孙中山将其糅进资产阶级革命建国纲领之中，成为指导中国建立现代社会福利制度的纲领性文件，中国社会福利思想与制度日益制度化和近代化。近代的社会福利思想从“民有”“民享”的思想意识出发，在吸收中国古代传统的社会福利有益成分的基础上结合西方社会福利思想提出的构建崭新的社会福利制度。近代以来从中西社会比较研究入手，批判和借鉴相结合，掀起了近代中国思想史上第一次社会福利思想研究的高潮。对中国社会福利思想影响最大的思想家有洪秀全、洪仁玕、郑观应、康有为、孙中山等人。

一、太平天国时期的社会福利思想

近代时期，西方资本主义列强以“坚船利炮”打开中国大门的同时，以洪秀全、洪仁玕等为代表的农民革命势力爆发了太平天国农民革命。他们一方面批判旧世界的不平等，另一方面建构了农民的理想福利社会的新蓝图。

洪秀全既是一位农民革命家，也是我国近代时期颇具影响力的思想家。他匠心独具地将我国儒家传统的仁政思想、大同思想以及基督教的平等思想结合起来，构建了别具一格的社会理想论和社会平等论。并提出了一套非常理想化的福利保障模式，即具有“有田同耕，有饭同食，有衣同穿，有钱同使”的特色，这一社会福利思想产生了十分深远的影响。首先，从基督教平等的角度来看，洪秀全指出，受上帝主宰的人际关系应该如同兄弟姐妹一般相亲相爱，要避免人们之间相互残杀。他说：“天下凡间，分言之则有万国，统言之则实一家。……天下多男人，尽是兄弟之辈，天下多女子，尽是姊妹之群。何得存此疆彼界之私，何得起尔吞我并之念?”[①] 其次，洪秀全还从基督教的基本教义中出在“上帝面前人人平等”的思想，指出各种不平等的经济和政治等级都是不科学的，在上帝面前，所有人都是平等的。他说：“天父上帝人人共，天下一家自古传，……上帝当拜，人人所同。”[②] 除此之外，洪秀全还主张男女平等，这一观念包含了一定的妇女福利思想。认为男女平等包含了婚姻自愿和土地分配平等。由此，它基于儒家的大同思想和基督教的平等思想，以期建立一个理想的大同社会，实现“无处不均匀，无处不饱暖”。[③] 在这样的大同社会中，人们的所有生活消费均由国家提供，饥寒交迫的鳏寡孤独者都能够得到供养，普天之下，丰荒相通。没有饥民，也没有人流离失所，所有人实现极致平等。洪秀全设计的这个带有乌托邦理想色彩的福利保障社会，虽然没有在现实社会中实现，但在中国社会福利思想史上占有非常重要的历史地位。他有关社会福利的思想主要表现在以下几个方面：第一，洪秀全理想天国的基本原则可以用“四有二无”来加以概括。自人类社会进入阶级社会以来，阶级剥削和政治压迫时刻威胁着贫苦百姓的生存。洪

① 《原道救世歌》，载《太平天国》第1册，神州国光社1952年版，第92页。
② 《原道救世歌》，载《太平天国》第1册，神州国光社1952年版，第83页。
③ 《天朝田亩制度》，载《太平天国》第1册，神州国光社1952年版，第322页。

秀全认为劳动者真正的理想社会，必须“有田同耕，有饭同食，有衣同穿，有钱同使”，毫无疑问，如果上述条件能够实现，那将是一个真正的福利保障社会。第二，土地公有是形成“四有二无”这一理想社会的重要基础，也就是指依照平均主义原则，分配土地给所有农民：“凡分田，照人口，无论男妇，算其家口多寡，人多则多分，人寡则分寡。”[①] 除了上述具体的分田方式之外，还包含着一定的赈济救荒的福利思想，即“丰荒相通”，让丰收土地和饥荒田地能够相互周济，让所有人从此不再饥饿。这一思想是我国古代各大救荒思想家望尘莫及的。第三，取缔产品私有，根据平均主义的原则对所有物品进行分配。这种分配方式是根据“天下人人不受私，物物归上主”的思想得出的。洪秀全设计的这个带有乌托邦色彩的理想福利保障社会，杂糅了我国古代的“大同思想”以及《周礼》中关于理想社会的设计，提出了他的理想社会的看法。在其设计的理想国度之中，所有人拥有的生活权和生存权都是平等的，并且还设有保障百姓的物质基础——国库。虽然这样的理想社会无法转变为现实，但在中国社会福利思想史上占有特殊的重要的历史地位。

作为太平天国后期重要的建国纲领，《资政新篇》提出者洪仁玕认为太平天国要想转变天京事变之后的不利局面，就必须在文化、经济、政治及外交方面深化改革，借鉴并全面学习西方资本主义。所以，也应学习西方的社会福利制度。洪仁玕是我国社会福利史上第一个介绍西方福利事业的人，他认为，作为一个真正的近代化国家，除了包含近代工业、农业、银行、铁路等经济之外，还应该致力于创建具有自身特色的社会福利事业。使老弱病残及鳏寡孤独者都能有所归依，并保证所有儿童获得教育。因此，他认为应该对西方资本主义社会进行模仿，一方面，加大力度发展资本主义工商业；另一方面不断兴办社会福利事业。首先，引进西医，设计和规划创办医院，其目的是治愈人们的疾病之苦。建立各种社会福利机构，如“跛盲聋哑院”和“鳏寡孤独院”。使这些社会弱势群体幼有所教、

① 《天朝田亩制度》，载《太平天国》第1册，神州国光社1952年版，第323页。

所养，使贫苦无靠的百姓有所归依。他还提出，医院和各种福利机构的建立，其资金要依靠私人捐献而不是国家拨款。他表示，“兴医院以济疾苦，系富贵好善”“兴鳏寡孤独院，准仁人济施”“兴跛盲聋哑院，有财者自携资斧；无财者善人乐助[①]”。由此可见，医院和各种社会福利机构的建立是以资本主义社会的慈善事业为基础提出来的。其次，对“士民公会”的职能予以介绍，“士民公会”是西方社会用于监督社会福利执行状况而设置的机构。他表示，创建“士民公会”是为了防止那些游手好闲的懒惰之士冒领社会福利相关款项，用于监督社会福利事业健康稳定地运行，能有效确保慈善款项得到合理利用。再次，洪仁玕还提出，在国家近代化进程中，社会教化所起到的作用不容忽视。他认为，要想推陈出新，转变人们的传统观念，就要依靠统治者起表率作用和百姓捐资等社会福利行为的大力倡导。最后，他还提出，要想改变旧习陋俗、更新思想，就必须要设立“学馆”[②]。他认为设学馆能“拯民出于迷昧之途，人于光明之途也”。总的来说，虽然在《资政新篇》中没有较大的篇幅提及社会福利及其相关内容，但它却是我国社会福利史上首次介绍西方社会福利事业的著作，并提出了在我国大力实施社会福利事业的观点。洪仁玕认为，在现代化中，社会福利属于一项重要内容，所以一个国家要想实现现代化，就必须将社会福利事业当成一项必不可少的内容，需要引起高度重视[③]。洪仁玕所提出的观点是进步的、爱国的，代表着历史的前进方向。对此，我们必须予以肯定。然而，因为受时代和阶级的局限，加上太平天国与清政府战乱不断，使《资政新篇》中对近代社会福利事业的美好预期未能实现。

二、早期维新时期的社会福利思想

19世纪中后期，伴随洋务运动的兴起，我国和其他国家的交往越加

① 洪仁玕：《资政新篇》，载《太平天国》第2册，神州国光社1954年版，第527页。
② 王处辉：《中国社会思想史》，中国人民大学出版社2002年版，第589—590页。
③ 王处辉：《中国社会思想史》，中国人民大学出版社2002年版，第590页。

频繁，为此，引发了思想界的巨大变革。在思想领域，一批学贯中西、中外兼通的饱学之士充当起主角。他们已经充分认识到西方思想入侵我国之后引发的世界变革以及我国的落后局面，认为应该在文化、经济、政治等领域学习西方，谋求富强。学术界通常将这一思想群体称为“早期资产阶级维新派”，其中，最具代表性的人为郑观应。

在办理洋务的过程中，郑观应深刻领悟到西洋国家的自强、致富、工商与教育间的内在逻辑关系。他认为，举凡世界各国之兴衰，莫不系于人才，人才造就皆因教化。近代西洋国家“勃然隆盛者”，就在于完备的教养制度，学校众多，教育普及，人无贵贱男女均入学校学习，人才济济，故工业制造巧夺天工，农政和商业日新月异，社会就业渠道畅通。郑观应批判说，中国学校教育以私塾为主，贫民子弟无力接受入学，家长任其荒废学业，目不识丁，对本国风土、人情、钱谷等事概不研究，一旦学成而仕，则又尽弃其学。他认为，中国要想自强，则须广设学校，广植人才，应令地方官员同绅商就地筹款，无论贵贱与男女均入学教育，其中贫者免受脩脯，次贫收半费。他还指出，泰西各国富强之基“根于工艺”，“欲救中国之贫莫如大兴工艺”，中国应创设工艺专科，改变国人轻视技艺的习气；地方上则效仿泰西之例，开始举办工艺学堂，招收贫民学习制造、纺织等技能，促进工商业的发展，也使贫民有一技之长，有利于糊口谋生[①]。

郑观应还肯定西洋的慈善福利制度。在《盛世危言》一书中，有一篇名为《善举》的文章，详细介绍了西洋慈善机构的建立和西方慈善机构的分类，并对西方慈善事业在社会上的作用进行了评价。他认为西方慈善机构的建立，一方面，因为信奉“兼爱”的基督教具有广泛的群众基础，从而为民间慈善机构的创建夯实了基础；另一方面，西方素来有慈善捐赠的社会风气，富翁捐款的现象屡见不鲜。郑观应对西方慈善机构进行了分门别类：育婴堂、养病院、养老院、疯人院、义学堂、童艺院、老儒会、绣

① 郑观应：《盛世危言》，华夏出版社 2002 年版，第 74—76 页、第 88—90 页。

花会等都属于西方慈善机构[①]；同时，他还评价了西方慈善事业，表示西方慈善事业极大地促进了社会的稳定与发展。在他看来，西方慈善事业，使得社会上乞丐和盗贼大为减少，维持了社会的稳定，同时也养成了乐善好施的社会风气，使贫穷孤苦无依者能够体会到社会的温暖。这对改善社会风气，保持社会稳定起到了很好的作用。因此，他认为西方的慈善事业是值得中国人学习的[②]。郑观应更是从金融角度提出了治荒措施。首先，兴建农仓、平抑物价。小农经济属于自然经济，在天灾面前显得力不从心，难以抵御自然灾害。且自然经济在市场面前，风险承受能力极为脆弱。倘若农产品价格出现下跌，农民就面临破产的危险。考虑到这一点，郑观应主张村民应建立集体农仓来共同抵御风险。其次，筹备农业保险，风险分担。郑观应指出这可以借鉴泰西诸国建立的保险制度来分散风险。具体做法是由各村筹集保费集中参保，由国家特许的保险公司来开展经营活动。当农民遭遇自然灾害时，保险公司向受灾的农民进行保险赔付，将灾害造成的损失减少到一定程度。最后，在各地普遍设立基层的金融机构，以为民众融通资金开展服务。郑观应认为灾荒“需在平时之积贮[③]”，他呼吁人们平时减少不必要的开支，积蓄资金，以备不时之需。为鼓励人们积蓄资金，他建议各地广设平民银行或农社银行，把单一资金集合成一大资本，再由银行承担融资任务，来为政府排忧解难。总的来说，虽然郑观应所提出的社会福利思想并不完善，但所具备的近代气息却相当浓郁，他对西方近代社会的慈善事业进行了概括，提出了一些具有近代色彩的救荒措施，推动了近代中国社会福利思想的发展达到一个新的高度。

三、戊戌维新时期的社会福利思想

康有为是晚清思想界的巨人。他将 19 世纪七八十年代的早期维新思

① 夏东元：《郑观应集》（上），上海人民出版社 1982 年版，第 526—528 页。
② 王处辉：《中国社会思想史》，中国人民大学出版社 2002 年版，第 594—595 页。
③ 夏东元：《郑观应集》（下），上海人民出版社 1988 年版，第 158 页。

想进一步系统化和理论化，在他的戊戌维新学说中的变法救亡理论和大同理论是其社会福利思想主张的核心。康有为的“恤穷论”的社会福利思想最具特色，在“公车上书”中，康有为提出了变法的指导思想是：“非变通旧法，无以为治。变之之法，富国为先[①]。”这里所谓“富国”并不仅指增加国家的财政收入，而是包括了富国和改进民生的双重含义。所谓“恤穷”，即扶贫济弱以团结民心。他认为，以中国之大，人口之众，为何反受列强欺侮？其根本原因在于国家贫弱和民穷财尽，饿殍遍野。因此，要想救国，必须从“扶贫济弱”开始。“扶贫救弱”工作应该从移民垦荒、劝工警惰和恤鳏寡孤独这三方面入手。在康有为看来，只要国民能走出“穷弱”，国势自然会变得强大起来[②]。康有为把中国传统儒家思想的“仁”与西方的人道主义结合起来，构成了颇具中国特色的“仁道主义”。他认为：“人之所以为人者，仁也。”“舍仁不得为人。”仁是爱的本质，人与人相亲、相爱，才能达到“仁道”的理想境界。从仁道论出发，他系统地展开了批判论。他指出贱者“饥渴不得自由，劳动不得休职，冒风而跣征，穷昼夜不获少息[③]”，而贵者则居于高堂深厦，对贱者进行肆无忌惮的剥削劫掠。

他还抨击中国传统宗族福利保障模式的狭隘性。康有为认为传统的宗族福利保障模式固然有温情和互助的一面，但也存在着狭隘性和局限性。中西社会团结模式存在着巨大的差异，中国人重宗族而轻国家；西方人重国家而轻宗族，以国家和民族为凝聚单位。与此相对应，在欧美国家，人们对社会福利保持着开放态度，愿意将自己的财产捐献出来，用于兴办医院、学校等各种社会福利机构，使之能够惠及广大平民。由于我国文化历来轻社会、重宗族，民间的慈善事业多半用于捐助义庄、义学、义田、祖堂等。受益者只局限于族人，而并非面向全民。正因为中国传统的福利保障模式行“仁爱”不够广博，而是局限于“自亲其亲”的范围内。因为国

① 康有为：《上清帝第二书，戊戌变法（二）》，中国古籍出版社1956年版，第140页。

② 王处辉：《中国社会思想史》，中国人民大学出版社2002年版，第602页。

③ 康有为：《大同书》，中国古籍出版社1956年版，第26页。

人历来都是“各人自扫门前雪，休管他人瓦上霜”的态度，不可能筹集公共资金来供养医生，以便为人们看病、改善和提高人口素质，从而导致私有财产多、公共财富却不足，不能让社会上的贫穷者得到很好的供养；公共资金不足以兴办公共事业和社会福利事业，如恤贫、育婴、养老、慈幼等。所以，他提出要打破家族的局限，谋求面向全民的“大福利”。康有为表示，只有实行大同之道，才可以拯救世人的苦难。“吾既生乱世，目击苦道，而思有以救之，昧昧我思，其惟行大同之道哉!”只有进入了大同世界，才能真正做到公平、公正、没有任何痛苦，才能实现最理想的社会。

怎样才能达到大同社会呢？康有为认为生育、教养、老病、死丧等都附属于社会公共福利事业，只有创建“教、养、恤”都为“公”的福利制度，才能达到幸福快乐的大同之世。第一为“公教”，大同社会十分关注教育，会从慈善院到大学建立一套十分完备的学校体系。所有国民从小就能学习，一直到20岁大学毕业为止，所有公民都有权利接受专门的培训和完整的教育。第二为公养，在大同社会下，所有人都是“公人”，所有的勤苦劳作都是为了公家。针对那些年老体衰、不能自食其力的人，公家就要成立公养院来收养他们。但凡年纪达到了60岁，就能进入公养院来安度晚年；为没有儿女的老人提供护侍人，以便他们得到照顾，依据老人年纪的大小为其分配1～4名护侍人；所有老人都根据自己年轻时候的“奋勉”情况来划分等级，总共有6个等级，不同等级的老人所享受到的待遇不尽一致。第三为公恤，大同社会之所以能健康有序地运行，就是所有人都能够各尽所能。然而，由于在公有制下，人们无须担心生存和匮乏问题，这样难免会造成人心散漫。为了让所有人都能勤奋劳作，除了依靠自觉、自愿之外，还应该给予一定的警示。比方说，恤贫院的建立能够发挥出双重作用，即救济和告诫。允许那些无业且衣食堪忧者进入恤贫院，由公家为他们提供充足保暖的衣食，并根据他们能力的大小为他们安排一定的苦力劳动，并让他们穿上特殊的衣服以示惩罚。第四为设立公医院，凡染病者均入此院进行疗养和医治，所有药费和医费概由公家供给，公医院选聘医术精湛的“良医”为医务人员，并定期到各家各户开展巡诊。

基于公有角度，康有为在其作品《大同书》中对理想的社会福利模式进行了规划，充分体现了人们对美好事物的期许与追求。他所提出的大同世界巧妙地结合了古代的大同理想世界和现代文明。即便是他提出的公共福利制度存在一定空想性，极难成为现实，但也为我国社会的后续发展指明了方向，是我国走向光明之路的标志。就如毛泽东对其作出的评价：虽然康有为写了《大同书》，却无法找到一条通往大同世界的路，不过也为后来的中国社会具有才能、富有远见的人士设计和改造古代传统福利制度提供了极其丰富的思想材料。[①]

四、资产阶级革命时期的社会福利思想

孙中山是中国资产阶级民主革命的先行者和革命领袖，他提出了系统的革命理论——“三民主义”。民生主义是三民主义中最具特色的部分。“三民主义”显示了孙中山“举政治革命、社会革命毕其功于一役”，建立一个理想的社会福利社会。孙中山认为民生就是人民的生活、群众的生命、国民的生计以及社会的生存。所以，民生主义、社会主义、共产主义和大同主义是同一概念[②]。“民生是政治、经济以及各种历史活动的中心”。[③] 所以，孙中山认为“民生”，就是国民的生计问题，即要解决人民的衣食住行等基本生活和其他生活需要，就是要改善人民的物质生活。民生问题是社会进化的原动力，也是人类历史活动的中心。孙中山的以保障“国计民生”和“群众生命”为目标追求的民生论，是其社会福利思想的理论基础。辛亥革命尤其是国民党一大前后，孙中山开始把“民生理想”与经济建设融合在一起，把发展实业与民众福利联系起来，设想将土地、

---

① 田毅鹏：《中国社会福利思想史》，吉林大学出版社 1999 年版，第 212—215 页；王处辉：《中国社会思想史》，中国人民大学出版社 2002 年版，第 606—608 页。

② 《孙中山选集》，人民出版社 1981 年版，第 802 页。

③ 《孙中山选集》，人民出版社 1981 年版，第 825 页。

山川、林泽、矿产等收归政府所有，解决“育幼、养老、济贫、救灾、医病与夫种种公共之需”。[①] 孙中山认为，“三民主义”的归宿应为民生。然而，相对于欧美等发达国家而言，中国是一个相当贫困的国家。因此，贫富分化只有“大贫”和“小贫”之分。只有实业才能救贫，只有国富才能民强[②]。我国古代的“大同思想”严重影响着孙中山的“民生论”。除此之外，我国古代的“均平”思想也在一定程度上影响了孙中山的“民生”思想。他提出，均贫富是民生主义最重要的事实。社会贫富不均是产生社会革命的根本原因。实现贫富均等是民生主义重要内涵，贫者不会被富者所压迫。

在“民生论”的基础之上，孙中山提出了很多颇有新意的社会福利主张，成为近代中国社会福利思想史上的集大成者。以下几点体现了孙中山对民生问题的看法：第一，对工农阶级进行救助。他提出消灭贫富阶级，对于工人阶级的苦难境况，孙中山也表示非常同情，他主张真正意义上的自由、平等与博爱。但是，在建立理想的博爱社会之前，必须要面向工农阶级提供一定的社会救济，尽量改善他们的物质生活。例如，孙中山在《中国国民党第一次代表大会宣言》中提出，虽然中国的立国之本是农业，但农民遭受的苦难却不少于其他任何一个国家。对于那些土地不足而成为佃户的农民，为了鼓励他们耕作，国家应为其分配土地。孙中山还提出要保障工人的生活，不断发展社会福利事业，“在我国，工人的生活是没有任何保障的，国民党提出应该救济失业工人，为工人制定劳工法，以便于使他们的生活得到改善[③]”。第二，安老怀少。在孙中山看来，儿童福利和老人福利是社会福利的核心内容，应该使之制度化、规范化。孙中山十分推崇“天下为公”的大同世界，他认为：“大同世界就是指幼年儿童能够获得教育，青壮年能获得工作，老年人能得到供养[④]。”“设有不幸者，

① 《孙中山选集》（第 9 卷），中华书局 1986 年版，第 355、123 页。

② 《孙中山选集》（第 2 卷），中华书局 1982 年版，第 128、339—344 页。

③ 《孙中山选集》（第 9 卷），中华书局 1986 年版，第 120—121 页。

④ 《孙中山选集》，人民出版社 1981 年版，第 37 页。

半途蹉跎，则在五十以后，由国家给予养老金……如生子多，凡无力养之者，亦可由国家资养。”孙中山主张尽快普及义务教育，保障儿童受教育的权利。1912年，他提出法定男子五六岁入小学堂，以后由国家教之养之，至20岁为止，并视此为中国国民的一种权利[①]。在孙中山眼里，安老怀少的慈善观在深度上已经远远超过了中国传统的慈善观，是对中国传统慈善事业的极大发展。安老怀少已不是不平等的施舍，而是现代政府应尽的责任。第三，平均地权和均富。孙中山认为，在政治革命和国民革命取得胜利之时，在进行社会革命时，革命者应该坚持的核心内容应为“平均地权”。具体实行办法可以分为四个步骤，即核定地价、照价收税、照价收买和涨价归公。通过以上步骤可以实现平均地权的目标，除此之外，还有利于消灭贫富分化，实现土地国有，建立面向所有人的福利保障社会。然而，毋庸置疑，这种社会存在一定空想性，是国人期待没有压迫和剥削的大同世界的体现，同时也在一定程度上反映了人们厌恶资本主义的剥削制度，这一思想在社会福利史上的地位非常重要。

第三节 中国现代的社会福利思想

1949年，中华人民共和国成立，开启了中国历史的新纪元。社会主义革命、社会主义建设以及改革开放开启了中国历史发展的新征程，引发了社会福利思想的巨大变革。现代社会福利思想一方面受现代社会福利制度实践的深刻影响，另一方面受中国传统社会福利思想的制约。对于中国现代社会，中国共产党四代领导集体核心提出的社会主义建设、改革发展理论直接丰富了现代社会福利思想，适度普惠型社会福利制度是建立在共同富裕、小康社会、全面建设小康社会和社会主义和谐社会思想基础上的制度构想，是社会福利公平、共同富裕和和谐社会思想的具体实践。

① 《孙中山选集》（第2卷），中华书局1982年版，第323页。

一、计划经济时期的社会福利思想

作为我国伟大的政治家、革命家、军事家和中华人民共和国的主要缔造者和领导人，毛泽东对我国的影响无疑是巨大的，尤其是从1949年到1976年他担任我国最高领导人期间，他的思想对我国社会发展产生了极大影响。他所提出的社会福利思想具有极其丰富的内容，涉及人们日常生活的方方面面，主要包括社会福利的公平思想、逐步提高社会福利水平的思想、社会福利水平与生产力发展水平相适应的思想等方面，并且针对这些思想进行了相应的实践，从这些思想与实践中我们可以对毛泽东社会福利思想的主要内容进行深入认识，发现这些内容具有极强的时代感，体现了一定历史时期的社会福利状况，他关于社会福利的思想对中国社会福利制度建设具有重大而深远的意义。

第一，社会福利公平的思想。毛泽东的社会福利思想中带有鲜明的公平思想成分，他的社会福利思想中的公平思想在其对社会主义的分配方式上表现得最为充分，他指出社会主义的分配方式是按劳分配。然而，毛泽东的公平思想绝非纯粹的按劳分配，他认为为了防止两极分化，消灭贫富悬殊，就应该遏制绝对的平均主义，对一定量的差距予以控制。此即为对毛泽东社会福利公平思想的看法。两极分化产生的原因是经济上的不公平，而过分的两极分化有可能导致资本主义的死灰复燃，在进行社会主义改造之后，毛泽东对这一问题一直非常担心，并想方设法努力消除。我国广大地区的土地改革导致农村出现较大的两极分化，在得知这一情况后，毛泽东提出："如果放任自由，势必会导致农村地区两极分化日益严重[①]。"自始至终，小农经济都存在一定的弊端，如果没有任何外力的影响，一定会导致两极分化越来越严重。因此毛泽东才提出了防止两极分化、避免贫富悬殊的观点，对于苏联《政治经济学教科书》中所提及的观点，他认为

① 《毛泽东选集》(第5卷)，人民出版社1977年版，第327页。

其中反对平均主义的做法是合理的，但不能过分反对，不然会导致个人主义，同时也要避免贫富悬殊过大。毛泽东提出，要在反对平均主义的同时也反对贫富悬殊过大[①]。毛泽东所期望的是经济和社会上的公平，从而避免两极分化的出现，但是在绝对的平均问题上，他也是力言不可的。要想绝对平均的状况不发生，就需要控制好收入差距，让收入差距在一个合理的范围内存在，这也是毛泽东所认同的社会公平的状况。他指出绝对平均主义的根源“只是农民小资产者的一种幻想”，因此“必须反对不问一切理由的绝对平均主义”“绝对平均主义是手工业和小农经济的产物[②]”。1959年毛泽东在“第二次郑州会议”上也提到要反对绝对平均主义的错误，他指出：“所谓平均主义倾向，即是否认各个生产队和各个个人的收入应当有所差别。而否认这种差别，就是否认按劳分配的社会主义原则。所谓过分集中倾向，即否认生产队应有的权利，任意把生产队的财产上调到公社来。……上述两种倾向，都包含有否认价值法则，否认等价交换的思想在内，这当然是不对的。”[③]

第二，逐步提高社会福利水平。新中国成立之后，以美国为首的西方帝国主义对中国形成了包围之势，中国处于被封锁的状态，对外贸易与国际交流几乎停滞不前。当时中国几乎没有重工业，交通运输业也极为落后，仅有的一些轻工业也面临设备陈旧和开工不足的问题。在这样的情况下，毛泽东和中国共产党从战略发展的角度出发，选择了优先发展重工业的策略。按照毛泽东的设想，重工业的大力发展，将生产更多的农用机器服务于社会主义生产合作社，包括广修铁路、公路，兴修水利，以及为人民提供更多的日用品。在《论十大关系》这篇文献中毛泽东提出：“当工人提高了劳动生产率，就必须逐步改进他们的劳动条件与集体福利。”[④]在广大的农村地区，要“尽量让农民在正常的年景下通过增加生产而不断

---

① 《毛泽东选集》（第8卷），人民出版社1996年版，第253页。
② 《毛泽东选集》（第1卷），人民出版社1991年版，第91页。
③ 《毛泽东文集》（第8卷），人民出版社1999年版，第11页。
④ 《毛泽东选集》（第5卷），人民出版社1977年版，第92页。

提升个人收入”[①]。坚决抵制不关心百姓疾苦和人民生活的官僚主义。1956年，人民的生活水平大有改善，就业率也不断增加。为此，毛泽东提出要循序渐进地改善人民的生活，不能开过多的支票。[②] 在这里，他认为福利水平的提高必须与经济发展水平相适应，将这一提高作为分阶段、逐渐推进的过程，从而在本质上规定了我国社会福利的发展方向和发展阶段。

第三，社会福利水平适度、合理。如果经济发展受到了一定程度的影响，那只能是社会福利水平高于经济发展水平。特别是新中国当时的基本国情决定了社会福利水平不可能很高，只能保障广大职工的基本生活水平。所以，毛泽东在马克思关于社会福利水平一定要和生产力发展水平相一致这一思想的基础上，结合当时中国“一穷二白”的基本国情，作出了“社会福利水平适度、合理”精辟的论断，不管是在就业还是粮食等问题上，都应该统筹兼顾全体人民，依照具体情况，对各方面进行协商，从而作出合理的安排。[③] 毛泽东认为，必须要兼顾国家利益、个人利益与集体利益，不能顾此失彼，否则将不利于社会主义的发展[④]。毛泽东在1953年夏季全国财经工作会议上提出必须将工作重点放在发展生产上，必须要谋求福利，那必须要遵循适度原则，不可过多地谋求福利。[⑤] 1956年，在著名的《论十大关系》中，毛泽东明确指出，工人的社会福利水平要随着生产力水平的不断提高而逐步增加，工人社会福利水平的提高与生产力水平的提高必然是同步的，注重社会福利水平与生产力水平相一致的原则。在这里，毛泽东在社会福利的发展方向问题上奠定了理论原则，不仅发现了社会福利水平与生产力发展水平之间的客观存在、相互关联的内在规律，而且还使之成了我国社会主义福利事业建立和发展的基本原则。

① 《毛泽东选集》(第5卷)，人民出版社1977年版，第272页。
② 《毛泽东选集》(第7卷)，人民出版社1999年版，第159页。
③ 《毛泽东选集》(第5卷)，人民出版社1977年版，第387页。
④ 《毛泽东选集》(第5卷)，人民出版社1977年版，第275页。
⑤ 《毛泽东选集》(第5卷)，人民出版社1977年版，第92页。

二、改革开放以来的社会福利思想

中国共产党十一届三中全会揭开了中国对内改革、对外开放的序幕，经济体制和社会结构发生了巨大的变革，社会福利制度也相应迎来了重大的转型和改革。这一时期，中国的社会福利思想也随之发生了一系列重大的变化。

邓小平是伟大的政治家、革命家、卓越的共产主义战士，中华人民共和国的主要领导者，是中国共产党的第二代领导集体的核心领导者。他是中国社会主义改革开放和现代化建设的总设计师，邓小平理论的创立者。邓小平理论中包含着深刻丰富的社会福利思想，邓小平的社会福利思想的核心体现在共同富裕的思想。

第一，实行“适度”的社会福利。社会福利发展的物质基础在于生产力的发展，生产力的发展水平决定了社会福利的水平和覆盖范围，一国社会福利的目标模式和福利保障程度必须与其经济发展水平相适应、相协调，决不能超出该国经济社会发展水平的承受能力和支持限度。针对新中国成立初期私营企业中存在的工人福利和资方利益的矛盾。邓小平本着“灵活适度”的原则，提出以主动调整的方式分阶段分情况地逐步改善工人福利的方针。邓小平提到“过去我们说服工人适当减低工资，以渡过难关，这是完全必要的。七月以后，工商情况开始好转，即不应再去降低工人生活”。[①] 针对改革开放初期，我国的经济发展水平还比较落后，依然处于社会主义初级阶段，生产力水平与西方发达国家相比，差距相当大。由于社会福利制度的建立要与社会生产力和经济水平相适应，所以一味追求过高的社会福利水平是不可取的。在建设社会福利制度时，必须要考虑具体的国情，对社会福利与社会生产力之间的关系进行科学处理。邓小平同志表示，目前在中国还不能真正实现福利国家，将我国发展成福利国家

① 《邓小平文选》(第1卷)，人民出版社1994年版，第181页。

的观点也是错误的、不可行的[①]。他反复强调“福利主义不能搞，搞不起”。

第二，坚持效率优先。邓小平认为，为了实现共同富裕这个目标，必须要让小部分人先富，以此形成榜样，慢慢带动其他人致富。但是，当社会经济发展到一定阶段时，就可能引发种种不公平的情形，要想实现社会稳定，就要做到公平公正。尤其是改革开放之后，中国的贫富差距将更为巨大，为了缩小贫富差距，避免两极分化，在注重效率的同时，要更加注重公平，通过社会保障来缩小贫富之间的差距，减轻穷人的负担，使他们有更多的机会在社会上生存。邓小平指出：“如果生产力得到了发展，人民的生活却没有得到改善，这明显是不合理的；同样的道理，如果没有发展生产力，要想让人民的生活水平得到提高，这也是错误的，而且是不可能实现的[②]。”社会主义的本质就是效率与公平的统一，社会主义现代化建设不发展生产力，没有效率，就不可能有公平，公平是建立在效率基础上的，如果没有效率，人民的社会福利就是一句空话。但是，如果只讲生产力，不讲公平，不改善民生，这就不是社会主义制度。因此，要坚持公平与效率的原则，从而消灭剥削，消除两极分化，促进社会公平，社会和谐。社会主义的本质要求体现出社会主义发展过程中的效率和公平的统一，也体现出使经济发展和社会福利增长两者相协调的格局。

第三，共同富裕。这是邓小平关于社会福利思想的核心。他倡导的“共同富裕”是在“和平与发展”的时代背景下提出来的。国际上普遍认为，当前世界范围内的大问题、能带动全球战略的问题为和平问题与经济发展问题[③]，和平与发展是当前世界的主题，是当前世界的突出特征，世界范围内的各种矛盾都围绕着这一主题展开。面对东欧剧变，苏联解体，使邓小平更加清醒地认识到，我国要走中国特色社会主义道路，必须大力解放和发展生产力，使全体人民走上共同富裕道路，这正是社会主义的优

① 《邓小平文选》(第 2 卷)，人民出版社 1991 年版，第 257 页。

② 《邓小平文选》(第 2 卷)，人民出版社 1991 年版，第 257—258 页。

③ 《邓小平文选》(第 3 卷)，人民出版社 1993 年版，第 105 页。

越性所在。邓小平认为，要想实现生产力的发展和社会主义公有制的发展，增加全民所得，就必须允许某一地区的某些人先富，这是为了实现共同富裕的权宜之计①。就当时中国国内来看，邓小平所提出的"共同富裕"观点，是基于对我国社会主义事业建设成败问题的经验总结和对改革开放新道路进行摸索所形成的。虽然以往我们取得了很大的成绩，然而，从整体上看，广大人民在相当长一段时间内都处于发展的缓慢与停滞状态，所以人民的生活总体上还相对比较贫困。残酷的现实迫使邓小平不得不重新思考问题，面对这种形势，为了调动人们的积极性，邓小平提出"允许先富的思想"，通过先富的地区、企业和个人帮助后富的地区、企业和个人，最终达到共同富裕。邓小平于1992年基于对社会主义建设正反两方面的经验教训进行总结，从而对社会主义的本质进行了揭示，提出社会主义的本质归宿就是"共同富裕"。总的来说，邓小平的"共同富裕观"是通过对我国社会主义建设正反两方面的经验进行总结，探索改革开放新时期、新道路的过程中形成和发展起来的。

邓小平的共同富裕思想包括四个方面的内容：第一，认为社会主义的本质要求是共同富裕。资本主义制度是基于生产资料私有制所建立的，其根本目的是追求剩余价值。资本主义的生产关系决定了资本家和工人之间只能产生贫富的两极分化，而不可能实现共同富裕。社会主义制度则是基于生产资料公有制所建立的，在社会主义制度下人民实现了当家作主，社会物质财富由全民共同创造和享有。只有在社会主义制度下，生产的目的才是为了满足全体人民的物质文化需求。所以，共同富裕是社会主义的根本原则，是其与资本主义制度下的剥削与压迫特征相区别的本质所在。自新中国成立之日起，到实行改革开放前，经过将近30年的社会主义建设，中国不但没告别贫穷，而且很多农村地区依然处于贫困之中。在此背景下，邓小平开始迫切地对"什么是社会主义"及"如何建设社会主义"这些问题进行反思。对于四人帮提出的各种谬论，如"宁要贫穷的社会主

① 《邓小平文选》(第3卷)，人民出版社1993年版，第19页。

义，不要富裕的资本主义”等，邓小平表示，社会主义并不是指经济发展长期止步不前，人民生活水平长期较低。“从1958年到1978年这20年间的发展经验可知，发展社会主义就是要不断消灭贫穷”。[①]“贫穷不是社会主义的特征，富裕才是社会主义建设的目标”[②]，并提出了社会主义的根本原则是“共同富裕”。第二，要想实现共同富裕，必须从发展生产力开始。邓小平在领导人民实现共同富裕的过程中，传承和发扬了马克思主义针对生产力的发展所提出的观点，始终坚持改善人民生活最基本的任务就是发展生产。他再三提出：解放与发展生产力就是革命的目的。倘若没能发展生产力，就意味着改善民生、革命、国家富强都成了空谈。人们之所以要革命，要打破旧社会制度，就是因为这些制度束缚和压迫了人民。目前，这一问题已非常明显。早前，四人帮一味抵制资本主义的做法是极其不正确的。[③]“生产力的发展同人们生活水平的提升成正比。如果生活水平没能随生产力的发展而有所改善，这显然是不合理的；同样的道理，要改善生活，却没能发展生产力，这是根本不可能实现的……所以，要不断发展生产力，实现人民创收，从而改善他们的生活”。[④]在1992年的南方谈话中，邓小平通过对以前我国社会主义建设历程的总结，提出了“三个有利于”的标准。他表示，当一个社会主义国家在获得政权之后，必须要不断致力于发展生产力，并以此为基础，不断提升人民的物质文化生活水平。通过生产力的不断解放与发展，来实现社会主义经济的发展，否则，共同富裕将成为空谈。第三，由先富带动后富，最终达到共富，这是实现共同富裕的基本途径。在奔向共同富裕的征途上，邓小平对历史上我党的“平均主义”“同步富裕”的失误有深刻的认识，在如何实现共同富裕的问题上进行了深入的思考，认为要鼓励和允许一些地区和一部分人通过合法经营和诚实劳动率先富裕起来，再由此带动后富，最终达到共同富裕的目

① 《邓小平文选》（第3卷），人民出版社1993年版，第116页。
② 《邓小平文选》（第3卷），人民出版社1994年版，第172页。
③ 《邓小平文选》（第2卷），人民出版社1994年版，第4页。
④ 《邓小平文选》（第2卷），人民出版社1994年版，第257—258页。

的，这是一种切实可行的发展战略。他说："实现共同富裕是我国坚持走社会主义道路的根本目的。但共同富裕不意味着是平均发展，搞平均主义。不能像以往一样吃'大锅饭'，这只能导致共同贫困、共同落后。"[①]为改变一些地区贫穷落后的面貌就"要允许和鼓励一部分企业、人民和地区因辛勤努力而获得更多的收入，使他们的生活更好，这样就会在社会上起到一种良好的示范作用，影响周围的人，带动其他单位和地区向其学习。如此一来，就会不断推进国民经济的发展，促使全国人民快速富裕起来"。[②] 1988 年，他又根据地区经济发展不平衡的状况，构建了"两个大局"的战略，也就是说，要充分利用对外开放政策，使沿海地区这个有着 2 亿多人口的大区域率先发展，率先富裕，并以此带动我国广大内地区域的发展。要求内地需顾全这一大局。反之，在发展到一定阶段时，要求沿海地区支持和帮助内地发展。届时，沿海地区也需顾全这一大局。第四，以人为本是共同富裕的出发点和归宿。共同富裕体现了邓小平以人民利益为根本出发点，把人民作为根本出发点和归宿。邓小平于 1985 年 5 月提出，我国大陆要坚持走社会主义之路，不走资本主义剥削和压迫人民的邪路。要以全国人民共同富裕为奋斗目标，避免两极分化。所创造出来的财富是属于国家和人民的，不会形成新的资产阶级。国家财富也是为了服务人民，主要用于国防建设、发展经济、教育与科学，是为了使人民的文化水平得到提升，使人民的生活得到改善[③]。随后，他又一再指出，共同富裕是社会主义的目标，国家应该不断致力于发展生产力，且这一成果是属于人民的。这些都体现了邓小平坚持"以人为本"的思想，他把人当成了社会发展的终极目标。与此同时，在大力发展生产力的过程中，邓小平认为各项工作的是非得失判断标准为人民生活水平的提升和人民利益的实现。紧接着，邓小平又提出了"三个有利于"标准。由此可见，他所提出的"共同富裕"充分体现着人民利益、人民标准，无论何时何地，始终把

① 《邓小平文选》（第 3 卷），人民出版社 1993 年版，第 115 页。
② 《邓小平文选》（第 2 卷），人民出版社 1994 年版，第 152 页。
③ 《邓小平文选》（第 3 卷），人民出版社 1993 年版，第 123 页。

人民放在“共同富裕”之前，一切从人民的利益出发，使人民富裕就是社会主义事业的前进方向，在判断各项工作的是非得失时，要将人民生活水平的提升当作标准，始终把人看作社会发展最终目标的以人为本思想。

江泽民是我国第三代中央领导集体的核心，他创立了“三个代表”重要思想。在新的历史条件下，江泽民以关注民生的伟大情怀，提出了很多极富价值的社会福利思想，这些社会福利思想在一定程度上延续了毛泽东和邓小平所提出的社会福利思想。同时，也进一步丰富和发展了马列主义社会福利思想，具有极大的理论价值和深远的实践意义。其社会福利思想的核心体现在全面建设小康社会的思想。

第一，不断改善人民生活水平的社会福利思想。在江泽民的社会福利思想中，人民的利益最大、人民的地位最高、人民的恩情也是最深的。因此，关注人民的生活水平及生产发展始终是江泽民社会福利思想的价值核心。早在江泽民担任上海市市长时，江泽民就曾指出：“在我国，人民群众当家作主，我们是人民的公仆，为人民解除后顾之忧是我们的责任所在。”[①] 为了不断提高人民的生活水平，使广大人民群众共享改革的丰硕成果。江泽民在中国共产党十四大、十五大、十六大政治报告中，都把“不断改善人民生活”作为一个重要问题予以重点阐述。在中国共产党第十四次代表大会报告中，江泽民指出，不管是改革开放还是经济发展，都应该以人民日益增长的物质文化需要为根本目的。随着社会财富的不断增长和生产的日渐发展，人们的生活质量、消费水平、实际收入都要得到显著提升。[②] 除此之外，江泽民还提出我党所有工作的基本出发点和最终归宿都是“提升人民生活水平”。他认为，党和国家必须从人民的根本利益出发，中国共产党始终代表最广大人民的根本利益。综合以上可知“以民为本”始终是江泽民社会福利思想的价值核心。

第二，以发展促民生的社会福利思想。当前，我国还处于社会主义初

① 《江泽民文选》（第 3 卷），人民出版社 2006 年版，第 549 页。

② 《江泽民文选》（第 3 卷），人民出版社 2006 年版，第 550 页。

级阶段，经济发展比较落后，人口基数大，民生基础条件相对薄弱。为此，江泽民提出：要想解决民生问题，就要将发展放在首要地位。自改革开放起，我国在民生问题上取得的一切进展都是基于发展所创造的。如果不能坚持发展，就无法解决各种民生问题，更何谈让人民过上富裕的生活。所以，我们要重点抓住经济建设，不断致力于搞建设，全心全意谋求发展，使社会生产力不断得到解放与发展。[①] “发展是党执政兴国的第一要务[②]”“发展是硬道理，硬就硬在这里[③]”。在我国的社会与经济转型时期，形成了严重的利益格局变化，从而导致城乡和区域之间的差距越来越大。面对这一情况，江泽民提出要扩大内需。为了改善民生，解决我国的经济长期发展问题，必须要坚持扩大内需这一长期战略方针。它不仅能克服目前的经济困难，同时也有利于未来的发展。[④] 所以，“发展”始终是江泽民社会福利思想的实现手段。

第三，提出了全面建设小康社会的社会福利思想。为了让人民能够更好地生活，邓小平曾提出了三步走的发展战略，即首先解决人民的温饱问题，接着达到小康水平，最终过上比较富裕的生活。在新的发展阶段，江泽民对邓小平所提出的三步走战略进行了继承与发展，提出了全面建设小康社会新的发展战略。江泽民指出：“要把人民生活水平的提高和小康社会的建设紧密结合起来[⑤]。”在中国共产党第十五次全国代表大会政治报告中，江泽民指出：“提高人民的生活水平，使全国人民的生活都达到小康水平，并不断向更高的水平推进[⑥]。”此外，江泽民认为，必须把总体目标分解为三种类型的目标：一是年度目标。为了得到人民的信任，必须每年做几件让人民关注的实事[⑦]。二是中期目标。在中国共产党第十五次

① 《江泽民文选》（第 3 卷），人民出版社 2006 年版，第 12—13 页。
② 《江泽民文选》（第 3 卷），人民出版社 2006 年版，第 89 页。
③ 《江泽民文选》（第 3 卷），人民出版社 2006 年版，第 113 页。
④ 《江泽民文选》（第 3 卷），人民出版社 2006 年版，第 448 页。
⑤ 《江泽民文选》（第 3 卷），人民出版社 2006 年版，第 89 页。
⑥ 《江泽民文选》（第 3 卷），人民出版社 2006 年版，第 87 页。
⑦ 《江泽民文选》（第 3 卷），人民出版社 2006 年版，第 44 页。

全国代表大会上，江泽民提出当前的中期目标是，发展到2010年，我国国民生产总值要比10年前翻一番，让人民过上更加富裕的生活，同时进一步完善社会主义市场经济体制[①]。三是远景目标。江泽民指出："从2010年起，在经过数十年的不懈努力，以期到建党100周年时，国民经济将更加发达，各项制度也将越来越完善，富强民主文明的社会主义国家就一定会实现。"[②] 另外，江泽民还对全面建设小康社会这一目标的具体内容进行全面的、精辟的阐述：首先表现在城镇人口的比例不断上升；其次是人民的政治、经济和文化权益得到根本的尊重和保障；再次是全民思想道德、科学文化、健康等综合素质得到明显提升；最后实现人与自然的和谐相处，人民过上了富裕的生活，社会生产得到发展，并具有良好的生态环境[③]。江泽民所提出的全面建设小康社会这一目标涉及经济、文化、政治、生态等方方面面，是与我国社会主义现代化建设和国家的具体国情相适应的，是广大人民深切期盼的体现。

胡锦涛曾任中国共产党中央委员会总书记，中华人民共和国军事委员会主席，中华人民共和国主席，是中国共产党的第四代中央领导集体的核心，是科学发展观理论的主要创立者。自中国共产党第十六次全国代表大会起，以胡锦涛为核心的第四代党中央领导集体对中国共产党社会福利思想的优良传统进行了继承与发扬，及时有效地提出了很多发展民生和改善民生的方案措施，并衍生出许多优秀的民生思想和意识。在新的发展阶段，对胡锦涛社会福利思想进行研究与宣传是十分有必要的，不仅极具理论价值，还具有极强的实践价值。其社会福利思想的核心体现在构建社会主义和谐社会的思想上。

第一，在民生发展方面坚持"以人为本"。也就是指以实现人的全面发展为目标。2003年10月，胡锦涛在中国共产党十六届三中全会上，第

---

① 《江泽民文选》（第3卷），人民出版社2006年版，第234页。

② 《江泽民文选》（第3卷），人民出版社2006年版，第67页。

③ 江泽民：《全面建设小康社会，开创中国特色社会主义事业新局面——在中国共产党第十六次全国代表大会上的讲话》，《人民日报》2002年11月18日。

一次提出了“以人为本”的创新理念。他指出：“坚持以人为本，树立全面、协调、可持续的发展，促进经济社会和人的全面发展。”以人为本的民生发展理念的提出不仅是胡锦涛的发展理论的继承与发扬，同时也是马克思主义中“人的自由全面发展”这一理论的深化。人不仅是社会发展的第一个前提，而且是社会的主体，是历史发展的主体，也是社会发展的终极目的。建设社会主义必须坚持“以人为本”，始终重视人的全面发展。胡锦涛认为价值的核心和社会的本位为人，最高的价值目标是人的生存和发展，提出所谓“以人为本”，就是要将目标锁定为“实现人的全面发展”，全心全意为人民谋福利，不断促进人民的发展，保证其在政治、经济、文化等方面的权益不被侵犯，不断致力于满足人民日益增长的物质文化需要，使社会发展的成果让全民受益。[①] 要坚持以人为本，就必须做到立党为公，执政为民。他指出所有领导干部都要深入基层和群众，要关心百姓疾苦，倾听百姓心声，时刻关注人民的安危冷暖，切实做到心系人民、不断为人民谋福利、谋发展[②]。要不断解决人民最关心、最直接、最现实的利益问题，为他们办好事、办实事。这是坚持以人为本的必然要求，同时也是为人民发展、依靠人民发展、由人民共享发展成果的必然要求[③]。要坚持“立党为公，执政为民，坚持党同人民群众的血肉联系，切实把最广大人民的根本利益实现好、维护好、发展好[④]”。

第二，适度的社会保障。在中国共产党十六届六中全会上，胡锦涛提出：我国在建设社会保障体系时，要始终注意与经济发展水平相匹配，不断健全社会保障体系。如此，才能不断推进改革发展、满足人民的现实需

① 中共中央文献研究室：《十六大以来重要文献选编》（上），中央文献出版社 2005 年版，第 850 页。

② 中共中央文献研究室：《十六大以来重要文献选编》（上），中央文献出版社 2005 年版，第 84 页。

③ 胡锦涛：《全面贯彻落实科学发展观，推动经济社会又快又好发展》，《求实》2006 年第 1 期。

④ 中共中央文献研究室：《十六大以来重要文献选编》（上），中央文献出版社 2005 年版，第 728 页。

求、促进社会的和谐稳定[①]。以胡锦涛为核心的第四代中央领导集体在社会保障问题上，始终坚持以马列主义为导向，将我国的具体国情、社会发展的实际情况与社会保障联系起来。其中，具体国情就是指社会保障的发展要与经济发展情况相适应，不然不仅无法发挥社会保障的应有作用，反而会重蹈英国、瑞典等西方福利国家的覆辙，造成经济发展的效率低下，社会养懒汉的局面。当前，伴随城市化和工业化的不断推进，必须基于既有国情，适当调整原有的社会保障制度，使之与社会发展的需求更加相符。胡锦涛表示：在确定社会保障水平时，要充分联系区域范围内的经济实力，适当增加财政投入，不断拓展社会保障的覆盖面，使经济发展与社会保障相互促进、良性发展[②]。所以，要根据各地的实际情况，因地制宜地推动社会保障制度的发展，做到对症下药，其社会保障水平要以本地区的经济发展水平作为依据，这样才能提高社会保障制度建设的效率，为经济发展奠定良好的基础。

第三，建设社会主义和谐社会。和谐社会的理念最早在中国共产党的第十六次全国代表大会谈及全面建设小康社会时已有所体现，并将其作为全面建设小康社会的一大目标。报告提及要在21世纪的前20年，集中力量，不断致力于全面建设惠及全国十几亿人口高水平的小康社会，并进一步发展经济、繁荣文化、健全民主，不断促进社会和谐，不断改善和提高人民的生活水平[③]。这一报告中也明确体现了和谐社会的重要意义。至此，“建设和谐社会”的理念在中国共产党第十六次全国代表大会上确立，在我国史册中，第一次载入了“和谐”一词。并且自此以后，“和谐”一词频繁出现在各大报告文件之中。2005年，胡锦涛对“社会主义和谐社会”作了比较详尽的阐释，他认为，建设社会主义和谐社会，就是要创建

① 中共中央文献研究室：《十六大以来重要文献选编》（上），中央文献出版社2005年版，第688页。

② 中共中央文献研究室：《十六大以来重要文献选编》（上），中央文献出版社2005年版，第688页。

③ 中共中央文献研究室：《十六大以来重要文献选编》（上），中央文献出版社2005年版，第14页。

一个公平正义、民主法治、充满活力、诚信友爱且人与自然和谐相处的社会[①]。之后在中国共产党第十八次全国代表大会的政治报告中更是提出将生态文明建设纳入社会主义事业建设中。这一系列举措显示出了“和谐社会”的构建具有重要的战略地位，使我国社会主义建设事业的格局由“三位一体”建设发展为“四位一体”再到“五位一体”，环环相扣、互为条件、相辅相成，进一步丰富和发展了中国特色社会主义。与其他社会形态中的和谐状态不同，社会主义和谐社会并不是“空中花园”“海市蜃楼”，也并非资本主义国家中所说的“自我平衡系统”，而是讲求人与人、人与社会、人与自然的和谐共处。社会主义和谐社会指的是经济基础与上层建筑之间的协调、是生产力与生产关系的和谐。胡锦涛认为，这一定义是社会主义和谐社会的重要内涵与价值定位，并将社会形态和主要特征进行了明确阐述。

第四节 西方社会福利理论

西方社会福利发展理论的产生和发展具有深刻的社会时代背景。在中国社会福利研究的过程中，许多关于社会福利的理论和概念都是直接从西方国家借用过来的，正如张洁宇所言：“中国不管哪一种现象，都能在其他国家的概念框架中得到解释[②]。”因此，我国目前关于社会福利的主要理论和制度框架基本是从西方国家传入中国的。西方社会福利发展理论的形成有着非常深刻的社会背景。对西方社会福利理论进行系统研究，提出对中国适度普惠型社会福利制度的启示是必不可少的工作。

① 胡锦涛：在省部级主要领导干部提高构建社会主义和谐社会能力专题研讨班上的讲话，新华网，2005 年 6 月 26 日。

② 张洁宇：《全球化时代的中国文化反思：我们现在怎样做中国人——张旭东教授访谈录》，《中华读书报》，2002 年 7 月 17 日。

一、福利公正分配理论

综观当代世界尤其是发达国家的社会福利制度，可以发现，公平和正义（即公正）是这一制度的基本价值理念，中国社会福利制度建设与发展，亦不能例外。公平是现代社会福利制度的核心价值追求。公平是指平等地对每一个国民满足其基本福利需求，普遍性地增进国民的福利。正义包括法律正义与分配正义，它是每一个社会必须坚守的底线。公正的分配属于一个历史概念，它的内涵应该与时俱进地发展。当代西方社会研究福利公正分配理论有新自由主义的代表人物罗尔斯和古典自由主义的代表人物诺齐克。

（一）罗尔斯的公正分配理论

作为当代最著名的哲学家和伦理学家，罗尔斯于1971年出版的著作《正义论》中提出了一种关于公平分配的正义理论。在他看来，除非任何价值不平等分配对每个人都是有利的，所有人都应该平等分配收入、财富、自由、机会及自尊等价值观。他的正义理论包含了两项基本原则。第一，每个人对于其他人所拥有的最广泛的基本自由体系相容的类似自由体系都应该有一种平等的机会。第二，社会的和经济的不平等都应该这样安排，一是这种不平等应该对每个人都是有利的；二是这种不平等依附于地位和职务，这样的地位和职位应该是向所有人开放的。其中第一个正义原则优先于第二个原则，这意味着平等的自由原则应该首先被满足，不会因其他任何理由而破坏这一原则。罗尔斯在论述第二原则时提出了以下几个论证。①差别原则。这一原则是指通过将社会基本结构的目标改变后，使专家治国和社会效率的价值被弱化。如此一来就会使某些后天优势和天赋不再只有益于少部分人。实质上，此原则在一定程度上具有某种平均主义的色彩，同时也在一定程度上倾向于平等。它代表着收入分配上坚持补偿、互惠及博爱的原则。②反效率原则。在分配原则方面，效率和正义原本是不相容的两个概念。所以，人们在得到全部产品再分配或者采用别的分配方式时，也可能兼顾效率。但如果只有效率原则，则显然是不完备的。所以，除了效率之外，应该找到一种同时能实现正义的分配方式，而不能一味停留在功利主义层面。③连锁关系。倘若某一种利益能让底层人的期望提升，与此同时，也能让其他层次人的期望得以提升。当地位最不利的人获利时，处于中间层次的人同样能获利。如此形成的连锁关系就得益于正义原则。

从收入分配方面来说，在罗尔斯看来，在社会分配与竞争中，只有兼顾弱势群体的利益，才能确保社会分配制度的正义、合理，而不是说为了增加某些人的利益而去减损其他人的利益。一个社会既能保障每个人的平等自由、公平竞争的权利，又能“对处于最不利地位上的人最有利”，这样的社会才是公正的社会。这些观点、理论对于确保社会福利均等分配、保护弱势群体权益，乃至适度普惠型社会福利制度的构建都有着较大的借鉴与启发意义。

（二）诺齐克的公正分配理论

20世纪70年代，罗尔斯和诺齐克相继出版了《正义论》和《无政府、国家与乌托邦》。这两本著作成为西方政治哲学领域最具影响力的著作。不同于罗尔斯对于平等的偏爱，诺齐克非常重视对于个人自由权利的维护。沿袭上述思路，诺齐克将分配的正义转变为拥有的正义，同时提出了以下几个原则来处理拥有的正义：①获取正义。如果人们在满足获取正义条件下获取了某一样东西，那么他对这一东西具有拥有权。②转让正义。如果人们在满足转让正义条件下获得了某一样东西，那么他对这一东西具有拥有权。③矫正正义。除了对以上两个原则重复利用之外，任何人都没有权利拥有某一样东西。换句话说，就是必须矫正那些违反相关权利原则而拥有的那些自己本身没有权利拥有的东西。总的来说，诺齐克认为：“如果一个人按获取和转让的正义原则，或者按矫正的正义原则对其持有是有权利的、有资格的，那么，他的持有就是正义的。如果每个人的持有都是正义的，那么持有的总体分配就是正义的。”①

诺齐克的三项正义原则，几乎批判了其他人提出的所有分配原则。因为其他人论述的分配原则，通常提出的都是模式化原则。也就是说，“按照每个人的需要、能力、努力程度、承担责任大小、对社会的贡献等进行分配”。诺齐克认为如果所有人都自由自愿转让自己拥有的东西，那么不管是哪一种分配模式都会被打破。诺齐克认为分配应是一种“非模式化原则”，其重视的是这种权利是怎样演变来的，人们以往的行为和环境是否能对事物应得权利或不同权利产生影响，它没有具体的分配方式即标准，关心的只是来源正当与否。可以让人们根据需求或按照贡献和道德价值自由地进行合法交换或者转让。

总体来说，不管是罗尔斯的公正分配理论，还是诺齐克的公正分配理论，都为我国构建适度普惠型社会福利制度提供了一定的参考。这些理论不仅能帮助我们正确处理个人自由与政府干预，以及社会平等与个人自由之间的关系，同时也在一定程度上启示了社会主义民主与法制建设。在当前社会主义市场经济条件下，这些理论能帮助我们更好地认识公平与效率的关系，从而制定出科学合理的经济社会发展战略，有助于缩小经济社会发展的差距。确保全民都能平等拥有教育、住房、健康、养老等福利权利，维护全体社会成员平等享有福利发展的机会。

二、社会福利类型理论

随着社会福利的形成和发展，对社会福利的研究形成了多种方式和角度，对福利国家的比较进行研究中，不同的人采取不同的方式，有的人研究重点是社会福利的制度描述，有的人研究重点是社会福利的制度实施，有的人研究重点是对社会福利的优劣进行评价，有的人研究重点是社会福利的历史，有的人研究重点是对不同国家的社会福利进行比较研究。比较

① ［美］诺齐克：《无政府、国家与乌托邦》，中国社会科学出版社 1991 年版，第 159 页。

研究又包括对不同国家的社会福利的发展历史和现实中的社会福利政策进行的比较。这其中对中国适度普惠型社会福利制度的构建较有启发意义的理论包括维伦斯基和莱博福利国家的二分法、蒂特马斯的福利国家三分法、卡恩和罗曼尼斯克的福利国家四分法。

(一) 维伦斯基和莱博福利国家的二分法

对于福利国家或各国的福利制度的划分，最早是由维伦斯基和莱博于1958年的《工业社会和社会福利》一书中提出来的。他们根据在社会福利国家中承担的功能，区别了两种类型的社会福利和制度。把社会福利划分为剩余型社会福利（residual welfare）[①]和制度型社会福利（institutional welfare）这两种类型。他们主要是以工业化的理论为基础，持一种“趋同论”的观点，认为各国最开始的社会福利制度属于剩余型社会福利，当各国开始工业化之后，其社会福利实施，就会从剩余型朝制度型方向发展、演变。美国当时的社会福利制度属于剩余型社会福利，以后各个国家都会发展成为制度型社会福利。他们的研究成为后来的比较社会福利的基点，成为福利研究中的经典论述。

在剩余型社会福利概念下，认为在一般情况下，满足个人福利需求的渠道是家庭与市场。只有当家庭不再存续，产生较大范围的经济萧条或者个人在年老、疾病的时候，也就是这两个渠道不能正常发挥作用的时候，国家承担责任的社会福利制度才介入进来。当市场和家庭重新恢复正常运作的时候，社会福利就应当退出。这种社会福利制度是短暂的，具有一定的补缺性，通常被当作一种施舍，或认为这种福利制度具有慈善性。

在制度型社会福利概念下，认为在一般情况下，公民权利的保障由国家承担，国家从一开始就介入福利提供中，认为社会福利不是在家庭和市场不能满足个人需求时才介入处理个人的危机，并且这种处理是常规性和固定性的，是全面的、综合的，能够提供稳定且综合的社会福利。将社会

① 有些国内外学者也将“residual”译为“残补”，意义大体相同。

福利的接受者从社会弱势群体向“普通人”拓展，从而实现了剩余型福利到普遍型福利的转变。剩余型社会福利与制度型社会福利的区别详见表4—1。

表4—1 剩余型社会福利与制度型社会福利的区别

特征 制度	剩余型社会福利	制度型社会福利
国家责任	当家庭和市场的福利提供功能失灵，才由国家介入，承担相应的福利责任	公民权利的保障由国家承担，国家从一开始就介入福利提供中
提供内容	所提供的福利数量和类型都是有限的，一些属于补救型的福利项目	能提供种类丰富的社会福利，全面而且综合
提供时间	所提供的社会福利是暂时的、短期的	所提供的社会福利是长期的、稳定的
提供对象	只面向某一部分群体提供特殊的社会福利	面向全民提供最基本的社会福利
制度功能	出现社会问题之后采取单一的补救方式	在出现社会问题前进行预防，并配合事后补救
社会平等	难以促进社会平等	具有较强的能力促进社会公平

社会福利类型的另外一种划分是选择型福利和普惠型福利（selective versus universal benefits）或者选择型服务和普惠型服务（selective versus universal services）。选择型和普惠型社会福利明显不同于补缺型与制度型社会福利，选择型和普惠型社会福利是以社会福利的提供方式为基础来进行划分的，其核心是福利提供依据是采用家计审查方式还是公民身份制；福利提供是面向部分公民还是面向全体公民；是否具有社会烙印。相对于选择型社会福利而言，普惠型社会福利不管是在水平方面，还是在内容方面，都有明显的优越性。选择型社会福利与普惠型社会福利的区别参见表4—2。

表4—2 选择型社会福利和普惠型社会福利的区别

特征 类型	选择型社会福利	普惠型社会福利
提供方式	采用家计审查的方式，福利提供面向部分公民	采用公民身份制方式，福利提供面向全民

续表

类型＼特征	选择型社会福利	普惠型社会福利
提供内容	所提供的福利是部分或者有限的	提供的福利是种类丰富的、综合性的
社会烙印	存在社会烙印	没有或者社会烙印有限
国家控制	比较重要	不太重要
可持续性	较弱	较强

资料来源：彭华民：《中国适度普惠社会福利的理论辨析与制度构建》，《理论文萃》2011 年第 5 期。

社会福利类型如剩余型和制度型社会福利、选择型和普惠型社会福利都是理念型（ideal types）的，都是人们根据相关理论建构起来的。在现实社会中，单一的社会福利类型是不存在的。作为理念型的社会福利类型具备相似的特征：（1）它们根据当时工业化与具体的社会需求所形成，然而，它们并不完全等同于现实中的社会福利。具体的社会福利制度只能与典型社会福利无限接近，属于一种理想状态下的学术理论，只是接近于现实中的社会福利类型，其特征不能说理念型制度特征是完全相同的。（2）它们是那些专门研究社会福利的学者所提出来的理论，虽然这种理论建构源自学者的头脑想象，但并非凭空杜撰，而是基于相关理论所产生的。

（二）蒂特马斯的福利国家三分法

受维伦斯基和莱博的福利国家分类模式的启发，20 世纪 70 年代，蒂特马斯对社会福利作的一个类型学的分析是蒂特马斯阐述其社会福利理论的重要创举，他所提出的社会福利三个类型对后世影响深远。蒂特马斯依照社会制度的具体方式与社会政策在价值系列终结点上的不尽一致，将福利国家划分为剩余型福利模型、工业成就型福利模型和制度再分配型福利模型。并且认为这三种类型的社会福利提供水平是逐步提高的。剩余型福利模型的意识形态认为：福利供给的“自然（或社会赋予的）渠道”来自家庭和私有市场这两个渠道，个人通过这两个渠道可以得到福利需要的满足；只有当这两个渠道失灵的时候，政府才会最后出面举办社会福利予以干涉，并且这种干涉的效果也是短暂的。所以，这类福利制度的显著特征是暂时性和替代性，同时也包含一定慈善施舍的特征，福利接受者通常被视为社会弱势群体和失败者，他们往往被贴上耻辱性的标签。由此，政府规模越小越好，人民免受国家干涉的自由则越大越好。社会福利应只充当补救性的角色，且最好能以自愿方式来实施。工业成就型福利模型的意识形态认为：福利制度的基本特征在于社会福利设施是以经济为依托建立起来的，因此，具体的福利获取数量要做到论功行赏，也就是依据个人的工作表现、生产力等因素来提供福利。由此会形成群众归属、阶级激励等。它的经济作用体现在对勤奋给予酬报，也能够起到满足阶级或群体归属的社会心理需要的作用。同时它还被称为"婢女模型"。制度再分配型福利模型中的社会福利主要被当作一种处于市场之外的社会整合制度，依据需求为人们提供普遍性的福利。即社会变迁或经济制度之多重效果的基础理论构成一个部分，社会平等的原则构成另一部分。这种类型的社会福利作为现代社会制度结构的组成部分是必需的、恒久的部分，是除了家庭和市场机制之外的利益再分配机制。此类的福利制度将福利对象从特殊弱势群体扩展到全体公民，将接受社会福利作为公民的一项正当的权利①。蒂特马斯加入第二种模型主要是用于对德国和苏联的福利制度进行归纳。从实质上看，前两种模型之间并没有本质的差异，只是在量上存在着不同而已，其模式特征同维伦斯基和莱博的"补缺型福利"是一样的。后来，蒂特马斯也开始直接采用制度型与补缺型这两个概念。蒂特马斯的三种福利模型的基本特征参见表4—3。按照蒂特马斯的解释，选择型福利就是说通过调查个人或家庭的收入情况及财产状况，对穷人进行界定，然后为其提供现金补贴或减免性服务。所以这种福利是一种提供给有限成员的一种有限的福利；而普惠型福利是基于公民的个人权利，提供给每一位公民，

---

① ［英］理查德·蒂特马斯：《社会政策十讲》，江绍康译，吉林出版集团有限责任公司2011年版，第14—15页。

而不使接受者的地位、尊严丧失，以使全体社会成员享受到更好的社会福利和服务。因此，普惠型福利和选择型福利的根本区别在于是否对福利和服务的接受者进行经济调查。

表 4—3 蒂特马斯的福利模型的基本特征

分析角度	制度再分配型模型	工业成就型模型	剩余型模型
国家的作用	普遍主义的国家管理服务，应该再分配收入和减少社会的不平等	国家应该根据生产效率和工作表现满足需求	国家只对市场和家庭不能满足的需求进行干预
优先考虑的事项	社会需求的满足给予优先权，对经济效率的关心放于次要位置	首先关心的是经济的成功，社会需求的满足是必要的	市场自由的价值占主导地位，私人经济的供给受到偏爱
接受者的地位	具有公民身份的所有社会成员都是接受者	接受者是由于经济原因得到支持的潜在的生产力资源	继受者被打上失败者的烙印
政治立场	左	中	右

从社会结构的角度出发，蒂特马斯还将社会福利划分成三个部分，即公共或社会服务（social service）、财政福利（fiscal welfare）或收入免税额和救助以及职业福利（occupation welfare）。社会福利就是指在政府的财政支出中，所有属于“社会服务”这一项目下的财政转移支付和直接支付，除此之外，中央和地方组织及辖区的各项社会服务也涵盖在内，诸如国民保健服务、地方当局兴建的公共住房、中小学教育以及社会保障给付等。社会福利是指对处于被抚养状态的人们的集体干预。所谓财政福利就是指政府税制下的各种税收减免或扣除，此外在社会保障中称为缴纳的保险费也包含在内。在现代社会，税收或多或少地不被看作是对神圣私人财产的不适当侵犯。从社会政策的角度看，也不再被简单地认为是以牺牲富人为代价而施惠于穷人的一种手段。职业福利一般采取实物或现金给付的方式，它不仅包括职业年金，而且还包括死亡抚恤金、疾病津贴、保健及其福利服务、住房、子女教育费、医疗费、失业给付等。从理论上来讲，职业福利本来是由雇主支付的，但由于可以享受免税的政策，因此，实际上纳税人承担了部分成本。蒂特马斯认为，很多职业福利都是为了使工作人

际关系得到良好的维持，在一定程度上体现出雇主的良善形象。职业福利就是根据员工的成就、生产力、工作表现能力对其需求进行满足[①]。蒂特马斯指出，如果不再将这三种福利纳入社会政策的视野，那么将无法理解社会政策所带来的再分配的影响力，三种福利模式相互配合，共同构成了完整的福利体系，组成了一张具有多元化主体结构及目标的福利网络。蒂特马斯认为从目标来说，三个系统的相似性大于差异性。他认为应该以目标为依据来界定社会福利，而并非依据管理办法和制度安排来界定。他认为三个社会福利体系应该是统一的，不应该处于独立运行的分离状态[②]。

（三）卡恩和罗曼尼斯克的福利国家四分法

在蒂特马斯增加了工业成就型社会福利之后，接着，又有学者提出了发展型社会福利的概念。代表人物为卡恩、罗曼尼斯克。如此一来，就进一步拓展了社会福利模式，他们提出了以下 4 种类型：

1. 剩余型社会福利

这种类型的社会福利基于这样的假设，即在一般情况下，家庭和市场完全能够满足个人福利需求，这是两个自然的渠道。如果发生家庭解体，出现了严重的经济危机以及个人面临年老、疾病、工伤等特殊风险时，才由社会承担起向个人提供基本福利需求的责任，这种社会福利制度带有暂时性、替代性的特征，因而也带有慈善和施舍的印记。对接受帮助的个人来说，被普遍看作是市场竞争的失败者、社会竞争的弱者，往往他们也被贴上耻辱性标签。

2. 制度型社会福利

对社会制度结构而言，必需的和永恒的部分是社会福利。它的利益再

---

① ［英］理查德·蒂特马斯：《社会政策十讲》，江绍康译，吉林出版集团有限责任公司 2011 年版，第 103—104 页。

② 钱宁：《现代社会福利思想》（第二版），高等教育出版社 2013 年版，第 169—170 页。

分配机制是与家庭和市场机制迥然存在差异的。这种情况是因为个人或者家庭无法左右社会机制或者社会变迁的结果，必须要建立相应的制度对社会变迁造成的风险予以分担或者抵御。制度型社会福利是将福利对象从原本的弱势群体向全民拓展，以向全体公民提供社会福利的方式。这样，社会福利权利就发展成了公民的基本权利，让人们不再认为社会福利是羞辱。

3. 工业成就型社会福利

这种类型的提出主要是对苏联的社会福利制度而言的，认为社会福利制度取决于经济承担。具体的福利提供数量取决于雇员的生产能力及工作表现。所以，这种福利制度是补偿激励和勤奋，能使阶级的社会心理慰藉得到满足。这种社会福利还有一个名称，即“婢女型”社会福利。此外，还有一些人指出，法国、德国等一些欧洲国家的社会福利模式也为此类型。

4. 发展型社会福利

持有这种观点的人指出，就算是制度型的社会福利，也将其当作具有补救和预防功能的社会制度。但是，要想实现社会发展，就必须要建设出能帮助人们提高生活水平，与人们发展需求相适应的社会福利制度。而并非用于对社会问题进行处理。在1968年召开的第一届各国社会福利部长会议中，对这种类型的社会福利进行了着重探讨，并提出社会福利的加强应以不断提升人们生活水平为目的。在分配国家财富时，要体现出公平、正义的原则，要不断强化个人的参与能力，不断提高教育水平和健康水平。联合国于1979年通过了《加强发展型社会福利政策活动方案》的议案，在该议案中提出了发展型社会福利，从而使人们对社会福利的理解进入了全新阶段，而且近年来在社会福利研究领域已经有人提出了“发展型社会福利”理论学说。

中国社会福利建设是一个从原有的补缺型福利走向普惠型性福利的过

程，借鉴西方社会福利类型理论建设具有中国特色的适度普惠型社会福利制度，就是其特点的体现。

三、适应性发展道路福利理论

福利国家经过 1883 年健康保险的建立作为初始标志，到 20 世纪中期福利国家进入覆盖面扩大、水平提高、国家干预增强的成长阶段，到 20 世纪六七十年代的经济持续繁荣、福利项目继续扩张的成熟发展阶段。之后，福利国家进入福利开支收缩的福利国家危机阶段。这个阶段的出现引发了人们对福利国家制度的深刻思考。福利国家到底发生了怎样的问题？关于福利国家的危机，OECD 进行了以下描述[①]：一是与社会福利有关的意识形态和社会价值观之间产生了极大的矛盾与冲突；二是由于经济衰落而产生严重的危机；三是在法律和政治方面出现危机；四是福利开支出现危机。1995 年，艾斯平・安德森在联合国发展研究所的委托下，为联合国世界最高首脑会议递交了一份名为《转变中的福利国家》的研究成果，这项研究的主要内容是福利国家的危机应对及其未来的发展趋势。这项研究对西欧国家、欧洲大陆国家、北美国家等受到批评的福利国家在危机应对时不同道路的差异性。这项研究对它们的前途进行了评价，并对这些国家未来可能发展的形势进行了探讨。他提出，20 世纪 70 年代起，福利国家为了应对既有危机，针对就业问题和社会平等作出了以下几种不同的抉择：第一，走扩大就业战略之路，这类福利国家如斯堪的纳维亚福利国家；第二，对劳动力和工资的市场管制予以解除，如北美、新西兰和英国，这种抉择对福利国家的功能进行了削弱；第三，减少劳动力供应，与此同时维持既有社会保障标准，如法国、德国、意大利等欧洲大陆国家。这三大战略抉择同福利国家自身的体制紧密相关。这说明发展道路具有十分清楚的使用环境，不能照搬。艾斯平・安德森通过对以上三种战略抉择

① OECD（1981），The Welfare State in Crisis. Paris：OECD.

进行对比性分析，对不同的福利国家走上不同发展之路的原因进行了解释，同时，还阐述了既有政策特征，分析了后续可能产生的积极或消极后果，并得出能帮助福利国家应对危机的发展模式[①]。

一是斯堪的纳维亚道路（北欧模式）：20世纪60年代末，斯堪的纳维亚国家的福利模式在社会福利提供表现得比其他福利国家更全面、更普遍、更丰富，自1970年和1980年起，社会福利的提供开始转变为提供积极的劳动力市场政策、崇尚性别平等、拓展社会服务。不仅保持了较高的就业率，同时也没有摒弃社会平等的优良传统，这种类型的国家在社会政策方面呈现了明确的转型：转变为“社会投资”型战略，把国家的资源从原本只维持收入转变为支持就业和家庭发展等方面。依照与斯堪的纳维亚福利国家发展相适应的道路，其已接受了如下观点：在福利国家中，不能完全避免社会不平等的现象，但政府可以采取社会投资等福利项目，来避免在特定阶层集中不平等或避免人们生活中造成恒久不平等的情况。北欧国家采用“社会投资”的方式来处理福利危机具有极强的代表性。

二是新自由主义道路（美国模式）：自1980年起，部分国家通过深思熟虑之后对工资管制进行了解除，基于市场机制开展再分配的战略方式，这种方式成了应对危机的新自由主义道路，代表国家是美国、英国、新西兰、加拿大和澳大利亚。美国模式的基本假定是基本的公共安全网应当是市场机制的补充。他们认为劳动力市场是资本主义国家社会福利制度的基础，社会福利的资金是有充分就业保证的，还意味着社会福利的资金建立在可靠的征税基础上，从而为老年人、病人和失业者的福利计划提供福利资金。新自由主义的一个共同特征是不平等和贫困的加剧，这一情形的根本原因是放松了对工资的管制。利用市场机制改造福利国家的新自由主义道路忽视了福利国家作为一个政治设计，在建构政治联盟，促进社会一体化方面所起的不可替代的作用。

---

① ［英］艾斯平·安德森：《转变中的福利国家》，周晓亮译，重庆出版社2003年版，第45—170页。

三是减少劳动力的道路（欧洲大陆模式）：与斯堪的纳维亚道路和新自由主义道路不同的是欧洲大陆各国选择了鼓励劳动者离开工作岗位，尤其是提前退休并进行补贴的办法，这就是减少劳动力的适应性道路。之所以选择这种战略是因为欧洲大陆国家过于依赖发达的养老金体系及其相适应的社会服务，社会保险过度发达也就意味着与个人就业记录和各类权利息息相关，也就是说长时间连续性的职业经历非常重要，这样的制度在一个家庭中是依靠专职工作的男人来养家糊口，而家庭内部事务通常由妻子承担，所以从本质上看这种国家提供的福利是向家庭转移。

福利国家在探寻其危机应对之路时，发现西方福利国家所造成的困境通常源自与拉美、东欧、东亚等新型国家的竞争，这种国家的经济越来越发达，他们不断探寻社会福利的发展之路。他们的社会福利发展模式是否沿袭了西方福利国家，还是走上一条全新的发展之路？艾斯平·安德森团队完成对新型工业国家的考察，并依据各大洲的地理位置展开了细化性研究，通过对比分析发现，福利体制的形成与区域之间并不存在必然联系。

一是智利、阿根廷和中东欧等一些国家的新自由主义福利体制。他们采用了基于社会保险私营化的策略，从而使国家在社会保险方面的开支得以减少。此外，在劳动力市场政策上更加倾向于自由市场。

二是哥斯达黎加和巴西等不够成熟的社会民主福利体制。这些国家倾向于社会民主，它们绕开了新自由主义，不断强化社会安全网，然而艾斯平·安德森团队却表示这种战略道路是否可行并不明确。

三是东亚国家的混合型福利道路模式。这种福利模式是别具一格的，它综合了传统福利国家的各种特色，同欧洲大陆国家存在很多相似性，注重家庭主义，社会保险水平较低，对公共的福利服务进行了控制，社会福利倾向于军人、教师和公务员群体。东亚国家的社会保障滞后于其经济发展成就。

在对福利国家发生危机之后的改革方案中，许多学者提出了新的社会福利发展理论，探讨和分析新社会背景下本土社会福利发展道路。这些社会福利理论要点集中起来就是强调社会福利改革必须根据本国的具体国情来开展，这就是前面谈到的适应性发展道路的福利理论。我国香港、台湾也借用西方理论提出要强调本土道路，既不是走选择型福利也不是走普惠型福利类型道路，而是在其特有经济水平路径下的儒家型福利社会。适应性发展道路的福利理论强调本国、本地区的基本国情以及经济与社会福利之间协调发展，有着深刻而长远的意义。中国在借鉴西方普惠型福利理论的同时加入中国自身的适度元素，这里的适度的含义就是强调适应本国的具体国情和民众的民意，强调社会福利与经济之间能够协调发展。由此可见，适应性发展道路理论是极具参考价值的。

四、“第三条道路”福利理论

20 世纪 70 年代起，新自由主义逐渐将凯恩斯主义取而代之，国家开始不断放松对经济的管制。市场经济逐渐兴起，国家对工会会议实行限制，私有化开始全力推进，并开始不断缩减福利开支和限制工会权利。受新自由主义的主导，因为缺少科学的应对方案，民主社会主义逐渐步入困境。在此境况下，民主社会主义不得不想方设法探寻变革之道，以求生存，以期在变革后通过调整政策和理论创新来摆脱困境，达到重新执政的目的。所以，“第三条道路”适应这样的时机产生了。针对既定的两条方式或道路，就诞生了“第三条道路”。而由于界定范式不同，“第三条道路”的意义也不尽一致。“第三条道路”理论代表人物吉登斯将“第三条道路”看作介于民主社会主义与“新”自由主义之间的一种理论。这种社会政策的主旨是力求打破原有社会政策的限制，引导福利国家改革社会政策，使之消除危机，从而创建积极的社会福利制度。

（一）“第三条道路”福利理论提出的背景

首先，“第三条道路”是“二战”后西方资本主义经济社会政策发展变化的直接产物。“二战”后，长期执政的西欧各国右翼政党大都推行自由主义经济政策，这种政策虽然有效使经济增长得到大幅提升，但同时却造成严重的失业和贫富分化等问题。作为自由主义经济政策替代的凯恩斯主义经济学和福利国家相关制度，在20世纪70年代石油危机以后难以为继，凯恩斯主义和“新”自由主义在一些方面从原有的矛盾和冲突不断发展为融合趋同，从而不断发展成为西方国家的主要经济社会政策。

其次，西方各国的政治结构和社会结构在20世纪后期得到了极大变化，这严重地影响着“第三条道路”理论的形成。20世纪70年代以后的西方资本主义国家中，那些因捍卫自身权益而开展集体斗争的工人阶级在不断减少，注重社会稳定和谐的中产阶级则不断增多，并在西方经济社会生活中扮演着举足轻重的角色，他们对传统的极端政治表达不满。这样，西方国家的各种政治派别必须调整自己的理论和政策，以吸引中产阶级的兴趣和支持。“第三条道路”可以称为政治结构和社会阶级结构发生转变的产物。除此之外，“第三条道路”的兴起和发展也在一定程度上受到国际局势变化的影响。全球化进程的加剧带来诸如生态环境恶化、饥饿与贫困并存、民主与种族分歧加大、国际恐怖主义盛行、大规模移民与难民潮、国际金融危机等严重问题。这些问题的解决需要有新的思路与理论、新的政策与措施，传统的极端主义理论政策难以应对和解决新的带有国际性的社会问题，这就促使西方国家探索新的道路即“第三条道路”①。第三条道路的社会福利理论集中体现在吉登斯1994年出版的《超越左与右：激进政治的未来》及1998年出版的《第三条道路：社会民主主义的复兴》等著作中。1998年9月，吉登斯的弟子英国前首相布莱尔出版了《第三条道路：新世纪的新道路》一书，认为“第三条道路”是有效解决当今全球化条件下各种问题的新理论。以20世纪90年代英国布莱尔首相和美国克林顿总统的执政为标志，一些西方国家的社会福利政策出现了“第三条道路”的复兴。

① 杨雪冬：《“第三条道路”与新的理论》，社会科学文献出版社2000年版，第6页。

(二)“第三条道路”的主要福利主张

“第三条道路”试图摒弃原来传统的民主社会主义与“新”自由主义中那些没有预期获得好效果的因素，保留其富有生命力的、积极的因素，挣脱落伍的意识形态的羁绊。针对“新”自由主义的思想意识和政治模式和传统的国家干预政治模式，“第三条道路”理论提出要打破传统的政治模式与意识，走上全新的道路。主要表现为其在继承传统民主社会主义的自由、平等、公正，相互责任和国际主义等基本价值观念等基础上，吸收自由主义市场原则的有益成分，既让经济充满活力，又维持社会的团结一致和稳定。其社会福利主张包括超越左右嵌入社会框架的社会福利模式，“无责任无权利”的思想，以“社会投资国家”替代“福利国家”，从消极福利转到积极福利等方面。

1. 超越左右嵌入社会框架的社会福利模式

当前人类生活在一个充满不确定性的世界中。这种不确定性一部分是自然因素造成的，更多的是人为因素造成的。而当全球化把人类带入后传统社会的时候，我们也开始对自己的生活加以反思。后传统社会的基本特征是全球化、解传统化和人为不确定性，这些特征带给了人类种类繁多的不确定性和十分严重的人为风险，当前国家既有的社会政策对此也无力应对。为了处理后传统社会面临的种种危机，福利国家必须要构建出一个新的社会框架，并在这一框架中重新建设社会福利事业。

由于后传统所存在的各种社会危机，吉登斯表示应在新的社会框架下建设社会福利和社会政策。他主要提出了以下几个社会框架[①]：①对破坏了的团结进行修复，对传统进行适当的保留或重塑，增加个人与社会的责任感；②脱离解放政治，构建生活政治；③倡导具备能动性的政治，践行

---

① 彭华民等：《西方社会福利理论前沿：论国家、社会、体制与政策》，中国社会出版社2009年版，第131、149—150页。

积极的信任，用来处理福利国家中社会、市场、政府这三者之间的关系使其协调发展；④汇总社会秩序的反思，确保民主对话，避免福利国家中自由民主制的不足，使民主化更为彻底；⑤对各种暴力问题进行处理；⑥对福利国家进行反思，并将它与世界范围内的贫困问题进行联系，倡导积极福利。他希望通过对提供消极福利的国家进行反思，能制定更好的社会政策。积极的社会福利需要各种社会制度加以配合，而并非一个独立的系统。

基于以上社会框架，吉登斯嵌入了积极的社会福利，他认为积极的社会福利需要与其他行业体系和社会制度进行结合，它并非独立存在的。社会团结的建立、民主的完善、能动性政治和生活政治的价值形成，这些都是构建积极福利的基础。所以，吉登斯要将它嵌入新的社会框架体系之内，只有在一个统一的、完善的社会框架之内才可能很好地构建起积极福利的社会政策范式并使之有效运行。在吉登斯所构建的社会框架中，有效地结合了激进主义与保守主义、社会民主主义与新自由主义以及左与右，并通过积极福利理论来建构“第三条道路”的社会政策范式。

2. 强调“无责任即无权利”的思想

福利国家强调公民的权利，将个人的一切包揽下来，所实施的福利政策是自上而下的模式，用于照顾和保护公民。由于这种福利政策在一定程度上限制了个人自由，从而导致自身抵御风险能力较弱，没有足够的空间实现更大的自由，使公民过分依赖社会福利制度。并将获取社会福利当作是国家应当给予个人应得的权利，而将个人承担的义务责任视为额外的，“第三条道路”福利理论在此基础上提出“无责任即无权利”的主张使个人的责任与义务伴随社会福利的增加而增加。这不仅适用于福利接受者，同时也适用于全体公民。福利国家实行改革，不单单是为公民编织一张安全网，将所有公民都覆盖进来，而是为大部分人谋福利，并促使公民形成自觉的道德要求。如果社会福利是面向社会弱势群体，具有消极的剩余性，那么势必会导致两极分化严重、贫富差距加大。

此外，吉登斯还指出，“第三条道路”应当接受右派对福利国家提出的指责和批评。现在，这种依赖于自上而下的福利分配制度从根本上说是很不民主的，主要是照顾和保护公民，然而，也在一定程度上限制了个人自由，一些福利机构甚至呈现出官僚化和低效率化，从而导致与福利制度设计者的初衷背道而驰。不过，吉登斯明确指出，“第三条道路”并不把这些问题看成是应该取消福利国家的信号，而应该把它们视为重建福利国家的理由①。

3. 以“社会投资国家”替代“福利国家”

针对“福利国家”，吉登斯提出了一个替代性概念，即“社会投资国家”。在这一概念下，认为应该适当减少政府干预，对国家、社会和个人三者之间的责任重新予以划分，由个人、政府及其他机构共同承担福利供给的责任。“福利开支将不再是完全由政府来创造和分配，它还延伸到国家之上以及国家之下②。“社会投资国家”相比传统福利国家更加注重经济福利的获取。此外，在培育心理利益方面也更加重视，认为人的幸福属于主观与客观的统一。这类国家的基本准则为：竭尽全力投资人力资本，尽量避免直接的经济救助，即“授之以鱼不如授之以渔”。

第一，注重人力资本投资，由提供保障向提供技能转变。从“第三条道路”的发展历程看，采用社会保障的方式对社会财富进行再分配，这种方式对社会公平实现的作用是有限的。在现代社会，公正不仅强调每个人都享有社会保障平等的权利，也应当成为促进个人与社会发展的推动力。在具体措施上，提出要转变既有的就业机制，减少在工资收入和劳动时间方面的硬性规定，正视经济效率与社会公正的协调，采用积极进取的福利模式对原本消极的恩赐型福利进行替换，转变原有事后补救的方式，进行

① ［英］吉登斯：《第三条道路：社会民主主义的复兴》，郑戈等译，北京大学出版社、生活·读者·新知三联书店2000年版，第68—117页。

② ［英］吉登斯：《第三条道路：社会民主主义的复兴》，郑戈等译，北京大学出版社、生活·读者·新知三联书店2000年版，第132页。

事前预防。福利国家不单单意味着增加社会支出，同时还体现在各种社会投资的增加方面，例如教育与培训。

第二，主张以福利社会逐渐取代福利国家。“第三条道路”强调在福利改革中注重福利的多元化与民主化，一方面要不断增加投资主体，以便形成多元化的投资主体，使其扩充到个人及各种社会团体和组织中。除了国家这一传统的投资主体之外，社会投资型国家中的投资主体还应该包括家庭、个人、企业及其他社会组织，由各种投资主体共担风险。另一方面是对福利对象进行拓展。除了为社会弱势群体提供最基本的生活福利之外，福利国家还应该为中产阶级提供福利。

第三，注重利用风险资源。富有效力的风险管理一方面风险具有负面意义，就是指保护人们避免其受到风险的影响。另一方面，还存在一定的正面意义。就是将风险视为一种动力，它能促使人们奋发向上，能激励人们积极主动地工作，去涉险自主创业，并鼓励他们摒弃以往生活中必不可少的福利救济。

4. 从消极福利转到积极福利

对传统福利国家而言，其社会福利制度主要是针对疾病、年老、贫困、失业等生活风险而设计的。主要是为了保证那些遭遇风险的人能获得最低的生活福利保障。吉登斯认为，风险与机会是并存的，且二者之间可以相互转化。他认为，福利国家在实行改革的过程中，应该充分利用各种风险，并基于这些风险创建出积极的社会福利。我们要对积极福利予以大力倡导，并且公民与各种社会组织都应该不断致力于为积极福利贡献自身力量。因为积极福利能够促进社会财富的创造，并且“它关乎别人的幸福①”。总而言之,“第三条道路”下的积极福利主要存在以下特征②：①其

---

① ［英］吉登斯：《第三条道路：社会民主主义的复兴》，郑戈等译，北京大学出版社、生活·读书·新知三联书店2000年版，第68—121页。

② 彭华民等：《西方社会福利理论前沿：论国家、社会、体制与政策》，中国社会出版社2009年版，第152页。

目的是自行培养具有一定目的的自我；②通常是在国家的干预下实施的，但不得完全被国家范围所限制，需要在全球范围内加强国际合作；③必须要具备风险管理意识；④激励和引导人们追求幸福，同时个人和社会的福利都应通过积极福利来界定。吉登斯所提出的积极福利与传统消极福利存在较大差别（两者间差别可参见表4—4）。在传统的福利政策模式下，主要是依据外部风险进行组织，被动地解决那些已经发生的事情，实质上就是重新分配风险，主要是为了保障人的基本生存，以免其因遭遇风险而陷入生存困境之中，所以，才称之为消极福利政策。而积极福利政策是以促进人的发展为目标，以强化人的生存能力为手段所开展的。在应对外部风险方面，消极福利政策采取的是事后分配风险的方式，通常需要国家强制干预；积极福利政策则采用事前预防的方式，直接介入参与风险问题的解决。

表4—4 积极福利与消极福利的对比①

	积极福利	消极福利
风险类别	主要是为了应对风险，属于一种积极的行动	依据外部风险组织而成，对已经发生的事情加以解决。被动性较强，从本质上看属于重新分配风险
目标	不是为了改善贫困，而是要促进人类发展，注重自我的实现以及责任的承担	主要是为了满足人们的基本生存，避免人们因遭遇风险而无法维持正常生活
手段	通过增强人自身生存能力来面对和解决各种人为风险	外在的物质或现金给付
机制	对风险出现或可能出现之前，采取防范措施	对外部风险采取事后风险分配机制

（三）"第三条道路"福利理论的启示

目前为止，"第三条道路"已经成为风靡全球的一种社会思潮。"第三条道路"从根本上来说，是把福利国家和市场体系联系起来、结合起来。

① 彭华民等：《西方社会福利理论前沿：论国家、社会、体制与政策》，中国社会出版社2009年版，第153页。

但不管怎样，“第三条道路”福利理论属于一种“半社会主义”，它介于资本主义与社会主义之间。它并不是简单地对古典自由主义和社会民主主义进行选择，更加精准地说，在本质上它是介于保守主义与社会民主主义中的“第三”项选择，是社会主义与保守主义都自由化后的“第三条道路”[①]。因此，“第三条道路”的福利主张与其说是“社会民主主义的复兴”，不如说是社会民主主义的自由主义化[②]。

“第三条道路”的福利理论意蕴在于它力求打破原有的社会政策，指引福利国家进行社会政策改革，使之消除危机，并构建一套积极的社会福利制度[③]。一言以蔽之，借鉴“第三条道路”福利理论，中国社会福利制度改革与发展带给我们的重要启示在于：①在风险型社会中，占据主要地位的是人为风险。为此，必须采取行之有效的预防策略，使国家、社会、个人三者的主动性与责任感得到充分发挥，从之前倡导的政治解放发展为机会多样的生活政治，使国家、社会、个人共同承担风险。②要大力发展教育、培训这类福利形式，充分发挥其推动就业、提升就业率的功能。对教育者接受教育的费用实施减免，提升个人的综合素质，以便能更好地应对风险。③注重权利与责任之间的对等性，注重福利提供者与接受者之间的关联，注重社会资源的分配是否具有正义性，提倡权利与责任协同一致。④对本地居民与流动人口、个人与社会、劳动与资本之间的关系不断地进行协调，注重社会关系的和谐，不断构建包容型社会。⑤促进能动性政治的建立，发挥非政府组织在福利提供方面的作用，促进多元化福利提供者的建立，改变普通民众对福利的国家依赖。⑥有选择地保留或重塑传统，复兴个人和社区对他们的责任感，就业是最大的福利。⑦社会福利政策应该在民主对话中产生，以使社会福利政策更好地回应社会的需

---

① 韩克庆：《第三条道路与中国的福利改革》，《天津社会科学》2010 年第 10 期。

② 秦晖：《第三条道路，还是共同的底线？——读吉登斯第三条道路》，《社会科学论坛》2002 年第 6 期，转引自韩克庆：《转型期中国社会福利研究》，中国人民大学出版社 2011 年版，第 404 页。

③ 彭华民、宋祥秀：《嵌入社会框架的社会福利模式：理论与政策反思》，《社会》2006 年第 11 期。

要。⑧社会福利应着眼于化解人为风险，帮助人们提高自身能力。⑨不断致力于积极社会福利制度的构建，做到“以人为本”，积极建设能化解各种危机的社会政策模式来改革传统的国家—单位社会福利模式。

在怎样对待福利国家这一问题方面，“第三条道路”不赞同中央化的集权方式，也不赞同国家提供普遍的福利。当前在欧洲，福利国家的责任开始不断转移到“国家＋市场”型和“国家＋市场＋社会”型。发生这种变革是以完备的市场、成熟的公民社会和政治民主为基础的。西方国家提倡从政府包揽逐渐转移至公民社会的主动积极参与，多元主义福利制度的改革不同于我国所处的背景。我国社会福利制度是否改革成功依然离不开政府的推动，所以，我国社会福利制度的改革核心必须坚持政府主导责任。在短期内我国社会福利制度改革的方向，应当强调国家在社会福利制度中发挥主导责任，尤其是承担财政供给的责任，地方政府要不断强化对地方财政配套的责任感，不断增加福利投入。

中国的社会福利制度改革，一方面突出国家财政的主导责任，另一方面又要倡导和完善自由选择福利供给机制。能够预见的是，一方面中国社会福利制度改革不会因为社会主义市场经济的发展而止步不前，另一方面不能完全依照市场化形式来建设社会福利制度。在坚持福利改革社会民主路径的同时，坚持自由化的经济发展路径，这或许就是社会福利改革与发展的中国道路[①]。

五、发展型社会福利理论

（一）发展型社会福利理论提出的背景

从经济层面来看，“二战”结束以后到20世纪六七十年代，一方面西方国家经济持续快速增长，另一方面其社会福利制度也得到了重大发展。

① 韩克庆：《转型期中国社会福利研究》，中国人民大学出版社2011年版，第405页。

无论从思想层面，还是实践层面都取得前所未有的突破，使得福利国家的制度体系进入黄金时代。社会福利领域专家学者普遍认为，随着世界工业化速度不断加快，社会福利必然将向制度化、规范化方向发展，社会福利成为西方世界制度格局中不可分割的部分，也是社会风险分担的第一道防线。但是，20世纪70年代，石油危机所造成的经济滞胀的局面，庞大的社会福利支出日益成为西方国家财政的沉重负担，随着社会福利水平的不断提升，给政府带来了巨大的财政赤字，由此给国家发展带来沉重的压力，也使得西方世界不得不重新审视本国的福利体系。

从政治层面来看，企业承担过多的缴税，负担过重；个人依赖国家思想强烈，劳动意愿下降；西方福利国家制度导致国家财政入不敷出等一系列相对突出的社会问题时，西方世界开始对本国福利制度提出质疑，“福利国家危机论”开始正式登上历史舞台，瑞典作为“福利国家橱窗”也被世界诟病，以“瑞典病”为名而遭受嘲讽。而社会上广泛的质疑声对于执政党及其政治领袖的选票产生极大的影响。如何走出这样的政治困境，开始成为政治领袖不得不思考的问题，也逼迫执政党开始直面社会福利问题。

从思想意识层面来看，凯恩斯的国家干预主义经济学的兴起和英国《贝弗里奇报告》的发表，是西方福利国家建立的两大理论基础。在“二战”后西方工业化国家经济快速发展的“黄金十年”，各个国家争相扩张社会福利体系，以致于遭遇经济滞胀的问题，福利国家面临着严重的财政负担和经济停滞的局面。在面临经济滞胀的形势下，上述两大理论基本上没有任何的适用性。于是新自由主义开始登场，成为福利理论的重要组成部分，出现了菲尔德斯坦、弗里德曼、哈耶克等代表人物。

综上所述，为有效解决传统福利理论存在的突出问题，西方学者进行了大量的实践与探索，在全面总结前人经验的基础上，概括性地提出社会发展或发展型福利理论，试图协调经济与社会发展的关系，实现共同进步。在不断的社会实践，主要是发展中国家的实践基础上，发展型社会福利理论应运而生。

（二）发展型社会福利的基本理论观点

与传统福利理论相比，发展型社会福利理论有着其他福利理论体系无可比拟的优势，其核心要义在于始终将“社会与经济和谐发展”作为主题。该福利理论认为：“在历史发展进程中，社会和经济如同硬币的正反两面，社会发展离不开经济促进，而经济如果脱离社会则成为无源之水、无本之木；但如果不将经济增值部分回馈于社会，那么再发达的经济也没有其实际意义[①]。”正是由于社会福利实现方式存在于发展思想当中，因而它有着自己独特的价值取向，也被称为“发展型社会福利”。从社会政策角度来看，该福利理论主要体现在四个方面，即强调经济与社会协调发展、注重社会发展的概念、主张社会福利项目的生产性（投资取向）及增强对福利对象的投资性。

1. 强调经济与社会协调发展

在人们传统认知中，随着经济不断增长必然会推动社会发展，而这个也作为定理为人们所普遍接受。20 世纪 60 年代，联合国在发展计划当中，也是将发展视为经济增长。特别是发展中国家更为重视这一指标，其领导人也将经济增长视为消除贫困的灵丹妙药，将其作为迈入现代文明的基本标志。然而事实并非如此，经济的增长并没有给人们带来幸福指数的提升、社会平等的改进、收入分配公平的改善以及社会福利的提升。经济发展并不理想的国家，其主要问题是经济增长无法与社会发展相适应。这种情况在拉美一些国家中十分常见。虽然拉美国家部分地区的经济增长取得了令人瞩目的成就，但其贫困状况却依然非常显著。正如梅志里所言，就算是经济水平十分发达的国家，都无法从根源上消灭贫穷；从实践意义来看，人们的生活水平得到改善并不等同于所有社会主体的生活水平都能

---

① Midgley J. （1995），*Social Development：The Developmental Perspective in Social Welfare*. London：SAGE Publications：p. 23.

够得到改善，依然有相对落后的农村地区和城市贫民窟。就好比美国，密西西比河流域的经济十分发达，但这一区域内的贫困水平却位居全美第一，这一区域的婴儿死亡率也高于一些发展中国家。这种现象就是经济与社会发展不和谐的体现。到联合国第2个“十年发展计划”出台，相关部门才发现生产能力只是发展的一个组成部分，发展是经济和社会的协调发展。梅志里提出了发展型社会福利，他将福利定位为人类追求的目标，强调经济与社会协调发展，强调经济增长与福利水平要做到协调一致，从而提出社会福利发展模式①。

2．注重社会发展的概念

20世纪初，社会学研究领域首次提出社会发展的基本概念，被业界普遍认可。于是社会学家开始在著作当中大量应用此概念，主要用以说明社会已经开始转型，由小型同质社会向大型异质社会转变。而从实践视角来看，直到20世纪60年代，社会发展概念才在联合国得到认可和应用。尽管对社会发展的概念理解存在着诸多争议，但也在一些方面达成了共识②。比如：关注科技创新对人类生存能力的影响，关注人道与自由的社会政策途径，关注政治与经济体系，关注社会体制内福利的成败，关注人类行为及价值最为人道的运作转变，促进社会运作的“伙伴”合作关系。社会发展的价值目标包含了人类尊严、平等和社会正义这三个既相互联系又相互区别的基本原则。另外，社会发展在一定程度上促进了社会价值的变化，它主张反对竞争、加强合作、反对个人主义，提倡集体主义。阿玛蒂亚·森认为：“发展可以视为拓展人们享有自由的过程，发展那些限制人类自由的不正常因素，如暴政与贫困，要坚持防止系统化的社会剥夺和

① Midgley J.，*Social Development：The Cevelopmenttal Pespective in Socail Welare*. London：SAGE Publications. pp. 15－45.

② Cummings R.，“Social Development：The Economic，the Political，and the Normative Emphases”，*International Social Work*，26（1）：pp. 13－25.

经济机会的缺乏，要从根本上解决压迫性政权的不宽容现象。”[①] 梅志里认为社会发展的目标及其实质是人类的福祉，在许多发展中国家，社会发展就是社会福利的同义词。他指出：“社会发展因其干预性质、致力于进步、宏观聚焦、全民性质、将社会政策与经济增长融合、社会空间聚焦以及能采众家之长，因而成为当今最有包容性的促进社会福利途径。”关于社会发展水平的度量，最有影响的是联合国开发计划署提出的“人类发展指数”（HDI）。该指数主要由四个指标构成，分别为成人识字率、预期寿命、人均国内生产总值以及综合入学率，该署从 1990 开始连续出版各年度的《人类发展报告》，为我们比较世界各国的社会发展水平提供了横向和纵向的依据。

3. 主张社会福利项目的生产性（投资取向）

从西方社会福利实践来看，社会福利可以分为补缺型与制度型两种模式，这两种模式都是传统福利模式及其方法，以维持福利保持一定的生活水平，从而为其提供用以规避风险的安全网。但是通过这种事后补偿方式，不能够从根本上防止问题的危害，因而产生的综合效益也是极为有限的。社会福利的重点不是通过物质帮助受助者得到补偿并自立，而是通过输入思想和资本，提升他们的整体价值，从而获得社会需求主体的认可。基于这种福利视角，经济发展与社会福利不是一回事，而是具有关联性的两个主体[②]。蒂特马斯认为，市场能够为需求主体提供经济产品，而国家应当对社会福利产品有所控制，从而能够取得最大的综合效益。传统福利模式是以消费为主，其直接作用就是降低国家资金总额，却不能够提供新产品；另外，还要受到收入水平的影响和制约。传统福利模式存在一定的消费依赖，在运行过程中，其存在的问题受到学者们一致的批判。他们认

---

① ［印度］阿玛蒂亚·森：《以自由看待发展》，于真译，中国人民大学出版社 2002 年版，第 2—7 页。

② 彭华民等：《西方社会福利理论前沿：论国家、社会、体制与政策》，中国社会出版社 2009 年版，第 192 页。

为，这种福利制度在一定程度上，影响和破坏宗教和组织在社会中的基本功能，其纯消费型支出必然会对经济产生影响。发展型福利主要强调社会与经济相互依存的关系，对投资取向进行关注。生产主义是社会福利开支的功能展示，它能够体现出财富增长与经济发展对社会的回馈度，能够通过福利方式，将产生的价值最大限度地回馈社会。社会福利项目的生产性主要是提高劳动者的就业能力，也就是所谓的就业即福利。就业能力一般可以视为就业程序，具体包括安置服务、培训项目、补贴指标等，还可以通过政府行为以及激励措施实现人员的再就业过程，该措施具有一定的保护性与个体性，以往是对工作进行保护，而现在则是对个体能力进行保护和提升，具有较强的就业保障作用。

4．增强对福利对象的投资性

传统的福利国家模式使得受益人群对国家供给产生一定的依赖性，形成了西方世界独有的“下层阶级”。尽管这些指责并无依据，但是，西方社会的主导文化仍然发生了某种转变。马歇尔的公民权利理论改变了社会福利的耻辱化，奠定了制度型社会福利模式基础，从而促进了西方福利国家的全面发展。当前，公民社会权利已经不再被视作理所当然的存在，而是有着与之相匹配的责任与义务。发展型社会福利倡导者认为，社会福利项目必须进行创新，过于重视福利对象的供给，而忽略他们对于社会发展的贡献显然是不可取的。基于上述视角，发展型社会福利要求福利对象必须积极参与经济活动，从而实现自我脱贫、自立脱贫。他们认为，对于受益者而言，他们更愿意参加具有生产性质的产业，而不单纯依赖福利救助。西方国家在福利改革初期，往往采取威胁性、胁迫性的方式终止福利。与这种福利模式不同，发展型社会福利倡导者认为使福利接受者摆脱救济救助的方式是自身的自立自强，因而社会必须为他们提供一定的支持和帮助。对于西方世界而言，发展型社会福利对于经济发展忽略或没有享受发展成果的群体比较关注，在全面普及群体福利的同时，也注重提升特定阶层的福利。从受益对象来看，一般具有普遍性和包容性的特点。从受助对象的投资性来看，还体现在对他们进行教育与培训，使他们具备自我增值空间，从而实现自强与自立。这种认知是福利思维的重大发展，能够更加有力地回击新右派的指责与责难，最重要的是通过采取这种方式，能够提升福利对象的自我发展，从而最大限度降低受助者的依赖特征。

（三）发展型社会福利理论的启示

1. 从中长期战略的角度入手制定社会福利政策

从我国具体的国情出发，在研究制定本国社会福利政策时，必须要将中长期发展战略作为重要的组成部分。从过去 30 多年来的经济和社会福利制度改革具体实践来看，从国家发展阶段来看，我国现阶段比较突出的问题就是社会矛盾密集爆发，从而为国家带来巨大的压力。我们不仅要面对重要的发展问题，还要面对转型的紧迫问题。从社会福利的角度来看，这里就存在着制度供给的严重不足。因此，当转型期与发展机遇期相碰撞时，必然会导致社会矛盾密集激化。从国内经济发展实际来看，在转型过程中，出现收入不均衡、社会分化以及贫困等问题，从而使得制度供给出现不适应的现象。所以，需要我们从更加长远的角度去分析，准确把握世界发展格局，避免因过多关注眼前问题导致国家发展目标失去方向。对于中国而言，在全面构建社会福利体系时，必须要从国家长期发展视角出发，要对未来面临的挑战有所预期，从而有针对性地设计中远期目标，从而规避可能发生的各种问题。发展型社会福利强调对社会问题的“上游干预”内在包含着中长期战略眼光①。当前，我国的福利政策呈现出“下游干预”趋势，当然这也是一种应急的模式。从其弊端来看，这种模式的收益水平较低，反应相对比较被动。如在公共卫生领域，采取预防的方式要比治疗成本低得多，也有效得多。所以，对于社会问题，“上游干预”比

① 张秀兰、徐月宾：《发展型社会政策及其对我们的启示》，顾昕主编：《中国社会政策》，北京师范大学出版社 2006 年版，第 27—56 页。

“下游干预”更为重要。不仅如此，如果过于坚守传统，极容易导致大量的政策衍生问题出现。在很大程度上，导致这一问题的原因在于社会福利政策缺乏针对性，往往“头痛医头、脚痛医脚”，使得我们将福利政策作为一种治疗工具，而非发展工具。这样就会造成应接不暇的情况频频出现，也会使更多的问题聚集在未来，造成应对能力更大的不足。发展型社会福利政策的“上游干预”策略对我国处理发展和转型过程中的社会问题有着极为重要的借鉴作用。采取“上游干预”方式就是在上游有效消除社会问题，从而消除社会问题产生的源头。当然，所谓的“上游干预”本身就存在极为突出的战略眼光。如医疗、教育是解决后续问题的基础，其中不仅有战略思考，还有战略发展意图。

2. 投资于人力资本是反贫困和提高国家竞争能力的根本措施

基于反贫困视角来看，贫困的最主要原因在于人力资本投入不足，从而形成“贫困—人力资本投资不足”的恶性循环，并且这种影响正在逐年扩大。从世界竞争格局来看，我国参与竞争的主要优势在于廉价的劳动力，从另外一个角度看则意味着国内劳动力基本素质普遍不高，无法为商品或生产提供更多的附加值。而造成劳动力廉价最重要的原因在于人力资本投入不足，而这一恶性循环的后果是国内会存在极为庞大的低收入人群，如果社会保障体系建设不足，必然会使他们陷入贫困的境地。而国内处于贫困边缘的人群可能会因为偶然性意外而致贫。相关数据显示，我国有近21%的贫困家庭是由意外因素造成的，如重大疾病、自然灾害等。近年来，医疗与教育开支是城乡居民致贫的重要影响因素，与之相对应的是，如果经济收入水平不高，在一定程度上会严重影响子女教育与就业，于是形成“人力资本投入不足—贫困—人力资本投入不足”的怪圈[①]。从诸多影响因素来看，人力资本一旦受到损失，就会使家庭生计丧失自我恢

① 张秀兰、徐月宾：《发展型社会政策及其对我们的启示》，顾昕主编：《中国社会政策》，北京师范大学出版社2006年版，第27—56页。

复的可能，任何外在的支持都会变得力不从心。因此，注重人力资本的投资，打破恶性循环的怪圈，从而有效解决贫困恶性循环问题。这不仅是社会福利政策面临的重大挑战，而且也是构建和谐社会的内在要求。从另外一个视角来看，社会发展和经济延续都离不开“人”这个根本要素，一个民族是否能够屹立于世界民族之林，取决于是否能够持续进行制度与技术上的创新，而这与社会成员个人角色定位密切相关，能够最大限度地调动人力资源的效能，才是国家竞争力根源所在。所以，在人力资本上进行投资，是提升国家竞争能力的关键因素。从实践角度来看，人力资本对经济效率的积极作用已经被大量研究所证明，特别是在全球一体化发展格局基础上，人力资本的重要性更为突出。有鉴于此，随着我国市场经济体制改革的不断深化，国内的社会福利政策必须从保护和培育人力资本的角度出发，采取更为积极有效的福利政策，虽然在某种程度上投资于人力资本会增加支出，但其产生的综合效益却是永久的。

六、福利多元主义理论

福利国家强调福利供给的主要责任由政府承担，然而，随着时代的发展，仅仅依靠政府的力量提供福利逐渐出现一些新的问题。福利国家危机和“政府并非是万能的”的思想成为主要问题，它给贝弗里奇倡导的建立福利国家和凯恩斯主义强调国家介入干预经济以沉重打击。正是在这样的背景之下，福利多元主义理论被提出来了。它倡导福利的提供渠道应该来自多个方面，而不能仅仅依赖国家这一个渠道，也不能仅仅依赖市场这一个渠道，福利的供给来源于整个社会。福利多元主义的理论逐渐成为20世纪80年代以来社会福利研究领域一个崭新的理论范式。

（一）福利多元主义的提出背景

不管什么理论，都是在特定的历史背景下发展起来的，因而存在着十分明显的路径依赖，福利多元主义也不例外。从其兴起的时间来看，它是在福利国家经历了长达25年的“黄金时代”的扩张之后，于20世纪70年代中期西方国家出现经济滞胀的形势下，显露出福利国家危机之后，开始产生巨大影响的。大多数人对福利国家质疑核心集中在福利国家的经济危机、财政危机、政治法律危机、危机管理危机、福利提供危机等方面。面对这些危机与挑战，由政府作为福利提供方的模式面临着极大的冲击。在福利服务的政策上，政府部门面临角色改变。

20世纪80年代以来，西方各国普遍掀起了一场全面民营化的风潮，政府开始从公共服务相关产业中大举撤离，也开始在社会福利政策和服务领域从政府主导供给转为民间主导供给，从原来的中央垄断供给转向地方分散供给，由政府单一垄断的服务提供转向多元组合的服务提供。20世纪90年代，一些西方福利国家进一步调整，企图在不扩大政府财政支出的同时，也就是在减少政府预算的前提之下，能够对市场与官僚组织的长处加以运用，探求问题得到比较好的解决。于是，大量新的方案与策略被提出来了。诸如市场化、民营化、商品化、契约外包化、社区化、去科层化以及去机构化等。这些主张的核心集中到一点，即着重阐述要结合民间的资源与力量来推行各种福利方案，政府不应当也不可能成为福利的唯一来源渠道，福利的责任应由家庭、企业、非营利性组织与政府这四个部门来共同承担。它主张政府与民间组织合作，来共同承担起福利服务供给的责任。

福利多元概念在与社会政策相关的领域中深受广大专家、学者关注。这一概念源自1978年的《沃尔芬德的志愿组织的未来报告》。该报告明确提出志愿者组织属于社会福利提供者的范畴，并在英国的社会政策中切实运用福利多元主义理论。但明确阐述福利多元主义理论的人是罗斯。罗斯曾撰文详细地解析了福利多元主义的概念。所谓福利多元，就是指福利国家在面临危机时，政府转变原有的唯一福利提供者角色，使之市场化、地方化、社区化、分权化以及志愿化，从而有效防止福利私有化。从根本上来说，这股新的福利风潮我们可以用“福利多元主义”来加以指代。

(二) 福利多元主义的主要概念

当福利国家出现危机之后，就出现了福利多元主义，其理论观点是建立在对福利国家的批评基础之上的，同时延续了危机之前的一些观点。在制度型福利和剩余型福利的供给中，福利多元主义属于一个中间路线。福利多元主义是由多元化、分散/分权化和参与三个主要概念组合而成的。

1. 多元化

从多元化的层面上来看，社会总体的福利有多个来源，除政府提供福利之外，家庭、志愿组织和市场（包括企业）、社区等也是福利供给方面的重要渠道。解决福利国家的危机要重视政府之外的包括其他社会部门在福利供给方面的重要作用。因此，应该转变过去单一由政府供给福利资源、政府大包大揽的做法，引入家庭、社会组织和市场等其他社会组织，社会福利的提供可以依靠国家政府部门、社会组织、商业市场和其他非正式部门组织。这些部门组织根据自身所具有的特点，向广大民众提供各种类型的社会福利。向福利多元组合转化时，重点应做到“国有民营化”和“制度非制度化”，减少政府的作用。

2. 分散/分权化

分散/分权化是指将福利提供的责任由政府承担转化为由私有市场承担，在这当中，包含着中央政府分解福利提供的垄断职权，将这些职权下解到地方政府，同时将其垄断的福利资源由政府分散供给小型社会服务团体和家庭居所。实质上是强调社会力量参与和选择福利服务，使社会福利能够社区化、地方化，因此它具有较强的反科层制和反专业化的色彩[①]。

---

① 林闽钢：《福利多元主义的兴起及其政策实践》，《社会》2002年第2期；王家峰：《福利国家改革：福利多元主义及其反思》，《经济社会体制比较》2009年第5期。

3. 参与

参与是指福利提供者和福利需求者共同参与制度决策和相关福利的传输。比如，福利提供者有权依据机构、社区的属性与实际情况来设计具体的福利内容。

（三）福利多元主义的主要理论

当福利国家出现危机，面对种种批评，福利多元主义延续福利国家危机之前的理论观点改头换面，重新包装面世。有的也将福利多元主义称为混合福利经济。从20世纪70年代开始，它在社会政策方面所发挥的作用更加重要。福利多元主义在西方国家的福利制度和社会政策当中，主要是指由几个部门共同承担福利的提供、筹资与规则制定。然而，由于不同国家之间的经济环境和意识形态不尽一致，福利多元主义的具体构成和内容存在各自的特色，例如在艾斯平·安德森所提出来的三分法福利模式中，自由主义福利模式国家认为社会福利的干预应由市场自发干预，不管是对私人福利方案进行积极补贴，还是采取消极的最低保障；保守主义福利国家则十分注重家庭的作用，国家介入的前提是家庭不能发挥作用的时候；民主社会主义福利国家尤为重视国家对福利的全面承担与承诺，人们享有非常高的福利水平。虽说如此，但在福利国家，福利多元主义还是受到了广泛认可，因为它不仅解释了福利国家的危机现状，同时还对福利国家的转变提出了新的发展方向。罗斯、约翰逊、伊瓦思、吉尔伯特等从不同角度来构建福利多元主义理论。

1. 罗斯的三分法

罗斯使用了福利国家三分法的方法，认为社会福利的提供是由家庭、市场和国家三方共同构成的。作为福利提供的三方主体，每一方对其他两方都产生积极的影响，如果将福利提供的三方加以整合，就构成了一个完整的社会福利整体。罗斯还强调，在福利提供方面，国家承担的作用十分重要，但不能因此而让国家垄断福利的供给；社会福利水平是整个社会供给所形成的，国家、市场、家庭都是福利供给的主体，如果不考虑家庭、市场这两个福利供给的主体，单纯由国家承担福利供给的责任无疑是错误的。社会福利是多种制度的结晶。在现代社会中，福利总量就是指家庭、国家和市场提供的所有福利。如果我们用公式来加以表述，TWS＝M＋S＋H（TWS指代的是社会总福利，M、S、H分别指市场、国家以及家庭所提供的福利。）这三个福利提供主体相互补充，如果某一主体独立提供福利，都会存在这样那样的问题，如果将三方部门整合在一起，就可以达到相互联系、相辅相成、取长补短的作用。当西方国家面临福利危机时，福利多元主义理论因国家承担福利责任之外还引入家庭和市场其他部门多元承担福利责任的模式，为后续的福利多元主义理论研究建立了分析的基本框架。

2. 约翰逊的四分法

约翰逊在罗斯的三分法的基础上增加了志愿组织这个主体，形成了福利供给的四元主体，因而，它更强调福利供给的分散化。而非哪一方单纯的垄断，志愿组织、非营利性组织以及家庭在福利的提供方面都发挥着各自的重要作用。约翰逊的四分法，将社会福利的提供部门划分为四个部分：一是由家庭、朋友、邻里等非正规的部门提供的非正式福利；二是各种志愿组织诸如社区组织、互助组织以及自助组织所提供的福利；三是由企业之类的商业部门提供的职业福利等营利性质福利；四是政府机构所提供的包括直接和间接等各种形式的福利。

3. 伊瓦思的福利三角及四分法

基于罗斯的研究，德国著名学者伊瓦思提出了福利三角研究模式。他表示，罗斯针对福利多元主义提出的概念过于简单笼统，而应该将福利的分析框架放置在文化、经济、社会的大背景下，将福利分析的三角和与之相关的组织、价值（文化/社会经济和政治背景）和社会成员关系进行对应（见表4－5）加以具体化。

家庭福利组织属于私人组织，是一种非正式的福利组织模式。从微观层面上体现出了共有与团结的价值，福利参与者所构建的关系属于与社会的关系；而经济对应的是社会正式组织，国家所对应的是公共组织，国家所体现出来的价值是公民平等地享有福利保障，福利参与者所构建的关系属于与国家之间的关系。

表4－5 伊瓦思的福利三角：组织、机制和关系

福利三角	组织	价值（文化/社会经济和政治背景）	关系（文化/社会经济和政治背景）
市场	正式	具有自主性和可选性	福利参与者与市场的关系
国家	公共	能平等地提供保障	福利参与者与国家的关系
家庭	私人（非正式）	能协同一致，共有	福利参与者与社会的关系

参考资料：彭华民：《福利三角：一个社会政策分析的范式》，《社会学研究》2006年第4期。

福利三角向我们呈现了三大福利提供主体之间的互动关系。非正规福利是通过家庭保障、个人努力及社区互助达成的；就业福利是由（市场）经济提供的；而正规的福利供给则是指国家坚持平等的原则再次分配社会资源。在特定的文化、经济、政治、社会背景下，由国家提供的社会福利和家庭福利能有效规避个人因为竞争失败而引发的各种风险。

伊瓦思在日后的深入研究中，对福利三角的研究范式进行了进一步修正，创造了四分法这一分析方式。伊瓦思表示，国家、社会、市场及社区均属于社会福利提供的渠道。他特别关注社会在福利中的重要作用，认为社会可以对不同理念的市场、社区、政府通过各种层面构建有效的沟通桥梁，从而很好地协调公共利益和私人的局部利益。他着重分析了怎样面向社会福利有效整合民间社会资本。

4．吉尔伯特的四分法

在吉尔伯特看来，福利多元主义结构上主要表现在两点：其一是社会福利由家庭等非正式组织、营利性组织以及非营利性志愿组织和政府所构成，福利需求者通过以上4个部门获得社会福利；其二是虽然以上4个部门能相互独立，但它们在福利国家的公共和私人领域均有涉及，在一定程度上与资本主义的市场经济重叠在一起（见表4—6）。

表4—6 福利的社会市场和经济市场

<table>
<tr><th>社会市场</th><th colspan="3">经济市场</th></tr>
<tr><td>公共</td><td colspan="3">私人</td></tr>
<tr><td>来自各级政府转移支付（直接的）</td><td rowspan="3">非正式支持（由家庭和亲朋好友所提供）</td><td rowspan="3">志愿组织所提供的福利服务</td><td rowspan="3">企业所提供的产品和服务</td></tr>
<tr><td>来自税收的转移支付（间接的）</td></tr>
<tr><td>规则转移</td></tr>
</table>

参考资料：彭华民等：《西方社会福利理论前沿：论国家、社会、体制与政策》，中国社会出版社2009年版，第21页。

吉尔伯特在一定程度上区分了社会市场与经济市场。认为社会福利分配的动机与指导原则方面的差异是两者之间的主要不同之处。在分配商品与服务时，福利国家主要是依据人们的需求，对公共保障的渴望、慈善动机以及社会义务开展的。而资本主义社会并不是如此，只是根据经济市场的原则对商品与服务进行分配。如果从理论上探讨，则表现为追求生产效率，追逐利润，以个人进取心和消费者选择作为基础。

吉尔伯特的四分法是基于罗斯的三分法提出来的，它对福利的来源进行了更加细致的阐述。约翰逊认为，福利提供方除了国家、市场和家庭之外，还包含志愿者组织，他的观点使福利多元主义的理论更为丰富。吉尔伯特在社会大背景下嵌入了福利多元主义，从而使得福利提供不管是在公共领域还是在私人领域，不管是在社会市场还是在经济市场中都能互相独立、互相交融。这意味着社会政策与经济政策从之前的不和谐慢慢演变为协同一致[①]。

① 王卓祺等：《西方社会政策概念与21世纪中国社会福利事业的发展》，《社会学研究》1998年第5期。转引自彭华民等：《西方社会福利理论前沿：论国家、社会、体制与政策》，中国社会出版社2009年版，第21页。

在福利多元理论下，不管是三分法还是四分法，都不存在绝对的界限。一些认可三分法的学者在实践中也可能使用四分法进行研究。总的来说，这两种方式都是用于反思福利的提供。福利多元组合因为理论要求的不同而不同，抑或在具体福利组合中比较看重某一部门。新自由主义强调发挥市场的优势，保守主义强调发挥非正式部门和自愿部门的作用，费边社会主义认为个体自由、积极的延伸属于国家部门的权力①。

在西方福利国家危机陷入困境的情况下，广大西方学者针对福利国家进行了批评，认为"政府失灵"是西方国家福利危机的主要原因，他们的核心观点是福利来源应该多元化，既不能完全依赖国家，也不能单纯依赖市场，福利是整个社会的产物。福利多元主义理论由此正式诞生。从20世纪70年代开始，在社会政策领域，福利多元主义发挥出来的重要作用就越来越显著。在西方国家中，福利多元主义就是指福利的提供、统筹以及相关福利规则均是由不同的部门来承担的，多个部门共同履行福利责任、完成福利任务。然而，因为不同国家具有不同的意识形态及经济环境，所以福利多元主义的具体构成和主要关注点也不尽一致。针对福利资本主义，艾斯平·安德森提出了福利资本主义三个世界的说法，其中，自由主义福利模式的国家不管是采取最低保障还是对私人进行补贴的福利方案，均主张市场介入；而保守主义福利模式的国家则比较重视传统的家庭价值，只有在家庭不足以应对危机时才允许国家介入；社会民主主义福利模式的国家非常重视国家的福利责任以及承诺，这类国家通常具有较高的福利水平②。在世界范围内，福利多元主义受到了广泛认可，一方面它能对福利国家的危机现状进行解释，另一方面也能帮助国家在关于福利转型的问题上达成共识。

---

① 彭华民：《福利三角：一个社会政策分析的范式》，《社会学研究》2006年第4期。

② Anderson, A., *The Three Worlds of Welfare Capitalism*, Cambridge: Policy Press, 1990. pp. 8—30.

(四) 福利多元主义对中国福利制度改革的意义

福利多元主义十分重视福利来源渠道、供给和传输结构的多元化，它属于社会政策的宏观分析范式。一旦国家陷入福利困境，福利多元主义就会为社会政策带来新的曙光。它认为，福利提供者是多元化的，包含家庭、市场、国家以及志愿组织多个主体。所以，福利多元提供模式中最关键的观点是构建多元化的福利提供者结构。

我国社会的福利制度改革也深受福利多元主义的影响。我国的社会福利制度几经发展，在计划经济时期，由早前的家庭—宗族福利制度逐渐发展到国家—单位福利制度，随着经济体制的不断转型变化，也随之出现了新的社会福利制度。尤其是发展市场经济之后，社会福利制度的发展必须注重与市场的关系。然而，这样一来，民间社团、新型志愿组织应该如何发挥作用？传统的家庭、单位、社区又将居于何种地位？在我国福利文化以家庭为本的观念深入人心，除此之外，还有密切往来的邻里关系和井井有条的社区互助，这些福利提供主体在提供社会福利时发挥了巨大作用。因此，福利多元主义的理论值得我们加以审视。中国目前尚不具备西方发达国家的经济水平，单纯依靠国家则无法从本质上解决我国福利水平低下的问题。当前，福利多元主义给中国建立适度普惠型社会福利制度提供了一个福利模式：对不同福利提供者的作用进行协调，以免国家垄断福利供给，同时防止出现福利依赖的现象。我们必须对西方的福利危机引以为鉴，重视自身的福利文化结构，充分考虑福利多元主义理论对我国福利发展的影响，并以此为基础，探寻与我国国情相适应的适度普惠型社会福利制度。在适度普惠型社会福利构建过程中，强调中国原有的补缺型福利制度应该加入适度的元素，这里的适度就是加入本国的国情民意，强调社会福利与经济社会的协调发展。

第五节 中国学者对中国社会福利的研究

中国社会福利制度不管是在传统社会，还是在现代社会的计划经济时期和市场经济初期的很长一段时间，都是以剩余型社会福利制度为模式特征的。在计划经济时期，我国实行的城乡二元化的剩余型社会福利制度，政府只承担有限责任，由政府主导并由社会提供非专业化的社会福利，社会福利功能范围极其有限，所提供的福利需求不能满足广大民众最基本的福利需要。社会风险伴随国家经济的飞速发展而不断加剧。所以我国适度普惠型构建的第五个理论基础最为重要的是部分中国学者针对我国的社会福利研究提出了新的思想与理论。

一、社会福利社会化的思想

（一）社会福利社会化的思想提出的背景

中国“社会福利社会化”思想的产生主要基于两个方面的社会背景：一是社会结构的变革及国内改革的需要。在改革开放之前，我国的城乡分割十分明显，城乡福利制度可谓是天壤之别。在养老方面，农村主要的养老模式是家庭养老，对于“三无”人群，政府提供了“五保”供养的方式。而城市则大致属于单位社会，城市的大部分福利都源自单位。[①] 改革开放以来，社会经济改革改变了传统的完全由单位提供保障的方式，单位逐渐从为老年人提供退休后的养老福利和医疗福利中退出，但是社会化的社会福利制度又没有完全建立起来。当时社会福利是完全由集体和单位所

① 杨晓民、周翼虎：《中国单位制度》，中国经济出版社 2000 年版，第 54 页。

垄断的，存在很多缺陷，如缺乏福利机构和资金，福利服务水平不高[①]。除了福利机构只负责提供“三无”人员和特困老人的福利，社会上绝大多数老人的福利保障由家庭来供给。1999 年我国进入老龄化社会以来，人口老龄化特征越来越显著，家庭结构日益核心化，因而导致其福利功能日渐衰减，单纯依靠家庭，根本不能满足老年人对福利的需求。特别是随着市场经济的不断发展，人们的生活水平日益改善，人民群众的预期寿命大大提高，导致老年人的养老福利需求不断增强。一方面是巨大的社会需求，另一方面是为老年人提供的服务设施严重不足。随着社会的发展，这一矛盾日益突出，当时的体制已经越来越不能适应社会发展需要。二是国际上社会福利理念发生变化及政策实践出现转向。20 世纪 80 年代以来，西方发达国家因经济危机引发对福利国家的质疑，为了应对福利国家危机，政府选择多元化和市场化进行社会福利改革，能极大减少福利开支以及社会公共服务，国家中非国有经济成分提供的福利不断增多。西方国家的福利改革和福利多元主义理论对我国的福利改革具有重大的影响，为我国社会福利政策的构架提供了良好的实践经验及理论指导。

（二）社会福利社会化思想的主要内容

社会福利社会化主要指导思想如下[②]：立足于我国的基本国情，在中国共产党第十五次全国代表大会和邓小平理论的指导下，坚持基于居家的供养方式，并依托社区，在各种社会福利机构的补充下，不断摸索由国家资助，有效整合社会所有力量，不断兴办社会福利事业的新模式，使社会福利事业的运行机制和管理机制能适应社会和市场经济的发展。社会福利社会化的主要目标为[③]：2005 年，在全国范围内基本建成基于家庭供养，

---

① 详见民政部等 11 个部门，关于加快实现社会福利社会化的意见。

② 详见 2000 年国务院办公厅转发民政部等 13 个部委制定的《关于加快实现社会福利社会化意见的通知》。

③ 详见 2000 年国务院办公厅转发民政部等 13 个部委制定的《关于加快实现社会福利社会化意见的通知》。

依托社区福利服务，以各式各样的社会福利机构为骨干，以国家社会福利机构为示范的社会福利网络。所有福利机构的数量及收养人数逐年以10%的速度递增，特别是老年人福利机构的增长数量更为显著；在城市当中，各种类型的养老服务机构不断增长，床位数量达到了10张/千人。在全国范围内广泛建立社区服务福利设施，开展各种服务项目，例如家庭护理；在我国农村地区，大致有超过九成的乡镇创建起以“五保户”为主，面向农村的所有弱势群体，如残疾人、孤儿等社会福利机构。

对于“社会福利社会化”的内涵，学术界目前还处于争论之中，远没有达成共识。中国社会科学院杨团研究员提出，所谓“社会福利社会化”是指全社会都要关注社会福利事业，要充分整合各种社会力量来发展社会福利，而不能单单只依靠政府供给和计划体制，要动员整个社会力量来满足人们的福利需求。[①] 总的来说，就是要避免福利事业由政府垄断，要改变福利事业传统的政府和计划体制，使国有机构的行政和服务相互独立，创新福利管理体制和服务体制；充分整合各种社会资源、动员各种社会力量建设民办福利机构。中国人民大学郑功成教授提出[②]，通过对所有公民提供社会福利服务和相关组织的社会化来实现社会福利的社会化。主要包括以下几个方面的社会化：第一是国家福利机构的社会化；第二是通过剥离用人单位或企业举办的福利设施，使职工疗养院、托幼所、养老院等机构成为面向大众的社会化公共福利组织；第三是引导民间资本投入社会福利事业的建设中，政府在政策上为民办福利机构提供优惠，简化其申办手续，确保民办组织的可持续发展；第四是对社区服务组织进行扶持和引导。深圳大学易松国教授提出社会福利社会化改革的具体趋向：其一是重视养老服务的多元化发展；其二是革新当前养老机构的经营模式，促使其市场化运行，对社会福利资源进行公平合理的分配，不断提升福利服务质

① 杨团：《社会福利社会化——上海与香港社会福利体系比较》，华夏出版社2001年版，第114页。

② 郑功成：《中国社会福利发展论纲——从传统福利模式到新型福利制度》，《社会保障制度》2001年第1期。

量和成本效益。[1]

原民政部部长多吉才让2000年在“社会福利社会化工作会议”上提出的社会福利社会化观点在学术界受到了广泛认可，即在政府的提倡、组织和资助下，整合各种社会资本与社会力量，不断加强社会福利设施的建设，尽量满足人们的各种福利需求[2]。原民政部副部长张德江1990在北京召开的“中国内地与香港社会福利发展第一次研讨会”上提出了社会福利社会化的内容应包括以下主要方面，即服务对象的社会化、资金来源的社会化、管理的社会化、服务设施的社会化和服务队伍的社会化。[3] 国务院办公厅于2000年转发了《关于加快实现社会福利社会化的意见》，这份文件对社会福利社会化的内容进行了完善阐述：首先，在社会福利社会化中，要注重构建多元化的投资主体。立足于我国国情实现社会福利社会化发展，引入多种所有制共同发展福利机构，拓展社会福利投资渠道；各级政府要基于当地的实际情况，协同经济和社会的发展，循序渐进地增加社会福利方面的投入，尤其在那些示范性和基础性的福利机构建设上更应该加大投入；辅以民办公助，资助和鼓励民间社会力量兴办福利机构；为了筹集更多资金兴办福利机构可以在一定程度上增加中国福利彩票的发行；引导和鼓励各种形式，如个人、外资、集体及居民自治组织兴办或捐助社会福利事业。各企事业单位可根据自己的实际情况自愿参与社会福利捐助，此外，还可以充分利用社会闲置资源来投资社会福利事业；在儿童福利机构方面，目前乃至今后相当长一段时间内都主要由政府管理，可以吸收社会资金共同创建儿童福利机构，并采用接受捐赠、助养、收养和寄养等各种方式来实现社会化。其次，服务对象应面向全体公民。除了对国家供养的特困群体、孤儿以及丧失劳动力、没有生活来源和法定赡养人和抚

① 左蓓蓓：《社会福利社会化：未来与发展——深圳大学社会学系主任易松国教授访谈》，《新资本》2007年第1期。

② 多吉才让：《积极推进社会福利社会化进程 加快发展社会福利事业》，《社会福利社会化工作资料汇编》，2000年。

③ 张德江：《九十年代中国社会福利事业展望》，《中国内地及香港迈进九十年代的社会福利发展探讨会报告集》，1990年。

养人的“三无”对象之外，还应进一步拓展社会福利的覆盖面，使之面向整个社会的弱势群体。并依据福利接受对象的具体情况，选择性地提供无偿、有偿和减免等各种服务。再次，提供多样化的服务方式。除了养老和助残之外，社会福利机构及社区还应该发挥如支持家庭服务等各种服务功能。加大力度建设社区服务的基础设施及网点，因地制宜地为社会弱势群体提供其所需的各种福利服务，不断完善社区福利服务体系。最后，建立专业的福利服务队伍。不断致力于提升社会福利服务队伍的专业水准，制订具体的操作规范与岗位标准，为了确保福利工作体系更加专业，应进一步强化岗位技能培训，实行技术等级认证以及企业资格管理；提倡志愿组织服务，对福利服务志愿者进行培训，建立专业的志愿者服务队伍，使其得到规范化和制度化的管理。

（三）社会福利社会化思想的启示和意义

1. 国家在福利供给的主导作用不可改变，国家在福利供给的责任不能免除

社会福利社会化是发达国家福利制度改革的一项基本措施，从根本上来说，这意味着政府逐步退出福利服务供给垄断的地位，但这并不意味着国家责任的减少甚至免除，国家在社会福利中的主导地位作用是不可改变的。推行社会福利社会化，目的是使政府改变以前“大包大揽”的做法，从某些福利服务供给领域的经营和管理中退出，而由家庭、社区和其他非营利组织提供。特别是在改革前期，政府不仅不能减少财政投入，反而应该加大投入，以保证福利改革的顺利进行。

2. 社会福利改革要符合成本效益原则，满足多样化的个性化福利需求

社会福利不仅仅是政府的事，也是社会的事。要动员社会力量，参与政府的社会福利事业，可以节约成本、减少浪费。随着人口老龄化的加速以及人们福利需求的不断提升，政府在社会福利方面的开支不断增加，考虑到经济承受能力和政府福利供给的可持续性，福利政策需要考虑到成本

效益原则，控制成本。社会福利的人文主义强调对福利的个人自主选择以及对福利服务的个性化需求。因此，应从对象福利需求出发，为其提供多元化的福利服务，满足其福利需求。

二、大福利的理论

中国社会科学院学部委员景天魁研究员于2009年发表了《从小福利迈向大福利：中国特色福利制度的新阶段》一文，阐述了小福利和大福利的概念，以及小福利的局限性和大福利所具备的条件。随后2011年，景天魁、毕天云和高和荣又联名出版了《当代中国社会福利思想与制度：从小福利迈向大福利》一书，对大福利包括的具体社会福利制度体系进行了详细的阐述。

（一）小福利概念及其局限[①]

1. 小福利概念的含义

不管是在社会福利的理论界还是在实务界，小福利概念历来在我国占据主导地位。小福利概念是一种狭义的社会福利，其主要含义有以下三个层面：

第一，是为社会弱势群体提供特殊福利服务。在这种观念下，社会福利的界定是从社会福利供给对象的角度来进行的，其供给对象只是弱势群体而并非全体公民。因此，社会福利属于社会和国家为弱势群体所提供的基本生存和生活保障，即为儿童、老年人、残疾人等提供福利。这种福利概念类似于西方学者所提出来的补救性和选择性福利。

第二，是由民政部所提供的民政福利。在这种观念下，社会福利的界

① 景天魁、毕天云：《从小福利迈向大福利：中国特色福利制度的新阶段》，《理论前沿》2009年第11期；景天魁、毕天云、高和荣：《当代中国社会福利思想与制度：从小福利迈向大福利》，中国社会出版社2011年版，第2页。

定是从社会福利供给主体的角度来进行的。由民政部代表国家保障社会弱势群体的基本生活，为他们提供福利服务[1]。这种观念下的社会福利十分重视政府的供给责任，将政府视作福利提供的唯一主体。这一概念在我国实践中尤为常见，是国人对福利概念最为熟知的认识。由于此种社会福利观念在我国长期存在，所以，我们才能从根本上理解民政部所提出的“社会福利社会化”的意义。

第三，是指社会保障体系中层次最高的福利。在这种观念下，社会福利的界定是从社会福利供给目标的角度来进行的。在这一概念下，认为社会救助、社会保险和社会福利属于社会保障体系中的三个层次，其中社会福利属于最高层次[2]。维持公民最低的生活水平是社会救助的主要目标；保障公民的基本生活水平是社会保险的主要目标；保障公民的生活质量、提升公民的生活水平是社会福利的主要目标。在我国社会保障研究中，这一概念具有极强的代表性，将社会福利归并到了社会保障的范畴，认为它是社会保障体系中一个不可或缺的组成部分。

2. 小福利概念的局限

通过整合以上三种含义，可以将小福利概念归纳为两种福利观：第一种小福利观为补救性。上文所提出的前两种含义虽然在社会福利理论界定角度上不一致，但在实际应用中却不存在任何本质差别。二者所提供的社会福利都是对福利接受者进行选择，是雪中送炭，用于补救既有社会问题。第二种小福利观为发展性。因为上文所提的第三种含义不强调社会福利的补救作用，是一种锦上添花的福利，主要是为了改善和提高人们的生活水平。然而，遗憾的是在我国社会保障系统中，这种类型的社会福利相当少见。

通过分析发现，小福利概念主要存在四方面的局限：首先，表现在对

① 周良才主编：《中国社会福利》，北京大学出版社 2008 年版，第 3 页。

② 孙光德、董克用主编：《社会保障概论》，中国人民大学出版社 2000 年版，第 26—33 页。

象的局限上。小福利概念认为福利对象只是社会弱势群体，下意识地将社会福利当成了弱势群体的“专利”。但是，从本质上看，社会福利具有显著的社会性，必须面向全体社会成员。其次，表现在内容的局限上。在划分福利内容时，小福利概念主要是以人群为标准来加以划分的，这种划分标准实际上很不合理。在划分社会福利的内容时，必须考虑社会成员共同的基本福利需求。再次，表现在主体的局限上。小福利概念下的供给主体主要为国家或政府，可见其供给主体单一，社会福利的提供由政府或者国家垄断。然而，社会福利的供给主体必须要多元化。最后，表现在方式的局限上。在小福利概念下，认为只有无偿或免费供给才属于社会福利，并认为社会保险和社会救助与其是并列关系，不认为社会保险和社会救助存在福利属性。通俗来讲，这种认识会促使福利接受者“不劳而获”。

综上所述，小福利概念将大部分社会成员排除在社会福利之外，使社会福利过于狭隘。小福利概念认为社会保险和社会救助与社会福利无关，那么就意味着那些只接受过社会保险或者社会救助的人认为自己从来没有接受过社会福利；长此以往，会导致很多社会成员认为自己的社会福利权利被剥夺。所以，随着时代的不断发展，必须要进一步拓展小福利概念的外延，并深化其内涵。

（二）中国从小福利迈向大福利的条件[①]

1. 大福利概念的含义

首先，大福利概念认为社会福利的对象为所有社会成员。随着社会福利制度的不断发展，最终会实现社会福利的全覆盖。此处所说的所有社会成员包含了两种意思：其一是在社会福利体系的保护范围内覆盖所有社会成员，保证社会福利人人享有；然而，这并不意味着所有社会成员所享受

① 景天魁、毕天云：《从小福利迈向大福利：中国特色福利制度的新阶段》，《理论前沿》，2009年第11期；景天魁、毕天云、高和荣：《当代中国社会福利思想与制度：从小福利迈向大福利》，中国社会出版社2011年版，第26—27页。

到的社会福利完全一致。其二是对某一个福利项目，全体社会成员都能平等享有。例如国家目前正在建设的医疗保障体系，会实现全民医保，使全体公民的健康福利需求得到满足。

其次，大福利概念所保障的是所有社会成员的基本福利需求，主要包含健康、养老、工作、教育、居住等方面的福利需求。所以，健康福利、养老福利、工作福利、教育福利和居住福利等均属于大福利的范畴。因为这类福利保障的是民生，为此又称之为以民生为本的社会福利。

再次，大福利这种社会福利的提供主体具有多元化。在这类概念当中，市场、政府、民间等组织均属于福利提供主体，其中，政府、家庭、单位及各种慈善组织属于主要的社会福利组织，政府组织最为重要。

最后，在大福利概念下，主要供给方式包括社会救助、社会保险、公共福利、社会互助。在大福利概念下，社会成员可以通过缴费方式或免费方式获取社会保险和公共福利，并且强制性与自愿性共存。

综合以上分析可知，正是由于大福利概念具有多样化的提供方式、多元化的供给主体、基本性的福利内容以及广泛的服务对象，相对于小福利概念来说，大福利具有较多的优势。

2. 中国迈向大福利的条件

第一，经济条件。改革开放之后，我国经济实力迅速加强，为我国发展大福利夯实了基础。根据国家统计局公布的数据，在2008年，我国创造了30.037万亿元的GDP总量，当年，人民币与美元的平均汇率为6.948:1，所以，如果将人民币换算成美元，则可以说我国在2008年的GDP总量为43274亿美元。由于当时全国范围内的总人口为13.2802亿，经过计算后得出，2008年我国人均GDP为3258.5美元。根据国际经验发现，如果某一国家的人均GDP在3000美元以上，它的经济就会进入全新发展阶段。很显然，在发展社会福利时，其经济基础将更加雄厚。除此之外，随着GDP的不断增长，国家财政收入明显增多。相对于2007年，2008年的全国财政收入增长了19.5%，达到了6.13万亿元。当前，在社会福利的供给中，政府是最为主要的力量，其掌握的公共财政资源越充足就越有能力保障民生和改善民生，就越能促进社会公平。

第二，思想基础。中国共产党执政目的是为人民谋福利。不管是毛泽东思想、邓小平理论，还是“三个代表”重要思想、科学发展观都体现了关注民生、服务人民的精神，为我国发展大福利奠定了良好的理论基础。尤其是科学发展观的提出，为我国从小福利发展至大福利提供了非常直观的指导思想。因为“以人为本”是科学发展观的核心，中国共产党在谋求发展的过程中，必须以最广大人民的根本利益为出发点，基于社会经济的不断发展，进一步保障人民的福利需求，不断致力于提升人们的物质文化生活水平。中国共产党第十七次全国代表大会指出，我国的社会保障体系将在2020年基本覆盖城乡居民，面向全体公民保障最基本的生活。为了达成此目标，在社会建设的过程中，要重点关注民生，保障所有公民的教育、工作、医疗、养老和居住的福利需求。可见，社会建设中的这五大目标与人们的五种基本福利需求是相互对应的关系。既属于最根本的民生问题，也属于大福利概念中最重要的内容。所以，在完成社会建设目标时，本质上就是发展大福利，这就意味着我国的社会福利制度将步入全新发展阶段。

第三，实践基础。我国从小福利向大福利迈进，这并不是想当然的，也不是另外开辟天地，而是有效提升和发展当前既有的社会保障水平。改革开放以来，我国社会保障体系日趋完善，尤其是最近几年，我国城乡正在如火如荼地建设社会保障制度：①包含了失业保险、工伤保险、大学生就业促进、农民工就业保护、下岗职工再就业等在内的就业保障制度；②包含了城乡居民低保、农村“五保”、灾民社会救济、流浪人群生活保障等内容的生活保障制度；③包含了城乡居民基本养老保险及老年人福利在内的养老福利制度；④包含了新型农村合作医疗保险（简称新农合）、城镇居民和职工基本医疗保险、城乡公共卫生服务、大病医疗救助等在内的健康福利制度；⑤包含了义务教育、特殊教育、农民工子女教育、职业教育补助等在内的教育福利制度；⑥包含了公租房、廉租房、经济适用房、住房补助和住房公积金等在内的住房福利制度。可见，我国当前已基本实现了大福利体系框架。改革开放以来，我国的社会福利制度不断深化、拓展，本质上就是不断向大福利制度迈进的过程。

（三）大福利理论的启示和意义

1. 为建设适度普惠型社会福利制度提供了基础性的理论支撑

适度普惠型制度的核心要点是主张建立面向全体国民提供的、涵盖基本生活主要方面的社会福利，具有广覆盖、适度性的特点[①]。我国是社会主义国家，因此政府更加注重民生的保障，因而会不断提升公民的福利水平，使社会福利得到最广泛的覆盖。这是社会主义制度优越性和先进性的必然要求。而就目前中国的社会福利来说，所面临的问题并不是福利的过度与过剩，而是由于社会福利水平低下、覆盖面小，导致福利缺乏和不足。依照我国人力资源和社会保障部所公布的数据显示，到2015年年底，参加养老保险、医疗保险、失业保险、工伤保险和生育保险的人数分别为85833万人、66582万人、17326万人、21432万人和17771万人[②]。然而，中国广大的农村完善的社会养老保险制度和医疗保险制度尚未完全覆盖。正因为如此，适度普惠型社会福利制度的提出才显得尤为重要。

2. 大福利理论为促进适度普惠型社会福利的制度整合提供了基本思路

我国社会福利制度实践中存在着“碎片化”和“孤岛化”的现象，迫切需要整合。我国的同一福利制度分属不同的政府主管部门相当普遍。例如，城镇职工的基本医疗保险由人力资源和社会保障部主管，卫生和计划生育委员会主管农村居民基本医疗保险；民政部主要管理城乡医疗救助；

---

① 王思斌：《我国适度普惠型社会福利制度的建构》，《北京大学学报》（哲学社会科学版）2009年第3期。

② 人力资源和社会保障部：《2015年人力资源和社会保障事业发展统计公报》，人力资源和社会保障部网站，2015-5-28。

由于职业身份不同，公民所参加的社会福利也不同。例如，一部分机关事业单位工作人员可以不参加失业保险，城镇企业职工则要参加“养老、医疗、失业、工伤、生育”这五大社会保险，自由职业者和灵活就业人员可以任意选择五大社会保险的险种。有许多原因都会造成社会福利制度“碎片化”，尤其是在缺乏大福利概念的背景下。因为大福利概念的标准是所有社会成员的基本福利需求，包含了基本福利制度与项目，通过整合相同类型的福利需求，能有效防止福利制度出现“碎片化”现象。

3. 大福利理论为适度普惠型社会福利的制度整合提供宏观思路

大福利理论的基本内涵包括五个方面，因此适度普惠型社会福利体系的整合可以顺着这五个方面展开。第一是整合福利对象。福利碎片化、孤岛化的典型反映福利对象身份化。破除福利对象的身份区隔，增进福利对象的阶层融合，是适度普惠型社会福利体系整合的基本任务。诸如增进城市居民与农村居民的融合，机关事业单位工作人员与城镇企业职工的融合等。第二是整合福利内容。福利内容按照福利项目类别可以划分为一些项目，但都是满足社会成员的基本福利需求，适度普惠型社会福利体系就是以福利需求为中心加以整合的。第三是整合福利供给主体。福利供给主体包括政府、家庭、工作单位、社会组织和社区，要整合坚持政府的主导作用，发挥其他主体在福利供给中的作用。第四是整合福利的供给方式。要综合采用社会救助、社会保险、公共服务、社会互助、补充保障等多层次福利供给方式为社会成员提供全方位的社会福利。第五是整合福利类型。按照福利对象的基本类型，福利可分为现金、实物和服务这三种类型的福利，要针对福利的实际需求，实现福利类型的多元组合和有效配对，实现福利对象福利需求的有效满足。

三、基础整合的理论

基础整合理论是在研究和反思中国社会保障制度改革的过程中由中国

社会科学院“社会保障体系研究课题组”首先提出来的社会福利理论，其对促进中国适度普惠型社会福利制度的构建具有重要的理论和实践指导意义。

（一）基础整合理论的提出背景

2000 年 11 月，中国社会科学院“中国社会保障体系研究课题组”发表《中国社会保障改革：反思与重构》一文，提出了基础整合的社会保障体系；2001 年中国社会科学院景天魁研究员出版了《基础整合的社会保障体系》一书对该理论进一步进行全面的阐述。

我国从 20 世纪 80 年代开始进行了社会保障制度改革，涉及养老、失业、医疗三大社会保险制度和社会救助（低保）制度为骨架的中国城镇社会保障体系。但是，从实施情况来看，效果难尽如人意。该书认为，导致社会保障出现问题的原因在于制度设计和基本思路的问题，而不是具体操作和具体方法。课题组提出当前养老保险的制度设计主要问题包括：①由于养老保险重视收取忽视支出，从而导致支出资金膨胀。②因为采用“统账结合”的模式，造成个人账户没有资金，导致即时收付，为养老金支出膨胀带来可乘之机。③国家承诺过大的养老金比例，造成三支柱变为一支柱。失业保险制度设计问题，包括片面追求与国际接轨，而与中国经济体制转轨相脱节，对出现的结构性失业和下岗失业等问题不加区别，致使失业保险金处于投入颇多、效率低下、收效甚微的尴尬境地。医疗保险制度设计存在的两个问题，一是“统账结合”的城镇职工医疗保险制度不符合保险的基本规则；二是个人账户既不承担风险分散的功能，又产生了社会排斥的问题。即把未成年人和无工作、无收入的老人排斥到制度之外。

上述主要是从单项制度设计的角度考虑问题，但往往是由于整体思路上存在偏差所造成的。要从整体上追溯目标模式、基本原则、主要功能、本质特征等的认识和选择。中国社会保障的基本思路问题表现在四个方面：一是社会保障缺乏相对独立性。社会保障是相对独立的社会体制，但在我国却被简单看作市场经济体制的配套制度。二是社会保障制度赋予过多过高的要求。社会保障制度的功能是有限的。但是，我国对社会保障制度却提出了种种要求，视其为解决各种问题的灵丹妙药；要能与经济体制改革相配套，要能推动国企改革，要能应对未来老龄化危机，要能减轻国家、企业和个人负担，又能维持不低的保障水平，等等。三是社会保障体系整合性差。社会保障属于一个有机整体，在这当中，服务保障与资金保障缺一不可，共同维系医疗、就业、养老这三方面的保障，三者之间的关系是环环相扣的。但是，我国的社会保障制度改革往往是单兵突进，互不往来，壁垒森严。四是社会保障的主体单一。福利多元化是世界各国社会保障发展的共同方向，通常表现为市场手段和行政手段齐头并进；营利组织、慈善组织、政府组织紧密相连；政府、社区、家庭、企业一同承担社会福利责任。然而，在我国国内，社会保障改革的参与主体只是政府一方，企业、个人、社会团体积极性尚未完全调动起来。最后得出的结论是基础整合的社会保障体系才与我国社会发展相适应。

（二）基础整合理论的主要内容

1. 基础整合概念的含义

基础整合的基本含义可以概括为三个方面[①]：在保障方式上，实行有限福利、适度保险、确保互助，选择以社会救助为基点；在保障载体上，依托社区实现系统整合，通过社区把老年看护、医疗卫生服务、就业服务、贫困救助和其他社会福利结合起来；在保障主体、筹资渠道和保障内容上，实行多元整合。景天魁在 2003 年发表的《中国社会保障的理念基础》一文中，进一步对“基础整合”的含义进行了具体解释，概括为六个方面的内容[②]：①在对多元福利进行整合时，要遵循最低的生活保障这条底线；②在对多层次需求进行整合时，要基于卫生保健；③在对福利设

① 景天魁：《基础整合的社会保障体系》，第 253—257 页。

② 景天魁：《中国社会保障的理念基础》，《吉林大学学报》（社会科学版）2003 年第 5 期。。

施、资金、制度等多方面的保障进行整合时，要基于福利服务的保障；④在对各种资源进行整合时，要基于就业；⑤在对政府和市场的作用进行整合时，要基于社区；⑥在对城乡统筹的社会保障进行整合时，要基于制度的创新。概括性说，所谓基础整合，就是要以社区为依托，兼顾城乡，优先考虑就业，并守住底线。

2. 基础整合社会保障体系的特征

基础整合理论认为，社会保障从实质上看，就是对公民的基本生活提供保障，这是社会保障制度安排的出发点，同时也属于终极评估标准。它的主要目的是保障基本民生，依托社区服务，以社会救助为社会保障体系的基点，在资金和服务方面予以双重保障，以众多渠道筹集资金，注重多元化的保障方式以及多层次的保障内容，切实做到以民生为本。基础整合的社会保障体系具有三个基本特征：

一是基础性。民生需求包括基础性需求和发展性需求两个层次，基础整合的社会保障体系强调优先满足基础性的民生需求，即人民最基本的需求，缺乏这种需求就难以自我发展和参与社会。保障人民的基础性民生需求，这是底线，是国家对全体公民的承诺。基础性民生保障是面向全体公民的，是公平、平等的。能确保社会的可持续发展，不管国家的大环境怎样变化、不管出现何种风险，都能维持这种基础性保障。

二是综合性。首先是资金保障和服务保障的综合。民生需求涵盖了很多方面，除了资金保障之外，还必须要有服务保障，部分需求更加适合服务提供。所以，在社会保障体系中，要兼顾现金援助和社会服务，将二者有机融合在一起，还可以将部分服务取代资金，提高社会资源的利用效率。其次是以特定人群的需求为中心实现各种保障制度的综合。从不同人群的需求出发，实现相关保障制度的有机组合，强调不同保障制度可以互为资源，相互依存，形成制度与制度之间的跨制度融合。例如，针对老年人的需求，可以将基本养老金、社区医疗健康服务、职业年金、养老储蓄、商业人寿保险以及社区综合性服务制度等进行组合，使之成为一个具有整体性的老年人保障制度。

三是多元性。社会保障包括基础性保障和发展性保障两个层次，其中的多元性要求，就是指基于满足基本需求，注重保障供给主体的多样性。它认为，多样化的保障供给主体具有一定优越性，能引导和鼓励各种社会力量、社会团体和组织参与社会保障，由它们提供除基础保障之外的其他各种民生需求。因此，多元性包含了两个部分：其一是由国家提供的基本社会保障；其二是由多个供给主体自由选择并与社会合作的发展性保障。

3. 基础整合社会保障体系的框架

基础整合的社会保障制度包括了以下整合内容[①]：①整合某一项制度的子系统。比如，在养老保障中，可以整合基本养老金、退休金、个人养老储蓄、商业人寿保险以及互助养老金等。②根据不同需求的人群来整合，由与之相对应的综合性子系统和制度性子系统组合成打破制度限制的资源重组系统。例如，对于失业人群来说，可以整合社会服务、社会救助及失业保障这几个子系统。③整合基础性层次和发展性层次的系统。基础性保障在社会保障体系中居于主体地位，政府责任在其中起到了主导作用；发展性层次则需要多元化的供给主体参与，由其对社会保障进行辅助、丰富与补充。④各种制度发挥作用的共同载体的综合子系统。社区是各种保障制度发挥作用的地域载体，可以提供包括养老、医疗、就业、低保等多方面的服务。

基础整合的社会保障体系主要具有以下优点：①能帮助国家、企业和个人确定责任。缓解因国家财力有限而社会保障资金需求无限所造成的矛盾，为社会保障制度的建设与改革开辟新的路径。②能以保障基本民生为出发点，惠及广大人民群众，不受既有利益圈的局限，进一步强化社会保障的社会支持力度。③能够促进社会结构的重新塑造，推动各种资源的整合，不断强化社会保障的自我维持能力。④能强化社会保障制度的可持续发展，避免随着

① 景天魁：《基础整合的社会保障体系》，华夏出版社 2001 年版，第 22—23 页。

经济增长和政治民生的发展，由国家福利走向福利国家[①]。

（三）基础整合理论的启示和意义

1. 区分福利需求满足的次序，增强社会保障的针对性

基础整合理论提出，社会福利需求满足以民生为本，为此满足基本的民生需求，民生需求可以分为生存需求、温饱需求、发展需求和享受需求等基本层次。社会保障不应该满足所有层次的民生需求，而要优先满足和保障基础性的民生需求，即优先满足生存需求和温饱需求。在建立社会福利体系时，必须要满足最基本的民生需求，这些观点对于中国社会福利制度可持续发展非常重要。

2. 合理划分政府与社会力量在社会福利领域的责任范围

在社会福利领域，合理界定政府与社会力量在福利保障上应该承担的责任范围，是一个难题。历史证明，在社会福利领域，政府不能只充当守夜人的角色，也不能既当运动员又当裁判员。在我国的社会福利领域，政府必须承担基础性需求的福利保障责任，而由民间团体、社会组织、市场则分担民众的非基础性需求，要么跳出由政府大包大揽一切的境况，要么陷入政府对一切不予过问的困境。

3. 不断强化对社会保障体系的整合

在社会保障资源受到约束的状态下，有效提升社会保障整合程度是减少社会保障运行成本，实现社会保障效益最大化的有效途径。当前，我国社会保障领域普遍存在碎片化和孤岛化的现象，从某种意义上来说不利于发挥社会保障统筹互济的重要作用，而基础整合的理论提出的“六个整合”的构想和设计，为我国社会保障制度体系的有效整合提供了一定的思

---

① 景天魁：《中国社会保障的理念基础》，《吉林大学学报》（社会科学版）2003年第5期。

路和方法。

4. 重视服务保障的作用

基础整合理论强调服务保障的重要作用，服务保障要和资金保障相互协调，这是一个很有远见的观点，有利于克服资金保障的局限。随着国内社会经济的飞速增长以及人民收入水平的显著提升，广大人民群众对于社会服务方面的需求更是呈现出加速发展的态势，但是，国内在服务保障上却比较匮乏，服务保障存在较大压力，这就给服务保障增加了发展的动力。

四、底线公平的理论

底线公平的理论既是一种社会公平理论，也是一种社会福利理论，还是一种社会福利模式，对适度普惠型社会福利体系建设具有多方面的指导意义。

(一) 底线公平的理论提出的背景

2004 年 8 月，景天魁在《光明日报》上发表《论底线公平》一文首次提出了底线公平这个概念。2009 年在其出版的《底线公平：和谐社会的基础》一书中，对底线公平的理论进行了系统的阐述。

底线公平理论的提出，源于两个方面的背景：一是反思抽象公平理论的局限，为现代社会保障制度提供良好的观念基础，效率为目标还是公平为目标是当代社会保障领域激烈争论的问题。由于社会保障是对市场失灵的矫正，人们自然而然地将社会保障的基础视作社会公平。然而不同的人对公平的理解都不尽一致，所形成的公平观也并不相同。所以对社会公平进行笼统谈论并没有任何现实意义，必须深究社会公平的深刻内涵。抽象的公平是平均分配，人人有份，但其前提是不存在收入差距。但中国存在着较大的收入差距、地区差距和城乡差距，如果不顾实际，一味谈论抽象公平，则往往会加大社会不公平。底线公平从我国存在较大社会差距入手，强调社会保障制度建设的重点是面向弱势群体和老百姓最现实、最迫切的需要，以底线公平为理念基础，不仅可以做到收益大成本小，而且可以有效促进社会公平。二是破解社会保障难题，为解决社会保障制度刚性发展探索新机制。全世界建立社会保障制度的国家都会遇到一个难题，那就是随着保障覆盖范围越来越大，保障项目越来越多，保障水平越来越高。这个趋势的必然结果就是高福利逐渐达到一个国家财政难以维系的程度，整个国家经济发展缓慢。而此时，如果想要降低福利和缩小福利开支都难以实行，如果硬要实行，必然会引发社会不满和不稳。西方国家社会保障制度改革的经验已经表明如果要在已经定型的社会保障制度中植入柔性机制，不仅难度大而且成本高。中国社会保障制度尚在建设和发展之中，要避免重蹈西方国家的覆辙，必须及早解决机制问题，形成一种富有弹性的社会保障机制。即在刚性不断增长的过程中，同时建立一种柔性机制。

（二）底线公平的含义

第一，底线公平是基于社会意义而言的。并不是指个人的公平，而是社会意义上的公平，即“社会公平”。个人意义上的公平，是一个含混不清的公平，对于每个人而言，对公平的理解仁者见仁，智者见智。社会福利制度有可能使得一部分人得到好处，一部分人利益受损。得到好处者就认为是公平的，受损者就认为不公平。底线公平处理的是个人与社会之间的关系、政府与社会和个人之间的关系，而不是指个体之间的关系。底线公平从社会意义出发，由社会个体之间的利益损益转化为责任和权利的关系，即个人不管损益多少，在社会意义上都是应尽的责任；个人不管得益多少，都是应得的权利。

第二，底线公平是政府担当首责的社会公平。底线公平划分了政府和非政府组织在责任方面的界限，底线内的部分是由政府财政所提供，而不是由市场机制来承担责任的，是政府的责任，底线是一种政府责任的底线。在经济水平不高时，政府必须要保证底线公平，保障全体公民的基本生活，使所有公民都能有尊严地生活；在经济发展水平不断提高时，政府依然要守住底线公平，以避免社会福利水平过高。

第三，底线公平是一种表示性质的社会公平。虽然底线公平具有量的含义，但它首先是一种质的概念。底线表示一种性质的概念，是一种界限，即不能推卸，必须坚持，必须做到的事情。因此，底线可以将其划分在上部，也可能将其划分在中部和下部，因此，它不是在公平高低意义上的定义，而是社会公平类型划分意义上而言的公平。因此，底线公平不是低水平的公平，它并不意味着低水平的社会福利。底线公平是指在社会福利制度和项目中，有些是必不可少的，不可或缺的项目，这些项目可能是较低的福利水平，也可能福利水平并不低。

第四，底线公平是体现权益一致性的社会公平。这里所说的底线，指的是全体社会成员最基本的需求。主要包含三方面的需求：①解决温饱的需求；②发展基础性教育的需求；③满足医疗救助和公共卫生服务需求。以上三种需求是社会公认的底线，是所有人都不能避免的。是全体社会成员生存与发展中最基本的部分，是公民不可或缺的基本权利。底线使全体社会成员的权利存在一致性和差异性双重属性。底线内体现的是一致性的权利，超过底线的部分体现的是差异性权利。

（三）底线公平的原则

根据底线公平的概念来调整不同阶层和利益群体的利益关系，包含了如下基本原则[①]：①优先保障弱势群体的原则。这一原则主要是为了处理弱势群体和强势群体以及穷人和富人之间的关系。依据这个原则，社会弱势群体所获得的社会效益将更大。因为同一笔款项，如果将其花在穷人和社会弱势群体身上，用于解决其最基本的生存问题，比花在富人和强者身上，用于满足其更高层次需求显然更具社会效益。而发达国家的经验表

① 景天魁：《底线公平：和谐社会的基础》，北京师范大学出版社 2009 年版，第 203—205 页。

明，如果人们的基本生活需求尚未满足，通常会有较高的收入差距敏感度。如果社会弱势群体的基本生活需要得到了满足，那么其对收入差距的敏感度将不断降低。②由政府承担首要责任。这一原则能很好地处理政府与市场和社会之间的关系。根据这一原则，政府首责的原则是在市场经济条件下政府必须管的事情。当前，对于生存福利需求的最低生活保障是最基本的健康保障和教育保障，政府都承担了首要责任，这几方面的责任是政府不可避免的。至于非底线福利需求则需要非政府组织、家庭和个人多元化的福利供给来满足其需求。③社会补偿。这一原则主要是对个人与社会之间的关系进行处理。不论是哪个国家，社会资源永远都是不够的。受各种原因的影响，不同社会成员所占有的资源不尽一致。而所谓社会补偿原则，就是指那些占有资源较多或者有限占有资源的人补偿那些较少甚至尚未占有资源的人。现代社会是正义社会，正义社会就是有社会补偿的社会。这就要求，一方面，个人要对社会尽责；另一方面，社会也要对个人尽责。个人与社会的关系是一种责任关系、契约关系。④持久效益。这种原则主要强调的是经济和社会在近期和远期利益方面的关系。底线公平应该建立在社会福利制度的稳定、可持续上。所以，满足社会成员的基本生活需求，如生存、健康、教育等基础性福利需求应作为社会福利制度建设的重点。这些最基本的福利不仅能保障个体的可持续发展，同时也是一个国家健康、稳定发展的不竭动力。任何事情都是过犹不及的，福利提供也是如此，所以要确保福利水平适度。当前的福利供给要维持在能保证社会公平和拓展社会保障范围的水平上。在未来，则应该避免福利供给过度公平以及福利水平过高[①]。

（四）底线公平的制度

底线公平理论认为，体现底线公平的社会福利制度有三项：①低保制度。这种制度使人们的基本福利需求得到满足，使其基本生存权得以保

① 景天魁：《底线公平，和谐社会的基础》，北京师范大学出版社 2009 年版，第 147 页。

障，极大促进了底线公平的实现。生存权利是社会成员的基本权利，是个人享有其他社会权利的基础和前提，是“社会权利中的权利”。因此，从这个意义上来说，低保制度是“底线中的底线”，是底线公平的本质内涵。根据实践表明，低保这种福利制度能以最实惠的经济获得最大社会效益。低保制度的实施，使贫穷者生活有所改善或走出贫穷，起到了缩小社会不公平程度的效果。②卫生和医疗救助制度。卫生、保健和医疗对人的健康和寿命的影响因素最大。首先是卫生，虽然在这方面的花费较小，但却能对人们的健康与寿命带来严重影响。其次是保健，也是花钱少而收益大。以预防为主，搞好公共卫生，对广大人民群众构成威胁的传统疾病、流行病、地方病也有可能减少甚至消除。实践证明，只有具有良好的生活习惯、生活方式和处世态度，“富贵病”“慢性病”和艾滋病等病症才可能避免，才可能从根本上降低医疗卫生费用的开支。③公共基础教育制度。首先，“发展教育不讲公平不行”，对教育的本质而言，公平就是效率。其次，“发展教育，抽象地讲公平也不行”。在我国存在着明显的社会差距，抽象的公平是最差的公平，甚至是不公平。最后，“教育公平也是一个连续谱”。基础教育应该是无差别的公平，体现教育的普享性、均等性和一致性。

（五）底线公平理论的启示和意义

第一，为实现经济发展与社会福利均衡协调发展提供了理论依据。在经济发展与社会福利的关系上，有两种观点，一种观点一味强调经济发展，推崇经济发展第一；第二种观点一味关注社会福利，认为福利至上。实质上，这两个观点都没有充分考虑社会福利和经济发展之间的关系，没有考虑到二者之间的辩证统一，应该克服片面的“经济第一”或“福利第一”。经济发展和社会福利之间的相互关系事实上是公平与效率的兼顾，本质趋向是两者之间的均衡。让这两者之间达到均衡，要避免极端化的单向思维，不能一味只讲求经济或者福利至上，因为简单的折中主义根本无法解决本质问题。在底线公平理论下，强调的是社会福利与经济发展之间的协调，要兼顾效率与公平，将福利供给控制在合理范围内，防止最小和最大化福利。总的来说，底线公平这种机制就是为了使福利发展能与经济发展相适应。让福利水平随着经济的不断发展而有所提高。另外，提升福利水平不会拖经济发展的后腿，而是能成为促进经济发展的重要动力[①]。在关于社会福利问题的主张上，底线公平理论认为，在满足穷人的利益之后，才能使富人的利益得到真正满足；相对于一般公平来说，底线公平更能促进社会公平的实现；相对于全面公平来说，有侧重的公平往往更容易实现；相对于单纯的经济增长来说，增加普遍福利水平更能促进社会经济健康、有序地发展。

第二，为缩小贫富差距和实现共同富裕提供了思路和对策。邓小平早在 1985 年就表示：社会主义的主要目标就是使全国人民实现共同富裕，不能两极分化。改革开放四十年来，我国经济飞速发展，在生产力的提升上获得了令人瞩目的成就。2015 年，我国的 GDP 已跃居世界第二位。但全国基尼系数却不断扩大，从 1978 年的 0.3 扩大到 2002 年的 0.45 直到 2014 年的 0.469，超过国际公认的贫富差异警戒线。底线公平理论对于缩小贫富差距和实现共同富裕具有重要的意义。从社会财富分配的角度来说，能有效缩小贫富差距，达到共同富裕的目的。具体包括两种途径：其一是让农民增收；其二是在一定程度上对富人的收入进行调控。首先，在初次分配领域提升劳动要素贡献的比例，注重底线公平，保证穷人的最低收入；其次，在再分配领域，要基于满足社会弱势群体的底线需求，加大力度对穷人的转移支付。同时，采用激励性和强制性的方式，让富人和强者承担起提高社会福利的责任。只有这样，才能切实打破贫富差距这一世界难题，从而实现共同富裕。

第三，为适度普惠型社会福利体系提供了价值理论基础。社会福利碎片化、孤岛化导致了社会福利追求的公平价值观遭受到损害，适度普惠型社会福利体系要求实现福利体系的整合，这明显具有公平的价值取向。社

① 景天魁：《底线公平：和谐社会的基础》，北京师范大学出版社 2009 年版，第 158 页。

会福利公平有底线福利公平和非底线福利公平这两个层次，其中底线福利公平是社会福利公平的基础，对实现社会福利公平具有关键性的意义。在建设适度普惠型社会福利制度中，根据底线福利的基本价值理念，一方面要确保底线福利公平，另一方面也要推进非底线福利公平。要把底线福利公平放在基础、优先的位置，在此基础上再推进非底线福利公平。要优先整合体现权利一致性的底线福利制度，努力减少，甚至消除底线福利领域的不公平现象。

五、全民共享发展的思想

（一）全民共享发展思想的内涵

在中国发展研究会发布的年度报告——《中国发展报告 2008—2009 年：构建全民共享的发展型社会福利体系》中提出了全民共享发展的思想，为 2020 年的中国提供了一个全新社会福利体系的构想。该报告表示，中国在未来社会福利体系的公平性主要表现为全民共享，其最明显的特征是新的福利制度必须要广泛惠及全国亿万人民群众，要能体现全民共享社会福利。这里所说的全民共享包含了三方面的含义：①为制度保障尚未涉及的群体建章立制。尤其表现在为城乡无收入的老年人提供基本医疗服务和养老保障，为农民或者农民工建立养老保险制度等。②对既有制度安排的社会群体覆盖面进行扩展。这些社会群体包含了个体工商户、雇员以及灵活就业人员。首先，要想方设法消除各种障碍，将他们纳入制度保障范围内；其次，合理设置费率，使参保缴费与他们的经济能力相适应。③不断提升社会福利水平及其公平性，确保每一个公民都能通过国家的福利政策维持正常生活，能平等地享有各种福利项目所提供的公共服务。此外，还应该根据实际情况建设社会福利水平调整机制。随着人们收入水平和物价指数的不断提升而适当调整，使人们能充分享受经济发展的成果。发展同样包含了三个方面的含义：①以人为本，要注重人的全面发展，在社会福利中纳入就业援助、教育扩展、健康促进等内容。②明白福利体系的发展是一个循序渐进的过程，不能一蹴而就，不能简单地复制西方福利国家模式，重蹈西方福利国家的覆辙。而应该兼顾我国不同发展阶段的人口结构、经济水平、区域差别、城乡差距、就业模式、市场化程度等，使福利体系与我国国情相适应，真正地改善民生。③在制定社会福利政策时，要基于中长期发展战略。不断强化社会福利支出的投资功能，将以往的补偿模式转变成促进经济发展的新模式[①]。

（二）全民共享发展思想的原则和项目

这份年度报告表示，必须要坚持以下四项基本原则来构建全民共享发展型社会福利体系：①以公平为主，兼顾公平与效率。避免全体公民都享有的社会福利因工业化进程而呈现出严重的两极分化现象，保证社会的稳定和谐。实现福利全民共享，避免因户籍、身份以及职业的差异而导致福利不平等。尤其应该让贫困家庭的子女平等享有接受教育的机会，以免贫困代际转移。除了注重福利公平之外，还应该考虑效率，确保福利发展充满活力，使其能促进经济健康稳定地发展。②要确保福利发展水平与经济发展相适应，不能不考虑经济发展的承受能力。除了处理制度缺失问题之外，还应该根据人口老龄化、城镇化的实际情况，对社会保障资金是否能平衡、稳定供应进行统筹考虑，确保可持续发展。首当其冲应该解决福利制度和项目缺失的问题。其次，要循序渐进地提升福利水平。除了尽快建设人们亟须的基本福利项目之外，还应该依照经济和财政的支撑力量建立长效机制，并确定合理的保障水平。由于我国福利体系目前还处于起始阶段，缺乏完善的机制与制度。除了解决制度缺失问题之外，还应该着重考虑城镇化以及人口老龄化的实际情况，考虑社会保障资金的供求是否能长期保持平衡状态，实现福利体系的长期、稳定发展。③坚持就业优先。在

① 中国发展研究基金会：《构建全民共享的发展型社会福利体系》，中国发展出版社 2009 年版，第 1—2 页。

相当长一段时间内，人口和就业这两个问题都严重制约着我国社会经济的发展。实际上，就业是一项最大、最重要的社会保障。不管是对个人还是对家庭而言，就业都是防止贫困和过度依赖政府救济最可靠的途径。所以，必须要坚持就业优先这一基本福利政策。加强新生代农民工和劳动年龄社会青年的职业培训，提升其创业与就业能力，帮助他们更加符合岗位需求、更好地融入社会。政府应该鼓励人们自主创业，适度增加就业岗位。避免过度保障，让企业缴纳超出其能力范围的资金，使其负担过高而减少就业岗位。针对那些难以再就业或再就业适应周期长的劳动者免收或者补助社会保险缴纳费用的方式，引导和鼓励单位优先雇用就业困难群体，帮助他们及时找到合适的岗位。④以政府为主导，坚持政府和社会相结合。从根本上讲，社会福利体系属于一种政府行为，在建设过程中必须由政府发挥主导作用，不断加强相关立法，并加大政府的财政投入，以提供更加完善的公共服务。充分发挥市场和家庭的作用，整合各种社会力量和社会资源，积极建设社会福利体系。在具体选择模式方面，要承认免费性福利项目和缴费性福利项目同等重要，国家、个人和企业应该共同承担社会福利体系的责任，形成一种共担机制。在设计和运行社会保险制度时，要加强支付标准与缴费义务之间的联系。引导和鼓励个人及单位参保并持续缴费，避免拒绝缴费而对社会和国家造成过度依赖①。

这份报告表示，应将基本生活、就业、健康、养老、住房等方面的保障纳入全民共享发展型社会福利体系的框架。在总的框架体系中，供给包含了几十个项目与子项目；应建立多层次的福利结构，在低收入群体、没有稳定职业者或者是老人和儿童等弱势群体优先投入公共财政。对于大部分有收入的群体，则让其以缴纳社会保险费用的方式参与。此外，国家还鼓励人们建立补充性保险，以实现其更高的福利需求。

① 中国发展研究基金会：《构建全民共享的发展型社会福利体系》，中国发展出版社2009年版，第2、28页。

（三）全民共享发展思想的启示和意义

1. 全民共享发展思想指明了社会福利建设的最终目的

全民共享发展思想指出了福利建设的最终目的和归宿是以全民的福利提升为根本的，这就要求社会福利建设必须是以保障和改善民生为旨归。在社会福利建设中，要始终坚持最大限度地提升民众的福利水平；要千方百计地保护全民的福利权利，促进全民的社会福利水平的提升。总之，保障和改善民生既是社会福利建设的出发点，亦是社会福利建设的最终落脚点。

2. 全民共享发展思想阐明了福利建设的对象是覆盖全民

全民共享发展思想认为，社会福利建设必然要经历从小到大、从部分群体到全民的演进过程。由于我国社会福利项目建设存在着“时间差”，社会福利碎片化现象必然存在。但是，社会福利建设的目的是实现全民共享社会福利，这就要求根据中国经济社会的特点，采取多元、多样的方式，在统一构架前提下，满足社会不同群体的福利需求，逐步覆盖城乡居民，实现社会福利全民普遍化。

3. 全民共享发展思想提供了福利建设的思路是发展

全民共享发展思想突出以人为本，关注推进人的全面发展新理念，把促进健康、教育扩展、就业援助等“上游干预性”领域纳入社会福利体系。采取“上游干预”的福利建设就是在上游有效消除社会问题，从而消除社会问题产生的源头。发展另一层意思是从中长期发展战略入手制定社会福利政策，加强社会福利支出的社会投资功能，把传统的事后补偿的福利模式转化为与经济发展相互促进的福利模式。

六、适度普惠的思想

（一）适度普惠思想的提出背景

适度普惠的思想是在总结中国传统民政福利发展趋势的过程中提出来的福利思想。对于适度普惠的认识存在两种概念。第一种是从狭义的角度来理解适度普惠。2006 年，在“第二届社会保障国际论坛”的开幕致辞中，前民政部主要领导指出一国的社会福利制度必然与该国的经济、社会发展水平相适应。随着改革开放，我国的福利事业也越来越开放。目前，正在由之前的补缺型社会福利慢慢转变为适度普惠型社会福利。同时也在不断拓展其覆盖范围，由之前的某一部分社会弱势群体（老年人、残疾人和孤残儿童）覆盖到全体社会弱势群体，用以满足多层次、多样化的福利需求，这是在某种程度的、一定范围内的普惠。同时，在社会福利由补缺型向适度普惠型的转型过程中，要采取投资主体多元化，服务对象公众化，服务方式多样化和志愿相结合等措施，逐步推进社会福利制度由补缺型向适度普惠型转变。由此他提出“三个坚持”的具体对策建议，即坚持有机结合家庭、福利机构和社区，不断完善社会福利体系的建设；坚持政府主导与社会参与相结合，推进中国社会福利事业的发展和坚持法制化、标准化、专业化相结合，使我国社会福利事业得到质的飞跃①。在 2007 年 10 月 17 日，该领导又提出，当前我国的社会福利正在慢慢从“补缺型”转变为“适度普惠型”，将迎来我国福利事业前所未有的快速发展时期。后续我国在发展福利事业时，要坚持一个转变和三个结合原则。其中，前者就是指要不断推进社会福利从传统的“补缺型”转变为“适度普惠型”，以往“补缺型”福利主要是针对部分社会弱势群体，在转变中，要实现社会福利覆盖全体社会弱势群体。而且，在福利产品与项目的供给上，要满足福利接受者各种各样、不同层次的需求。后者包含了三

① 窦玉沛：《中国社会福利的改革与发展》，《社会保障研究（北京）》2006 年第 2 期。

方面的结合：①结合社区、福利机构和家庭，使福利体系由三位一体的结构所构成；②结合社会参与和政府主导，使社会福利社会化，这是我国福利事业的必然路径选择；③结合法制化、专业化和标准化。[①] 第二种从广义的角度来理解适度普惠。2008 年，韩裕民从广义上的社会福利概念出发，以系统分析为立足点，以马斯洛的需求理论为依据，将社会福利的概念划分为微观、中观和宏观这三个层次。其中，微观社会福利，主要指国家和社会相关部门（在我国为民政部）为残疾人和无劳动能力的人举办的福利事业，包括残疾人福利、儿童福利和老人福利等；中观层次的社会福利，指的是由国家财政出资，目的是为人民群众谋求利益的各种福利性事业，诸如职工福利、一般性福利以及特殊性福利等；在宏观社会福利中，主体是社会和政府，对象是包括社区居民在内的全体公民。采用专业化和制度化的手段，采用精神支持和物质资助的方式为人们提供保障性与服务性的福利，以解决最根本的社会问题，从而提升人们精神和物质的双向需求，使社会政策和制度的制定能促进生活质量的提升。在旧的社会体制下，我国提供的是刚性制度化的福利，这是一种补缺型福利模式。旧体制保障的是单位制下的“公民”，属于“中观社会福利”，而新体制下保障的是市场经济中淘汰下来的弱势群体，是微观层面的福利。目前，我国社会福利正在不断向适度普惠型转变，这属于一种新说法，介于“补缺型”以及“普遍型”之间，适度普惠型社会福利模式应经历初级、中级和高级三个发展阶段，它是一个动态的发展过程。每个阶段都伴随着社会福利概念的延伸。最后，他提出推进社会福利模式向“适度普惠型”转变的三点建议。一是社区福利与初级适度普惠阶段。在初级适度普惠发展阶段，政府应该加大财政投入，为弱势群体提供更好的福利，此外，还应依靠社区福利这一重要力量，使其参与到社会福利事业建设中。二是“城乡低保”与中级适度普惠阶段，扩大社会福利服务的对象，贯彻和实施城乡居民低保制度，帮助需求者满足福利需求，实现原则公平和程序公平。三是福利社会化和高级阶段的适度普惠，只有扩大福利供给主体，才能尽量满足所有

① 窦玉沛：《社会福利事业将转向适度普惠型》，《政协天地》2007 年第 11 期。

公民的福利需求，不断整合各种社会力量，共同参与到社会福利建设事业中，实现社会福利社会化的理念。[①]

（二）适度普惠思想的主要内容

2009年，著名社会学家、北京大学王思斌教授从理论与实践的角度，系统地研究了适度普惠型社会福利制度，撰写了《适度普惠型社会福利的建构》一文。文中指出，适度普惠型社会福利指的是社会和政府立足于当地经济发展实际，面向所有居民提供的，覆盖到人们生活方方面面的社会福利。这种社会福利的基本特征主要表现为：面向全民或者某一大型区域内的居民，因此，具有显著的普惠性。这种情况受我国社会政策的地域性影响极大。从深度上讲，与区域内的经济发展和财政状况相关；它覆盖了人们基本生活的方方面面，也就是说，居民基本生活最主要的方面都可以通过这种福利得到覆盖；这些福利是适度满足居民的基本需求，而并非高级需要。适度普惠型社会福利制度的构建主要包含了以下几个基本要素：一是建设社会权力观。在提供社会福利的过程中，政府不能认为自己是施舍者，而是对社会福利资源进行配置和管理的执行者，应该树立为人民服务的观念。此外，人民群众也需要转变福利权力观，要敢于向政府要求赋予其福利权利，同时避免对社会福利过分期待。二是制定和实施合理的社会政策。在政策上要与时俱进、科学安排；这里所说的政策安排，不仅包含了制定政策的过程，同时也包含了通过考虑现实问题而设计政策实施的过程。这种福利模式不仅是实打实干的，同时也是可发展的，能很好地适应经济社会的发展。三是这种福利模式明确划分了企业、社会、家庭的责任。构建适度普惠型社会福利，需要政府、企业、社会、家庭和个人多方参与。政府要承担起主要责任即政府的社会福利责任要到位。企业和其他社会力量、社区和家庭也扮演着重要角色。王思斌提出，构建适度普惠型

---

① 韩裕民：《适度普惠型福利模式探索》，《第三届全国社会福利理论与政策研讨会论文集》，中华人民共和国民政部网站，2008年12月18日。

社会福利制度的基本要素有五个：一是政府责任优先。政府要承担起政策倡导和对相应福利观念的形成进行引导的责任，主要负责福利资源的提供和合理设计福利制度，以及动员各方力量促进适度普惠型社会福利制度持续发展的责任。二是需要导向的制度建构。适度普惠型社会福利制度包括有关人民生活的主要方面，要遵循需要原则，但福利制度的建设不可能一蹴而就，其中的各种社会政策和制度需要有缓有急地逐步建立，需遵循迫切优先的原则，最先建立最紧要的政策和制度。三是承担企业社会责任。倘若所有企业都能承担起员工福利责任，就能有效避免其员工陷入贫困之中。四是家庭福利责任的保护与激活。适度普惠型社会福利是以家庭福利为基础的，需要保护和激活家庭的福利责任。五是社会福利机构的培育与发展。单凭政府的一己之力，将难以提供比较细致的社会福利服务，也根本不可能满足公民的所有福利需求。而一些福利机构，通过专业的服务方式和“以人为本”的服务理念，能为福利接受者提供高质量的福利服务，对政府福利的不足进行弥补。①

2010年，南京大学彭华民教授在其文章中指出，社会福利目标定位对一个国家福利制度来说，属于最为核心的内容，能确保国家提供充足的资源来满足居民的福利需求及居民接受福利制度保障。中国在定位社会福利目标时均是以国家为本，为社会弱势群体提供社会福利，从而建设成“补缺型”的社会福利体系。在国家经济和社会双重发展和建设和谐社会的大背景下，倘若仍然以国家为本的目标来发展社会福利，显然无法满足人们的福利需求。在目标的定位上应该以需要为本，遵循以人为本的原则，将社会福利的目标定位从之前的国家转变到人。此处所说的人并不是单一的社会成员，而是指全体成员。社会福利目标定位的经典理论是马克思以人为本的需要理论以及社会需要类型理论。需要为本就是以人为本。在国家经济和社会双重发展和建设和谐社会的大背景下，倘若仍然以国家

① 王思斌：《我国适度普惠型社会福利制度的建构》，《北京大学学报》（哲学社会科学版）2009年第3期。

为本的目标来发展社会福利，显然无法满足人们的福利需求。在此情况下，应以社会需求为本来定位社会福利目标，对社会福利体系的发展与社会需求满足之间的关系展开探讨，由此所提出的基于需要的社会福利转型战略就具有了极大的政策和理论价值。在对我国社会福利目标进行定位时，如果以需要为本，应分析需求满足的群体、目标定位的具体内容、相关制度安排、福利政策等方面。从而构成一个以需求为本的福利目标定位体系。只有密切结合正式和非正式的福利制度安排，形成一个大的社会福利体系，才能成功向适度普惠型转变，才能建立与我国国情相适应的社会福利体系。只有建立以需求为导向的社会福利制度才是和谐的、发展的社会福利。可见，中国社会福利制度的转型已迫在眉睫。当前，我国经济发展处于中下水平，国家无力承担福利提供的全部责任，所以，亟待建立适度普惠型社会福利制度。①

（三）适度普惠思想的启示和意义

适度普惠思想是从特殊福利理念出发，探析我国民政福利的发展趋势，对于我国适度普惠型社会福利制度的构建有两点启示和意义：

第一，通过福利体系的整合扩大福利普惠面。当前，我国社会福利体系的构建面临着两大任务：一是扩大福利覆盖面。尽管当前我国已经基本上建立了满足城乡居民福利需求的福利体系，但在不同福利项目之间，城乡地区的覆盖面仍然存在着较大的差距。在社会救助方面，城乡居民低保制度基本实现了“应保尽保”，但其保障效果方面仍然不很乐观。在社会保险方面，基本养老保险尚未实现对城乡居民的全覆盖，基本医疗保险基本实现了城乡居民的“全民医保”，工伤、失业、生育保险尚有不少人群尚未覆盖，仍然面临“扩面”的急迫性。在基本公共服务方面，城乡居民享有的基本公共服务仍然是城乡两制，距离城乡基本公共服务均等化的目

① 彭华民：《论需要为本的中国社会福利转型的目标定位》，《南开学报》（哲学社会科学版）2010 年第 4 期。

标尚有不少的差距。

第二，要考虑社会福利建设中的“适度”。社会福利建设中的“适度”包括两个方面：一是速度要适度，一步到位的建设覆盖全民的社会福利制度，可能发挥“干净利落”的优势，也有留下考虑不周全所带来的“病根”；而渐进式的建设有利于发挥周密细致的策划功效，但很可能会加剧制度碎片化，利益的固化。二是向度要合适，社会福利体系建设的结果无非有三种：提高、维持、降低福利水平。世界各国福利建设的经验教训告诉我们，减低福利水平的制度建设注定失败，维持福利水平的制度建设是“底线福利”，提高福利水平的制度建设才具有可持续性。在制度建设中，要保证构建的制度福利水平等于或高于原有的水平。

第五章 我国适度普惠型社会福利制度构建的目标选择

从上述我国社会福利制度发展的历史可以看出，我国社会福利制度自20世纪80年代初，就开始进行改革，但是一直以来对社会福利制度改革的目标都不清晰，尚处于模糊状态。对于构建什么样的社会福利制度体系等基础性理论问题没有认真思考，因此国家在社会福利方面依然效率不高，尚未取得显著成果。出现这种状况的主要原因是没有厘清社会福利制度改革的目标，没能明确提出应该建立一个怎样的社会福利制度体系。西方发达国家的社会福利发展实践表明，科学的理念和目标的确立优于制度设计，制度设计优于技术方案的执行。因此，构建新型适度普惠型社会福利制度首先要找准其科学的目标定位，整理清楚在建设社会福利制度中的各种错综复杂的关系。依据国际惯例，同时结合中国的国情，从多个维度对我国适度普惠型社会福利制度的目标定位进行了一定的分析，以期给出我国适度普惠型社会福利制度清晰的目标定位。

第一节 我国社会福利制度目标转变的必要性

学术界对于"目标定位"概念的定义莫衷一是。有的学者将其定义为社会福利资源分配给最贫困的人群的过程，还有学者认为，目标定位是"在社会福利政策之中，将稀缺资源有效地分配给那些最需要的人"。事实上，"目标定位"可以被解释为公共福利支出的目标指向的一种方式。从广义的概念来理解目标定位，是指老弱病残、失业等各种社会风险及相关受益者的确定都可以被界定为目标定位。而从狭义的概念来理解目标定位，就是将福利资源提供给最迫切需要的那些人。通俗来说，就是选择“最贫困、最需要帮助”的人的过程。[①] 就目标定义的本质来看，主要关乎以下两个问题，第一个问题是对目标定义中有“需要的人”如何进行界定，抑或是怎样划定“最需要的人”。虽然理论和实践中有多种方法，在通常情况下，最常见的方式是采用家计调查来界定“最有需要的人”。即将资源定位到最需要的人群上，并对其受益资格进行规定。第二个问题是将有限的资源定位于“最需要的人身上”，即实施什么样的福利政策。目前，在学术界存在着普享性和选择性两个观点。普享性观点认为社会福利作为一种基本权利应该为全体国民所享有，而选择性观点认为社会福利应该通过个人需要的调查（如家计调查）来确定目标人群。目标定位是所有国家社会福利制度的关键，它确保国家资源能分配给相应的社会成员，使社会成员的需求得到满足，是社会福利制度能惠及所有社会成员的基础。

中国社会福利制度变迁经历了古代传统时期、新中国成立后计划经济时期到改革开放时期曲折的发展道路。新中国成立之前，中国的社会福利制度强调家庭中心主义、中国独特的传统文化信仰与自给自足的性格、强调邻里互助的非正式网络作用以及政府资源有限的定位，造就了人民对国家福利支援的低度期望，形成了剩余主义的社会福利制度安排。新中国成立以后计划经济时期，中国的福利剩余主义继续发展，国家资源短缺下福利供给责任的下放，政府重生产、轻消费的政策主张，中国家庭在福利照顾中的重要作用有增无减和民政部门在提供福利的剩余角色形成了传统福利文化，家庭、集体和国家的剩余主义社会福利制度安排[②]。但是，当前的社会福利不再与计划经济配套，但市场经济体制下的社会福利体系正在

---

① ［美］尼尔·吉尔伯特：《社会福利的目标定位——全球发展趋势与展望》，郑秉文等译，中国劳动社会保障出版社2004年版，第2页。

② 黄黎若莲：《中国社会主义的社会福利——民政福利工作的研究》，唐钧等译，中国社会科学出版社1995年版，第55页。

构建。社会福利体系在民生保障方面还存在一系列问题。国家在提供社会福利时，比较注重为社会特殊群体提供福利，尤为注重提供物质和金钱方面的福利保障，但缺乏精神慰藉方面的福利服务体系，没有重视国家福利责任的强化和建设。在制度安排方面，依然以补缺型和剩余型福利模式为主。这种补缺型、剩余型福利模式存在覆盖面狭窄、福利水平低下、结构不合理、福利资源供给不足和政府责任定位不清等诸多问题。2007 年，民政部提出我国建设适度普惠型社会福利制度，但这种适度普惠型制度建设仍然是一种狭义的普惠、补缺型社会福利制度，并不能从根本上满足广大民众日益增长的福利需求。而社会福利制度转型的重点对我国社会福利体制的发展进行理论层面和制度层面的反思，从而重新定位我国社会福利制度的目标。

当前，我国适度普惠型社会福利制度的建立存在以下几个方面的必要性。

一、促进经济持续增长的必然要求

拉动经济增长的三驾马车来自消费、出口和投资。消费是拉动马车最主要的动力，是 GDP 增长的关键性因素。消费对中国 GDP 的贡献率通常达到了五六成左右，在欧美发达国家基本达到了七八成以上，尤其是美国和英国，这两个国家的贡献率更是超过了 85%。从本质上来说，出口主要源自进口国的消费，鉴于国际金融危机对我国的外贸出口产生了持续的负面影响，中国的出口出现了大幅下降。海关总署的数据显示，我国 2008 年下半年以来外贸出口逐月下滑，2013 年 12 月，中国出口同比增长 4.3%，12 月中国贸易顺差为 256 亿美元，出口及贸易顺差均逊于预期，进出口贸易数据不尽如人意。投资主要包括政府投资和个人及企业投资。政府投资的适当增加可以推动 GDP 的增长，但依靠财政支出的扩大毕竟是有限的，政府投资和财政收入仍然取决于消费。个人及企业投资是由销售决定的，从根本上也是由消费决定的。因此，推动经济增长的关键仍然是消费。要依靠政府的投资与购买以及个人和企业的投资来拉动内需，但从本质上来说必须依靠居民自身的消费拉动。但近几年来，在我国存在这样一种矛盾的现象：虽然经济持续快速增长，城乡居民收入不断增加，但最终消费特别是居民家庭消费却不断下滑，如果在较长时间内，居民家庭消费仍然处于低迷状况，那么就很难通过居民家庭消费来拉动内需，促进经济发展。①

在我国，为何会形成这种矛盾，究其原因是我国的社会福利体系还不完善、福利产品供给严重不足，导致社会成员缺乏稳定的预期，使很多中低收入家庭不敢消费，存在“后顾之忧”；其次是家庭成员将其收入储蓄起来，以备家庭不时之需，如养老、购房、失业、生病、子女教育等诸多方面。②

实行适度普惠型社会福利政策，加大财政投入，进一步强化社会福利的保障能力，完善社会福利体系，如此才能确保中低收入家庭对未来有良好的预期，才能使他们敢于消费；才能真正实现通过家庭消费来拉动内需，使我国经济形成良性循环，从而形成“收入增长—拉动消费—消费增加—带动投资—经济增长”的传导效应。然而，由于我国的公共财政投入有限、社会福利水平过低，民众承担了相当一部分社会福利的开支，消费呈现出极强的挤出效应，导致内需不足、储蓄增加，经济的增长过分依赖出口与投资，难以实现通过消费拉动内需进而实现经济增长的预期目标。实际上，实施适度普惠型社会福利政策并非只是一种“花钱”的投资，而是一种能拉动经济增长的投资，社会福利为促进经济增长奠定了良好的基础，它具有“生产性”投资的功能。通过建立与经济发展相适应的社会福利体系，能使人们改善日后的消费预期，能从本质上改变经济增长方式，从而推动适度普惠型社会福利制度的建设。

---

① 景天魁等：《当代中国社会福利思想与制度——从小福利迈向大福利》，中国社会出版社2011年版，第10页。

② 韦森：《减税富民，启动内需之本》，社会科学家茶座，山东人民出版社2009年版，第1页。

二、借鉴国外社会福利制度的经验

综观全球的社会福利发展历史进程，凡是社会福利发展取得巨大成就，基本上都是产生于经济发展和繁荣时期，凡是社会福利发展遭受重大挫折，都是经济危机时期。因此，越是经济不景气的时候，人民群众就越渴求社会福利需求，相对于“锦上添花”式的社会福利，人们更加渴求“雪中送炭”式的社会福利，并且这种社会福利也更能赢得人心和凝聚人心，所形成的社会心理效应也更加积极。德国、美国和英国在经济萧条和经济危机时期，是通过制定社会福利政策来应对危机获得经济恢复和发展的。德国是世界上最早实行现代社会保险制度的国家，当时在德皇威廉一世感召之下，为了应对19世纪七八十年代因经济萧条而导致的一系列社会问题，铁血宰相俾斯麦相继颁布了《疾病社会保险法》《老年和残障社会保险法》和《工伤事故保险法》。美国的现代社会保障制度产生于1929—1933年的经济危机时期，经济状况恶化，财政收支困难，罗斯福总统于1935年颁布实施了美国有史以来的首部《社会保障法》，从而确定了美国以社会保障为核心的福利模式。英国作为首个建成“福利国家”的国家，英国的福利国家模式深受“贝弗里奇报告”的影响，该报告诞生于1942年，它是“二战”之后，英国重建社会福利计划的组成部分。当时的英国经济处于“战时经济”状态，虽然没有爆发经济危机，但也属于困难时期。

从世界角度来看，东亚是现代化和现代社会福利发展的后发地区。但是，从20世纪50年代发展到80年代，最先是日本，接着是韩国、新加坡、中国香港和中国台湾地区，陆续出现了经济腾飞，创造了经济奇迹。与此同时，在经济现代化的过程中，东亚国家逐步建设了现代社会福利体系，不断加大力度来投入社会福利，使社会福利水平得以显著提升，扩大社会福利的整合性，使社会福利惠及广大人群，积累了社会福利发展的经验。这个过程经历了社会福利从选择型社会福利到普遍型社会福利、从分离型社会福利到整合型社会福利的转变过程。以日本、韩国为代表的东亚国家分别建立了适合自身的社会福利制度，具有重要的借鉴价值。日本从明治维新开始逐步建立健全现代社会福利制度，在此后一个半世纪，不断出台社会福利法规，增加社会福利项目，扩大社会福利覆盖面，健全社会福利体系。其中，“全民皆年金的养老保险制度”和“全民皆保险”的健康保险制度是普惠型社会福利制度的典范；韩国的养老金制度始于20世纪60年代，经过长达半个多世纪的发展，形成了覆盖全民的，包含军人、公务员、私立学校教职员工以及其他国民在内的四位一体公共养老金制度体系。早在1963年，韩国就制定了《医疗保险》，但是由于当时经济水平不高，导致《医疗保险》成了一纸空文。从1979年开始，韩国实施自愿参保与强制参保相结合的医疗保险制度。80年代，在民主化进程中，韩国实行医疗保险改革运动，使医疗保险的参保面得到了进一步拓展，发展至1989年，医保覆盖率已高达90.39%[①]。韩国于1997颁发了《国民医疗保险法》，进一步整合了医疗保险制度。

三、满足民众不断升级的福利需求

按照马斯洛的需求层次理论，需求自下而上可以分为：生理、安全、情感与归属、尊重、自我实现这五个层次的需求，依次由较低层次到较高层次排列。其中，需求层次的主要着眼点和动机包含两个，其一是所有人必须的需要，当人们的需要得到满足之后，才会产生另外的需要；其二是没满足多种需要之前，首先要满足最为紧迫的需要；该类需要得到满足后，后面的需要才显现出其激励的功能。进入20世纪90年代，我国基本实现“三步走”发展战略目标的第一步，即“温饱”的目标和基本实现“小康”的目标，解决的是生存发展的需求，广大社会成员的基本需求已经从生存的需求转向发展的需求，从温饱到全面实现小康的阶段过渡。在

① 王刚：《韩国：从少数人受益到全民医保》，《法制日报》2009年6月19日。

医疗、养老、住房、教育的社会福利需求方面，小康社会具有更高的要求。当前我国社会大众对于公共福利需求与政府福利供给能力不足成为社会主要矛盾。补缺型社会福利模式是一种剩余型的福利，采取的是“分割型”而不是“整合型”的福利模式，采取的是“偏惠型”而非“普惠型”的福利模式。这种福利模式具有的社会福利水平不高，供给不充足、分布不均、覆盖有限、无法对普通大众基本的物质需求加以满足。以城乡最低生活保障为例，这是一种最基本的社会救助制度，人类的贫困包含两个不同的层次，其一为生存性，其二为发展性。前者是指缺乏基本的饮食和生活资料，尚未解决温饱问题；后者是指虽然解决了生存问题，但社会交往、健康、教育等方面的需求尚未得到满足。当前，我国最低生活保障只是解决人们的温饱问题，很显然这属于一种生存性福利，如今我国社会经济得到极大发展，应该将最低生活保障提升到发展性保障水平中，在最低生活保障中考虑基本的社会交往、教育及医疗，防止贫困家庭再次复制贫困。

在社会福利转型中，人口老龄化是一个重要的特征及影响因子。根据数据统计表明我国从 1999 年起正式进入老龄化社会，并且人口老龄化的趋势正不断加剧。依照 2013 年中国社会服务发展统计公报的数据显示，截至 2013 年年底 60 岁以上老年人口占到了 14.9%，其中 65 岁以上人口占到了 9.7%。依照专家预测，到 2020 年，我国超过 60 岁和 80 岁的老龄人口分别为 2.48 亿人和 3067 万人，其中超过 80 岁的老龄人口在老龄人口中占了 12.37%。随着老龄化趋势的不断加剧，再加上我国适龄夫妇的生育率呈不断下降的趋势，导致家庭户均规模不断减小，在 2010 年每个家庭的平均人口为 3.10 人，“4—2—1”这类人口结构的家庭导致家庭养老保障功能不断减弱。另外，人口流动的规模日益加剧，在城乡居民当中，空巢家庭的数量达到了 50%以上，在一些大中城市当中，空巢家庭高达 70%，在我国农村地区大致有 4000 万的留守老人，在农村老年人中占比为37%[①]。老年人口需求呈现出多样化的特征。与此形成鲜明反差的是我国老年人社会福利供给的滞后。到2013年年底，我国共计有5267000张养老床位，每千名老人中所拥有的养老床位为24.4张，也就是说每47个老人还不足一张床位，远远低于发达国家每千名老人拥有50～70张的水平，目前尚且处于每千名老人拥有20～30张床位的水平，导致养老床位十分紧俏。相关数据测算表明，发展到2020年，我国户籍人口中的老龄人口占总人口比例大致为33%，但床位仅有102000张，根据老龄人口90%在家庭养老，7%在社区养老，3%进养老机构的规划，就算是社区养老服务机构，只有3%的老龄人口也只能满足这一部分的67%，依然存在33%的缺口不能满足人们的养老需求[②]。此外，由于很多养老机构存在生存与发展方面的压力，会不断降低养老成本，一般情况下，会拒收购买力不强的失能失智型老人，这一部分群体的老龄人口养老形势将非常严峻，令人担忧。

四、维护社会公平正义的福利功能

社会福利的一项重要功能就是通过强调社会成员参与的机会公平、提供基本生活福利和解除后顾之忧，实现国民收入的再分配，通过以上方面使社会形成一定的公平。采用建立和实施社会福利制度来维护社会公平，继而使全体公民的福利需求得到满足，而社会福利也能够从多方面来维护社会公平。然而，改革开放以来，我国一直将经济建设放在绝对优先地位，在“效率优先，兼顾公平”的原则指导之下，很多人认为大多数社会问题随着经济的发展会得到自然而然的解决，正如“市场经济一方面对经

---

① 贾美艳：《试论我国社会福利的转型——从“补缺型”到“适度普惠型”》，《太原城市职业技术学院学报》2012年第4期。

② 王磊、王祎：《我国老年人社会福利的发展现状及对策思考》，《劳动保障世界》2013年第10期。

济增长起到加速作用，另一方面也对社会分化和变迁起到加速作用”。[①]结果导致的却是社会显失公平，在我国社会发展的过程中，公平目标的实现效果不佳。当前，社会不平等主要体现在三个方面：第一是收入差距的扩大。我国城乡居民的收入差距非常显著，在不同区域内，居民收入的分配也明显不平等，依照相关数据统计显示，2005—2010年，我国城乡收入差距日益拉大，农村居民的年均可支配收入只有城镇居民的年均可支配收入的1/3～1/6，城乡居民的消费差距不断扩大。2008年，我国农村居民的消费仅占城镇居民的1/3。第二是持续加大的贫富差距。最近几年，国内最富有的10%的人口收入是最贫穷的人口收入的近20倍。[②] 中国社会科学院的数据显示，1978年我国的基尼系数为0.18，2000年为0.417，冲破了0.4的国际警戒线，2008年高达0.496，接近0.5的高压线。[③] 短短30多年，中国由分配最平均的国家成为世界上收入差距较大的国家。第三是公共产品分配不均衡。在我国，公共产品分配不均衡的问题比较严重，尤其是在卫生领域、教育领域，以及社会保障领域，公共产品的分配不均衡问题表现得尤为明显。最主要体现为国家在提供公共产品时呈现出十分显著的城乡差距，相较于城镇居民而言，农村居民所享有的教育资源非常少，这些教育资源涵盖了固定资产、教师人力资源、经费资源等方面。农村居民所享有的社会福利，不管是福利范围、水平、权利还是项目等方面都与城市居民存在着较大的差距。

2000—2015年，我国的基尼系数一直在0.4上下徘徊，属于分配不公平的社会。我国当前的社会贫富差距扩大，与目前正在实行的社会福利制度不完善、收入再分配的调节机制没有得到充分发挥有直接关系。而贫困和贫富悬殊是引发社会不安的主要导火线，也对社会制度和社会秩序形

① 王绍光：《安邦之道——国家转型的目标与途径》，生活·读书·新知三联书店2007年版，第534页。

② ［日］弗朗西斯·福山：《贫困、不平等与民主：拉丁美洲的经验》，张远航译，《经济社会体制比较》2009年第4期。

③ 财政部财政科学研究所《在发展中控制贫富差距扩大》课题组：《中国贫富差距合理边界——在发展中控制贫富差距扩大研究报告之三》，《政府理财》2011年第1期。

成较大的威胁。适度普惠型社会福利制度通过对贫困和贫富悬殊的适当调节，起到缓释社会矛盾的“社会稳定器”的作用。政府要对社会福利制度安排与政策设计进行调整，在调整政策设计和制度安排之后，必须要对以往的社会福利制度在公平性方面的不足加以弥补，着重关注社会低收入群体，以提高其社会福利水平，促进实现社会公平的目标。概而论之，收入初次分配的基本原则是按劳分配和效率优先的原则，收入再分配的基本原则是按需分配和公平优先的原则。社会福利制度安排有效率和公平这两个目标。目前，我国社会福利制度存在的主要问题是注重经济效率指标而忽视社会公平指标。从回归社会福利本来含义角度来说，在未来，我国要重视社会福利制度安排中再分配维护社会公平的功能，让改革发展成果更多惠及全体社会成员。特别是要以广大民众的基本福利需求为制度建设的基本导向，通过发挥社会福利分配机制的调节功能，减少贫困人口的数量、缩小贫穷阶层与富裕阶层之间的收入差距，增进社会公平的改善，竭力实现共同富裕的目标。适度普惠型社会福利制度可以在保障国民基本生活的基础上，通过对国民收入实行再分配，发挥稳定社会、缓解社会矛盾的功能，从而真正成为社会的“稳定器”和“社会安全网”。因此，构建适度普惠型社会福利制度已成为我国实现社会和谐发展的客观基础与必要条件。

五、统筹经济社会协调发展的要求

改革开放以来，我国的经济水平得以不断增长，并且经济增长的速度一直都比较高。但是社会发展相对经济发展却显得缓慢，这从社会指标落后于经济发展指标可见一斑。社会发展指标通常用 HDI 指数来衡量。HDI 指数是联合国依据识字率、文盲率等教育指标、人均 GDP 等经济指标和死亡率等健康指标进行计算所得，用于对某一国家或地区的人类与社会发展程度进行衡量，它是反映某一国家或地区教育、人类健康、社会福利这三方面发展水平的关键性指标。[①] 据联合国开发计划署的《2008年人类发展报告》显示，我国2006年、2007年HDI的位次为第81位、第80位。而同期，我国经济增长排名为第四、第三。近30多年来，国内经济增长速度一直稳定在8%左右，但教育指标和人类健康指标则明显比较滞后，因此HDI的世界排名显著落后于GDP的世界排名。前联合国开发计划署署长马克·布朗先生认为："自1990年起，中国不仅人类发展指数明显提升，并且经济发展的速度要快于社会进步。中国的人类发展指数和财富世界排名分别上升了20位和32位。"[②] 但是，马克·布朗也提出，对于中国而言，其所面临的巨大挑战就是将其快速增长的收入转变为人类的发展进步，因为收入仅仅是人类发展的一种手段，而不属于终极目标。此外他还一再强调，分解人类的发展指数"为了确保人类发展的进步，因为政策制定者提供一些重要问题，使之在各种阵线得到发展，比方说与寿命相关的福利不足、不能从别的领域如教育、收入等得到填补[③]"。为此，马克·布朗提出中国要不断致力于提高人类发展指数。

从经济与社会发展关系来看，两者是相互协调、相互促进、相辅相成的。在经济发展的不同阶段，都必然要有与之相适应的社会福利制度，这是一个社会健康、完善的重要标志。然而，改革开放以来，我国的经济发展一直与社会福利发展不相适应，社会福利发展滞后于经济发展。20世纪80年代开始，我国对国有企业进行改革，社会福利制度一直作为与国有企业改革的制度配套措施来加以变革，社会福利制度缺乏明确的定位。改革开放以来，我国的社会福利制度正在逐步从经济体制的配套制度中独立出来，形成了一个相对独立的制度体系，但是作为独立体系的独立性尚

① 人类发展指数的构建根据预期寿命、成人识字率以及各级学校的综合入学率和（根据购买力平价计算的）人均实际GDP计算得到的一个复合指数。2010年的全球人类发展报告在对国家层面的HDI计算时对计算公式和所选取的指标进行了修改，用平均受教育年限和预期受教育年限替代了原来的成人识字率和毛入学率；用人均GNI替代了原来的人均GDP。

② 联合国开发计划署：《2005年人类发展报告》，《联合开发计划署（UNDP）》2005年版，第22页。

③ 联合国开发计划署：《2005年人类发展报告》，《联合开发计划署（UNDP）》2005年版，第22页。

未完全达成。从根本上来说，社会福利的目标是满足所有公民的精神与物质服务福利需求。在这当中，既包含了与经济体制相关的地方，也就是说与市场经济体制运行相适应，又有不能仅仅依靠市场手段和市场机制来实现的方面。例如，对于弱势群体的福利需求满足涉及社会公平、公民权利等方面的内容就不能通过市场机制来实现。社会福利制度如果成为经济体制的附属品，那么就会失去存在的意义，也无法获得真正的发展，必然会出现社会福利发展落后于经济发展的结果。近年来，在我国珠三角和长三角等经济发达地区出现的“民工荒”问题，其中一个深层次的问题就在于在现有城乡二元结构下，农民工所需要的养老、医疗、住房、子女教育等不能与当地市民享有相同的福利待遇，因而“民工荒”的实质是“民工福利荒”，仅仅依靠提高工资待遇和改善劳动条件，还无法完全处理当前农民工不足的问题。[①] 对于新时期的农民工而言，完成农民工向产业工人身份转变的关键也在于能否成为市民，合理满足他们的基本福利需求。因此，只有建立独立的适度普惠型社会福利体系，满足各类人群的福利需求才能统筹经济社会协调发展。

第二节 我国社会福利制度目标转变的可行性

1978年，中国共产党十一届三中全会揭开了我国经济体制改革的序幕，经过30多年的对内改革和对外开放，中国整个社会都经历了经济的转轨和社会的转型。在社会变迁中，一方面是经济持续快速增长，人民物质生活水平迅速提高，整体经济实力跃居世界第二大经济体；另一方面却是贫富差距急剧扩大，社会群体之间的利益冲突时有发生。社会福利制度也随之面临着重大的转型。当前，我国已经具备了由剩余型社会福利模式向适度普惠型社会福利模式转变的条件和基础。

① 谌新民：《“民工荒”实质上也是“民工权利荒”》，《南方日报》2010年3月1日。

一、社会福利理念的变革：从“效率”到“公平”

在改革开放之初，整个中国社会的价值观就是“效率优先”的发展价值观。表现就是对之前计划经济时期的历史进行深刻反思，并明确认识到当前国际社会的发展趋势，遵循“效率优先”的原则。在全国范围内，各项工作的重点就是经济建设，经济建设已成为社会的头等大事，人们在价值观念上也一改以往“贫穷光荣”的观念，而形成了“致富光荣”的观念。效率优先、不断发展成为人们的主流价值观。在这一历史时期，国家政策的制定也遵循了“效率优先”这一基本原则：在分配方面，实行按劳分配的方式；在生产方面，实行以公有制为主，其他各种所有制共同发展的制度，从而使国有经济、集体经济、私营经济、外资经济等竞相角逐，不断提升效率。在“效率优先”发展价值观的影响下，我国经济得到突飞猛进的增长，综合国力也随之不断提升。

在社会福利方面，也深受“效率优先”这一发展价值观的影响，公平的价值观念不再占主导地位，而认为只有基于效率优先才能兼顾公平，彻底打破以往“铁饭碗”“大锅饭”等计划经济传统，人们逐渐遗忘了被当作社会主义制度优越性的“全民福利”。在改革开放之初，“福利不是免费的午餐”这一观点非常流行。以上种种都意味着社会福利价值取向发生了改变，不断偏离主流发展价值观，并与主流发展价值观不断混淆。所以，在福利制度改革之初，主流的看法就是将个人的责任放大到最高，政府的责任降到最低。

虽然自改革开放之后，我国经济发展取得了令人瞩目的成就，但社会发展呈现出严重滞后的现象，经济与社会的发展不协调，出现“一条腿长、一条腿短”的现象。究其原因，主要是相当长一段时间内，我国过于关注“效率优先”，而忽视了“兼顾公平”。一味强调效率，而没能重视公平，正是由于这一发展价值观的偏差，使我国在经济发展的过程中，出现了严重的公平缺失，这体现在收入分配、两极分化日益加剧。在这样的背景下，我国于1998年开始实施“两个确保”[①] 的政策，其一为城镇低保制度的制定确定标准；其二在全国范围内，不断拓展各类社会保险制度的覆盖面。因此，我们可以将这一政策的出台作为社会福利转型的萌芽。我国对社会福利矫枉过正的时代已经远去，开始重新回归到追求公平价值取向中。

在中国共产党十六届三中全会上，胡锦涛同志正式提出了科学发展观，至此我国正式确立了“公平优先”的发展价值观。“坚持以人为本，树立全面、协调、可持续的发展观，促进经济社会和人的全面发展”是科学发展观的主要内涵，其中以人为本是其核心所在，使“公平优先”的发展价值得到深刻体现。第一，以人为本当中的“人”指的是大部分人而不是少部分人，既包含了富人也包含了穷人，既包含了社会强势群体也包含了社会弱势群体，所有人的生存权、发展权和经济参与权都能公平、平等地享有。第二，以人为本是全体公民共享和受益的公平价值观，也就是能保证所有公民的基本生存权、发展权和经济参与权，随着社会的不断发展，不断提高其自身发展能力和生活水平。第三，社会整体上应以人为本的价值观呈现出和谐、协调的大好局面。2007年10月，中国共产党第十七次全国代表大会报告提出：“必须要基于经济发展，不断改善和保障民生，进一步加强社会建设，致力于实现全民老有所养、病有所医、学有所教、劳有所得，不断促进和谐社会的建设。加快步伐构建覆盖城乡居民的社会保障体系，保障人民基本生活。”中国共产党第十八次全国代表大会进一步提出要全面建立多层次、广覆盖、可持续、保基本的社会保障体系，以习近平同志为核心的党的新一代领导集体提出了“中国梦”这一奋斗目标，提出“实现中华民族伟大复兴的中国梦，就是要实现国家富强、民族振兴、人民幸福”。其中人民幸福，从根本上决定了我国政府的执政理念就是要从效率回归到公平，重视广大民众的民生福祉。倾听民众诉

① “两个确保”：一是确保国有企业下岗职工的基本生活，在国有企业普遍建立下岗职工再就业服务中心，由再就业服务中心为下岗职工发放基本生活费，并为他们缴纳社会保险费。二是确保离退休人员的基本生活，保证按时足额发放基本养老金。

求、对人们的期望进行回应，确保全体公民具有平等的发展权和参与权，对社会的公平正义进行维护，在民生改善上锐意进取，不断实现、维护和发展人民的根本利益，使全体公民平等地共享发展成果。

社会福利制度是政府落实中国梦的操作化手段。[①] 众所周知，建立社会福利制度主要是为了使民众的福利需求得到满足、社会问题得到处理、社会关系得到调解，继而维护社会公平。社会福利制度属于一种对市场失灵进行弥补、对社会生活进行干预的手段。自社会福利制度诞生之时起，人们就一直关注公平、正义、以人为本等核心价值观的追求与实现。在改革开放初期，我国社会之所以发展滞后，主要是因为社会福利价值观错误，也就是对“公平优先”价值观的矫枉过正。因此，从根本上来说，以实现中国梦为目标的社会福利价值观中具备的公平观就显得符合国情民意，这意味着在目前的社会福利价值取向中会更加倾向于关注弱势群体。在社会发展过程中，维护困难群体的权益和保护弱势群体必将居于更加显著的地位，相关的配套政策将不断颁布实施，在这一背景下，部分学者表示我国已经迎来了社会政策时代[②]，以“公平优先”的社会福利理念的转型无疑为适度普惠型社会福利理论的创新奠定了重要的政治基础。

二、社会福利理论的变革：从“照搬”到“创新”

国内在研究人文社会科学时，许多学科的发展与建立都直接沿用了西方社会的理论、概念和方法，“不管是我国的哪一种现象，都能在西方国家的相关概念框架中得到释义[③]”。之所以形成这种现象，多半是因为

① 张秀兰：《发展型社会政策：实现科学发展观的一个操作化模式》，转引自李培林、王思斌、梁祖彬等：《构建我国发展型的社会政策——“科学发展观与社会政策”笔谈》，《中国社会科学》2004 年第 6 期。

② 王思斌：《社会政策时代和政府社会政策能力建设》，转引自李培林、王思斌、梁祖彬等：《构建我国发展型的社会政策——“科学发展观与社会政策”笔谈》，《中国社会科学》2004 年第 6 期。

③ 张洁宇：《全球化时代的我国文化反思：我们现在怎样做中国人——张旭东教授访谈录》，《中华读书报》2002 年 7 月 17 日。

“西方中心主义”的强势文化对我国文化深刻的影响，我国学者学习先进文化的急迫心情所致。以社会学为例，直到现在，我国社会学界仍处于“大部分社会学知识（包括概念、理论和方法）都源自西方……人们无法断定在何种程度上这些知识与我国和其他非西方社会相关或可用”的状况之中。[①] 我国社会福利理论的研究与我国当前社会学研究颇为相似。特别是在理论发展的初期阶段，我国对于西方社会福利相关理论的引进、介绍与翻译国外的社会福利理论与政策，探索国外社会福利体制的本质和发展道路成为近30年来我国社会福利界的一个重要方面。这些研究从最初的社会福利相关基本概念的普及概论逐步拓展至专题研究，这期间的研究主要包括：1984年厉以宁、吴易风著述的《西方福利经济学述评》，1985年黄素庵著述的《西欧“福利国家”面面观》，1987年李琮主编的《西欧社会保障制度》，1998年周弘著述的《福利的解析——来自欧美的启示》等。这些作品的出版，为我国理论工作者参考国外社会福利相关理论与实践提供了可能，并且为国内社会福利相关研究者提供丰富的参考资料。20世纪90年代中期，中国社会矛盾和冲突问题的加剧引发了广大中国学者进一步加大对西方福利经验的借鉴力度，在对西方社会福利研究中更强调与中国的比较研究，在反思中比较，提出了中国社会福利发展的新途径。这方面的主要著作如1998年王思斌等主编的《中国社会福利》，2000年丁建定著述的《从济贫到社会保险》，2001年郑秉文主编的《当代社会保障制度研究丛书》（包括当代美国、德国、法国、拉美、东亚、西亚非洲社会保障制度），2002年黎帼华著述的《美国福利》。但是，不少学者只是简单移植国外的相关理论，对于理论与现实的契合性视而不见，形成了国际社会福利政策及制度的单纯概念、标准、程序、方法的纯知识理论体系。对于这些理论体系的规则、内涵还没有真正弄清，就急于进行制度设计，于是出现了社会福利制度运行中的一些决策失误。“橘生于淮南之为

① 李沛良：《论我国式社会学研究的关联概念与命题》，转引自北京大学社会学人类学所主编：《东亚社会研究》，北京大学出版社1993年版，第66页。

橘，生于淮北则为枳”。社会福利理论具有很强的环境依赖性，特别是西方社会福利理论产生于当时当地的制度环境，与我国此时此地的制度环境具有极大的差异。只有根植于我国具体的政治经济环境和社会人文环境之中的社会福利理论，才能解决自己的问题与矛盾，才具有强大的生命力。由于环境的不可复制性，因此国外的理论和制度只能参考，不能照搬。伴随西方近代工业文明的兴起，慢慢延伸出了一种制度安排，即现代社会福利制度，这种制度是在人类特定的历史文化背景下形成和发展的①。可喜的是自 20 世纪 90 年代末期以来，我国社会福利学界的一些学者已经意识到这一问题，逐渐突破以西方社会福利理论为准则的立场，由立足西方看中国，逐步转变为立足中国看中国。就如学者柏杰所言，西方学者并未对社会福利理论和实践中的文化因素进行探讨。因为中西方的文化差异非常大，导致我国文化传统与西方福利理论研究的预设前提不兼容。所以，对社会福利理论进行研究，对福利制度进行设计，对福利政策进行制定时，必须充分考虑文化层面的影响。② 近年来，对我国社会福利理论问题的研究逐渐增多，如 1994 年郑功成著述的《中国社会保障论》，1997 年著述的《论我国特色的社会保障道路》，黄黎若莲 1995 年著述的《中国社会主义的社会福利》和 2001 年著述的《边缘化与中国的社会福利》，1997 年林义著述的《社会保险制度分析引论》，2001 年景天魁主编的《基础整合的社会保障体系》，2011 年景天魁、毕天云、高和荣著述的《当代中国社会福利思想与制度》，2014 年景天魁等著述的《普遍整合的福利体系》，2008 年彭华民著述的《社会需要与社会福利》等。显然，当前我国社会福利理论正在从“照搬”转向“创新”，我国社会福利的研究已经起步，其研究方面正在从单纯的制度架构的设计扩展到理论理念的探讨，并正在进入一个更为广泛的理论视野和更为深入的分析层次之中。这样一种研究的转向，毫无疑问为适度普惠型社会福利制度的构建打下了扎实的理论

① 林义：《社会保险制度分析引论》，西南财经大学出版社 1997 年版，第 41 页。

② 成思危主编：《我国社会保障体系的改革与完善》，民主与建设出版社 2000 年版，第 122、124 页。

基础。

三、社会福利认识的变革：从“狭义”到“广义”

长期以来，我国社会福利的理论界和实务界关于社会福利概念的应用与解读都具有各自不同的认知，但在相当长一段时间内，居于主导地位的仍然是从狭义角度来界定和理解社会福利，这种狭义的社会福利概念认识主要有三种：一是指为弱势群体提供的特殊福利。认为社会福利的对象不是全体社会成员，而是主要包括老年人、残疾人、儿童等社会弱势群体提供收入和服务保障。这种含义的解释类似于西方学者所言的“剩余型”或“补缺型”社会福利概念。二是民政福利，由民政部门代表国家所提供的社会福利。主要是提供给老弱病残和优抚对象等弱势群体的服务和收入保障。[①] 在这一概念下，认为福利供给的主要责任由国家承担，甚至认为国家是最重要或者唯一的承担者，将社会福利完全等同于国家福利。这种类型的概念认知在我国民政福利的具体实践中表现尤为常见，也是我国人民最熟悉的一种福利概念。三是位于社会保障体系中一种最高层次的福利。这种认识观是从社会福利供给目标的角度来界定社会福利，认为社会保障体系自下而上包含了三个层次，即社会救助、社会保险和社会福利，其中社会福利居于最高层次[②]。社会救助是满足人们的最低生活水平，社会保险是满足人们的基本生活水平，社会福利则是满足较高层次的福利需求。这个意义是我国社会保障中最具代表性的，认为社会福利属于一种社会保障类型，是社会保障体系的重要组成部分，这个观点在社会保障研究中得到普遍的认同和接受。综观这三种对社会福利的认识可以归纳为两种类型的社会福利观：第一类为“雪中送炭”式的福利观。上述第一、二种含义尽管角度有所差别，但本质上是相同的，二者都注重补救已经存在的问

① 周良才主编：《中国社会福利》，北京大学出版社 2008 年版，第 3 页。

② 孙光德、董克用主编：《社会保障概论》，中国人民大学出版社 2000 年版，第 26—33 页。

题，重视社会福利供给中国家所承担的主要责任。第二类为“锦上添花”式的福利观。即第三类福利含义强调的是社会福利对于改善人民生活的重要作用。当前这一类型的社会福利在我国并不常见，基于全面性视角出发考察狭义福利概念，存在以下几种福利局限性：一是福利对象的局限。狭义福利概念认为只有社会弱势群体才属于福利对象，社会福利属于他们的“专利”，这与社会福利的目标最终要覆盖到全体社会成员的本质属性相违背。二是福利主体的局限。狭义社会福利概念认为社会福利与“国家福利（政府福利）”是等同的，福利供给主体由国家单一垄断，而现代福利供给主体应该是由家庭、市场、社会和政府多元组成的，福利供给呈现出多元化的特征。三是福利方式的局限。狭义社会福利概念认为社会福利就是免费或者无偿地向人们提供福利，排除了社会保险和社会救助当中的其他福利属性，不利于消弭旧有的“免费午餐”这种类型的福利观念。总的来说，因为小福利概念为狭义方面的认知，从而导致了福利概念的狭隘性，势必会使社会福利的范围内排除了大部分公民。随着社会历史条件的变化，扩展狭义福利概念的内涵与外延，实现狭义的社会福利向广义的社会福利认识观的转变势在必行。

广义的社会福利概念与欧美国家的社会福利概念界定基本一致。欧美国家的社会福利概念通常有两个层次的含义，一是指人类生活中的幸福和正常的状态；二是指为达到社会福利状态所作出的集体努力的制度。广义的社会福利泛指一切对人们“有益处”的事物（商品、现金和服务）、机会、状况以及各种努力①。尚晓援认为，广义的社会福利制度是指国家和社会为实现社会福利制度状态所做的各种制度安排②。范斌认为，从广义层面而言，社会福利不单单是为了让全体公民都能获得最低的生活水平保障，同时，还要能让他们的生活质量得到一定程度的提升③。景天魁认为，从广义层面而言，社会福利概念有四层次的含义：一是以全体社会成

① Midgley, Social Welfare in Global Context, Thousand Oaks, Sage, 1997, p. 4.

② 尚晓援：《“社会福利”和“社会保障”的再认识》，《中国社科科学》2001年第3期。

③ 范斌：《福利社会学》，社会科学文献出版社2006年版，第97页。

员为对象；二是以社会成员的基本需求为本；三是多元主体共同提供福利支持的社会福利；四是它包括社会救助、社会保险、公共福利和社会互助这四种类型。他认为广义社会福利要具备对象的广泛性、内容的基本性、主体的多元性和方式的多样性的特征①。广义的社会福利有两个方面的优点：一是有利于厘清中国特色社会福利与“高福利”和“福利国家”的界限。首先，“广义福利”不是“福利国家”。“福利国家”带有浓厚的政治含义和意识形态色彩，但“福利国家”并不是资本主义国家的“专利”，而是现代社会的必然产物。社会主义国家必然要改善民生问题，提高全体社会成员的福利水平。因此，提出广义福利的概念，与“福利国家”根本就不存在必然的联系。其次，“广义福利”并不等于“高福利”。就目前我国的社会福利的福利水平和覆盖面来看，根本问题不是提供“福利过度”，而是福利覆盖面狭窄和福利水平不足，参加养老保险和医疗保险的人数还极为有限，被纳入社会福利体系的人数还需要大力扩展。因此，中国共产党第十七次全国代表大会才提出到 2020 年要建立覆盖城乡居民的社会保障体系。二是“广义社会福利”的认识能促进社会保障体系中碎片化和孤岛化的制度得到有机整合。在国内社会保障体系中一开始进行制度设计和制度实践时，突出的问题就是存在十分显著的碎片化和孤岛化现象，亟待整合社会保障制度体系。首先，不同身份的人参加社会保障项目不同、资金来源不同和享受待遇不同。机关事业单位工作人员养老保险采用国家财政缴纳（2016 年才启动机关事业单位工作人员养老保险制度的改革，缴款采取个人和单位共同分担的方式，与企业职工养老保险制度仍存在较大的差异），待遇与退休前工资水平挂钩。企业职工参加城镇企业职工养老保险，资金源于个人和企业缴款，待遇由统筹账户养老金和个人账户养老金构成。城乡居民参加城乡居民养老保险，资金源于个人缴款和国家补助，待遇相对于城镇职工和机关事业单位工作人员养老保险待遇来说要低得多。其次，农民工和失地农民的社会保障问题，至今尚无从定位，处于

① 景天魁：《底线公平，和谐社会的基础》，北京师范大学出版社 2009 年版，第 165 页。

制度排斥的边缘。农民工由于常年在外，存在在农村参加社会保障的“人保分离”，在城镇参加城镇社会保障的“户籍排斥”。失地农民既非城镇居民，亦非有地农民，参加农村和城镇社会保障也存在着种种困难。三是同一社会福利制度被分割在不同的主管部门[①]。如人力资源和社会保障部主管城镇职工基本医疗保险制度，卫生和计划生育委员会主管新农合制度，民政部主管城乡医疗救助制度。有很多原因都会使社会保障制度呈现出“孤岛化”或“碎片化”现象，其中一个最为重要的原因就是对社会福利广义认识不足。法律层面的社会福利能依据人们的基本福利需求对具体的福利制度和福利项目进行划分，归类同一种类型的福利需求，以免出现“孤岛化”或“碎片化”现象。

四、社会福利制度的变革：从“移植”到“调试”

大多数时候，一项制度所蕴含的理念抽象度越高，通常越具有广泛的适应性。但随着理论抽象程度的加深，对于实践的指导性就越来越难加以掌控。在我国，社会福利体系的构架与定型的理论化与价值观具有十分紧密的关系，理论化的目标更多的是以价值观的支撑作为基础，但通常会与社会福利体系自身的价值体系相偏离，使得理论适应受到一定的局限，造成社会福利制度体系构建的理论指导不足。令人高兴的是，在越来越多的社会福利体系整合或统筹的案例中我们看到比较明显的理论突破，诸如作为我国改革开放窗口的深圳市学习、借鉴国外比较成熟的做法，结合深圳市外来人口在城市人口比重较大的实际情况，率先将外来农民工与本地市民的社会福利进行统筹，实现基本公共服务均等化的尝试，这就是适度普惠型社会福利理论实践的重大飞跃。

制度最终是否能够获得效力要靠法律的规定。只有采用法律条文的方

① 景天魁等：《当代中国社会福利思想与制度：从小福利迈向大福利》，中国社会出版社2011年版，第5页。

式固定一项制度，才能让制度得到绝大多数人的认可，然而这并不意味着是对制度的简单移植。在我国社会福利制度改革的具体实践中，如果人们的福利行为没能受到法制化观念的约束，那么在改革社会福利体制时，很多边缘缺口就极易背离初衷，也无法实现人们期待的制度创新。目前，构建社会福利体系的开放性和透明度均在稳定提升，福利参与主体也得到了进一步扩充。除了社会福利制度构建的统治者——国家和政府之外，还参与了更多的相关利益主体。就如同技术上的进步，在改革过程中，将更加公开透明，极少会受到思想意识的束缚。另外，在推行社会福利改革时，采用中央政府直接颁布的法律法规也是一种可行的方式。法律法规的权威性和强制性会减少社会福利构建中很多不必要的麻烦；对于发展相对落后的现代国家而言，受政府的强制力推动能有效实现经济的迅速发展。因此，在实践过程中，中央部门的表率作用能很好地推动适度普惠型社会福利制度。目前在部分地区试行统筹城乡社会保障，这在一定程度上证实了中央政府在地方的示范性作用，其成功的试验经验将不断推进在全国范围内构建适度普惠型社会福利体系。但必须要意识到，绝对的权力势必产生绝对的腐败，所以，在中央推动社会福利制度改革中必须要有法律的约束。为了确保社会福利制度改革的稳定，必须要将改革的全过程以及主、客体全部纳入法律约束。

实践是检验真理的唯一标准，同时实践也是检验制度移植是否取得效果的唯一途径，是制度改进的一个重要方面。实践必须是广泛而带有共同性的，必须要容易被各相关主体所接受，在重新分配和调整利益时，必须要以公平为指导原则。一些学者在对我国社会保障制度改革历程进行总结时，作出了地方试行，积累经验，不断完善，全面推广的概括。这一制度的发展轨迹与我国“摸着石头过河”的渐进式改革思路极具渊源。众所周知，不管是什么样的改革，都会存在诸多潜在风险，会与既得利益者产生激烈对抗，需要渐进探索改革的方向和方法。同时由于国家的规模大、各地情况又千差万别，难以实现统一化。因此，不能采用统一的方式实行同一制度实践，要在时间、内容和强度上区别对待，使同一制度在不同地方产生的结果各不相同。只有充分发挥当地的主观能动性，才能挖掘出一条适合当地改革的路径。所以说，各地政府的社会福利制度改革实践结合本地的实际情况进行试点，可以将风险控制到最小限度，进而增加改革的预见性、可控性和稳定性。

当制度的价值为利益相关者普遍接受，乃至为社会所认可时，才真正实现了制度的本土化，并具有了理论的基础。我国各地政府的社会福利制度改革要推广为全国性的社会福利制度创新，如果没有内化的整体理念化过程来使社会福利制度安排加以整合，以使之成为普遍认可的行为准则，其社会福利制度的执行和监督的成本是不可计数的。适度普惠型社会福利体系构建的理论创新从旧有的制度冲破到被人们普遍接纳是一个漫长的过程，各级政府之间要重点关注当前城乡分割的社会福利改革的传承性和连续性。这并不是对社会福利体系改革的约束，而是对社会福利制度改革的继承。从根本上来说，我国适度普惠型社会福利制度的构建并不是要“打扫房屋，另起炉灶”，更不是“天马行空，突发奇想”，而是对过去已经存在的社会福利实践的发展和提升。改革开放以来，我国社会福利覆盖范围正不断扩大，社会福利体系也不断完善。当前我国的六大福利制度大致已建成：一是基本生活福利制度，涵盖城乡低保、城乡流浪乞讨人员救助、农村五保供养和灾民生活救助制度；二是劳动者就业福利制度，包括失业保险制度、工伤保险制度、大学生就业促进制度和农民工就业保障制度；三是养老福利制度，包括城镇职工养老保险制度、机关事业单位职工退休制度、城乡居民养老保险制度、机关事业单位工作人员养老保险制度和老年人护理制度；四是健康福利制度，包括城镇职工医疗保险制度、城乡居民医疗保险制度、城乡医疗救助制度和城乡公共预防、公共卫生服务制度；五是教育福利制度，包括基础教育福利制度、职业教育福利制度、高等教育福利制度和特殊教育福利制度；六是住房福利制度，覆盖了住房公积金、廉租房、经济适用房、公租房、住房补贴等制度。可以说，我们从适度普惠型社会福利制度的标准来衡量，我国已经具备了适度普惠型社会福利制度的基本框架。回顾改革开放 40 年我国社会福利的发展历程，可以看到社会福利是一个不断拓展和深化的过程，这个过程的实现就是从剩余型、补缺型社会福利迈向适度普惠型社会福利的过程。因此，从剩余型的社会福利模式迈向适度普惠型的社会福利模式已经具有了比较扎实的制度基础和实践基础。

五、社会福利经济基础变化：从"一穷二白"到"经济强国"

经济发展对社会福利起着促进作用，也是经济发展为社会福利提供相应的财政基础，这是任何社会福利项目赖以启动并实现其预定目标的先决条件。因此，越是经济发展水平高，可供再分配财富的调剂度就越大，社会福利的良性运行就越有保证。另外，社会福利大部分采取的是经济手段，必然要具备相应的经济基础才能得以实施。因此，一国和地区的经济发展水平很大程度上会对社会福利的发展产生一定的制约作用[①]。经济发展对社会福利的制约作用表现在四个方面：一是经济发展水平制约社会福利的规模大小。发达国家和发展中国家在社会福利体系的完善和发达程度上的差异就是经济发展水平上的差异。二是经济发展水平制约着社会福利的体系结构。如发达国家的社会福利体系普遍较发展中国家的社会福利体系复杂。三是经济发展水平决定社会福利的标准，即随着经济发展水平的提高，社会福利水平也会随之提高，反之亦然。四是社会福利政策会受到经济政策的制约，诸如社会不公平的产生就是受制于效率优先的经济政策的影响，单纯追求经济效率而忽视对社会公平的关注就必然导致社会公平难以实现，反之，效率与公平统筹协调将更有利于社会福利的健康发展。总之，经济基础是决定社会福利范围和水平高低的根本因素，没有坚实的经济作为基础和后盾，再美好、再完善的福利设想也只能是"空中楼阁"。

① 郑功成：《社会保障学——理念、制度、实践与思辨》，商务印书馆2000年版，第211—213页，

我国从 1978 年实行对内改革和对外开放，在社会主义现代化建设中取得了令人瞩目的成就，成功实现了人民生活由普遍贫困转向总体小康，使国家的国际影响力和国际地位提升到历史新高，社会经济面貌焕然一新。第一，从经济总量来看，1978 年我国的国内生产总值和人均国民收入分别为 3645 亿元和 190 美元，属于世界经济最不发达的国家之一；1978—2017 年，我国 GDP 年均名义增长率为 15.5%，实际增长率为 9% 左右，1978 年我国的 GDP 为 3645 亿元，发展至 2017 年，这一数值迅速跃升至 827122 亿元，经济总量排名全球第二，总共增加了 226.9 倍；从人均 GDP 来看，2017 年我国人均 GDP 达到了 8582.94 美元，属于中等收入国家水平。第二，国家财政收入得以显著提升，1978 年和 2017 年国家财政收入分别为 1132 亿元和 17.25 万亿元，2017 年比 1978 年增长了 151 倍[①]。第三，城市化进程明显加快。1978—2017 年，全国城市数量由 193 个发展到 657 个，大量的农村人口向城市转移，城镇总人口增长近 4 倍，1978 年和 2017 年的城镇人口占全国总人口的比重分别为 17.92% 和 58.52%[②]。第四，对外开放程度明显增大，根据海关总署相关统计数据，2017 年，我国创下了全球贸易首屈一指的成绩，外贸总额达到了 27.79 万亿美元；早在 1983 年，我国吸收外商的直接投资只有 9.16 亿美元。发展到 2017 年时，这一数据增长了差不多 142 倍，达到了 1310 亿美元。在 1978 年的时候，我国只有 1.61 亿美元的外汇储备，人均外汇储备仅为 0.17 美元。发展到 2006 年时，我国外汇储备增长到了 10600 亿美元，世界排名第一。2017 年达到了 3.14 万亿美元，连续十二年蝉联世界第一。第五，人民生活水平得到极大提高，改革开放以前，城乡居民大致处于温饱线，经过 30 多年发展之后，人们的经济水平得到了大幅度提升，1978 年和 2014 年城镇居民人均可支配收入分别为 343 元和 25974 元，如果不考虑物价因素，2017 年比 1978 年增长了 75 倍。1978 年和 2017 年的农村

---

① 根据《中华人民共和国 2017 年国民经济和社会发展统计公报》整理得到。

② 数据通过计算国家统计局网站数据而得。

人均纯收入分别为134元和10722元，剔除价格因素，2014年比1978年总共增长了79倍[①]。上述指标客观地表明了中国改革开放40年来所取得的巨大成就。正是这40年的改革开放，营造了中国社会福利制度变革的经济基础和时代背景。

六、社会福利基础变化：从“城乡分割”到“城乡统筹”

构建我国适度普惠型社会福利制度的目标之一就是要使全体社会成员都能获得平等的社会福利权利，而不因身份、户籍的差异而有所差别。然而，我国社会福利产品与福利服务呈现出明显的城乡二元结构特征，城乡二元的社会福利最典型的表现就是城乡二元的社会保障制度（城乡二元社会保障制度的差异参见表6－1)，城市的社会保障制度发展明显快于农村的社会保障制度。中国的城乡二元结构的社会福利体系产生到现在经历了较长的时间，它是适应国家推行工业化的需要，与二元经济和社会结构相适应的一种制度安排。城乡的经济与社会生活被人为地划分为两个互相独立的系统，居民被标签化为非农业人口和农业人口，将其生活地域加以限定在城市和乡村，也人为地分割为两套福利系统，享有不同的经济和社会福利待遇。相对于城市而言，广大农村的福利项目少、覆盖范围窄、福利水平低、发展速度慢，与城市的福利项目相比，都存在较大的差距。我国城乡社会福利制度所具有的差异性表现在广大农民工群体更是由于身份限制游离于城乡社会福利之外。随着市场经济的建立和发展，以身份来限制农民流动已经失去了积极的社会意义，继续维持城乡二元结构体制和政策，后果几乎全是负面的[②]。它导致给农民工提供养老、医疗、住房、工伤、失业的社会保障责任不足。农民工不具有享受城镇低收入居民申请公

① 根据《中华人民共和国2017年国民经济和社会发展统计公报》整理得到。

② 杨团：《二元社会保障结构的问题与整合趋势》，中国社会学网，2003年2月22日。

租房、廉租房的资格，也不具有遇到失业、疾病、收入中断时享有的低保权利。从发展态势来看，随着城乡居民收入的持续增加，他们之间的社会福利差距也越来越大。除了城乡福利差异以外，尤其在广大农村地区普遍存在福利短缺的现象。在西部偏远和落后的农村地区，社会养老保险与低保制度的覆盖范围仍然非常狭窄。农村地区福利资源短缺问题一直延续至今，农村居民只是拥有日渐贫瘠、保障逐步退化的“土地保障”。[①]

中国共产党第十六次全国代表大会提出全面建设小康社会的重大任务之一为统筹城乡社会经济的发展，不断发展农村经济，建设现代农业，实现农民增收[②]。这就意味着，“对城乡经济社会的发展进行统筹”是党和政府提出的破解“城乡二元结构”发展难题的一个重要科学命题。随后在中国共产党十六届三中全会通过的《中共中央完善社会主义市场经济体制若干问题的决定》提出了“五个统筹”的发展思想，其中“统筹城乡”是“五个统筹”的重中之重[③]。2002年的新农合试点和2003年在全国范围内推行，是城乡社会福利制度进行统筹的代表性事件。所谓“新”，即“新”在以政府出资为主，在各级政府财政投入当中，占据最大份额的是政府的财政支出，这一制度的提出，打破了原本社会保障只是适用于城市的范围，打破城乡二元结构的界线，意味着我国社会保障制度开始逐渐统筹城乡、覆盖全民。在建立了新农合之后，我国于2007年面向农村建立了最低生活保障制度，至此，低保制度开始覆盖全民，低保制度完全由政府出资；2009年社会保障体系又得到了进一步发展，采取农民和政府合作出资的方式，创建了新农保。以2010年颁布的《社会保险法》为标志，我国社会保障制度的框架基本形成。这意味着我国初步构建了一个能惠及全民的社会福利体系，近年来，这是我国在发展过程中取得的最为显著的成

① 张映芹：《制度理性与福利公平——基于国民幸福视角的分析》，中国社会科学出版社2011年版，第175页。

② 江泽民：《全面建设小康社会，开创中国特色社会主义事业新局面——在中国共产党十六次全国代表大会上的报告》，人民出版社2002年版。

③ 《中共中央关于完善社会主义市场经济体制若干问题的决定》，见 http://www.people.com.cn/GB/shizheng/1024/2145119.htm，2003-10-14。

效。到目前为止，以城乡低保制度为基础的社会救助已基本实现了全民覆盖，医疗保险制度在全国范围内的覆盖率超过95%，基本养老保险制度的覆盖率达到了100%。至此，我国已基本完成了社会福利制度惠及全民的目标。在实现由城乡二元结构到城乡统筹福利体系转变中，最大的创举就是社会福利打破城乡居民的身份歧视，使社会排斥得到克服，之前只有少数人能享受社会保障待遇，绝大多数人是无权享有社会保障待遇的，所有风险均由他们自身来承受。现在覆盖面扩大了，社会福利抗风险的职能发挥出来，整个社会的融合度提高了，这本身就是社会的巨大进步。制度统筹是社会发展的一个里程碑，而对于适度普惠型社会福利制度来说，它只是新型社会福利体系构建的新起点，新型社会福利体系亟待发展和完善。正如中国共产党第十八次全国代表大会中所提出的："社会保障体系要增强公平性，适应流动性，保证可持续性，使各项制度更加合理与科学。"[①] 所以要对社会福利制度落实好顶层设计，制订出可行性方案，对相关的方针政策和路线进行科学规划与合理设计。而要实现该目标，就不能仅仅局限于提高社会福利水平。必须要依据经济发展水平同步提升社会福利待遇，但福利待遇的提升并不是关键，而在于制度的统筹，也即是消除身份制度的差异开启制度统筹的新进程。因此，以身份制度来阻隔城乡统筹的现象必须废止。只有彻底打破城乡居民二元结构的身份差别，消除附加在户籍制度上的福利待遇差别，才能缩小城乡福利差距、奠定社会基础，才能将社会福利平等地普惠到农民、农民工乃至社会各个群体。

中国共产党第十九次代表大会指出：增进民生福祉是发展的根本目的。必须多谋民生之利、多解民生之忧，在发展中补齐民生短板、促进社会公平正义，在幼有所育、学有所教、劳有所得、病有所医、老有所养、住有所居、弱有所扶上不断取得新进展，深入开展脱贫攻坚，保证全体人民在共建共享发展中有更多获得感，不断促进人的全面发展、全体人民共

① 《胡锦涛在中国共产党第十八次全国代表大会上的报告》，见 http：//cpc.people.com.cn/n/2012/1118/c64094-19612151.html，2012-11-16。

同富裕。[①] 自此，我国的社会福利体系建设进入一个全新局面。进一步加强社会福利制度体系的顶层设计，增强制度的公平性与可持续性，不断推进社会福利领域的改革与创新，逐步成为现阶段我国社会福利体系建设与发展的基本共识。

表 5—1 我国城乡二元社会保障制度的对比

社会保障项目		城市社会保障制度	农村社会保障制度
养老保险	保障方式	城市基本养老保险要实现社会统筹和个人账户相结合，同时还要配合企业补充养老保险、个人储蓄性养老保险	农村基本养老保险要实现社会统筹和个人账户相结合，同时还要配以土地保障、家庭养老和社会救助
	保障对象	城镇所有劳动者	农村劳动者
	资金来源	国家、企业和个人共同承担	个人缴费、集体补助、政府补贴
	统筹范围	全省（市）	全县
	保障性质	强制性，社会保险	自愿性，性质存争议
	财务方式	现收现付制转向部分积累制	部分积累制
医疗保险		城镇职工基本医疗保险	新农合
失业保险		普遍建立	并未建立
工伤保险		普遍建立	并未建立
生育保险		普遍建立	试点
社会福利（狭义）		员工福利、社区服务福利、康复中心、敬老院	养老院，农村“五保”供养制度、农村社区服务
社会救助		成熟的城市低保制度	不够成熟的农村低保制度
补充保障		企业补充保险、商业保险	少量商业保险

资料来源：刘苓玲：《中国社会保障制度城乡衔接理论与政策研究》，经济科学出版社 2008 年版，第 31 页。

七、社会福利文化基础变化：从“西方中心”到“中国特色”

18 世纪 60 年代以来，由于掌握了先进的科学和技术，英国爆发了工

① 《习近平在中国共产党第十九次全国代表大会上的讲话》，见 http://cpc.people.com.cn/n1/2017/1028/c64094-29613660.html，2017-10-28。

业革命，工业革命是以机器大生产取代个体工厂小生产的生产与科技革命，并且英国使用武力在全世界进行领土的侵占，建立了庞大的日不落帝国。这种强大是西方国家实行了科学技术、政治制度和法律制度的近代转型的结果。随着西方资本主义国家不断向东入侵，不断向东方国家掠夺资源和侵占领土，通过对比东西方国家的先进性，许多人认为西方国家之所以强大，是因为其具有比较优越的文明与文化。因此，当时人们的主流价值观为“西方中心主义”。在这种价值取向下，认为东方文化不如西方文化，抑或认为在人类历史进程中居于中心地位的是西方文化，西方文化在理想、特征与价值等方面更具普遍性，更代表人类文化的发展方向。这种观点反映到社会福利制度的研究中，因概念、理论和方法均来自西方，处于发展的初始阶段的中国社会福利制度研究，或多或少地形成了依附西方的研究思路和思维模式。目前，中国社会福利研究基本上是借用西方的概念、理论和方法，正是凭借这些移植的概念、理论和方法，中国社会福利研究迅速发展。然而，由于对中国社会福利研究在很大程度上是植根和依附于西方，所以在研究思路方面比较倾向于以西方为中心。从很多文献资料中发现，许多学者在研究社会福利制度时，都将研究视角集中于西方文化圈，尤其是集中在欧美发达国家。学术界极少关注东方国家社会福利制度的起源、发展、变迁与改革。就算一些学者对此有所重视，但受“西方中心主义”价值观的影响，其评判标准也多半为欧美的发展模式。因此，在这种“西方中心主义”文化背景下，社会福利演变为西方国家的专利，而并非一个可以为不同文化和社会所接纳的普遍性知识，这导致西方福利模式先入为主，具备了一定的正统性。西方发达国家基于人权观念，并以保险为核心的福利制度为很多发展中国家树立了榜样。而包括中国在内的东方国家社会福利制度的起源、发展、演进和改革少有受到社会福利学术界的注意，即使有所重视，但由于其固有的“西方中心主义”的价值评判标准，其评判也是以欧美的发展模式作为评判标准。因此，在这种“西方中心主义”文化背景下，社会福利已经不是一个可以为不同的社会和文化所容纳的普遍性知识范畴，而基本成为西方国家的专利，西方福利模式因此具备了先入为主的正统性，西方发达国家以人权观念为基础，以社会保险为核心的社会福利制度成为众多发展中国家的榜样。而包括中国在内的东方发展中国家社会福利制度的研究缺乏清晰的认识和正确的把握。造成这种以“西方中心主义”的文化背景的原因一方面来自西方学者的“先觉”与“自负”，另一方面来自中国学者学习先进文化的迫切心理，这两部分综合起来就导致中国研究中以西方知识作为普遍知识的时代局限性，它成为社会福利研究中“西方中心主义”文化的根源之一。

步入21世纪之后，我国在构建社会福利制度时的文化背景发生了翻天覆地的变化，目前中国已经完全不可能关起门来建设自己的社会福利制度。在新时期建设和发展中国的社会福利制度，无法回避全球化与本土化的关系问题。改革开放之后，我国的社会福利制度经历了长达40年的建设和发展，在对本土文化和全球文化之间的关系进行处理时，我们经历了一段十分蜿蜒曲折的过程，其中很多经验与教训都是值得总结和反思的。特别是在构建社会福利制度时，没有充分考虑到本土福利文化的重要性，只是简单地复制了国外的社会福利模式，最终导致与本国的发展不兼容。当前，在世界范围内有着丰富多彩的社会福利模式，社会福利模式的多样化本身说明，世界上没有最好的社会福利模式，只有最适合的社会福利模式。所以，我国不能完全照搬其他任何国家的社会福利模式。对我国现阶段社会福利改革与发展进行探索的重点在于怎样融合本土福利文化与国外经验，怎样实现西方现代福利文化与我国传统福利文化之间的接轨。如果能做到有效融合和良好接轨，势必会为具有中国特色的社会福利制度的探索奠定良好基础。正如我国必须走具有中国特色社会主义道路一样，在发展社会福利制度的过程中也应该注重与我国国情相适应，如此才能切实满足公民的需求。

第三节 我国适度普惠型社会福利制度的目标定位

社会群体所占资源有无与多少，都取决于社会福利制度的目标选择，在社会福利实践活动中会产生不同的效果，在我国经济社会转型的大背景之下，传统剩余型的社会福利制度仅仅覆盖小部分弱势群体的低层次生存型福利需求，不能覆盖全体社会群体的高层次发展型和享受型福利需求，对于人们各式各样的福利需求无法完全满足，中国社会福利制度需要完成从剩余型到适度普惠型转变的艰巨任务。从剩余型社会福利制度向适度普惠型社会福利制度转变是一个涉及我国新型社会福利制度目标定位的重大问题。要实现这一转变需要从公平与效率、生存与发展、稳定与调节以及传统与现代等维度对社会福利制度的目标定位进行系统分析。

一、公平与效率维度

在社会福利领域历来就存在着公平与效率之争，有的主张效率取向，有的主张公平取向，有的主张公平与效率兼顾。有什么样的价值取向决定了会有什么样的社会福利制度，并产生相应的效果，因此，确立社会福利制度的价值取向和基本理念既是社会福利制度建设的出发点，也是评估社会福利制度效果的归宿。

从前述关于我国社会福利理念的转变：从“效率”到“公平”，可以看到我国改革开放初期，基于对国内实际情况和国际形势的认识，确立了“效率优先”这一主流发展价值观。“平均主义、大锅饭”的社会福利制度被打破。改革开放以来，经济得到了快速发展，但是相对于经济发展而言，社会发展明显滞后，出现了许多社会发展与经济发展不相协调的现象。究其原因，主要是相当长一段时间内，我国过分关注“效率优先”而忽视了公平问题，一味注重效率提高而对社会公平却严重忽视。中国共产党十六届五中全会针对当时出现的收入分配不合理的问题，以科学发展观为指导，提出了合理调整收入分配格局，使全体人民分享现代化建设的成果。中国共产党第十七次全国代表大会提出了初次分配要处理好效率与公平之间的联系，强调再分配中的公平性。中国共产党第十八次全国代表大会明确提出，发展成果要实现全面覆盖，朝共同富裕方向稳步前进。这表明了我国对于公平与效率的认识发生重大转变，因此，我国的社会福利制度也从追求“效率优先”向追求“公平优先”转变。中国共产党第十九次全国代表大会强调“必须坚持以人民为中心的发展思想，不断促进人的全面发展、全体人民共同富裕”“永远把人民对美好生活的向往作为奋斗目标”“坚持在发展中保障和改善民生。增进民生福祉是发展的根本目的”“用制度体系保证人民当家作主”“必须始终把人民利益摆在至高无上的地位，让改革发展成果更多更公平地惠及全体人民，朝着实现全体人民共同富裕不断迈进”等。这些深刻的论述表明，坚持以人民为中心、满足人民对美好生活的需要、走共同富裕的发展道路已经成为新时代的最强音，它意味着国家发展必须从人民的利益出发，以促进人的全面发展、全体人民共同富裕为追求目标。

按照公平度的强弱，可以将社会福利的公平程度划分为四个层次：一是最高层次的公平度，也就是指对同一类型的人提供一致的待遇，并且对不同类别之间的人的合理性差距待遇予以接受；二是稍低于最高层次的次高层级公平，也就是指对同一类型的人提供不一致的待遇，但这些差别化待遇尚且在可承受的范围之中；三是低于次高层次的较低层级，也就是指对同一种类型的人提供一致的待遇，但针对不同种类的人所提供的待遇差距则无法承受。四是最低级别的公平，也就是指对同一类别的人没有提供一致的待遇，并针对不同种类的人所提供的待遇差距也无法承受。第二种和第三种层次的公平是因为待遇差别在大范围内存在不公平，这样极易出现社会矛盾，使各类群体之间形成对抗，特别严重的还有可能导致社会动荡不安。针对同一类型的人提供不一致的待遇，这种情况属于局部不公平，会在一定程度上引发社会矛盾，但可以大致确保社会稳定，极少会造成阶级对抗。[①] 从社会福利公平度的四个层次来看，当前我国社会福利制度针对不同人群实施不同的社会福利待遇。如城镇居民和农村居民，城镇

① 杜飞进、张怡恬：《中国社会保障制度的公平与效率问题研究》，《学习与探索》2008年第1期。

各种所有制企业职工和机关事业单位工作人员的福利待遇水平差距巨大，因而是低公平度的社会福利制度。属于同类人待遇不同、不同类待遇差距过大的第四种类别。为了保证我国适度普惠型社会福利制度的顺利运转，就要从低级别的社会公平度向高级别的社会公平度迈进，也就是从公平度最低的第四层次向公平度次高和最高的第二、第一层次升级。

概括起来，我们可以将社会福利制度的公平目标定义为以促进社会公平为主要评价标准的目标，随着社会生产力的不断提升和与时俱进地发展，为同一类型的人提供一致的权利与待遇，竭尽全力缩小不同类型人群之间的待遇差别，使这种差别控制在可承受范围内。以便于对起点和过程的公平进行维护，从而有效实现最终的结果公平。其中，所谓待遇，一方面指的是接受保障的人所获取的福利水平，另一方面指参与社会福利的具体规定及条件①。在这里我们将公平划分为起点公平、过程公平和结果公平三个环节。由于谋求结果公平事实上并不存在，因此，我们应该不断致力于创造条件，以便于面向全民实现起点公平与过程公平，并采取行之有效的方式尽量减小结果不公平②。对人群划分的三条标准包括根据职业特点划分为正规就业和非正规就业，根据对社会的贡献度划分为机关事业单位工作人员、各种所有制类型企业职工，根据有无特殊需求划分为残疾人、贫困人、正常人的三条标准。

对效率概念的认识和理解，应当说人们在一定程度上达成了共识。正如奥肯所言“一旦社会发现一种以同样的投入可以得到更多的产品的途径，那它便提高了效率”“对经济学家来说，就像对工程师一样，效率意味着从一个既定的投入中获得最大的产出”。③ 效率问题在社会福利制度中，依然属于其需要追求的目标与基本价值，此外也是产生现代社会福利制度的基础。也就意味着，提升效率是现代社会福利制度当中的一项天然

① 杜飞进、张怡恬：《中国社会保障制度的公平与效率问题研究》，《学习与探索》2008年第1期。

② 郑功成：《社会保障学——理念、制度、实践与思辨》，第190—191页。

③ ［美］奥肯：《平等与效率（第2版）》，王奔洲等译，华夏出版社1999年版，第2页。

属性。在《福利经济学前沿问题》一书中，尼古拉斯·巴尔和大卫·怀恩斯提出现代社会福利制度中总共存在四大目标，其中最为重要的一大目标就是效率。他们表示，在社会福利制度中可以细化效率目标，将其划分为三个方面：其一是宏观效率；其二是微观效率；其三为对个体的激励。第一个目标是指作为一项基本的社会制度安排，宏观效率在上层建筑中十分重要，能有效地促进生产力发展，从而实现整个社会的高速发展。究其原因，首先，主要表现在采用对收入差距进行调节的方式，能有效缓解人们的矛盾，从而使经济能够更加健康、稳定地发展；其次，充足的社会福利基金不仅能为经济的发展与进步提供强大支撑，除此之外，还能很好地对经济波动现象进行调节。第二个目标是指在不同的项目中合理配置社会福利资源和选择不同的福利提供方式的效应。这与制度运行效率息息相关，也就是说，主要是指制度层面的效率。在这里，效率目标指的是基于公平理念，以社会福利目标的实现为前提，不断减少和节约制度的运行成本；抑或是在维持既有成本不变的前提下，尽量提升福利水平。第三个目标为对个体所进行的激励，这指的是私人经济行为受福利资金来源和支出所影响。主要体现在几方面：第一，通过构建完善的社会福利制度，可以确保公民没有后顾之忧，能不断提高他们的自身素养，从而激活全体人民的创造力；第二，过高的社会福利水平极有可能不利于发展人民的进取心和竞争精神，从而严重制约了公民创造力的发挥。①

在考察我国的社会福利体系时，从效率的视角出发，发现我国社会福利体系充满了漏洞，并不严密。依据国际劳工组织提供的相关数据表明，在世界范围内，1990 年社会保障所有支出在 GDP 的平均比重中占 14.5%。在全球范围内，欧洲、北美洲、非洲和亚洲国家分别为 24.8%、16.6%、4.3%和 6.4%，而我国在当时的这一数据仅仅高于非洲，只有 5.2%②。另据计算表明，从总量方面而言，我国目前还有很多社会福利

① 杜飞进、张怡恬：《中国社会保障制度的公平与效率问题研究》，《学习与探索》2008 年第 1 期。

② 国际劳工局：《2000 年世界劳动报告》，中国劳动社会保障出版社 2001 年版，第 222 页。

需求无法得到满足，大致占95%，仅有5%的社会福利需求能得以满足。[①]从中国现行社会福利制度的宏观效率来看，社会保障总体水平滞后于经济发展。据有关统计数据显示，在所有财政支出中，我国社会保障支出所占比例为12%，从国际水平来看，这一比例明显较小。社会保障制度在缩小收入差距方面的作用不大。如果某一国家具有比较健全的社会福利制度，那么其对缩小收入差距能产生十分显著的作用。而在我国却恰恰相反。目前，我国既有的社会福利制度效率不高，无法充分发挥各项功能；社会保险制度没有较高的统筹能力和完善的覆盖面；社会福利（狭义）基金没有较强的增值能力，也没有较好的调剂性，从而导致具有过高的制度成本；社会福利管理不善，缺乏健全的监管机制。综合以上分析可知，目前，我国社会福利制度依然没有较高的效率。然而，也应该充分意识到，随着我国社会福利制度的日趋完善，其效率问题也将得到较大改善。

由于社会福利制度的价值与目标互为促进，这就意味着社会福利制度必须要将关注点锁定在实现效率以及促进和提升效率。我们可以对我国适度普惠型福利制度的效率目标进行以下概括：基于合理的制度结构和规范的制度运行，通过提高福利资源的利用率和福利需求的满足率，使社会福利制度在激励人的全面发展和促进经济社会发展方面的作用得到极致发挥[②]。一方面，通过社会福利制度的结构运行和内容规范来推动经济发展，可以在一定程度上对社会成员的福利需求加以满足，使得这部分社会成员能够分享经济发展的成果。另一方面，保持现有成本，最大限度地提高福利水平，来提升个体素质，激发个人创造力。

二、生存与发展维度

社会福利制度是为了满足人类福利需求而存在的，对需要或需求的研

---

① 朱勇，朱红：《社会福利社会化春天来了》，《中国民政》2000年第1期。

② 杜飞进、张怡恬：《中国社会保障制度的公平与效率问题研究》，《学习与探索》2008年第1期。

究是社会福利理论研究的重点内容。在个体社会成员的需要集合为一种集体的、可表述的社会需要的时候，也使社会福利机构成了一种福利需求满足的关键性手段。社会福利制度的基本目标定位为使人们基本生活福利需求得到满足，这也是社会福利制度保障全体公民基本生存权利的最直接体现。基本需要按照多依和高夫的解释，基本的非社会性和社会性需要除了营养食物、干净的水、保护性的房屋、没有伤害的工作环境、物理环境、适当的健康照顾、儿童保障、安全的经济保障、适当的教育和儿童照顾、重要的人际关系等11个类别的需要以外，还包括健康和自主的满足。康德说："要人去做一件事情必须有生理、身体、心理、心灵的能力去执行，身体有活力，心灵有选择力，才有可能自主。"① 国际劳工组织认为基本需要的含义包含两个方面：其一为住宅、衣物、食品和部分家用器具等家庭最低的个人消费需求。其二为教育、医疗、卫生设施、文化设施等由当地社区所提供的基础性服务。不管在什么情况下，都不应该将基本需求等同于生理最低需求，而应该将其归置到民族自立的大背景之下，对人民个体的尊严予以考虑，使其能不受限制地对自己的命运加以把握。② A. 阿格在《人性与基本需要的概念》中提出，近年来一些出版物中所提的基本需求概念明显不同于以往只对人们衣食住行等最低生理需求进行满足的基本需求，其主要包含五方面内容：①各种物质需求，如生活用水及衣、食、住方面的需要；②医疗卫生设备方面的需要；③基本教育设施方面的需要；④计划生育方面的需要；⑤人民决策活动参与的需要。以上需要之间互为条件、相互交叉，都是为了改善人民的福利待遇。③ 景天魁也认为，底线属于界限的范畴，是不能推卸、含糊的必须要完成的事情。社会福利需要维护的底线是全体公民的基础性需求，这是社会公认的底线，是所有人都需要的。生存需求，主要为解决温饱问题；发展需求，主要为基

① 彭华民等：《西方社会福利理论前沿：论国家、社会、体制与政策》，第40页。

② 祝建华：《城市居民最低生活保障制度的理念转型与目标重构》，《中州学刊》2009年第5期。

③ ［波］A. 阿格：《人性与基本需要的概念》，《国外社会科学》1982年第6期。

础教育；健康需求，主要为医疗保障和公共卫生需求。[①]

由此可见，上述国内外对于“基本需要”的理解已经突破了生存需要的局限，将基本需要置于人的自立之中，考虑到人的自我发展和社会参与，应该让社会成员过上自立的“有尊严”的生活。因此，适度普惠型社会福利制度的“满足基本需要的目标”也应该对其“基本需要”的内涵与外延进行拓展和深化。对全体公民在基本生存保障需求进行保障，如全体公民都涉及的医疗卫生、基本教育、住房保障和社会生活，这些都应该是全体公民能够享有的“基本需要”。尤其应该重视社会成员对社会生活的积极参与。在补缺型传统福利模式下，被保障对象被认为不存在太多的参与价值，处于一种严重的社会排斥和社会隔离的境地，过着一种带有耻辱和烙印的生活。而适度普惠型社会福利极为重视受保人对福利保障过程的参与，主要是因为社会已经超过了个人的生存范围，努力提供条件与机会恢复和促进个人发展。

以福利需求层次为依据，我们可以将社会福利划分为生存型、发展型和享受型三种。生存型福利是为了满足社会成员基本生活需要而提供的资源和服务支持。发展型福利是为了满足社会成员发展需要而提供的资源和服务支持。享受型福利则是为了满足社会成员进一步提高生活质量需要提供的资源和服务支持。这里的发展型福利指的是依据公民的社会权利发展与时俱进地提出新需求，这为社会福利的发展注入了新鲜血液和动力。[②]在这里社会福利制度除了提供现金、物质、服务以外，还需要为人们提供满足需求的机会。当前我国的适度普惠型社会福利制度特别关注社会机会的提供，诸如保障妇女和残疾人士就业的机会、保障贫困儿童上学的机会、保障社会流动的机会等。因此，社会福利制度不断发展以回应社会不断出现的新需要。建立在满足发展型社会福利需要基础上的适度普惠型社会福利制度是发展的、满足社会成员发展目标的福利制度。满足发展型需要的适度普惠型社会福利制度的显著特征是平衡社会和经济的发展。发展

① 景天魁、毕天云：《论底线公平福利模式》，《社会科学战线》2011年第5期。

② 彭华民等：《西方社会福利理论前沿：论国家、社会、体制与政策》，第35页。

主义福利观认为，社会发展和经济发展是相辅相成的，如果离开了经济发展，社会发展将失去物质根基；如果没有从整体上改善人们的社会福利，那么经济发展就没有任何意义了①，实现社会和经济的协同发展就是发展型福利的最终目标。

满足各个群体的福利需求就是社会福利制度的宗旨。福利需求基本上可以划分为几个层次：其一是能保证最低生存的基本生活需求；其二是能应对各类风险的安全性需求；其三是能提高人力资本的发展性需求。这三类需求自下而上逐级提升，这意味着社会福利建设很难一下子满足所有阶层的福利需求，能让各个群体享受均等和普惠的福利待遇。同时，一味追求社会福利的供给均衡，这也是不合理的。出于对我国实际情况和福利需求层次的考虑，在构建适度普惠型社会福利制度时，应该采取阶梯式的发展模式，结合阶梯化供给和普惠型供给。对社会弱势群体予以优先照顾，并结合普惠全民的发展模式，自下而上逐步实现生存型、安全型和发展型福利，不断从局部普惠慢慢发展到整体普惠，从惠及部分人群慢慢发展到惠及全体公民，建立多重保障、互相支持、互相补充、层次有序的阶梯式适度普惠型社会福利制度（见图5—1）。

为了实现上述思想，我国适度普惠型社会福利制度的目标应该定位为，突出以人为本，强调对社会风险采取积极、主动的“上游干预”措施；注重提升社会福利的收益，通过医疗卫生和教育使人力资本含量得以提升；通过对社区合作进行强化的形式来强化人际关系的和谐，从而发展社会资本；以建立个人资产账户的方式对社区乃至个人的资产积累表示鼓励；采用自我就业和生产性就业的方式来进一步强化经济参与，打破经济参与的限制，构建能够促进个人自我发展的氛围；强调多元福利主体的参与合作，福利供给的主体不是依靠于政府，而是在政府主导下，家庭、市场和社会等主体综合的合作机制等目标。从救助对象之间的关联方面来

① 方薇：《中国社会福利的新发展主义走向》，浙江省社会学学会第六届会员代表大会暨2010年学术年会论文，2010年11月6日。

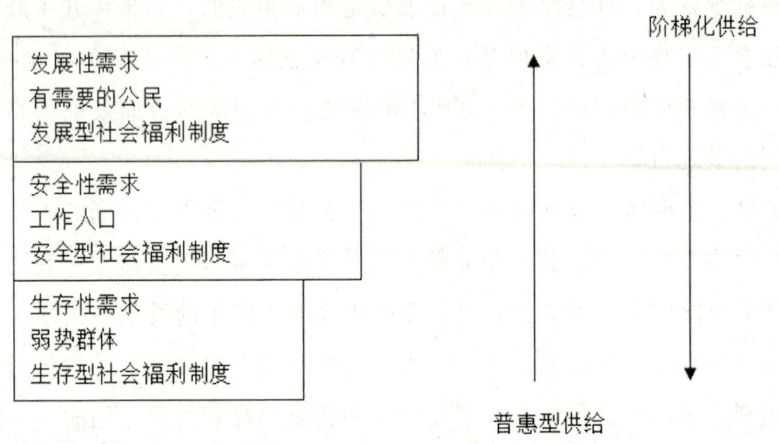

图 5—1　适度普惠型社会福利的福利供给方式及次序

资料来源：刘敏：《适度普惠型社会福利制度：中国现代化的探索》，中国社会科学出版社 2015 年版，第 114 页。

看，适度普惠型社会福利制度转变了人们消极维持基本生存水平的福利态度，以期帮助人们独立自强、摆脱困境，最终完成自我发展。我国适度普惠型社会福利则注重事前预防，提倡预先防范社会问题，通过一定的援助与支持，创造良好的条件使福利对象能够独立自强。

三、稳定与调节维度

社会是一个运动着的统一体，是由数量众多的系统组成的。这些系统都在力求实现平衡、协调的发展，如果某一系统发生了故障，出现了不协调的问题，这些不协调因素超出了社会可承受能力的范围、区间，则会出现社会动荡不安，就需要重新进行调整，以使社会重新恢复平衡和稳定。[①] 社会福利是社会体系一个组成部分，是国家或社会对社会成员提供的资金、物质和服务，促使成员达到社会平等的自我调节机制，主要目的

① 白先经、吕旭尧：《论社会福利与社会稳定》，《学术论坛》1991 年第 4 期。

在于通过政策法规和再分配的方式来消除社会系统中的各种不稳定因子。在处理社会问题时，要做到有的放矢，对社会矛盾及冲突予以调解，以期创造一个和谐稳定的环境，使社会得以有序运行。

社会福利通过调节财富和资源，实现收入再分配，从而有助于社会稳定的实现。贫穷是造成社会动荡的一项重要原因，虽然贫穷不一定会导致犯罪，但毋庸置疑，两者之间存在十分密切的联系。不管在哪一个国家、哪一个社会发展阶段，都具有相对或者绝对无法劳动的人。在生存与社会竞争中，这些绝对或相对无法劳动的人明显处于劣势。除此之外，不管一个国家经济发展水平如何，其灾害损失和各种风险事故的发生都是不能避免的，而这恰恰是诱发贫困的根源。在缓解贫困与消灭贫困的过程中，无疑需要大力发展经济，只有经济发展了才能具备消灭贫困的能力；然而，经济发展了并不会自动消灭贫困。只有国家和社会通过社会再分配政策来缓解分配不公，只有国家通过社会救助提供物质、资金和服务才能使得他们从贫困中解脱出来。因此，尽管所有的社会福利政策并不都是以减轻、消灭贫困为中心目标的，但社会福利计划又确实具有消灭贫困的功能。正如国际劳工局在《展望 21 世纪：社会保障的发展》一书中提出的：当前，社会保障的目的已经得到了提升，发展到提高生活素质的层次，并且社会保障的范围也得到了进一步拓展，开始覆盖全民，那么社会保障政策的中心内容不就应该是战胜贫困吗？① 社会福利是指通过专业的福利机构、政府和社会帮助弱势群体解决切实困难，使他们的生活质量得以提升而提供的服务或者资金，其目的是实现经济社会发展成果全民共享。它不仅能缓解贫困，同时还能预防贫困。② 由此可见，完善的社会福利能有效减少或预防贫困，同时还能减少社会成员因陷入生存危机而报复社会的行为，有助于维护社会稳定。

社会福利的重要功能是国民收入分配的调节器，它通过对国民收入的

---

① 国际劳工局：《展望 21 世纪：社会保障的发展》，劳动人事出版社 1988 年版，第 26 页。

② 荣燕：《社会保障对社会稳定的效应分析》，《价格月刊》2008 年第 8 期。

再分配，在高收入者和低收入者之间调剂资金，消除贫富之间的差距，从而实现社会公平、稳定。自由竞争是市场经济核心法则，自由竞争一方面能促进社会进步，带来经济繁荣，另一方面也会造成财富分配不均和贫富两极分化的现象。正如美国经济学家刘易斯所言，在发展过程中，最具政治意义的事是收入分配变化，而且，这也极易导致社会混乱，并且诱发嫉妒心理。[①] 在市场经济中，完全的自由竞争必将会导致收入差距过大。应该需要社会对此进行调节，基于初次分配国民收入进行再分配，尽量缩小贫富差距，确保分配结果的公平性。社会福利制度就其本质而言是一种国民收入再分配方式，是社会主义国家社会制度的重要系统，是去除两极分化，实现社会公平最直接、最有效的手段。[②] 社会福利中的社会保险具有一定的国家强制性，要求社会成员都必须缴税或缴费，通过财政转移支付来保障一些人群的基本生活需要；社会福利具有覆盖对象的社会性，覆盖面越广，抵御社会风险的能力也就越强；社会保障税具有累进性，随着财富的增加，课征的税费也越高，而财富越少，课征的税费也越少；社会保障具有互济性，高收入的家庭或居民因为其生活水平较高，所以能够享受社会保障的机会并不多。收入较低的贫困居民或家庭将有机会享有社会保障；它能有效地减少社会成员贫富差距，有利于缓解社会矛盾和冲突，从而更好地维护社会公平。

社会福利通过防范和化解各种风险，有助于实现社会稳定。[③] 在现代社会，社会成员不可避免地会面临各种各样的风险。这些风险一方面包括干旱、洪涝、地震等自然风险，天生的机能素质缺陷和生理缺陷等人身风险；另一方面也包括投资风险、经营风险等经济风险和生老病死、残疾、失业等社会风险。当各种风险积累到了一定程度，就会引发生存危机，从而威胁到个体生命的安全以及社会的稳定。不同于自然环境下的风险，在

① ［美］刘易斯：《发展计划：经济政策的本质》，北京经济学院出版社 1988 年版，第 78 页。

② 王莉丽：《论社会保障的稳定效用》，《社会主义研究》2002 年第 5 期。

③ 荣燕：《社会保障与社会稳定关联性探析》，《武警学院学报》2008 年第 5 期。

社会条件下所包含的风险更加复杂，又加之家庭和个人应对风险的能力不足，并逐步丧失了传统家庭福利功能，于是就产生了社会福利制度。它属于社会安全制度的范畴，能保障所有社会成员的基本生活权利，以免人们因遭遇暂时或永久性风险而陷入孤立无援的境地。如果拥有健全的社会福利制度，就能通过社会救助、社会保险和社会福利（狭义）成功化解各类风险，减小因风险所形成的破坏，以免由于各种个体风险而引发群体风险，遏制各种不利于社会稳定的因素；健全的社会福利制度能提升人们的信心指数，使人们更有安全感，并且对未来有一个稳定和合理的预期。人们的信心提升，就会自然而然地消释其恐惧与担忧，将社会稳定维持在高水准状态；否则，人们会缺乏面对未来的信心，从而充满了焦虑与担心，也更容易看到事物的消极方面，进而采取极端的方式宣泄自己的不满。所以，完善的社会福利制度是民生安全网，是社会的稳定器和安全阀。

可见，社会福利制度通过化解影响社会稳定的因素，来达到实现社会稳定的目标；要把实现社会稳定纳入我国适度普惠型社会福利制度构建的全过程来通盘加以考虑。我国适度普惠型社会福利制度的稳定与调节的目标定位：首先，结合“以人为本”的理念和目标。要保护各阶层、群体的合法权益，在构建适度普惠型社会福利制度时，始终要维护各阶层、群体的根本利益，实现各阶层、群体的基本福利诉求。其次，还必须对影响社会稳定的各方面因素整体考虑，适度普惠型社会福利的制度体系及相关配套措施一方面要能够提升社会福利水平，另一方面要行之有效地保障社会和谐与稳定。

四、传统与现代维度

人类社会自诞生以来就要面对疾病、死亡、慈幼、灾害、养老等各种问题，自从出现了国家，历朝历代的政府都无法避免对鳏寡孤独者提供救助，解决失业以及贫困等社会问题。由此可见，人类社会自始至终都涵盖社会福利，它属于人类社会与生俱来必须要进行的选择，随着社会生产力的不断提高，社会福利水平与机制也自下而上不断向高级阶段发展。从本质上来讲，社会福利是人类“利他”本能的一种外在表现，属于一种理想的实践方式，具有稳定机制的功效。[①] 社会福利制度包括传统和现代社会福利。因此，在构建适度普惠型社会福利的目标体系时，要将“传统”与“现代”加以结合，对“传统”因素加以科学的“扬弃”，取其精华，去其糟粕，来满足人们的心理和精神需求，提高生活质量。将现代社会福利与传统社会福利特征合理进行融合来实现社会福利制度的创新，应当成为构建我国适度普惠型社会福利制度目标之一。

传统社会福利制度是“与中国传统时代的生产力和社会经济发展水平相适应的人民生活保障和社会稳定系统，它以国家福利机制与民间福利机制相结合的社会福利体系为实践形态，以社会救助为核心的社会福利保障”。[②] 它包含家庭（宗族）福利、慈善救助、灾荒救济、邻里互助等传统社会福利方式，它是前现代社会抵御社会风险的基本福利，对于保障广大民众抵御社会风险曾经发挥着重要的作用。虽然中国传统社会福利所提供的物质福利保障水平较低，并且受到自然因素的约束，但政府福利和民间福利属于当时重要的社会基础。民间福利是基于家庭与社区所形成的，在前工业社会具有无与伦比的重要性。它以血缘、地缘与业缘关系为依托，通过家庭、邻居和亲朋好友等形成支持性网络，采用互惠互利、互相帮助的方式为弱势群体和生活困难者提供物质及精神方面的慰藉，使居民的众多生产、生活风险能够有效化解。[③] 这就是国外学者所提到的民族传统，它能有效地消弭社会风险，由此构成了第一道社会安全网，有效地化解了各项风险，很好地维护了社会稳定。有的学者认为，传统社会福利具有几个优点[④]：从覆盖范围的角度来看，传统福利比政府福利更全面；从执行效果的角度来看，传统福利比国家强制的再分配更有效率；从运行成

① 周荣：《“社会保障史”语境中社会保障概念的界定》，《湖北行政学院学报》2006 年第 6 期。

② 周荣：《明清社会保障制度与两湖基层社会》，武汉大学出版社 2006 年版，第 21 页。

③ 章长城、刘杰：《传统保障的现代构造与重塑》，《学习与实践》2006 年第 5 期。

④ 章长城、刘杰：《略论传统保障的现代构造和重塑》，《学习月刊》2006 年第 14 期。

本的角度来看，传统福利比正规福利体系的投入更廉价；从精神需求的角度来看，相对于现代政府福利而言，传统福利显然更加重视对人性的关怀；从资源调配的角度来看，传统福利比现代政府福利有更强的资源聚集力、放大力；从风险防范的角度来看，传统福利相对于现代政府福利更加关注基础性和前瞻性的处理策略。

我们在构建社会福利体系时，不能将传统福利全盘否定，而应该科学统筹制度化的社会福利和传统的社会福利，不断挖掘传统福利中的精华，并予以发展和丰富，为传统福利提供前沿的时代精神，使其能被现代社会所接受，以便于使其福利功能得到行之有效地发挥，最终在政府支持下，建立起基于家庭、依托社区，充满生机活力的多元化社会福利体系。比如日本的企业福利就独具特色：在对待个人与公司间的关系，日本人在吸收“西方个人主义”的现代福利文化的同时，也将东方固有的“家庭主义”的传统福利文化融入进来，使得个人不仅仅被看作企业的工具，而是被看作这个家庭的一员。因此，创造了一种共同体主义的福利文化。在怎样对待“平均主义”这一问题上，也要在企业内部竭尽全力消除贫富差距，致力于建设一种包容各个阶级、不偏不倚的经济环境。我国具有这类福利文化的基础，再加上我国的社会主义核心价值观，使这种福利文化能得到蓬勃发展。所以，对日本企业福利的成功经验进行借鉴，从而对我国既有的企业体制进行改革，就能有效让我国福利文化中的家庭主义发挥强劲生命力，从而推动目前企业福利不断创新①。

① 张军：《中西福利文化下社会福利制度模式比较分析——基于中国、日本、美国、瑞典四国的考察》。

第六章 我国适度普惠型社会福利制度构建的模式选择

前文已述，在社会福利制度构建过程中，相对于技术方案来说，模式设计更加有效；相对于模式设计来说，确定科学的理念和目标更加有效。倘若目标不正确，必然导致模式设计有误，方案走偏。基于我国适度普惠型社会福利制度的中长期目标定位的要求和构建的基本原则，既从福利需求的横截面层面对社会福利制度的基本内容——基本生活福利、养老福利、健康福利、就业和工作福利、教育福利、住房福利以及社会福利服务等层面进行独立的和交互的分析，又从福利需求的纵截面层面对福利需求的满足程度——生存型福利需求、发展型福利需求、享受型福利需求进行层次型的分析，明确如何才能实现社会福利制度的"适度性"。这样，通过横向、纵向对福利需求的系统性分析，建构出多层次、多维度的适度普惠型社会福利制度的基本模式。

第一节 我国适度普惠型社会福利制度构建的基本原则

上文对我国适度普惠型社会福利制度的目标定位进行了分析，认为应该从公平与效率、生存与发展、稳定与调节、传统与现代四个维度来建构其基本目标，在此基础上，还应该根据各种现实条件来确定新型社会福利制度的基本方向和基本原则。我国适度普惠型社会福利制度构建的基本原则有以下六项基本原则。

一、公平和效率相结合的原则

毋庸置疑，社会福利制度的目标主要是对社会福利需求进行满足，对社会关系进行协调，不断解决社会问题，促进社会公平。自诞生之日起，社会福利制度就用于对市场失灵进行弥补，同时还属于一种政府干预社会生活的策略，它始终追求实现社会公平、公正、以人为本。但是作为社会福利的资源具有稀缺性，因此，社会福利资源的使用强调效率。不同的目标给付将会导致不同的社会福利标准、项目、理念和政策的走向。因此，作为社会福利制度的最基本价值理念，也必须讲求效率。所以，我国适度普惠型社会福利制度的构建要坚持公平和效率相结合的基本原则。

在设计社会福利的过程中，使所有公民的基本福利需求得到满足，并确保全体公民得到平等对待，不会因为身份、职业、性别等不同而加以区别对待，这就是公平。减少城镇化和工业化所导致的两极分化，促进社会公平和实现社会和谐作为构建适度普惠型社会福利制度的首要目标。要实现社会福利的共享性、正义性、普惠性，逐步消除因各种差别所导致的不平等。社会福利制度是否有效的衡量标准是社会公平的维护与社会不公平是否得到有效限制。公平价值理念是借助法律制度使社会福利权利的享有能公平化，在经济社会竞争中能获得公平的机会，尽可能减小收入分配结果的不公，继而实现其他权益方面的公平。由于个人禀赋等自然因素和社会阶层、社会资本等社会性因素的差距，公民参与社会竞争的起点实际上并不公平。社会福利制度通过基本生活福利、教育福利、住房福利、养老福利和健康福利等避免公民由于生活无法自理、健康水平或教育水平不高而遭遇贫困。此外，通过慈善捐款、社会保险等对国民收入进行再分配甚至第三次分配的方式尽量缩小分配差距，使社会弱势群体的基本生活需求得到满足，从而维持社会的稳定和谐。

社会福利的效率就是社会福利效用要达到追求帕累托最优状态。帕累托最优状态就是如果资源在某种配置的条件下不可能由重新组合生产和分配来使一个人或多个人的福利增加，而不使其他人的福利减少，那么，这种资源配置就达到了帕累托最优状态。帕累托最优状态在社会福利领域中体现是在提高社会福利覆盖对象效用的同时，不能损害或降低非覆盖对象的效用，不能使一个社会出现社会福利“负激励”效应。社会福利的效率，可分为微观效率和宏观效率。在社会福利中，其微观效率可以通过成本核算的方式及相关比较的计量所获取。所谓微观效率，是指社会福利制度在运行和管理方面的效率。而宏观效率，是指社会福利制度中所产生的各种社会效益、经济效益和政治效益。[①] 如社会福利支出指标在消除人们后顾之忧，促进消费，实现国民经济的持久发展方面产生直接的动力。社会福利制度在实现和发展人权，促进政治文明方面，提升人民政治权利，实现的是政治效益；社会福利制度能够化解社会风险，直接促进社会公平、社会融合和社会和谐，这是制度产生的社会效益。可见社会福利制度的效率不能简单用微观效率指标来以偏概全，更要注重宏观效率。

二、就业优先和弱者优先相结合的原则

就业是人的一项基本权利，它不仅是人谋生的手段，同时也是人融入社会的基本方式，所以说“就业为民生之本”。我国有着众多的劳动适龄人口，但国民的教育水平普遍不高，导致就业矛盾非常尖锐。主要体现在：就业结构性矛盾和劳动力供求总量巨大并存，城镇就业压力不断增加并向非农领域转移，新增劳动力的就业和失业人员再就业种种问题交织在一起。就业问题成为始终困扰中国经济和社会发展的基本问题。对于个人与家庭而言，为了避免遭遇贫困，防止过分依赖政府和社会，最可靠的方式就是就业，实现自己的物质利益，是最大的生活保障。对于国家和社会而言，只有扩大就业，才能实现人民的安居乐业，社会才能从根本上保持

① 沈君彬：《“梯次推进的动态整合模式”：城乡一体化社会保障体系的路径探讨——以晋江市实验为评估个案》，《甘肃行政学院学报》2010 年第 5 期。

稳定。因此，要把就业优先作为社会福利制度的基本原则之一。实际上，对很多人来说，失业主要缘于自身人力资本不足导致劳动力市场排斥的结果，因而，他们最需要的帮助方式不是提供和创造就业机会，而是提高他们的人力资本，使其具备劳动力市场具备的竞争能力。前段时间在我国广大地区出现的“民工荒”现象，归结起来就是指我国农村地区基础教育和职业培训不足。对农民的职业教育与培训，农民需要支付一笔不菲的费用，加之农村职业教育不景气造成相应职业技能培训不足，从而导致农民工无法从事技术性工作，最终导致农民工群体中出现“教育荒”[①]。因此，在社会福利建设中要坚持就业优先的原则还必须把教育和健康福利放在重要位置。

弱者优先是一个文明社会的常态，是一个社会文明进步的标志。所谓弱势群体主要是指在物质生活方面、权利和权力方面、竞争和发展能力方面处于社会弱势地位的群体。弱势群体包括：（1）城镇失业人员和农村贫困的社会性弱势群体；（2）老年人、残疾人、处境困难儿童的生理性弱势群体。弱者优先的原则主要处理富人与穷人，弱势群体与强势群体间的关系。[②] 社会弱势群体由于自身和社会性等因素的影响和制约，占有较少的福利资源，他们往往无法通过自身努力改变现有的社会福利状况。坚持弱者优先的原则就是要在福利资源的供给和分配过程中优先考虑那些在竞争中处于弱势地位的群体，保障弱势群体的底线福利需求。弱者优先的原则，必须优先建立和完善底线福利制度（社会救助、基础教育、卫生医疗），保障贫困者的底线福利需求（生存性需求）。通过改善弱势群体的福利资源占有水平，消除福利资源在社会各阶层之间不均衡的分配，达到缩小社会各阶层间差距。弱者优先的原则告诉我们，底线福利制度是整个社会福利的“地基”，如果“地基不牢”，整个社会福利制度必定会“地动山摇”，要把弱者优先的原则作为构建社会福利制度的一个基本原则来看待。

---

① 张军：《从教育角度看“民工荒”现象产生的成因》，《四川理工学院学报》（社会科学版）2005 年第 2 期。

② 景天魁：《底线公平：和谐社会的基础》，北京师范大学出版社 2009 年版，第 203 页。

三、福利水平与经济社会发展水平相适应的原则

社会福利是国家和社会采取各种正式和非正式制度，解决社会成员的福利需求，这就必然要求福利水平和当时当地的经济社会发展状况相适应。任何低水平的社会福利制度不能真正解决其本应解决的社会问题而导致社会矛盾加剧，任何超越经济社会发展水平的社会福利措施会导致福利陷阱，出现物极必反的局面。因此，社会福利制度的发展应当与社会经济发展水平相适应。

坚持福利水平与社会经济发展水平相适应，是实现社会福利可持续发展的一个根本原则。设立社会福利制度的根本目的，是保障被覆盖人群的福利需求。根据人们的福利需求来设立福利项目和提供福利服务，只有从人们的福利需求出发，才能提供人们满意的福利服务。而建立一个社会福利制度体系，首先要解决福利项目的覆盖问题，即“福利有无”的问题，然后才解决福利水平的提高问题，即“福利高低”的问题。这样才能使广大人民群众既能从自身发展中分享进步的成果，又能使经济社会发展成果为全体社会成员所共享。在确立福利标准的时候，要考虑当时当地所处的经济、社会发展水平，这关键就是要做到社会福利的适度水平。即福利水平既不能低于经济发展水平，使得改善人民的福利需求落空，社会矛盾加剧；又不能大大高于经济发展水平，使得增加福利资金的压力，阻碍经济的发展，形成对社会成员的负激励性效应，在实践中一些国家出现“福利陷阱”“养懒汉”等福利病现象。对于当前来说，中国适度普惠型社会福利制度的构建还处于起步阶段，各方面制度和机制还不完善，因此既要立即着手建立制度缺失的问题，又要结合统筹城乡发展、统筹经济社会发展、统筹资金长期平衡，实现社会福利制度可持续发展。

中国目前建设适度普惠型社会福利制度时，应当客观、冷静地借鉴国外经验与教训，妥善处理好福利水平与经济发展之间的关系。一方面，应当承认社会福利与国家经济发展水平之间的正相关关系，不能以担心损害

国家经济发展水平为由，忽视人民的福利需求，不能只强调创造与积累社会财富而忽略对社会财富的合理分配。社会福利制度不应当只是维持和化解社会矛盾的手段，而应当成为国民发展的基本目标，中国必定会迈入中国特色社会主义福利社会，这应当成为一种信念。另一方面，中国又是一个人口众多、物质积累不足、人均数量有限且处于发展中的国家，人口与资源的矛盾几乎不可骤然改变，这种现实国情决定了中国在相当长时期内不可能达到北欧国家的福利水平。因此，对我们国家而言，建立适度普惠型社会福利，就是实现经济发展水平与福利水平协调发展的重要条件，而剩余型社会福利制度，或者高水平的福利国家制度，都将会造成国家的灾害性后果。

四、国家主导和多方参与相结合的原则

政府是现代福利制度中最大且最重要的供给主体。如今在全球范围内，任何国家的社会福利制度体系的构建都不能忽视政府的作用。政府角色与责任的合理界定，是社会福利制度可持续发展的基本前提。中国社会福利自古以来一直贯穿着国家主导的责任，具有家国同构的特征。就组织架构层面而言，传统国家与我国的家庭（宗族）组成两个同构体。家庭与国家在组织机构方面存在着共性，即家族是家庭的扩大与延伸，国家是家族的扩大与延伸，两者均以血缘关系为纽带。它不可避免地对社会福利产生影响，就像家长对子女负责一样，国家也要对“子女”负责。这种文化特征形成了传统中国人顺从的性格，即人们无条件服从一切权威或某些特定的个人。国家主导的原则体现在社会福利制度建立、发展与实践过程中更多体现出“父爱主义”，政府扮演着强势主导者的角色。但这种强势并不意味着政府要承担社会福利全部或主要责任，而是在提供相应的社会福利资源的同时，引导互助或支持家庭福利，而社会成员也以家国同构为原则，使得与主体的界限十分明确。现阶段坚持政府的主导责任就是要政府承担起社会福利制度顶层设计的责任，以满足社会各阶层的福利需求；担

当起社会福利资源供给和资源传递主渠道责任；落实社会福利制度其他责任主体责任分担的机制。

另外，我们也要合理利用市场机制。中外社会福利制度的发展实践均表明，发挥政府主导作用是这一制度持续、健康发展的保证，而理性运用企业、社区、家庭等各方面力量和资源是促进这一制度更好地发挥保障功能的重要条件。因此，我们应吸收西方社会福利制度中强调个人责任，注重效率的福利文化，逐步加强市场力量的参与和个人的保障责任，改变广大民众对政府过分依赖的思想。所以，我们当前社会福利制度的关键就是在进一步明确国家主导原则的基础上，对各主体的责任比例进行明确划分，这样才能有效地调动他们的积极性和主动性，推动其更好地参与社会福利事务，保证政策决策和政策运行的科学性和有效性。在适度普惠型社会福利制度模式选择上，均应形成缴费型的福利项目和非缴费型的福利项目，均应建立政府、市场、家庭和社会团体等多元主体共同承担的责任机制。发挥社会团体、市场和家庭的作用，调动社会团体尤其是非政府组织和志愿组织的资源和各方面的积极性，共同推进社会福利制度建设。现实证明，各种类型的社会团体在传递福利资源上，发挥着政府所不能发挥的重要作用，是沟通政府和个人的桥梁，这在精神服务的供给方面效果尤为明显。

五、法制外控和道德内控相结合的原则

在中国社会，社会福利自古以来是依靠道德内控的柔性传承。特别是在强大的道德体系维系下呈现出柔性传承的特点。自古以来，我国社会都属于一种伦理关系社会[①]，儒家文化是我国传统文化的主流，它强调人性本善，认为理想人格应该为圣贤哲人，如尧舜禹汤文武周公等。希贤法圣

① 李伟民、梁玉成：《特殊信任与普遍信任：中国人信任的结构与特征》，《社会学研究》2002年第3期。

是道德修养的终极目标。孔子认为，智、仁、勇是理想人格。孟子提倡要修养善良之性，常常要求自我反省，成为像尧舜一般的圣贤。宋明理学家提倡陶冶人的德性，改变人的气质，也就是通过接触事物穷究其理而达到豁然开朗的境界，使“道心”统率“人心”继而达到“存天理，灭人欲”。后世的儒家圣贤也进一步拓展了人性善的理论。经过长时间的思想灌输，又加之受我国权威政治的影响，因而使我国福利保障领域形成了注重“仁、义、忠、孝”等理想人格的福利文化观，认为要想实现理想人格，就应该做到反身修己。[①] 这种以人伦代替法律的社会福利制度在今天看来无疑是一种非正式的制度安排，但在传统社会仍具有刚性约束，这种制度的延续和发展是道德内控的一种柔性传承。

在西方社会，现代社会福利制度都是以法律为依据，在管理机构的监管下采用强制手段来实施，实现法律规则外控的福利制度刚性传承。马丁·路德也表示：“人的所有情感、意向和欲望都是邪恶、败坏的。”[②] 在西方经济社会的各个方面都包含契约和法律观念，这些观念已成为规范个人、社会和团体的重要准则。在这种情况下，使社会成员具备了规范性的普遍主义特征，能公正、普遍的约束所有人的社会生活[③]。

一般意义而言，法律制度以他律为特点，是最具有规范性的和最高等次的系统，是社会福利制度运行的客观依据和行为准则，是实现社会福利制度良性运行的保证。道德以自律为主要特点，是诱导性的，是最具本源性的，是通过社会舆论以及大众的信念来维持的一种方式。因此，无论是依靠法律外控的刚性调整还是道德内控的柔性调整，都是社会福利制度构建与运行中不可或缺的调控方式。适度普惠型社会福利制度是一个复杂的、综合的社会系统工程。任何一种方式都不能单独完成对社会福利制度体系的调控，需要各方面的互相配合，才能有效地解决问题。

---

① 张军、陈元刚：《中西社会保障制度的福利文化比较论纲》，《社会保障研究》2011 年第 1 期。

② 周辅成编：《西方伦理学名著选辑》（上），商务印书馆 1964 年版，第 481 页。

③ 张军、陈元刚：《社会保障制度的福利文化比较论纲》，《社会保障研究》2011 年第 1 期。

六、本土化和国际化相结合的原则

可以说，人类社会自产生以来就会面对灾害、疾病、死亡、养老、慈幼等自然和社会风险问题，对残疾人、老年人和孤儿等鳏寡孤独者的救济和解决贫困、失业等社会问题是历朝历代政府不能回避的。1883—1889年，德国相继颁布《疾病社会保险法》《工伤事故保险法》和《老年和残障社会保险法》，标志着现代社会保险制度正式建立起来了。1935年，美国总统罗斯福制定并颁布了著名的《社会保障法》，第一次提出了社会保障概念。到20世纪50年代末期，随着各国之间相互借鉴，社会福利实现了全球化。几乎所有的西方国家都基本完成了有关社会福利制度的立法，实现了覆盖面广、项目齐全的社会福利体系。在国际上，公平、正义、共享是人类共同追求的价值规范，大多数国家都是在经济社会发展的基础上，建立了包括社会救助、社会保险、慈善事业在内的一整套社会福利制度来维护人的生存和发展基本福利需求。正是在这些价值取向一致的基础上，社会福利制度在实践中形成自己的发展规律，包括公平的价值取向、互助与责任分担手段、正式与非正式制度相结合、刚性发展等社会福利固有特征。

然而，社会福利制度毕竟是人所设计的制度安排，它必然受到经济、政治、社会和文化等综合因素的影响，从而不可避免地被打上本土化的印记。从我国社会福利制度的构建看，必须将本土化和国际化有机结合起来。实现社会福利制度的本土化必须尊重我国的现实国情，体现社会福利制度的共同特征，追求社会福利制度普遍的发展规律，进而实现尊重国情与尊重制度的关系。要注意，西方的社会福利理论具有很强的环境依赖性，特别是西方社会福利制度产生于当时当地的制度环境，与我国此时此地的制度环境具有极大的差异。因此，研究我国的社会福利问题，尤其是研究适度普惠型社会福利制度构建这一中国独特的问题，国外的理论和制度只能借鉴参考，不能照抄照搬，必须结合我国的具体实际。我们可以利用其有关的研究结论，结合我国的具体情况做相应的修正，以对我国的有关现象作出解释，解决我国的有关问题。也就是我们必须要打破西方中心主义的观念，不能像以往那样，基于西方看中国，而应该从自身国情出发，强调社会福利制度的本土化特征。任何只强调国情而忽视制度发展规律，或者只强调制度发展规律而忽视现实国情的制度设计与安排，都注定不会带来好的结果。

第二节 我国适度普惠型社会福利制度的实践基础

我国适度普惠型社会福利制度的构建是一个综合系统工程，适度普惠型社会福利理论自身是不能真正实现制度构建的，必须将其放在具体的社会环境中，让其具备一定的实践基础。我国新型适度普惠型社会福利制度的构建必须具备以下六个方面的实践基础条件。

一、经济条件——稳定的、可持续的增长

综观国际，很多发达国家在人均 GDP 达到 1000 美元时就构建了社会福利制度，如美国、日本、英国。“二战”结束以后，西欧各国的经济得以复苏和进入全面飞速发展阶段。20 世纪 60 年代中期，西方经济发展步入“黄金时期”。良好的经济发展势头为西欧各国较高水平的社会福利制度建设夯实了基础。尤其是瑞典、英国等国家，构建了相对完善和齐全的高水平社会福利制度，覆盖了公民从生到死的生命历程。50 年代中期到 70 年代末，是日本经济发展的黄金时期，飞速发展的经济使日本很快成为一个富裕的国家，其社会福利制度也得到了前所未有的发展，这一阶段是日本社会福利制度重要成型阶段。此阶段的发展实现了养老福利和医疗福利的国民全覆盖。所以，社会福利项目的设置应受到国家经济发展水平的制约，社会福利水平也必须与国家经济发展水平相适应。社会福利必须

依据国民经济发展水平来相应发展，必须建立在经济增长基础之上。

据国际货币基金组织（简称 IMF）发布的统计数据来看，中国在2003年人均GDP已经首次突破1000美元，2010年人均GDP已达到4382美元，2017年人均GDP已达8643美元，世界排名第71位（世界187个经济体）。虽然与美国、日本、德国、英国等发达国家3.8万美元以上的水平仍有很大差距，但是，我国经济的不断发展为社会福利制度的建设奠定了良好的经济基础，拥有了构建与经济社会相协调的社会福利制度的前提基础。表6－1显示了2000—2017年我国GDP总额与增长率及社会福利支出总额及增长率的情况。同时期，我国的社会福利支出水平也迅速增长，由2000年的230亿元增长至2017年的5932.70亿元，增长了约25倍。经济总量实现了空前增长，全体人民的各种福利需求得到了不同程度的满足，其基本的物质、精神和文化福利需求得到了保障。自2000年起，我国GDP年增长率一直维持在8%，发展到2007年，增长率达到了顶峰，高达14.2%。然而经济增长与福利水平并不一定成正比，但是毫无疑问，GDP的增长必定带来国家财政收入增加，财政支出一定也会增长。这样，用于社会福利支出的资金也随之增加了。但是，从2011年开始，我国GDP的增长率出现了一定程度的下降，而社会福利建设需要经济的快速、可持续发展予以保障和支撑（参见表6－1、图6－1、图6－2）。所以，相应的社会福利虽然总量上有所增长，但是增长率也随之出现了一定程度的下降。所以，如果经济发展水平不高，就会使人们的福利需求受到抑制，国家只能选择较低的福利水平，而无法选择高水平的福利项目。因此，构建适度普惠型的社会福利制度将在覆盖范围、享受水平等方面受到经济发展速度的制约。

表 6—1 2000—2017 年我国 GDP、社会福利支出及其增长率

年份	GDP（亿元）	GDP 增长率	社会福利支出（民政事业费）（亿元）	社会福利增长率（%）
2000	89442.20	8.4	230.50	18.50
2001	95933.30	8.3	285.10	23.69
2002	120332.70	9.1	392.27	37.59
2003	135822.80	10.0	498.92	27.19
2004	159878.30	10.1	577.39	15.73
2005	184937.40	11.3	718.41	24.42
2006	216314.40	12.7	915.35	27.41
2007	265810.30	14.2	1215.49	32.79
2008	314045.40	9.6	2146.90	76.59
2009	340902.80	9.1	2181.90	1.65
2010	401512.80	10.4	2697.51	23.63
2011	472881.60	9.2	3229.10	19.71
2012	519322.00	8.4	3683.70	14.08
2013	588019.00	7.7	4276.50	16.10
2014	635910.00	7.3	4404.10	3.0
2015	676708.00	6.9	4926.40	11.9
2016	744127.00	6.7	5440.20	10.4
2017	827122.00	6.9	5932.70	9.1

资料来源：《中国统计年鉴（2000—2017 年）》，民政部：《2000—2009 年民政事业发展统计公报》《2010—2017 年社会服务发展统计公报》。

二、政治条件——消除两极分化，维持政权稳固

社会福利制度作为一项重要的社会政策，从其产生之日起，就肩负着维持统治阶级政权稳定的重任。所以，适度普惠型社会福利制度就是为了全面推动社会经济进步，确保其可持续发展。除此之外还必须要维持政治稳定，这是最本质的内在要求。

适度普惠型社会福利制度基于政治条件实现社会稳定，主要在于适度普惠型社会福利制度设计覆盖了全体国民，而过去的社会福利制度只是覆盖了一部分老人、残疾人、孤儿和优抚对象等弱势群体，满足的是这部分

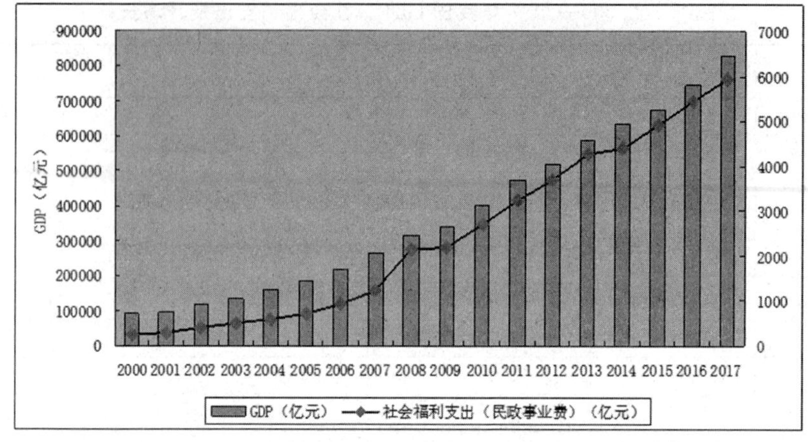

图 6－1　2000—2017 年我国 GDP、社会福利支出的对比图

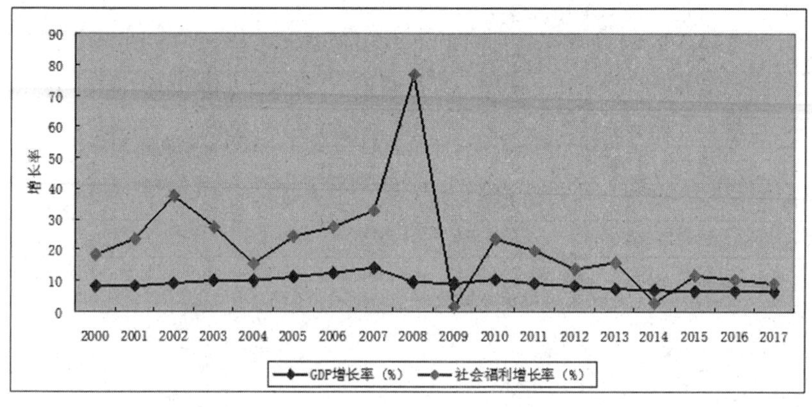

图 6－2　2000—2017 年我国 GDP 增长率与社会福利增长率对比图

特殊群体的福利需求。而适度普惠型社会福利制度主要是用于满足人们各种层次的福利需求，福利需求从单一型走向全面发展型。一方面是有效保障了社会弱势群体的基本生活，另一方面使全体社会成员的住房、养老、医疗和教育福利等得到普遍性的改进和巩固。政权的稳固是基于普通民众的基本福利得到保障而实现的。在建设社会主义和谐社会的过程中，非常重视为人民谋福利，始终重视民生问题，这是中国共产党立党为公、执政为民的重要体现，是适度普惠型社会福利制度的本质属性。

我国是社会主义国家，消灭剥削和消除两极分化、实现共同富裕是社会主义的本质特征。保障社会弱势群体的基本生活，提升人民的物质、文化和精神水平是社会福利制度的基本功能。社会是不断动态发展的过程，随着社会环境的不断变化，那些陈旧落后的社会福利制度必然会被时代淘汰。比如在新中国成立之初，为了与当时的经济社会环境相适应，我国实行的社会福利制度为“剩余型”。所以，社会福利制度会随着社会环境的变化而不断改变，它与经济、政治、社会环境息息相关，正如“适度普惠型”提倡发展性的特征一样。经过几十年的艰苦奋斗，中华人民共和国终于能独立自强地屹立于世界民族之林。接着，又经历了长达半个多世纪的社会主义建设，进一步巩固了国家政权。在与我国国情相适应的社会主义建设道路上锐意进取、发奋图强。稳固的政权为适度普惠型社会福利制度的建设奠定了良好的基础，否则，不管是哪一种社会制度的建设都只是一纸空文。因此，构建适度普惠型社会福利制度要受到消除两极分化、国家政权稳固的政治条件的制约。

三、社会条件——破除城乡二元化，推动城乡一体化

构建适度普惠型社会福利制度的基本要求就是让全体社会成员能够平等地获得社会福利权利，这种权利不应该因身份的差异而有所不同。然而，我国的社会福利制度却呈现出明显的城乡二元分割的差异。二元福利结构是我国当前社会福利制度最典型的特征，而孤岛化、碎片化是在城乡二元分割的福利制度下进一步延伸所产生的结果。我国社会福利制度的建立是根据“社会身份”本位的原则形成了城乡二元结构的制度，城乡社会福利水平差异较大。与城市居民相比较，农村居民享受的福利项目少、水平低。当前，我国城乡差距为3.33倍，如果将城乡各类社会福利因素考虑进去的话，实际的城乡差距在5～6倍[①]。而广大农民工群体由于身份

① 迟福林：《第二次改革——中国未来30年的强国之路》，中国经济出版社2010年版，第69页。

限制被排斥在社会福利制度之外。由于在制度的设计肇始就呈现出这样城乡二元的特征，以致在之后的社会福利制度建设中必然会按照不同社会群体的福利需求来设计和建立社会福利制度，这样原有的城乡二元制度孤岛化、碎片化的问题会进一步加剧。一方面，我国社会福利制度很大程度是由地方政府提供的，由于各地经济发展水平不均衡导致社会福利水平和制度不相统一；另一方面，以身份制为基础设计和建立的社会福利制度会导致社会群体间的福利项目不一和福利水平的高低不同。怎样打破城乡二元福利结构，针对城乡一体化社会福利制度的建设创建一种良好的保护机制。就目前而言，最紧迫的任务就是从居民身份制着手，破除导致城乡分割的社会基础。

在农民工的社会福利方面，明显体现出身份制所造成的恶果。在工业化初期，为了制止农民进城，就采取将户籍人口划分为农业人口和非农业人口的社会政策。但现如今，早已建立了市场体制，人口迁徙和农民工的流动早已不再具备原本的社会意义，如果再继续采用这一政策，就会对社会产生不利影响。[①] 很多城市的企业在社会保险、工资福利、劳动管理和劳动用工等方面都不能公正地对待农民工，给农民工支付低水平的工资，甚至克扣或者拖欠农民工工资，并且尚未为农民工缴纳医疗保险、工伤保险、失业保险以及养老保险，更不用说缴纳住房公积金。除此之外，也因农民工的身份限制，使其无法与城市居民一样享有公共产品及服务。一些城市不允许农民工的子女进入城市公办学校就读，不能享有与城市孩子平等的最普通社会福利待遇等；绝大多数的农民工都没有城市住宅，即便是贫民住宅也不能享有；就算农民工生病、伤残或者失业，很少有政府相关机构，如社区帮助他们申请低保补贴或为他们提供工作。因农民工的身份限制，各种社会服务和福利待遇都无法与城市居民平等享有。非但如此，很多进城务工的农民还深受各种不合理政策的限制。例如部分地方政府自行制定的乱收费政策，或者只收费不提供应有的服务，或者轻服务、重收

① 杨团：《二元社会保障结构的问题与整合趋势》，中国社会学网，2003年2月22日。

费等。诸如此类的现象不能再延续下去，以身份制度来阻断城乡一体化的现象必须终结。农民之所以大规模进城务工，究其原因，是农业比较优势不足，农民务农生产粮食只亏不赚，所以必须要另谋出路。相对务农而言，农民进城务工存在较强的比较优势，是提高农民收入的有效途径。农民增收最直接有效的途径就是通过城市就业。只有彻底打破城乡二元分割的身份制，消除各种不能平等对待农民工的法令和政策，将农民工及其家属的计划生育、健康福利、劳动就业、子女教育等各类工作都归属到相关部门和社区的责任之中。并在当地政府的财政预算中纳入相关管理经费，以便于切实保障农民工的合法权益，促使城乡劳动市场一体化，继而最终实现城乡一体化，才能将社会福利平等地给予包括农民工在内的社会各个阶层。

四、文化条件——坚持本土文化，融合西方文化

文化与制度之间相互作用、循环积累。然而，从制度变迁和文化之间的联系方面而言，可以说制度变迁的路径选择深受文化的影响，文化是制度体系的灵魂。从一定程度上看，任何制度的起源与变迁都是相应文化精神和观念下的产物。制度在探索变迁路径时，必然会对与之相适应的文化资源进行探寻。①

以养老保障为例，在一些西方国家，如美国、瑞典等国，随着其工业化水平的不断提升，传统的家庭福利功能日渐衰弱，社会保障深受国家和社会团体的干预，使原本家庭的保障功能被国家和社会取代。西方国家的人民深受现代化的冲击，家庭功能的缺失使人们更愿意从社会计划中得到填补，这显然是西方“社会为本”的福利文化传统的一种回归②。因此，我国很多人认为，随着国内社会经济水平的不断提升、现代化进程的日益

① 张军：《社会保障制度的福利文化解析——基于历史和比较的视角》，第 4 页。

② 张军：《中西福利文化下社会福利制度模式比较分析——基于中国、日本、美国、瑞典四国的考查》，《探索》2011 年第 5 期。

加剧，原本的家庭保障功能将日益退化。事实上，这种观点是片面的。对此，从香港的社会保障发展情况就可以窥见一斑，因为香港地区也同样属于中华福利文化圈。香港在推进工业化时，政府针对是否增加福利责任这一问题表示，香港依然有完整的家庭制度，倘若增加政府的福利供给，将不利于人们自行承担责任[①]。对于香港政府所提出的这一政策，市民们表示接受，并且在香港家庭本位的家庭自助福利价值观深入人心。所以，直到如今，家庭保障依然是香港社会保障制度中的核心所在，政府只是为社会弱势群体提供社会保障。香港的发展只是中国的一个缩影。[②]

再如日本，日本的文化特色是非常独特的，且地理位置也得天独厚，因而在东西福利文化的交流中，日本形成了独具自身特性的福利文化。可以说日本是东西方福利文化的汇聚之地。大隈重信曾提出："作为一个位于东半球和西半球中间的国家，日本可以充分汇聚东洋文化和西洋文化中的精华。有朝一日必将建设出新的文明。"[③] 历史的事实已经证明，大隈重信的话不无道理。通过分析日本文化的发展，发现其基本上都是对外来文化进行吸收，日本的福利文化发展也不例外。当前，在日本社会福利制度中，一方面充满了东方古典文化传统，处处体现着家庭主义和威权主义；另一方面也充满了西方古典文化传统，深刻体现着集团主义和个人主义。在日本的福利文化中，东西方古典文化传统得到了交汇和碰撞，再加上日本在向工业社会转型的过程中，完成了自己的福利文化定型，确定了一种"忠义"的共同体福利文化。这种福利文化包含了传统的家庭福利、社会团体的慈善互助，并重视政府的主导地位，倡导企业福利保障。眼下，我国也正处于中西福利文化的交融时期，我国也正开始转型为现代化国家，毋庸置疑，我国在建设自己的福利文化时可以参考和借鉴日本的福

① 黄黎若莲：《中国社会主义的社会福利——民政福利工作研究》，唐钧等译，中国社会科学出版社 1995 年版，第 240 页。

② 张军：《社会保障制度的福利文化解析——基于历史和比较的视角》，第 266—267 页。

③ ［日］大隈重信：《东西文明之调和》，转引自魏常海：《日本文化概论》，中国文化书院 1987 年版，第 4 页。

利文化变迁[①]。

文化力量是决定一国、一地区或一民族是否具有长远性和先进性的内在力量。中国有着悠久的历史，其文化源远流长，中国自古以来的福利文化传统更是让我们领略到“仁”“善”“爱”“助”“孝”“义”的力量。因此，福利文化还有一个很重要的任务就是将中国古代优秀传统文化发扬光大[②]。因此，适度普惠型社会福利制度也要求对文化这一社会发展的“内生力量”的培育和弘扬。

五、管理条件——按大部制整合社会福利管理体制

适度普惠型社会福利制度体系是彼此相互关联和多个福利项目组成的福利网络，应该具有统一性、协调性和互补性，因而应该尽可能地统一进行管理。然而，就中国的社会福利管理体制而言，存在着部门分割、交叉管理、职能不清、自成体系、分散管理等特点，这种体制是在计划经济向市场经济体制转轨过程中逐渐形成的，中国当前社会福利制度改革和发展的矛盾日渐突出。目前，中国现行社会福利相关管理部门有 11 个：①人社部门。该部门的主要职责是负责人力资源、劳动就业和一些与社会保障相关的事务。②卫生部门。该部门的主要职责是管理医疗、卫生、医疗器械、食品安全和药品等，除此之外，还包含了城乡医疗救助和新农合等项目的管理。③住建部。该部门的主要职责是建设住房和城乡基础设施、监管建筑市场与房地产市场、管理住房公积金和住房保障。④民政部。该部门的主要责任是服务和管理社会行政事务，建设基层民主政治、社会救助、社会福利（狭义）、优抚安置及国防与军队方面的建设事项。⑤财政部门。该部门除了将社会保障事业款拨付给相应的社会保障部门之外，还

① 张军：《中西福利文化下社会福利制度模式比较分析——基于中国、日本、美国、瑞典四国的考查》。

② 张军：《中西福利文化下社会福利制度模式比较分析——基于中国、日本、美国、瑞典四国的考查》。

需支付企业改革补助、社会保障基金补助、行政单位离退休费用、住房保障补助、全国社会保障基金的补助等社会保障项目。⑥税务部门和社会保险经办机构。两部门的共同负责征收社会保险费用。当前，国内实行税务征收的省份有 18 个，实行由社会保险经办机构征收的省份有 13 个，根据新规定 2019 年 1 月 1 日后统一由税务部门征收。并且，各类社会保险待遇的支付由社会保险经办机构负责。⑦全国社会保障基金理事会，该部门主要负责管理和营运养老保险战略储备基金。⑧红十字会，该部门主要负责社会捐赠以及社会慈善事业。⑨审计署。该部门主要负责审计社会保障资金。⑩银保监会。该部门主要负责管理各种补充性社会保险，如企业年金等。⑪商业银行。该部门主要负责管理住房公积金储蓄，社会保障基金专户存储由相关商业银行负责[①]。这种由不同的机构或部门对社会福利项目分别实行管理的体制，不利于统一规范，也不利于各有关福利项目以及政策之间的协调与衔接。

总体来说，我国社会福利管理体制存在着几大问题[②]：一是部门之间没有明确的分工，多个部门之间的职能交织重叠，各种政策互为牵制。例如民政部与人社部，就名称方面而言，各种社会保障事务，诸如社会救助、社会保险、社会福利（狭义）以及社会优抚安置都应属于人社部门的职责。故目前民政部门所管理的各种事务均属于人社部门的管理职责。但事实上并非如此，人社部门只管理社会保险，并且主要是对城镇职工的社会保险进行管理。二是社会福利制度体系与部门分工之间没能协调统一。构成社会福利的各个部门没有明确的界限，导致很多功能错位，不利于社会福利管理机制得到充分发挥。缴费是社会保险的基本原则，但是，对那些没有能力缴费，没有就业的居民也可以参加社会保险。比如从老年津贴转化为养老金，从而导致社会救助、社会保险、社会福利三者之间的概念混同，使得这些项目之间的界限混淆；关于“农村五保供养制度”究竟是

① 袁国敏、林治芬：《按大部制整合中国社会保障管理体制的思考》。

② 袁国敏、林治芬：《按大部制整合中国社会保障管理体制的思考》。

社会福利还是社会救助这一问题长期以来都存在争议；民政部的优抚性支出中并不包含社会优抚对象的医疗救助拨款，这部分支出归属于卫生部门所管理的医疗救助支出。三是在管理过程中，存在很多空隙与接口，安全隐患十分严重。在我国，城镇职工及有工作的人的社会福利长期以来都由人社部门加以管理；而农村居民及那些没有工作的人的社会福利则属于民政部门的管理职责。在我国目前既有的体制下，城乡居民的基本医疗保险及基本养老保险在各个职能部门没有明确分工，在人社部门、卫生部门和民政部门之间相混同，从而致使重复性补助和重复性参保的现象十分突出。截至 2011 年年底，全国 110.18 万企业职工基本养老保险参保人员重复参加了该项保险或新型农村社会养老保险和城镇居民社会养老保险，造成财政多补贴 5133.52 万元，2.45 万人重复领取养老金 3569.46 万元；全国共有 240.40 万人跨省拥有两个以上企业职工基本养老保险个人账户。①

构建适度普惠型社会福利制度的行政管理体制，必须从我国的基本国情出发，同时还要具有国际视野，并紧密联系各部门的权责划分以及政府的职能定位，并充分联系社会福利制度体系。在国内，必须要注重体制焦点与矛盾，尽量避免各部门之间互为牵制，使管理整合水平进一步得以提升。通过对德国社会保障制度权责一致和新加坡中央公积金管理制度的参考与借鉴，充分联系我国的实际情况，提出目前国内社会福利管理大部制的构建，从而为适度普惠型社会福利制度提供可靠的管理制度保障。

六、技术条件——信息化、网络化的技术系统

当前，信息技术日新月异，网络经济不断发展，如今世界经济与社会发展都将迎来信息化发展时期。面对世界信息化的潮流趋势，我国政府把

① 《审计署公布企业职工基本养老保险基金审计情况》，见 http://finance.people.com.cn/n/2012/0802/c1004-18655022.html。

推进国家信息化建设摆到了重要的战略位置。适度普惠型社会福利制度要求信息化、网络化的技术系统。

社会福利信息化建设就是融合各种学科，如信息、管理、计算机、通信等技术，基于各部门完成联网以及实现信息共享，借助有效、集中的管理，构建起一套综合信息系统，该系统必须具备全包容性和全方位性[①]。社会福利系统的信息化建设不仅是其自身发展的内在要求，同时对一个国家的社会福利体系也起到了良好的技术支撑作用。以社会保险为例，目前，社会保险系统信息化建设的主要问题如下[②]：一是信息化社会保险制度的系统连续性比较缺乏，前期方案调研、制订到后期维护缺乏系统化的管理制度，也较少考虑投资与收益之间的关系。二是网络建设覆盖面具有一定的局限性。从纵向方面而言，各省市级的业务经办部门还没有完全实现联网；从横向方面而言，应完成各个相关部门的联网，如银行、医院、药店及财政部门。但就当前来看，这些部门还没有实现信息共享与信息之间的交换。三是没有稳定的业务流程，在历经社会保险制度多次变迁之后，社会保险政策也几经改变，从而导致业务流程随之产生变化，工作重心不断转移，使业务流程不够稳定。四是资源数据库信息质量存在缺陷，因为最近几年有着较大的改革力度，很多机构都一再构建，从而造成职工信息常常发生变动，这样就极易导致部门信息失真。五是网络安全隐患较多，很多因素都会对社会保险信息化造成威胁，主要包括人为的无意失误、人为的恶意攻击、各种网络病毒的侵害和网络软件的缺陷和漏洞。六是社会保障卡管理存在的问题，如社会保障卡信息不准确、读卡经常出现错误等问题。

从适度普惠型社会福利制度的构建来看，不仅要进行社会保险信息化建设，还要大力推进城乡低保、大病救助、住房、社会福利服务、就业和工作福利等诸多福利领域的信息化、网络化建设，并将这些福利信息全部

---

① 胡志红：《社会保障信息化建设中的问题及对策》，《工会论坛》2009 年第 4 期。

② 胡志红：《社会保障信息化建设中的问题及对策》。

整合到一个系统进行管理，以保证社会福利高效、稳定、可持续发展。这虽然说是一个技术层面的问题，但对于整个社会福利体系的整合与高效运转却起着至关重要的作用。

第三节 我国适度普惠型社会福利制度构建的模式架构

《世界人权宣言》中明确提出，所有人都有享受其自身及家属基本生活需求水准的权利，诸如衣食住行及各种必要的社会服务。现代公民的基本福利需求以福利需求为基础，优先保障普通公民的基本生存权（健康为核心）、发展权（自主为核心）。我国政府提出“基本公共服务均等化”，优先保障的正是公民的基本权利，这是我国政府对公民基本福利需求的响应，也是公共财政的职责所在。[①] 根据福利需求的本质，并联系相关国际惯例对公民基本福利需求所作出的界定，认为人们的基本福利需求包含基本生活、养老、健康、住房、教育以及就业和工作福利需求等内容。这些福利需求构成了基本福利需求体系。根据社会福利的目标定位和建设原则为指导，以社会成员的共同的福利需求为社会福利制度建设的主要内容，提出了我国适度普惠型社会福利制度建设的主要内容，构建了我国适度普惠型社会福利制度的模式框架（见表 6—2）。实际上，根据这些福利需求构建的社会福利项目覆盖了我国城乡居民生活的基本社会福利领域。

依据表 6—2，我们可将我国适度普惠型的社会福利制度构建的模式架构具体划分为内容体系、结构体系和管理体系三个层面来展开分析。

一、内容体系

中国适度普惠型社会福利制度构建的模式架构的横向内容体系主要包

① 景天魁等：《福利社会学》，第 190 页。

括基本生活福利（社会救助）、养老福利、健康福利、教育福利、住房福利、就业与工作福利、社会福利服务，内含几十个项目和子项目。

首先，中国适度普惠型社会福利体系由“剩余主义”的“救助型福利”转向更积极的“制度主义”的“发展型福利”。中国适度普惠型社会福利制度不但包括了现有社会保障的基本社会保险，如医疗、养老、工伤、生育、失业五大险种和社会救助（城乡居民低保、灾害救助、农村五保户救助）等所有项目，还进一步拓展了现有福利项目的设计，包括教育福利、住房福利、就业和工作福利等内容（见表6—2）。教育福利主要包括免费的基础教育（将义务教育从现行的九年小学、初中教育扩展到免费的幼儿教育）、免费或低收费的中等职业教育（免费或低收费的职业技能教育培训）以及更加公正的高等教育（实现公办与民办高校的公平性，对贫困大学生进行扶持）等内容。养老福利领域，不仅包括城镇企事业单位职工的基本养老保险，除此之外，还会创建面向农民工的养老保险以及城乡老年补贴制度、社区老年护理制度。在住房福利方面包括城镇住房福利和农村住房福利两部分。在城镇住房福利方面，主要包括经济适用房和廉租房、公租房、限价商品房等住房福利制度。在农村住房福利方面，针对农村住房福利的需求，建立了农村贫困户建房补助，主要是给农村贫困户提供建房方面的补助。这一住房福利制度的设计实际上已经完全覆盖城乡中低收入群体。社会福利服务是社会福利制度的一项重要内容，适度普惠型社会福利制度框架下的社会福利服务的类型、范围和水平均比以往有了较大的提升，表现为服务范围扩大、服务类型多样化和服务水平提升，社会福利服务从传统覆盖老年人、残疾人、困境儿童扩展到全体社会成员，服务内容也涉及社会救助、养老、医疗卫生服务、教育和就业等多个领域，服务主体也更加多样化，包括政府、市场和社会组织共同参与到适度普惠型社会福利制度建设中。随着社会经济发展水平的不断提高，社会福利服务水平将相应得到提高。

表 6—2 我国适度普惠型社会福利制度的模式框架

福利项目 / 需求类型	基本生活福利（社会救助）	养老福利	健康福利	教育福利	住房福利	就业与工作福利	社会福利服务
需求满足的现存问题	基本生活需求的低度满足	农村养老福利需求的低度满足、城市群体间福利差异巨大	城乡居民福利需求差异巨大、流动人群福利需求低度满足	城乡居民福利需求差异巨大、流动和流浪儿童的需求低度满足	覆盖范围狭窄、农村住房福利需求低度满足	有限的职业培训、长期失业者就业福利需求满足低、工作福利的低度满足	福利水平低、覆盖有限、类型单一，属低度满足
覆盖人群	城乡低收入群体	城乡居民	城乡居民	城乡居民	城乡中低收入群体	就业、失业群体、农民工群体等	城乡社会各类群体
福利提供主体	政府、企业、非政府组织、社区	政府、企业、家庭、非政府组织、社区	政府、企业、非政府组织、社区	政府、企业、非政府组织	政府、企业、非政府组织等	政府、企业、非政府组织、社区	政府、企业、非政府组织、家庭、社区等
发展目标	适度提高救助水平，促进劳动者脱贫致富	覆盖城乡居民一体化的养老保障体系	完善的公共卫生和医疗卫生服务，覆盖城乡居民的医疗保障体系	内容丰富的义务教育（含三年幼儿教育）、城乡低收费的职业技能培训	扩大城市廉租房、公租房的覆盖范围、发展农村的住房福利	提供全方位的就业服务、就业培训和就业援助，提高职业福利水平	建立覆盖城乡居民的项目，丰富、均等化、水平高的公共服务体系

其次，适度普惠型社会福利制度在项目（适度普惠型社会福利项目见图 6—3）设置上注重多种形式、低起点和有机衔接的特点，注重社会群体福利的连续性和无缝衔接，最大限度地满足社会群体的福利需求。如在教育福利方面，强调推行免费的幼儿教育，初中生毕业前一年的义务职业教育，就是从已有的九年义务教育基础上延伸到学龄前和高中阶段。这一制度安排确保了人们教育福利享有的连续性和完整性，同时，又实现了让人民平等享有教育福利的机会。在住房福利方面建立了经济适用房制度、廉租房制度、公租房制度以及住房公积金制度，以满足不同低收入群体的住房福利需求，对常年在城镇务工的群体和中低收入群体的住房福利需求

加以满足。在农村针对贫困群体建立了建房补贴制度，对农村贫困户予以建房补贴，实现了城乡居民平等地享有住房福利。在就业与工作福利方面，既重视对未就业者给予积极的就业教育培训，提供职业咨询和服务，帮助未就业者提升就业技能；又重视提高就业者的员工福利，加强工伤预防、工伤赔偿与工伤康复三结合的工伤保险和失业保险制度的建设。这种福利制度实现了就业和职业福利内容的有机衔接，充分保障了处于不同就业状况劳动者的福利权益。

最后，新型适度普惠型社会福利制度在项目（适度普惠型社会福利项目见图6—3）设置上具有广泛性，在覆盖群体上做到了普惠性，在内容设计上具有连续性。以养老保险为例，既覆盖了城镇的各类企业职工、机关事业单位工作人员、灵活就业者和城镇居民，又覆盖了农民工和农村居民。新型适度普惠型社会福利制度在项目内容的设置上注重将社会福利项目内容有机衔接，注重社会群体福利的连续性，力求满足社会群体在不同阶段的福利需求。以教育福利为例，既强调推行免费的九年义务教育制度，也强调推行免费的幼儿教育。在此基础上，大力发展城乡免费的职业教育和职业技能培训。新型适度普惠型社会福利制度将教育福利、健康福利、住房福利、就业和工作福利等“上游性”社会福利项目纳入社会福利体系之中，从本质上就是对现有福利体系的一种扩展，实质上就是一种发展性社会福利制度。

（一）“适度普惠”的福利项目分析

从福利水平上来讲，中国适度普惠型社会福利制度是对我国过去的低水平补缺型社会福利的一种超越，但对于西方发达国家实施的福利国家制度而言，又只能是一种中等程度的福利模式。但从福利项目的设置来看，这种福利模式着重满足的是社会成员的生存型和发展型福利需求，主要面向的是中低收入的社会大众。在新的社会福利制度发展框架之下，社会福利项目（适度普惠型社会福利项目见图6—3）设置已经容纳了基本生活福利、健康福利、养老福利、教育福利、住房福利、社会福利服务、就业和工作福利等社会生活基本领域，涉及城乡最低生活保障、基本养老保险、基本医疗保险、免费幼儿教育、就业服务和培训、职业福利、公租房、廉租房、社会互助、慈善事业和社会福利服务等诸多社会福利项目。从根本上来说，社会福利包含的内容已经从为弱势群体提供基本的福利保障扩大到社会生活的基本领域，已经是社会福利项目设置上的“适度普惠”。而本书所涉及的福利项目“适度普惠”主要针对的是各种类型社会福利项目的区分。通过这种区分明确应予以重点发展社会福利项目，而通过加强这些重点社会福利项目的建设能够使社会成员始终保持享有适度的福利水平。怎样来区分这些福利项目达到保持社会成员享受适度福利水平的目的呢？应该根据福利需求的满足程度对这些福利项目进行区分，而这又需要对福利需求进行分析。上文提出了适度普惠型社会福利制度的需求由生存型、发展型和享受型福利需求构成，在景天魁、毕天云的《论底线公平福利模式》一文中，认为人们的福利需求具有底线和非底线这两个级别，提出底线需求是全民一致，平等享有的，而“非底线需求”则根据不同社会群体存在一定差异，体现了人们具有多样化的福利需求[①]。依据其对福利需求的划分方法，将我国适度普惠型社会福利制度的福利项目按照福利需求的次序性进行了划分（见表6—3）。

表6—3 福利需求与我国适度普惠型社会福利项目的对应关系

福利需求类型	主要社会福利项目
底线福利需求	城乡居民最低生活保障、公共卫生服务、义务教育
跨底线福利需求	城镇职工基本养老保险、城镇职工基本医疗保险、新农保（新农合）、社会服务、社会互助
非底线福利需求	城镇职工养老保险个人账户、城镇职工基本医疗保险个人账户、住房公积金个人账户、新农合家庭账户、新农保个人账户、企业补充养老保险（企业年金）、城镇职工补充医疗保险、商业保险

① 景天魁、毕天云：《论底线公平福利模式》，《社会科学战线》2011年第5期，毕天云：《论底线公平视阈下的中国社会福利制度体系》，《学习与实践》2011年第1期。

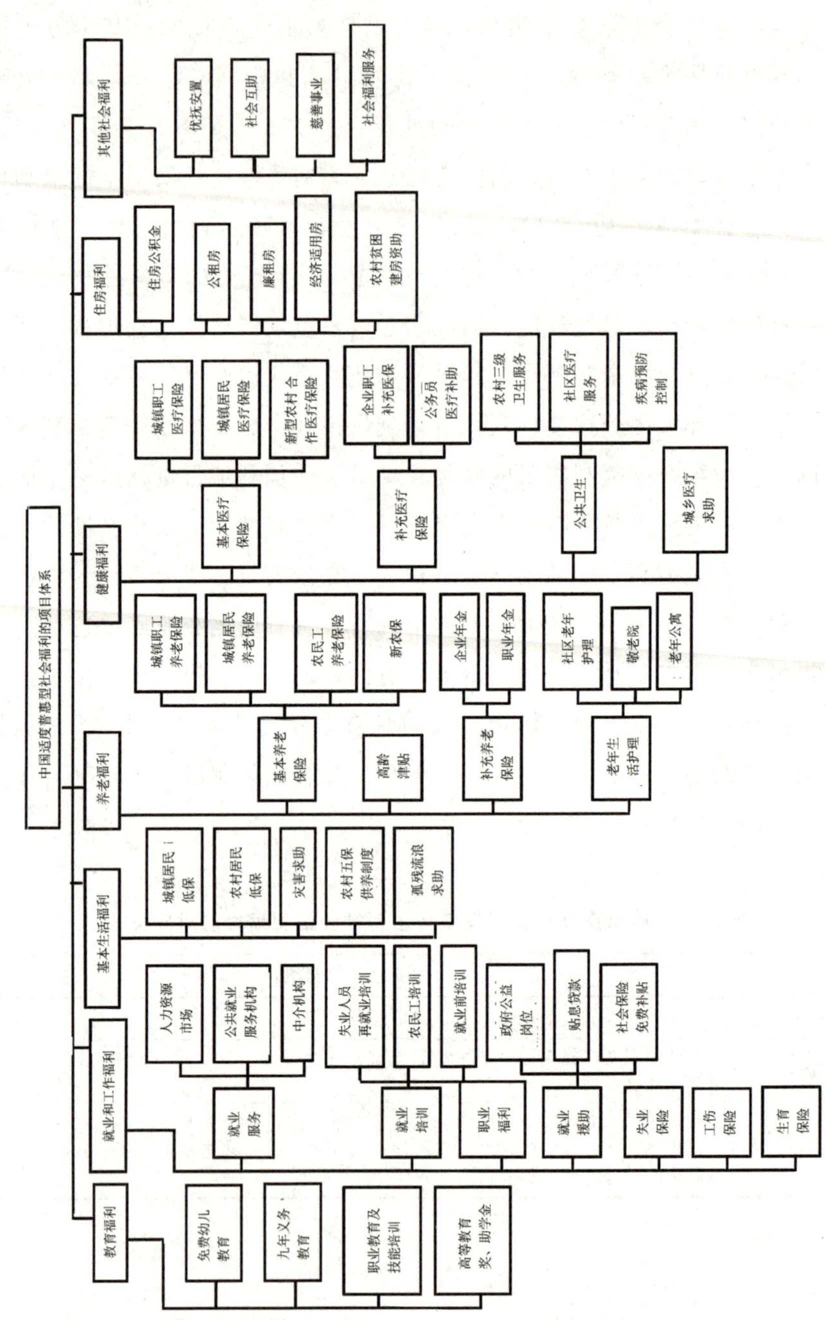

图 6—3　中国适度普惠型社会福利项目体系图

将适度普惠型社会福利制度的福利需求划分为“底线福利需求”“非底线福利需求”和“跨底线福利需求”。在这当中，与底线需求相对应的福利制度即为满足人们基本生活需要的社会福利制度，是适度普惠型社会福利制度体系的基石，也是适度普惠型社会福利建设的起点。这种福利制度存在十分显著的历史性，会随着社会和经济的不断发展而发展，在不同的社会发展时期，相应的福利项目也不尽相同。从目前我国的历史发展阶段以及人们对社会福利的需求来说，底线福利制度主要包括解决社会成员温饱的城乡居民低保制度、提供社会成员健康的公共卫生服务制度和提供社会成员的基础教育制度这三类社会福利项目。这三类项目不仅能使人们的基础性需求得到满足，还可以使社会成员的生活维持在一个适度的水平。因此，基础性特征是这些福利项目必须要具备的。首先，底线福利制度是对社会福利底线进行维护与保护的根本制度，是实现社会福利底线公平的根本途径。社会福利需求具有轻重缓急之分，其中最为迫切的建设就是底线福利制度。因此，底线福利制度是社会福利制度项目中需要优先发展的。底线福利制度是整个社会福利制度的“地基”，“基础不牢，地动山摇”。其次，底线福利制度具有平等性的特点。即是对所有社会成员不分性别、年龄、民族、阶层等的差异，底线福利制度是面向所有人设置的，全体公民都能平等享有其保护。在这种福利制度下，主要遵循了“需求决定供给”的机制，它并不适合“供给决定需求”的约束，所提供的社会福利完全达到“均等化”，能保证底线福利水平的同一化。目前，在我国必须要确保城乡居民所享受的底线福利均等化水平达到基本一致。最后，福利责任由政府主导，也就是从责任角度来看，政府对底线福利制度担负着第一位的责任。政府承担的各种社会福利责任中，首要责任是保障和满足公民的底线福利需求，在底线福利的建立与完善中，政府充当第一责任人。政府需要在其中承担无法推卸的责任，在所有的社会福利项目中应该予以重点发展和优先发展。不过话又说回来，所谓政府需要承担首要责任，并不意味着政府需要承担所有责任。除了政府之外，在底线福利需求中，个人、家庭、企业以及其他非政府组织也需承担一定责任。

公民除了享有一致的底线福利之外，还会有其他具有差异性的非底线福利。与之相适应地，也存在非底线福利制度。在适度普惠型社会福利制度中，非底线福利制度对于满足社会成员的发展性和差异性福利需求，实现社会福利的“有差别的社会公平”具有重要的现实意义。这里所谓的非底线福利制度，是指体现社会福利需求差异性和满足社会成员非底线福利需求的社会福利制度。就目前我国发展阶段和人民群众的福利需求来看，非底线福利制度包括城镇职工养老保险（医疗保险）个人账户、住房公积金个人账户、新农合家庭账户、新农保个人账户、企业补充养老保险（企业年金）、城镇职工补充医疗保险和商业保险制度等项目。非底线福利制度具有效率性、选择性的特征。非底线福利制度主要满足社会成员的发展型需求，不同于底线福利制度需遵循的“公平优先，兼顾效率”这一原则，非底线福利制度所遵循的原则恰恰相反，即主张“效率优先，兼顾公平”，才能满足民众多样性和差异性的需求，体现市场机制和社会机制的主导性；才能避免“福利依赖”，减轻政府的“福利包袱”。与底线福利制度的“普享型”不同，非底线福利制度具有“选择性”，遵循特殊主义原则。因为对于非底线福利制度而言，政府并非首要责任承担者，所以其对于要不要建设非底线福利制度、怎样建立、什么时间建立，以及建立什么类型的非底线福利等问题上，拥有较大的选择空间。另外，由于非底线福利需求具有个体差异性，公民个人也最清楚自己的需求是什么，所以人们针对自己是否参加这种制度、什么时间参加、参加哪种类型的非底线福利制度等问题，都拥有相当大的选择空间，个人可以根据实际需要，有选择地参加非底线福利制度。

在人们的日常生活中，社会福利需求的层次性一方面体现在不同类型的福利需求中；另一方面也体现在同一种福利需求中。也就是说，底线福利需求和非底线福利需求都是人们的同一福利需求，怎样在同一福利制度中同时兼顾底线福利需求和非底线福利需求，就产生了跨底线的福利需求，而与之相对应的就是跨底线的福利制度。这种福利制度同时兼顾了社会福利权利的一致性和差异性，属于人们同一福利需求当中的底线福利需求和非底线福利需求两方面。跨底线福利制度强调公平性、一致性，包括为广大民众提供的底线需求，为城市居民提供的基本养老（医疗）保险的社会统筹基金和为农村居民提供大病补助的新农合的社会统筹基金，以及为农村居民提供基本养老待遇的基础养老金；包括为城市居民基本养老（医疗）保险的个人账户，为农村居民自负费用的新农合的个人账户，以及为农村居民提供个人账户养老金的新农保的个人养老金账户；为包括弱势群体在内的全体社会成员提供的基本和非基本公共服务的社会服务制度，为包括弱势群体在内的全体社会成员提供互相帮助和互相支持的社会互助制度。跨底线福利制度首先具有综合性特征，跨底线福利制度同时兼顾了人们同一福利需求当中的一致性和差异性内容，既满足了基础性的底线福利需求，又兼顾了发展性的非底线福利需求，同时兼顾了公平与效率。这种福利制度的特征相当复杂，其中的底线部分可以完全由政府财政出资，也可以由个人、企业、政府三方共同承担；非底线部分可以来自个人缴费，也可以是单位（或企业）和个人分担。跨底线福利制度的运行结果也是复杂的，要么是“皆大欢喜”，要么是“相互挤占”，要么是“两败俱伤”。最好的是第一种结果，但是，由于各种因素的影响，其他两种结果也会出现。

从福利项目意义上明确社会福利的“适度普惠”具有重要意义。首先，它有助于明晰社会福利制度建设的重点。在构建适度普惠型社会福利制度中，要重点关注弱势群体的福利需求，主要面向中低收入的群体。因为，这部分群体占人口的绝大部分。对于那些具有满足社会成员底线福利需求的社会福利项目必须优先发展，而且主要是通过国家财政资金投入进行发展。重点是加强基本生活保障、养老、医疗卫生、教育和住房等领域基础性社会福利项目建设可以有效扩大社会福利制度的覆盖面，提高社会福利的普惠程度。其次，有助于明确社会福利项目发展的优先次序。我国的基本国情决定了我国不适宜实行西方发达国家的“从摇篮到坟墓”的国家福利。在社会福利项目建设的次序上，我国应根据自身发展阶段区分出轻重缓急，有次序、有步骤地加以推进，也就是优先发展适度范围内的项目，然后发展出适度范围以外的福利项目。我国应该先解决基本生活保障、养老、医疗卫生、教育和住房等基本生活保障问题，在保基本的前提下，再采取多种方式，有步骤地在养老、医疗卫生、就业、教育和住房等多领域开展更高层次的社会福利项目发展建设。在发展路径上，要优先发展农村社会福利项目，增加农村社会福利项目建设内容，提高农村居民社会福利享有水平，要不断缩小不同群体的社会福利差距，构建城乡一体化的社会福利体系。在此基础上，建设多层次的社会福利体系，逐步满足社会成员的多元化福利需求。

（二）“适度普惠”的对象分析

按照纵向福利项目和横向福利受益群体分类，表 6－4 给出了适度普惠型社会福利制度体系当中的各项福利项目及其相关群体之间的关系。基本生活福利、养老福利、健康福利、教育福利、住房福利、就业和工作福利都属于适度普惠型社会福利的基本项目。通过对福利接受者进行群体划分，可以划分为城镇各类企业员工、机关事业单位工作人员、农民工、城镇居民、灵活就业者或自由职业者、农村居民。此外，还将城乡贫困家庭和无收入来源的人作为单独的群体。

基本生活福利方面，城乡基本生活福利制度覆盖群体包括底线贫困家庭，而对于农民工、失地农民以及城镇下岗失业人员、城乡无收入的老年人应尽快纳入城乡低保覆盖的范围。

养老福利方面，城镇职工基本养老保险涉及每个职工的利益，应当覆盖到各种类型企业的职工当中。目前，灵活就业群体和农民工虽然参加了基本养老保险，但覆盖面仍然有限，需要强力推进覆盖范围的扩大。补充养老保险是多层次养老保障体系中一个重要支柱，包括企业年金和职业年金，目前覆盖人群主要是垄断性国有企业职工和机关事业单位部分职工，私营企业和灵活就业者覆盖面还很窄。高龄津贴目前覆盖的省份还极为有限，需要在全国范围内展开。

表 6—4 适度普惠型社会福利制度中的主要福利项目覆盖的社会群体情况

福利项目＼群体分类		城镇企业职工	机关事业单位工作人员	自由职业者或灵活就业人员	城镇居民	农民工	失业或下岗人员	城镇居民	农村居民	城乡贫困家庭	城乡没有收入来源的老人
基本生活福利	城市低保									◆	
	农村低保									◆	
养老福利	基本养老保险	◆	◆	◆	◆	◆	◆	◆	◆		
	补充养老保险	◆	◆								
	高龄津贴				◆				◆		◆
健康福利	基本医疗保险	◆	◆	◆	◆	◆	◆		◆		
	补充医疗保险	◆	◆								
	公共卫生							◆	◆		
	医疗救助									◆	◆
教育福利	免费义务教育							◆	◆		
	中等职业教育							◆	◆		
	高等教育							◆	◆		
住房福利	住房公积金	◆	◆								
	保障性住房	◆	◆	◆	◆	◆	◆	◆		◆	
	农民住房补贴									◆	
就业和工作福利	就业援助保障			◆		◆	◆	◆	◆	◆	
	工伤保险	◆	◆	◆		◆					
	职业福利	◆	◆	◆		◆					
	生育保险	◆	◆	◆		◆					
	失业保险						◆				

注：◆表示某项福利所覆盖的对应人群。本表中的“灵活就业者”主要是指非全日制、临时和弹性工作等灵活就业人员，主要包括自营劳动者、家庭帮工和其他灵活就业人员三种。

健康福利方面，基本医疗保障涉及每个人的基本健康权，应该覆盖包括城乡职工和居民在内的全体国民。补充医疗保险是基于雇主和雇员之间的雇佣关系，为职工提供的一种补充性医疗保险项目，覆盖人群只能是城镇企事业单位职工和机关事业单位工作人员。公共卫生项目目前只是覆盖了城乡居民，重点应向城镇地区的农民工、失业下岗人群和灵活就业者，农村地区的贫困家庭覆盖。

教育福利方面，免费的幼儿、小学与初等教育涉及人的基本受教育权利，应该覆盖城乡居民。目前，我国九年义务教育发展得比较好。当前，最紧要的是着重抓好义务教育的向前延伸和向后延伸，即抓好免费的幼儿教育和以灵活就业者、农民工、下岗失业人员等为对象的职业教育和培训。

住房福利方面，住房公积金目前覆盖范围仅局限于国有企业和机关事业单位工作人员，私营企业职工和灵活就业者覆盖面基本非常小。包括经济适用房、公租房、廉租房在内的保障性住房发展相对于商品房的建设还相当滞后，另外保障性住房的建设要综合考虑好城镇化进程中人口流动问题。对于目前来说，需要重点考虑农民工群体的保障性住房制度设计和安排的问题。

就业和工作福利方面，就业服务、就业援助和职业培训应该覆盖城乡全体居民。在城市，就业服务、就业培训和就业援助的对象是灵活就业人员、农民工、无业和失业者等弱势群体，在农村则应重点放在贫困家庭有劳动能力劳动者的就业服务、就业培训和就业援助。失业保险覆盖的群体为城镇无业或失业人员。工伤保险和职业福利覆盖的群体为城镇企业职工、机关事业单位工作人员、灵活就业者以及农民工，其重点的覆盖人群是农民工群体。

总之，我国适度普惠型社会福利制度体系的项目应该根据中国经济社会发展的实际，在同一框架下，不同社会福利项目覆盖不同的重点人群，从而满足他们不同类型的福利需求。在这种新型社会福利体系下，制度设计和项目安排都应该重视缴费性和非缴费性福利项目的区别。对于那些收入稳定、具备劳动力的人而言，应该强制他们缴纳社会保险，从而根据权利与义务对等的原则享有社会保险待遇。然而，对农民等低收入者或者社会弱势群体而言，由于收入不稳定或者压根就没有收入，对于这类人群往往需要采用非缴费性制度来满足他们福利需求，建立全民共享的社会福利体系，既涉及新制度的建立问题，也涉及新旧制度的过渡问题。通过表6—4可以看到，我国适度普惠型社会福利制度中，不同社会福利项目覆盖的重点人群不尽相同，不同人群享受的社会福利项目也存在一定差别。正是不同制度安排和不同社会群体相互交织，才使得社会福利项目适度普惠到城乡各种职业、阶层社会成员，并形成一种广覆盖、立体化的社会福利制度。

二、结构体系

我国适度普惠型社会福利制度是多层次的社会福利结构。按照马斯洛从人类动机出发将人类的需求按照满足的递进关系分为生存的需求、安全的需求、归属和爱的需求、自尊的需求和自我实现的需求；美国的《社会工作词典》将需求分为三个层次：第一层次是生存，第二层次是福祉，第三层次是自我实现。多伊和高夫也以社会福利的视角将需要分为基本需要（健康和自主）和中介需要（适当的营养和水、有保护功能的住宅、重要的基本社会关系的建立等）。中国台湾的周健林和王卓祺对香港、天津、上海、台湾等地的实证研究证明，衣食住行是华人社会群体基本需要的内容。这些研究从不同角度对需要的层次进行划分为我们从需要的角度出发划分社会福利结构提供了扎实的理论基础。参考学术界有关需求层次划分的研究成果，结合福利需求的性质，我国的福利需求可以大体划分为生存型需求、发展型需求和享受型需求三个层次。对应这三种福利需求层次得到了社会福利制度的内容，社会福利制度相应也分为三大类福利项目，这三类福利需求与社会福利项目的对应关系如表 6－5 所示。

表 6－5 福利需求与社会福利制度项目的对应关系

福利需求类型	主要福利内容	优先次序
生存型需求	衣食住等生理最低需求、基础教育（九年义务教育，三年幼儿教育）、健康（医疗、公共卫生）福利、养老福利、基本公共服务和社会参与等	优先
发展型需求	教育福利、健康保障、就业和工作福利、住房福利、社会福利服务和社会参与等	中等
享受型需求	养老、健康保障、住房公积金、社会福利服务等方面有较高水平的福利支撑	延后

对应生存福利需求的福利类层次主要包括公共财政优先提供的免费性国家福利，包括城乡居民低保项目、义务教育（包括3年幼儿教育）、农民工培训、公共卫生预防、国民年金、免费医疗卫生服务等，这些福利保障内容在社会福利诸多福利项目中是优先予以考虑的。满足发展型需求的社会福利结构层次是针对有收入人群的国家基本生活保险项目，包括职工养老保险、职工医疗保险、教育福利、保障房住房福利、失业保险等，这类福利项目大多是属于缴费性的。从福利内容上看，发展型福利与生存型福利在有些福利内容上是重合的。比如，教育福利、医疗保障、住房福利、社会福利服务和社会参与等。享受型福利需求是最高层次的福利需求，是社会成员提高生活质量需求而提供给有能力群体的补充保险项目，包括个人补充性养老保险（医疗保险）、商品房制度、养老服务机构等。满足享受性福利需求的福利内容主要是养老福利、健康福利、住房福利、社会福利服务等项目较高水平的福利支持。生存型、发展型和享受型福利需求是动态发展的，它随着社会经济发展而发展，与此相适应对应的社会福利项目也随之发生变化，各层次社会福利的结构关系如图6－4。

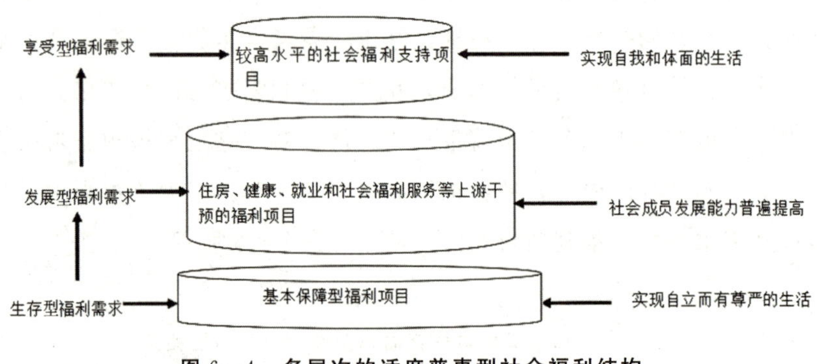

图6－4　多层次的适度普惠型社会福利结构

三、管理体系

社会福利管理体系包括社会福利的供给对象、供给主体和管理体制三个方面的层次（见图6—5）。社会福利的供给主体和管理体制是保证社会福利制度得以实现的基础和前提。在社会福利制度内，福利提供者居于主体地位。通过相关管理体制，政府整合各类社会力量，将福利资源经过福利供给主体输送给社会福利供给对象，以此来实现社会福利制度建设的目标。社会福利制度实践表明，只有通过多角度、多元化制度建设，才能建构科学化、整体化、人性化、法制化、多维化的社会福利制度。我国适度普惠型社会福利制度的管理体系亦是如此。

（一）社会福利供给对象

社会福利供给对象是指在社会福利过程中社会福利的接受者。也就是说，社会福利的实施过程，就是社会福利接受者和提供者的互动过程，即提供福利和接受福利的过程。从这个意义上来说，社会福利对象是指获得福利的一方。由于具体福利项目性质不同，社会福利制度所包含的福利项目的覆盖范围也不尽相同。根据福利供给对象的范围和重点不同，社会福利对象可分为普遍性对象和特殊性对象。

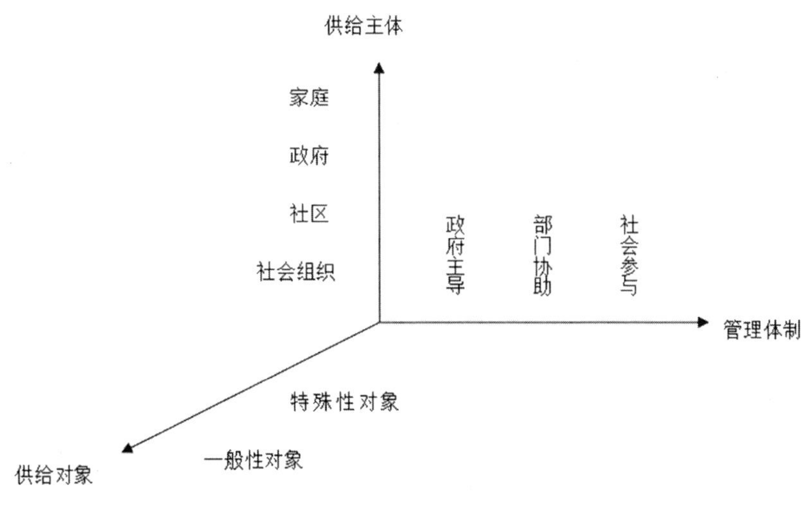

图6—5 我国社会福利制度的管理体系图

社会福利供给的特殊性对象是指社会福利有针对性地指向社会成员中的弱势群体。这里所谓的弱势群体是指拥有社会资源较少、抵御风险能力较弱、社会地位低下、需要外部力量支持才能参与正常社会生活的社会群体[①]。优先满足弱势群体的福利需求，不仅符合社会福利供给底线福利的要求，也真正体现了社会公平和正义的基本原则。我国当前的弱势群体大致可以分为四大类：第一类是自然性弱势群体，是由于自然因素造成的弱势群体，包括自然条件和生态环境恶劣的地区居民和自然灾害造成的灾民两个群体。第二类是社会性弱势群体，是由于社会转型、国家政策调整等社会因素造成的弱势群体，当前这类弱势群体主要包括城镇下岗失业人员、城镇农民工和高校贫困大学生等。第三类是生理性弱势群体，是由于生、老、病、残生理性的原因，造成在竞争中处于弱势地位的群体，这些社会弱势群体包含了老、弱、病、残。第四类是心理性弱势群体，是由于心理疾病导致的弱势群体。这类群体主要是因为部分社会成员无法协调外在的经济社会关系，导致心理陷入混乱，引发精神疾病的社会群体。

社会福利供给的一般性对象是指社会福利面向一国的全体社会成员。从社会福利的基本原则来看，社会福利既要重点满足社会中某些群体的专门化需要，又要满足广大民众的福利性需要。在各国社会福利体系中，一般都包含面向广大社会成员的福利政策和措施。这一方面是由社会福利的本质属性决定的；另一方面也是由全体社会成员具有共同基础性的福利需求所决定的，解决生存的基本需求、受教育的基本需求和公共预防卫生和保健的需求，这些福利需求是人人都需要的福利，属于社会福利供给的“底线”福利；最后也是由全体公民都享有平等福利权利的基本规定所决定的。我国相关政策法规规定，我国的公民有在接受社会福利时享有平等的权利。从根本上来说，我国适度普惠型社会福利制度的覆盖群体为全体社会成员。但由于发展的阶段性特点，我国适度普惠型社会福利当前的重点覆盖对象是从社会福利的特殊对象到城乡就业的社会成员全覆盖，在此

① 景天魁等：《福利社会学》，第230页。

基础上社会福利受益对象逐步扩大到全体社会成员。

（二）社会福利供给主体

社会福利资源供给系统是对社会福利的对象传递福利资源的重要系统，是适度普惠型社会福利制度管理体制的一个重要方面。社会福利资源供给的主体多种多样，大致可以分为四种类型，即家庭、政府、社会组织和传统社区网络。在这个社会福利资源供给系统中，家庭是最初的社会福利提供者，传统社区网络和社区组织是社会力量的社会福利提供主体，政府是主导性的社会福利提供者。

在人类社会形成之初的福利提供者是家庭，此外家庭也是社会生活的最基本的单位。在我国历史上，家庭在福利提供方面具有无与伦比的重要作用，它不仅是社会福利的组织者与实施者，也是福利资源最常见和最重要的来源。随着工业化和市场经济发展，家庭的社会福利功能呈现出一定程度的弱化趋势，但家庭作为我国福利供给主体的地位尚未动摇。一方面，中国人深受传统“家庭为本”福利文化所影响，当其面临困境时，通常会先想到从家庭或家族内寻求帮助，极少考虑从外界寻求帮助。在城乡居民的养老保障方面，大多数中国人仍然对于家庭有着很大的需求，特别是在精神层面，家庭养老保障满足了中国人特有的血缘亲情的精神层面的需求。因此，家庭仍然具有不可替代的福利支持功能。另一方面，家庭保障作为一种非正式福利制度能为政府提供的养老福利进行有效补充。随着社会的发展和时代的进步，包括各种灵活就业、非正规就业成为我国劳动力就业的主体形式，统一的国家养老的正式制度形式很难将社会成员完全覆盖，特别是落后的农村地区，这些就为家庭福利补充保障提供了发展的空间。

政府是当代社会福利供给中最重要的主体。当今世界，没有其他任何组织可以替代政府的作用。为了确保社会福利制度健康有序地发展，必须要对政府的角色和责任进行合理界定。在社会福利供给中，政府的地位经历了没有政府的位置到政府地位愈加重要的变迁，政府在现代社会中发挥着主导性的作用。从世界来看，政府在福利供给中的作用经历了一个从小到大、从补缺到主导的转变过程。如今，中国的社会福利供给早已一改计划经济时期由政府全权包揽的模式，呈现出多元化格局。在政府的主导下，由社会、个人、政府三方面共同承担社会福利责任。但政府尚未建立与现代社会福利相适应的公共财政体系，政府的社会福利主导调动促进各种社会资源的推动和监督作用还不明显，政府与非政府组织及社区等福利供给主体的边界还不明确，各福利供给主体之间的分工还不明确。

一定数量的人口在一定的范围内，通过相应的文化特征所形成的具有一定地域性和互动关系的生活共同体就是社区。因此，社区的基本要素由人口、地域组织结构所构成①。社区一方面是福利组织的一种组织形式，另一方面又是福利资源的重要渠道。社区提供福利供给大部分是在社区开展的面向社区居民的各类社会服务。例如对失去生活能力的老人、残障者和精神病患者的照料护理。在我国社会福利供给通常包括三方面的内容：第一是社区自行开展的福利；第二是福利机构在社区所开展的福利；第三是政府委托社区实施社会福利，包含社区教育、卫生保健、就业服务和培训、老年人服务等。这些提供的社区服务对于满足社区居民多元化的福利需求起到了不可忽视的作用。

社会组织在我国主要是指“非营利性组织”，这种类型的组织是社会成员在自愿的基础上所形成的具有一定法律地位、不受企业和政府所支配而独立运作且发挥社会功能的，具有一定组织形式且不以营利为目的的社会公益组织。② 作为政府和民众之间的桥梁和纽带，它不仅对民众福利需求有比较深刻的认知，具有开拓福利资源的功能，而且在化解社会矛盾与冲突、维护社会稳定与和谐等方面，具有重要的社会建构功能。目前，我国的社会组织大多带有官办特征，民间性、草根性的社区组织还处于初始发育阶段。要充分发挥民间组织的功能，就必须切实转变政府的社会职

① 徐永祥：《社区发展论》，华东理工大学出版社 2000 年版，第 34 页。
② 范斌：《福利社会学》，第 173 页。

能，在分工界限中处理好政府与社会组织之间的新关系。

表 6—6 中国社会福利供给主体的功能、特点及优缺点分析

供给主体	功能	特点	优点	缺点
家庭	1. 教育和文化功能； 2. 子女抚养和老人赡养功能； 3. 家庭成员互济功能	传统供给体制发展完善	1. 及时性； 2. 富有弹性； 3. 情感性	1. 在照顾方面存在一定局限性； 2. 照顾者援助； 3. 存在一定的空白
政府	1. 财政资助； 2. 监督立法	与其他主体的功能边界模糊，分工不明确	1. 资源多； 2. 稳定性好； 3. 覆盖面大	1. 官僚、无效率； 2. 缺乏弹性、消费
社区	1. 对社区内弱势群体提供保护性服务； 2. 提供提高社区居民生活质量的服务	1. 社会化程度不高，内容单一； 2. 政府主导进行	1. 及时有效； 2. 富有弹性； 3. 便捷； 4. 合作； 5. 具有很强的心理归属	1. 在资源和覆盖范围方面存在局限性； 2. 在能力与机会上受到一定限制
社会组织	1. 目前注重于提供扶贫、环境保护服务	1. 发展不完善； 2. 立法不明确	1. 及时有效； 2. 富有弹性； 3. 创新； 4. 能够填补空白	1. 在人力财力物力等方面受到限制； 2. 不够专业，缺乏持久感、规模化不足

资料来源：范斌：《福利社会学》，社会科学文献出版社 2006 年版，第 195 页；刘继同：《欧美人类需求理论与社会福利制度运行机制研究》，《北京科技大学学报》2004 年第 3 期。

（三）社会福利管理体制

在当代中国，政府在社会福利管理体系中承担主导责任，成为社会福利中重要的管理主体。我国的经济体制从传统的农业社会发展为现代工业社会，也意味着加大了社会风险、加剧了社会矛盾。这就尤为需要政府的积极干预，才能使社会弱势群体的生存权和发展权得到保护。所以，政府慢慢走向了福利提供的“前台”，为人们提供社会福利成了其首要责任。并且，因为增加了福利需求，需借助政府的力量，对社会福利资源进行调动及整合，使社会福利供给得到保障。正如钱宁所言：“传统社会网络无力应对市场给人们生活带来的不确定性危机，只有国家有能力运用权力保护人民免于社会风险。”[①] 这里，中国政府承担社会福利管理体制的主导功能表现在：第一，对社会福利责任进行选择，在社会福利管理体系中最为关键之处就是选择与本国自身实际情况相适应的社会福利制度。目前，全世界有多种类型、模式的社会福利制度，选择社会福利制度不仅事关社会福利事业本身是否能健康发展，同时也与社会的和谐稳定息息相关。第二，与社会福利相关的政策及法规，通过国家立法推动社会福利制度的设计和发展，是社会福利法制化和制度化的根本保证。福利政策是国家为了实现社会资源再分配、影响社会福利、维系社会稳定、促进社会公平而进行的一系列政策活动。第三，整合其他福利主体，社会福利的多元供给主体需要政府对社区、家庭、社会组织进行组织、功能和行为的整合，这首先要界定好政府、市场与社会的制度边界，从而实现社会福利管理最大化和最优化。

在政府承担主导功能的前提下，还要坚持各部门分工协作的原则。我国适度普惠型社会福利制度在制度蕴含的内容体系上有了较大的扩展，涉及政府部门的包括民政部、人力资源和社会保障部、财政部，还包括卫生和计划生育委员会、国家公务员局和建设部等部门。这就要求在社会福利制度建设中，要做好各部门之间的分工协作，界定好部门间的权限，避免职能交叉和空缺。在设置社会福利领导小组时，可以采取跨部门的方式，相应的小组组长由国务院分管的副总理来担任，财政部、国家税务总局、人力资源和社会保障部、民政部、卫生和计划生育委员会、住房和城乡建设部、银保监会、全国社会保障基金理事会、全国总工会等担任小组成员。该领导小组协调部际之间的联系，决定社会福利顶层设计工作，研究和制定适度普惠型社会福利的改革与发展的重大问题。具体可以将涉及国家财政支撑的项目，包括城乡低保等社会救助项目、老、弱、残、障福利的社会福利（狭义）项目交由民政部来统一管理；将原来的民政部主管的行政区划工作、婚姻登记、收容遣送、社团登记与管理等工作交国家发展

---

① 钱宁：《现代社会福利思想》，高等教育出版社2006年版，第193页。

和改革委员会、人民法院、公安部和国家工商管理总局；将国家强制参加的养老保险进行合并，即国家公务员局管理的机关事业单位工作人员养老、失业保险和人力资源和社会保障部管理的城镇企业职工养老、失业保险，及民政部门管理的农村社会保险，卫生部门管理的医疗保险及公费医疗和各地的房改中心管理的住房公积金等住房保险等项目划统一归入人力资源和社会保障部管理；将职工个人储蓄型商业补充保险、企事业单位开办的补充保险和职业年金和行业、社团开办的行业互助保险交由中国保险业监督委员会管理。省级政府也应成立相应的领导小组，在时机成熟时，再实行大部门统一管理。

在社会福利管理体系中，要实现家庭、企业和社会组织的广泛参与，应该实现社会福利的多元化管理。家庭在中国社会福利资源供给中是极为重要的福利资源。中国的家庭福利至今仍然还具有自然性及族长权威性等特点，是符合传统儒家文化的。因此，适度普惠型社会福利制度是以家庭福利作为基础的。当下，我们应该重新审视孝文化，重新塑造孝文化，为现代社会的家庭保障提供新的福利文化基础，要制定有利于家庭保障发展的相关政策。而社会组织作为政府和民间沟通的桥梁和纽带，对于满足民众福利需求，开拓福利资源和提供福利服务方面，都是社会福利管理体系必需的一个部分。社会组织可以高效地满足广大社会成员对社会福利的需求。工作单位，作为面向单位所属职工提供的各种福利保障，是职工获得职业福利的重要的渠道。单位福利在增强职工的凝聚力、改善职工的生活质量、提高单位的竞争力方面都具有重要功能。我国的企业福利从计划经济时期大包大揽的“企业办社会”的企业福利过渡到市场经济时期的“企业福利社会化”的企业福利阶段。在改革企业福利过程中，我们必须尊重历史和文化，正确处理好继承与创新的关系，探寻企业福利制度的创新道路。社区是社会福利制度的组成部分和福利供给的重要来源。我国社区服务主要是在社区内开展的、面向社区居民的、各种非营利性的社会服务。目前，我国社区福利供给的重点在社会救助、社区养老和社区再就业工程三个领域。

总之，构建适度普惠型社会福利制度需要以政府为主导，包括家庭、社会组织、企业单位和社区在内的多元主体广泛参与的一种互动合作的社会福利管理体系，以适应多元化的福利需求。

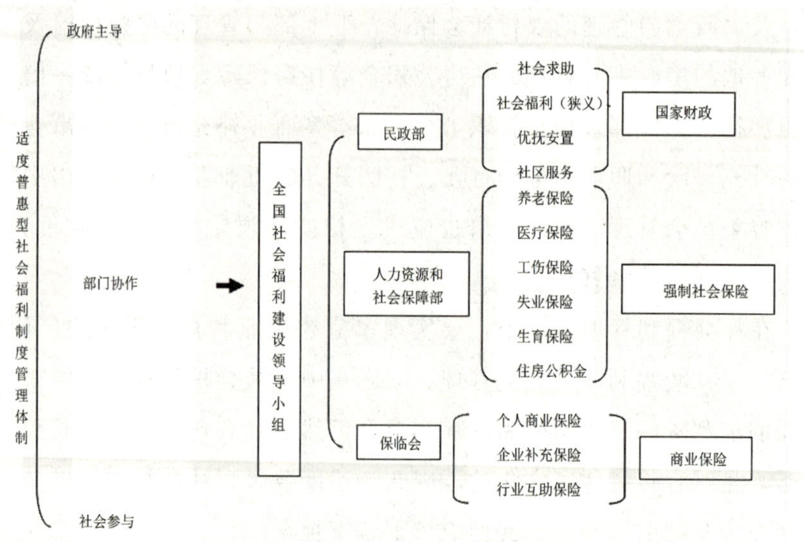

图 6—6　中国适度普惠型社会福利管理体系图

以上从内容体系、结构体系和管理体系三个方面分别对我国适度普惠型社会福利制度的基本模式架构进行了分析。总体上来说，在福利覆盖范围上，我国的适度普惠型社会福利制度要覆盖全体城乡居民，同时又涵盖人民生活的方方面面，包含了各项社会生活领域，诸如基本生活、健康、教育、养老、住房、就业和工作等方面的福利；在福利程度上，实现在基本生活基础上，重视满足健康、居住、教育、就业和工作等发展性福利需求；在发展机制上，强调政府主导，家庭、社区、企业和社会组织多方参与，在多元福利的框架下促进国家社会福利制度的发展与完善。在国家政策的推动下，构建专业化、职业化的社会工作政策体系，多元化、专门化的社区服务政策体系和社会福利政策体系；在发展路径上，采取福利范围拓展和福利水平适度提高的渐进式发展道路。新型适度普惠型社会福利制度既区别于范围狭小的、低水平的补缺型传统福利制度，也有别于西方的范围扩大化、高水平的福利型福利制度，其是在综合考虑福利需求条件和我国实际国情基础上，结合当前和长远的一种“中福利模式”。换句话说，广义的“大福利”对于当前中国社会可能还是难以承受的，但简单地将社会福利和“社会福利事业”画上等号已明显不能与当今社会经济发展相适应。所以，可以适当放宽社会福利的外延，将住房和教育福利不属于保障性福利的部分归于社会福利中。因此，社会福利构成可以是一种较为中等层次的定位。事实上，社会福利概念外延的扩展是经济社会发展的必然要求，是在狭义的社会福利政策与广义的社会福利政策之间的一种中等水平的社会福利政策，是经济社会发展的必经阶段[①]。

① 赵顺盘：《社会福利事业的基本架构及其发展趋势》，中华人民共和国民政部网站，2007年12月25日。

第七章 我国适度普惠型社会福利制度构建的战略选择和相关对策

制度能够实现预期目标的关键还在于制度的实施战略的抉择与相关对策落实是否有效。构建我国适度普惠型社会福利制度不仅需要定位制度的目标、设计制度的基本模式，还需要明确制度的发展战略，提出有针对性、具体性的对策建议。为此，正是基于上述有关章节的分析，以我国适度普惠型社会福利制度发展的基本框架为依据，明确我国适度普惠型社会福利的发展战略，提出了我国适度普惠型社会福利制度的相关对策和建议。

第一节 我国适度普惠型社会福利制度构建的战略选择

通过前文分析可知，我国适度普惠型社会福利制度发展框架具有如下的特点[①]：①国民全覆盖。福利供给的对象，具体是指福利的需求者、接受者和使用者。福利供给对象解决的是“提供福利给谁”的问题，我国适度普惠型社会福利制度的最终目标是覆盖全体城乡居民。②城乡一体化。我国城镇和乡村都要建立全国统一的社会福利制度，并实现最终项目完全一致，人们享有的福利水平不分城乡，都是统一的。③地区普及化。全国

① 戴建兵、曹艳春：《论我国适度普惠型社会福利制度的构建与发展》，《华东师范大学学报》（哲学社会科学版）2012 年第 1 期。

各省、自治区、直辖市都要建立这一制度，使这一制度覆盖各个基层政权。④项目全面化。人们的福利需求分为不同的层次，对应的福利项目也应该对此有所涉及，满足人们的福利需求，为人们的福利保障提供项目支撑。⑤水平提升化。只有福利水平得以持续发展，人们日益膨胀的福利需求才能得到满足；同时，福利水平的提升又必须以现实的经济社会发展作为基础，我国的经济和社会发展能力已经有了巨大的飞跃。⑥形式的多样化。在提供适度普惠型社会福利的方式上，可以不拘泥于某一种特定形式。可以是实物形式，诸如衣物、被褥、粮食等；也可以是货币形式，诸如津贴、补贴、年金等。除此之外，还可以是医疗卫生、康复、护理服务形式、精神及心理形式的，诸如员工福利等。总之，可以通过各种各样的福利形式实现社会福利的多维供给和传递来解决“提供什么福利”的问题。⑦供给主体的多元化。当前，社会福利制度得到了前所未有的蓬勃发展，社会福利供给主体也将呈现多元化趋势，由早前的政府垄断的单一供给方式，转变为政府、家庭、企业、社会组织、市场和个人多主体供给，通过多元主体来解决“谁提供福利”的问题。

受经济社会发展水平的制约，我国适度普惠型社会福利制度建设不可能一步到位，需要经历一个漫长的发展过程，是一个分阶段、分步骤，逐步实施的过程。在这个过程中，适度普惠型社会福利分成三个阶段性目标，再将阶段性目标分解为一些具体的目标，每个阶段的具体目标完成之后，从而完成阶段性目标，在阶段性目标完成之后最终才能实现适度普惠型社会福利制度的总目标。

一、我国适度普惠型社会福利制度建设的“三步走”战略

2011年到2050年为我国适度普惠型社会福利制度的具体实施阶段。这一阶段时间长达40年，可以划分为三个时期（见图7－1和表7－1）：第一阶段为初级阶段，即2011—2020年。在这一时期，我国将全面实现小康社会，并使社会福利制度向所有的弱势群体覆盖，福利水平随着经济

社会发展水平有所提升。经过这个阶段，我国将基本建立健全覆盖全民的社会福利体系，满足社会成员的“生存型福利需求”。目标任务是构建初步普惠全民的“两免除一解除”（免除生存危机、免除疾病忧虑和解除老年后顾之忧）的基本福利制度。

此阶段是建设适度普惠型社会福利制度的重要基础，能行之有效地维护底线公平。此阶段的主要目标[①]：①实现城乡居民低保制度的统一，不断缩小差距，初步形成稳定、综合的社会救助体系框架。制订人均每天不低于1美元的贫困线标准[②]，在全国总人口中，通过相关制度以及低保制度获得援助的低收入人口超过8%。②加大力度整合养老保险制度，在全国范围内形成四元化的养老保障体系，即城镇职工基本养老保险制度、机关事业单位工作人员养老保险制度、老年津贴制度、城乡居民养老保险制度。此外，再加上职业年金、企业年金和商业保险等方式，在经济上保障老年人的生活。③养老保险制度要实现全国统筹，由省级管理基本养老金的个人账户，劳资双方均有责任缴纳费用。建立规范且统一的社会保险经办机构，捋顺监管体制，贯彻执行垂直管理。针对参保者实行延长缴费年限和提高退休年龄等方式，以确保制度可持续发展。④实现医疗保险制度的全民覆盖，不断缩小城镇居民和农村居民在医疗制度方面的差距，由经办机构协同一致，确保医疗保障水平高于保障范围内平均医疗费用的65%，不断减少医疗费用中的个人负担，将医疗费用的个人负担控制在30%内，从根本上改善“看病难、看病贵”的弊端。⑤不断加大财政性社会福利开支，从以往的12%以下增长到15%以上，从而确保在制度上达成“二免除一解除”这一目标，逐级完善财政转移支付制度，从而确保各级政府在财力上相适应。⑥全面推进教育福利与住房福利的发展，包括将义务教育年限从9年延长到12年，即增加3年免费幼儿教育。增加政府

① 郑功成：《迈向中国特色社会主义福利社会三部曲——访中国人民大学教授郑功成教授》，《前线》2011年第5期。

② 中国目前的贫困线是2011年确定的，农村（人均纯收入）贫困标准为2300元，这比2010的1274元贫困标准提高了80%。

财政投入，进一步拓展公共房屋供应，以保障弱势群体的居住条件，建立起农村贫困居民的建房补助制度。⑦初步构建适度普惠型社会福利法律体系。包括基本完成社会福利制度的基本立法任务，诸如颁布并实施《慈善事业法》《社会救助法》，同时修订妇女和老年人的相关权益保障法等，出台住房福利、教育福利等方面的行政法规，为社会福利制度的开展提供良好法律基础。⑧构建专项社会保障预算制度，加大力度构建城乡一体化的社会保险经办机构。不断致力于建设专项社会保障预算制度，并将进展定期报告全国人大常委会，以接受其监督与审查；规范社会保险经办机构的设置、名称及职责，完成社会保险经办机构的规范与基本建设任务。⑨建立覆盖城乡居民的公共卫生制度，加强基层社区的经办机构建设，建立经费保障机制。只有完成了以上任务，才能为构建完善的适度普惠型社会福利制度夯实基础，同时还能基本满足城乡居民迫切的福利需求，从而有效缓解贫富差距的持续扩大。

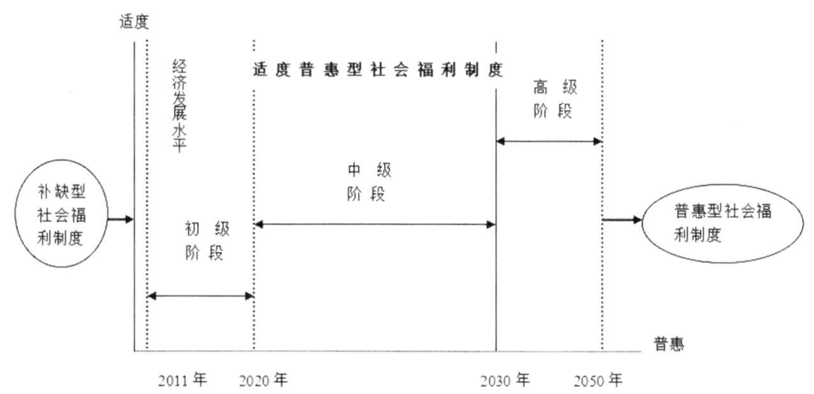

图 7—1 我国适度普惠型社会福利制度阶段图

资料来源：曹艳春：《我国适度普惠型社会福利制度发展研究》，上海世纪出版集团2013年版，第227页。

第二阶段为2021—2030年，此阶段属于中级阶段。我国经济将持续稳定增长，社会福利制度将由全体劳动者覆盖到城乡所有居民，社会福利项目得到极大的扩展，社会福利水平从生存型福利需求发展到安全型福利需求的层次。经过这一阶段，社会福利制度的发展将步入重点阶段。2020年是我国全面步入小康社会的既定目标，为了支撑这一目标，将以完善的社会福利体系作为重要指标，使所有居民共享所有的社会福利。这一阶段特别关键，一方面，因为适度普惠型社会福利制度在经过最初的发展之后，已步入了有法可依、稳定发展的全新阶段，必须深化制度建设，使其与国家长远战略发展相适应，不然就会导致制度变革付出巨大代价使成本徒增，适应期不断延长。另一方面，城乡社会福利制度得到了统筹发展，城乡、地区、群体间福利差距大大缩小，扭转了财富分配格局的失衡。所以，该阶段的主要目标是建立全面稳定的社会福利制度，保证所有人都能享有基本福利。主要表现为适度普惠型社会福利制度具有完整的体系、规范的制度和齐全的项目，能有效满足人们各种福利需求，并确保社会经济健康、稳定的发展。

这一阶段的目标任务有[①]：①面向全民的综合性救助制度定型、稳定。贫困线标准与国际标准相同（现在为人均每天不少于1.9美元[②]），规范所有的专项救助，在社会救助的投入中，国家财政不得低于财政支出总额的2.5%，城乡居民的生活困难都能通过综合性救助得到相应的援助。②在全国范围内构建覆盖多元化的养老保障制度安排，以便于在制度上实现所有公民都享有养老金。这一时期，不同制度间的待遇差距显著缩小，多层次养老保险制度体系完全形成并走向成熟，财政对养老保险的补贴和责任分担机制也走向成熟。统一城乡老年津贴制度，确保在全国范围内形成多元化的养老保障制度。③进一步整合医疗保险制度，形成城乡统一、覆盖面广的缴费型医疗保险制度，并不断完善多层次的医疗保障制度体系，以便不断分散医疗风险。在该阶段，要求医疗保障水平必须要超过规定范围内平均医疗费用的80%以上，自己承担的费用控制在20%以内。

① 郑功成主编：《中国社会保障改革与发展战略》（总论卷），人民出版社2011年版，第31—34页。

② 2015年10月4日，世界银行宣布将国际贫困线标准从之前的每人每天1.25美元上调至1.9美元。

同时，逐渐消除各群体间医疗保险待遇的差距。④不断完善失业保险和工伤保险制度，同时构建专门的护理保险制度，使其与失业保险、工伤保险、医疗保险、养老保险等紧密联系、有机结合，确保人们在工伤、病痛、年老时能得到必要的护理，以解除人们的后顾之忧。⑤不断致力于推进住房福利与教育福利的发展，通过扩大财政对教育事业的投入来提高学历教育与职业技术教育的公益性。增加政府投入，进一步提升公共房屋的供应，以确保弱势群体的居住条件，完善农村贫困居民的建房补助制度。⑥不断完善老年人、残疾人以及妇女儿童的福利发展，保障他们的生活质量以及生活服务需求。针对老年人和残疾人构建专门的津贴制度，使他们充分享受到社会福利制度不断完善所带来的成果。⑦进一步明晰公共财政与社会福利的关系，并上升到法律的层次。在国家财政支出中，直接投入到社会福利中的部分不能低于20%，在全国范围内的社会福利支出和各类保障性支出不得低于国民生产总值的15%，以便于为社会福利提供雄厚的资金保障。基尼系数因社会福利制度对收入分配的调节而降低到0.4以内。⑧针对社会福利设置统一的行政监管机构，对所有的社会福利事务实行统一监管。按照权责明晰、统一、权威、有效的原则，将基本社会福利制度整合到一个统一的机构实行监督管理。⑨社会福利管理与运行的现代化、规范化。各项社会福利事务的监督与运行，都采用现代化、信息化手段，并通过发达的公共服务体系公开、透明地为广大民众提供服务，接受群众的监督。同时，规范社会服务平台，为城乡居民提供公共社会服务。

第三阶段是2031—2050年，此阶段属于高级阶段。此时我国经济将步入中等发达国家的水准。2049年将是新中国成立100周年，届时中国的综合国力将得到巨大提升，我国的社会主义事业将取得显著成果，人均GDP将达到发达国家水平。依照国际经验可知，在这一阶段，中国的城镇化率将超过70%，在所有从业人口中，农业人口的比例将不断下降，并降至10%以下。此时，居民对生活福利的需求将不断提升，不再仅满足于之前的生存性和安全性福利，而更加趋向于发展型和享受型福利。所以，此阶段应该通过福利制度安排对社会财富进行合理分配，以保障人们的生活质量、维护人们的尊严。为此，在进入第三个发展阶段之后，项目扩张将不再是我国社会福利制度的重要任务，而应该通过制度的日臻完善，进一步提高福利水平，促使社会福利制度更加注重对人们生活质量的保障，由形式普惠向实质公平转变。此阶段的主要目标是不断完善我国适度普惠型社会福利体系，确保所有人都能享有较高水平的社会福利及有关服务，全面满足人们的各类福利需求，有效维护人们的尊严与自由，并循序渐进地驶向普惠型社会主义福利社会。

此阶段的主要任务有[①]：①各项福利制度进一步完善，走向公平普惠的高级阶段。综合社会救助不仅实现了制度统一，而且实现了不同地区及城乡间的救助待遇的标准统一。缴费型养老保险成为整个养老保险制度体系的主体，城镇企业职工养老保险、机关事业单位工作人员养老保险、城乡居民养老保险实现了制度整合，全国实现了标准统一的制度安排。全面的健康保险制度初步建成，既免除了国民的疾病医疗的后顾之忧，而且基本消除了城乡公共卫生与医疗保障之间的差距。国内人均卫生费用与发达国家的人均卫生费用趋近。在疾病医疗费用中，个人负担的医疗费用持续下降，在所有医疗卫生开支占比中，个人现金开支控制在20%以内，其余部分由政府和社会开支负担。残疾人福利、老年人福利、妇女儿童福利以及住房福利、教育福利等社会福利制度安排将日趋完善。②能充分满足人们的所有社会福利服务需求，具有十分发达的社会公共服务体系，个人的各项社会福利服务需求能够得到充分满足。各类社区服务网点、老年人、残疾人以及妇女儿童的福利服务事业得到前所未有的发展。十分发达的社会公共服务不仅为国民生活质量提供了有力保障，而且为社会就业提供广阔领域。③衡量社会福利水平的相关指标接近或达到发达国家的水平。其中：全口径社会福利支出（如社会保障基金、福利服务及补充保障

---

① 郑功成主编：《中国社会保障改革与发展战略》（总论卷），人民出版社2011年版，第34—36页。

支出等）在国民生产总值中的比重要在20%以上；依据既有统计口径，在国家财政中，财政性社会保障投入所占比例将超过25%；由于社会福利制度会在一定程度上调节收入分配，会使基尼系数不断降低，将目标控制在0.35以内，公平的目标更加显现。④福利事业的补充得到巨大发展，动员社会资源的能力也明显提升。国家商业保险的发展水平与发达国家已基本趋同，在所有劳动者中已广泛的覆盖了补充保险，使社会公平原则得到体现。慈善事业获得大发展，其扶贫、济困、助残、恤孤等内容向支持教育、环保及相关社会服务扩展，募捐额不低于GDP的2%，志愿者参与率不低于70%，个人捐款与参与志愿活动成为社会的风尚。国民通过商业保险来管理个人生活风险成为生活常态，并能够获得相应政府财政的支持。

表7—1 我国适度普惠型社会福利制度三个阶段的覆盖群体与主要任务

时间	发展阶段	覆盖群体	满足福利需求	主要任务
2011—2020	初级阶段	从弱势群体到劳动者	生存型福利需求	基本建立健全覆盖全民的社会福利体系，满足社会成员的“生存需求”。构建普惠全民的“两免除一解除”的基本福利制度
2021—2030	中级阶段	从劳动者到全体国民	安全型福利需求	福利项目不断扩展，福利差距逐步缩小，建成体系完整、项目齐全、制度规范，能够较充分地满足国民福利需求的社会福利体系
2031—2050	高级阶段	全体国民	发展型和享受型福利需求	人人公平享有社会福利及服务，国民各项福利需求得到满足，社会福利制度迈向普惠型社会福利社会

二、我国适度普惠型社会福利制度建设的“三步走”战略的划分依据

1. 社会发展战略依据

1987年10月，中国共产党第十三次全国代表大会就国内经济建设出

台了总体战略部署计划：第一步，1981—1990年实现GNP比1980年要翻一番，使人民的温饱问题得到解决，这在20世纪80年代末已基本实现；第二步，到20世纪末GNP翻两番，人民进入小康社会，我国早在1995年就完成了翻两番的任务，到2000年，我国已基本实现小康水平，但还是低水平的、不全面的、发展不均衡的小康；第三步，到21世纪中叶基本实现现代化，人民生活相对颇为富裕，人均GNP达到中等发达国家水平。步入21世纪后，中国共产党基于“三步走”战略，提出了“新三步走”的发展战略。尤其是在1995年，江泽民同志于中国共产党第十五次全国代表大会上表示：到21世纪，国家的目标要在2010年使GNP与2000年相比翻一番，要让人们过上比较富裕的生活，形成颇为完善的社会主义市场经济体制。接着，再努力十年，也就是到中国共产党建党100周年时，使国民经济得到进一步发展，所有制度更趋完善；到21世纪中叶，也就是新中国成立100周年时，要大致实现现代化，将我国建设成为富强民主文明的社会主义现代化国家。这一新的发展战略，成为21世纪中期的“中国梦”。由于邓小平同志的“三步走”战略的第一步和第二步战略合并在一起形成了一个总目标——建设小康社会，以江泽民同志为代表的中国共产党人决定把“新三步走”发展战略第一步和第二步也合并为一个大目标——全面建设小康社会。在2002年召开的中国共产党第十六次全国代表大会上，江泽民同志明确提出：“我们要在本世纪头二十年，集中力量，全面建设惠及十几亿人口的更高水平的小康社会，使经济更加发展、民主更加健全、科教更加进步、文化更加繁荣、社会更加和谐、人民生活更加殷实。”胡锦涛同志在中国共产党的第十七次全国代表大会上提出了“实现全面建设小康社会奋斗目标的新要求”。胡锦涛同志强调：“我们已经朝着十六大确立的全面建设小康社会的目标迈出了坚实步伐，今后要继续努力奋斗，确保到2020年实现全面建成小康社会的奋斗目标。”2012年，胡锦涛同志在中国共产党第十八次全国代表大会的政治报告重申了“两个一百年”的奋斗目标，他指出：“只要我们胸怀理想、坚定信念，不动摇、不懈怠、不折腾，顽强奋斗、艰苦奋斗、不懈奋斗，就一定能在中国共产党成立一百年时全面建成小康社会，就一定能在新中国成立一百年时建成富强民主文明和谐的社会主义现代化国家。全党要坚定这样的道路自信、理论自信、制度自信!”目前，以习近平同志为核心的中国共产党领导班子强调“两个一百年”奋斗目标，提出要实现“中国梦”，也就是说要在两个一百年奋斗目标中不断追求“中国梦”。实现“两个一百年”奋斗目标也意味着中国的发展水平将登上两个新台阶，为实现“中国梦”扫清障碍。可见，“中国梦”要以“两个一百年”为基础才能达成。

由上述对中国经济社会发展战略可知，中国最重要的战略部署时间点是建党100周年，即2020年和建国100周年，即2050年，分别要全面进入小康社会和基本实现现代化。由于社会福利制度离不开宏观经济社会的大环境，必须密切联系战略部署的规划与要求。对此，社会福利制度的发展必须着重考虑以上两个重要的时间节点。

2. 政治发展水平依据

根据蒂特马斯的社会政策的三个模型，将社会政策划分为残补的社会政策、工业成就的社会政策以及制度的社会政策。这种三分法是以威伦斯基和莱博福利国家的二分法的基础发展而来的：残补模式的福利是从制度层面而言的，威伦斯基提出的残补模式福利是指社会福利制度是在家庭和市场衰败之后进行补救而产生的。这种模式与社会民主化程度低联系在一起。而工业成就模式福利则是视福利服务为现代工业社会中扮演常态第一线的补助者的角色，社会福利需求之满足必须立基于工作成就、生产力与功绩。这个模式类似于俾斯麦模式。更精确地说，这个模式福利是欧洲大陆社会保障制度的基石。我们常说：“年轻时工作缴保险费，年老时领退休年金。”即是这个概念中的年金系统。这种模式福利主要保障那些有工作的人口，所以相对于制度模型来说，工业成就模型是属于“部分的”“片段的”福利系统。这种模式与中等社会民主化程度相联系。美国是夹杂着残补福利与工业成就福利的福利国家。制度模式以贝弗里奇模式为原型，认为个体福利属于社会集团责任的范畴，在这种模式下，遵循的是社会最低原则，也就是说全体公民都享有最基本的生存权，这一权利是没有任何条件限制的，与性别、种族、贫富以及是否拥有工作毫无关联。在这种模式下不认可市场具有初次分配福利的功能，认为福利分配是政府的任务。这种模式与高水平及高度发达的民主进程相联系，瑞典是这一模式的典型代表。经济发展水平、政治民主化与社会福利制度三者之间的关系如图7—2所示。

相当长一段时间内，我国实行的社会福利制度属于补缺型社会福利制度。这种制度与当时我国经济发展水平及民主化进程息息相关，能有效消除我国的贫困，促使人们从温饱步入小康。然而随着国内社会政治制度和社会经济的不断发展，亟待构建一种层次更高、更加与时俱进的社会福利体系。我国的民主进程和社会政治制度日益重视改善民生，发展人民福利。所以在2007年12月，适度普惠型社会福利应运而生，它是我国迈向更高程度的社会主义民主社会的时代要求。

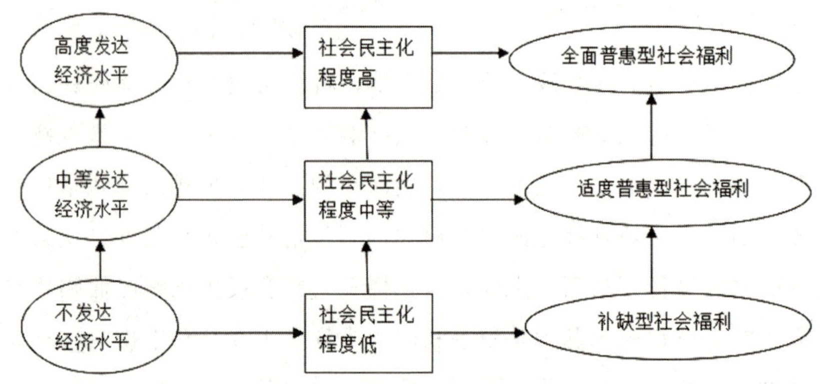

图7—2　经济发展水平、政治民主化与社会福利的相关关系

资料来源：曹艳春：《我国适度普惠型社会福利制度发展研究》，上海世纪出版集团2013年版，第236页。

3. 经济发展水平依据

我国的宏观经济伴随改革而得到了蓬勃发展，1978年我国GNP和人均 GDP 分别为 3645.22 亿元和 381.23 元，发展至 2009 年，这一数据增长到 335353 亿元和 25125 元，平均每年的 GNP 增长 14.81%。

飞速发展的经济使我国的经济实力不断提升，社会财富日渐增多，从而为社会福利的实施提供了充足的资金基础，能有效促进我国的社会福利从补缺型转向适度普惠型。通过比较我国与世界其他国家的 GDP 绝对值可知，我国于 2008 年的人均 GDP 超过了 3000 美元，从数值上看我国的人均 GDP 已超过了发达国家 1970 年的水平。发达国家的社会福利制度自 20 世纪 70 年代起步入全面发展时期，开始发展为普惠制。因而，从经济实力上看，我国在 2010 年才有能力开始建设普惠型社会福利制度。融合我国经济发展的趋势及世界发达国家经济发展的阶段性与周期性，可以假设我国人均 GDP 的增长率呈现出缓慢下滑的趋势，在第一阶段（2011—2020 年）我国人均 GDP 增长率为 8%；第二阶段（2021—2030 年）的人均 GDP 增长率为 6%；第三阶段前 10 年（2031—2040 年）的人均 GDP 增长率为 5%；第三阶段的后 10 年（2041—2050 年）的人均 GDP 增长率为 4%。据此计算，发展至 2020 年我国人均 GDP 将超过 10000 美元；发展至 2030 年，我国人均 GDP 将达到 20000 美元；发展至 2050 年年底，我国人均 GDP 将达到 40000 美元，与发达国家的人均 GDP 水平基本趋近。就其他发达国家的社会福利发展历程来看，国家是否有充足的财力来构建社会福利制度与人均 GDP 息息相关，当国内人均 GDP 达到 10000 美元时，我国社会福利事业的水平将得到巨大提升。发展至 2050 年年底，我国有望能实现普惠型社会福利制度。

4. 人口变化依据

根据 2010 年全国第 6 次人口普查显示，我国 65 岁以上人口在总人口中占比为 8.87%，总人数达到了 11883 万。另据著名的人口学学者陈卫在《中国未来人口发展：2005—2050 年》一文中计算[①]，我国 65 岁以上

① 陈卫：《中国未来人口发展趋势：2005—2050 年》，《人口研究》2006 年第 4 期。

人口在 2020 年将占总人口的 12%，人数将达到 23921 万；在 2030 年时将占总人口的 16%，人数将占总人口的 16%。预计在 2018 年，我国 0～14 岁的少儿人口将达到峰值，人口数量将达到 26415 万，发展至 2050 年，这类人口数量将增长到 21068 万。这类人口在总人数中的占比呈现出逐年递减的趋势。在 2005 年，我国 0～14 岁的人口占总人口的 20.6%，发展至 2030 年，这一占比将下降至 15.8%。并且在此之后的 20 年，基本将保持在 15%的比例。如上所述，不管是 65 岁以上还是 0～14 岁的人口数量以及其在总人口中所占的比重，均将在 2020 年及 2030 年这两个时间点出现转折。首先，人口总数在 2030 年会达到顶峰，数量为 144155 万人，随后，我国人口总量将逐渐减少，可以通过社会福利制度不断提升人们的生活水平。其次，人口老龄化速度在 2020 年加速，将达到接近 2 亿老年人，到 2037 年老年人口将达到 3 亿人，老龄化程度的加重急需更加完善的老年人服务制度。最后，从儿童数量来看，0～14 岁人口较少，由于儿童人口减少，能有效地通过既有财力提升他们的福利水平。2030 年将出现拐点，也就是说此时我国 65 岁以上老年人口将首次超过 0～14 岁少儿人口。因此，我们可以把 2020 年和 2030 年作为我国适度普惠型社会福利制度的重要分界点（见表 7—2）。

表 7—2　中国人口发展趋势

年份	总人口	人口数（万人）			出生率（‰）	自然增长率（‰）
		0～14 岁	15～64 岁	65 岁以上		
2005	130756	26961	93640	10154	12.65	5.89
2006	131537	26389	94731	10417	12.82	5.96
2007	132341	26012	95678	10651	13.07	6.09
2008	133179	25769	96551	10859	13.40	6.31
2009	134059	25688	97246	11125	13.78	6.59
2010	134985	25606	97980	11399	14.19	6.89
2011	135926	25675	98526	11725	14.34	6.94
2012	136863	25825	98931	12107	14.37	6.87

续表

年份	总人口	人口数（万人）			出生率（‰）	自然增长率（‰）
		0～14岁	15～64岁	65岁以上		
2013	137776	25986	99292	12498	14.23	6.65
2014	138646	26121	99497	13027	13.96	6.29
2015	139456	26231	99624	13602	13.59	5.83
2016	140199	26324	99747	14128	13.17	5.32
2017	140873	26390	99610	14873	12.74	4.79
2018	141477	26415	99511	15551	12.32	4.28
2019	142013	26394	99265	16355	11.93	3.79
2020	142484	26403	98943	17139	11.57	3.31
2025	143930	25224	99052	19654	10.20	1.22
2030	144155	22766	97647	23921	9.77	-0.14
2035	143860	21487	93530	28844	10.51	-0.56
2040	143103	21535	89566	32002	10.62	-1.52
2045	141290	21754	87085	32450	9.89	-3.29
2050	138279	21068	84138	33073	9.18	-4.93

资料来源：陈卫：《中国未来人口发展趋势：2005—2050年》，《人口研究》2006年第4期。

通过上述分析可知，我国从2011年开始建设适度普惠型社会福利制度。该制度的建设将历经三个发展阶段，历时40余年，最终使我国的福利水平达到世界中等发达国家水平。经过综合分析和测算，我们可以将社会福利发展比较显著的时间节点划定为2020年、2030年以及2050年。在这三个时间点，我国的福利水平将逐步明显提升。其中，第一个阶段（2011—2020年）属于我国社会福利发展最为关键的一个时期。这阶段致力于将以往补缺型社会福利制度转变为比较全面的，能够覆盖广大弱势群体和全体劳动者的社会福利制度，并逐步提升社会福利的水平，使其从保障人身安全和基本生存的生活补助拓展到保障人权及心理与精神层面的帮助。第二个阶段（2021—2030年）属于攻坚阶段。国家应该在财政上大力支持社会福利，特别应该加大力度增加相对落后的中西部地区的财政支持，在全国范围内针对全体公民建立全面的社会福利制度，使社会福利项目更加全面、制度更趋完善。第三个阶段（2031—2050年）属于社会福利的普及阶段。将面向全国建设一个具有多元主体、多样形式、项目齐全、全民覆盖、城乡统筹的适度普惠型社会福利制度，以便于更好地向普惠型社会福利制度迈进。

第二节 我国适度普惠型社会福利制度构建的对策建议

构建我国适度普惠型社会福利制度是从福利文化和福利需求的视角下，建立依据我国人民的具体福利需求，融合西方福利国家相关经验和我国特有的福利文化，构建起与我国福利需求相契合和福利文化相适应的社会福利制度。结合当前和未来，沿着渐进式发展道路提出的一种福利发展模式。上文已经对这种渐进的适度普惠型社会福利模式的发展战略进行了详细的说明，下面将进一步阐述我国适度普惠型社会福利的相关对策建议。

一、增强公民的权利意识，实行城乡一元化社会福利

从福利文化的观念层次来看，公民权利意识的培育需要比较长的时间。在现代社会，福利是每个社会成员所拥有的一项基本权利，福利权利的实现则被视为社会福利正义性的主要指标，体现了权利在社会福利制度体系中居于基础和核心地位[①]。在人们的社会性存在中，福利属于权利的一个种类，而权利则是用于保护人们社会生活或特殊需求的社会福利。正如马歇尔所言："不管是哪一种类型的法定权利，都直接或间接地与福利存在着一定关联，由于权利具有潜在的能带来福利的利益，以及就平均计

① 钱宁：《社会正义、公民权利和集体主义——社会福利的政治与道德基础》，社会科学文献出版社2007年版，第183页。

算而言，那些将会带来的利益。"[①] 所谓权利意识，就是指公民对自身利益与自由的认识和对其他个体维护、要求和主张权利行为的评价。当代公民必须要具备权利意识，这是一种应有的素质。然而，在相当长一段时期内，我国公民对权利诉求微弱，维权意识也相对不足[②]。马歇尔依照公民权利产生的阶段，将公民权利予以系统化，将公民权利划分为不可或缺的民事权利、政治权利和社会权利三个组成部分，其中社会权利与社会福利制度关系最为密切。这就是马歇尔公民权利理论[③]。城镇社会福利制度本身确认了公民在生活处于困难时向政府申请获得物质帮助的权利，改变了原有救济的道义性，随着城镇社会福利制度的实践和发展，申请者要求兑现自己的生存权利的意识在不断增强，尽管一些福利获得者受传统道义性福利的影响仍怀着受政府恩赐的心理，但是城镇福利申请者越来越关注自身权利的维护，越来越从自身权益的角度提出要求，并越来越有较强的自觉监督意识。与此同时，对于官员侵害自身权益等行为诉诸媒体和法律[④]。但是对于农村的社会福利制度建设，由于涉及福利文化转型的缓慢性与渐进性，传统福利文化的"依赖与恩赐"的特征仍然影响很大，许多受助者还没有意识到自己的权利。因此，广大农村的社会福利涉及的公民权利意识建设远远滞后于城市建设。有学者提出我国在强化一个社会群体的社会权利的同时，很可能弱化另一个群体的社会权利，因此，权利意识应该普及中国城乡居民，他们都应该享有同等的权利。

目前，我国社会福利制度呈现出比较明显的"孤岛化"特征，即城乡间、地区间、行业间、群体间的不公平现象比较普遍，这种差异化更是加大了收入差距，造成了社会不公，影响了社会和谐。在我国福利产品与服务供给制度最突出的表现就是城乡福利模式二元化倾向明显。城市的福利

---

① T. shall, *The rights to welfare*, *i talking about welfare*: *Readings in Philosophy and Social Policy*, edited by Noel Tmms and David Watson, Routledge & Kegan Paul, Lonon, 1976: 2.

② 陈飞：《试论中国法律传统与观念对公民权利意识的影响》，《学术论坛》2011 年第 10 期。

③ 张映芹、吴石：《基于公民权利理念的社会福利权利研究》，《安徽理工大学学报》（社会科学版）2011 年第 3 期。

④ 洪大用：《转型时期中国社会救助》，辽宁教育出版社 2004 年版，第 46 页。

发展水平明显高于农村的福利发展水平。目前，我国农村在福利内容、福利水平与福利覆盖范围方面与城市相比，都存在较大的差距。从发展态势来看，城乡居民的福利差距有不断扩大的趋势。除了城乡居民福利差距扩大以外，福利不足在农村地区尤为普遍。农村居民拥有的只有日益减少的土地福利，农村福利普遍短缺。而中国城乡福利二元化，更大程度上是与“公平、正义、共享”的福利文化理念背道而驰的。因此，必须改变二元化福利为城乡一体化福利，在城乡实行一体化的社会福利制度。适度普惠型社会福利制度建立，有利于消除贫富差距，又能促进城乡一体化福利的形成。我国的GDP总量2012年位居世界第2，人均GDP世界排名第93（总数186），正好处于中间位置。人均GDP的世界排位提升，展现了我国的经济发展的巨大进步。据联合国开发计划署2013年发布的《人类发展报告2013》显示，2012年中国HDI是0.699，略高于世界平均数0.694，世界排名第101（总数186）。也就是说，1980年时几乎有四分之三的国家和地区的HDI位于中国前面，到2012年还有超过一半的国家和地区在中国前面。中国取得了在人类发展方面的巨大进步，但尚未摆脱落后的境地。从HDI指标来看，中国HDI排名落后的根本原因在于在寿命、教育、收入指标上的分配不均。而这几个因素最主要的特征是中国城乡之间、地区之间福利差距明显。另外，各地存在的福利差距也比较普遍，一般来说，经济发达地区和经济落后地区的城乡居民的福利就存在较大的差距。另外，农村地区富裕的人更加富裕，贫穷的人更加贫穷。这种“马太效应”在我国城镇地区也存在，可以说在我国城乡地区贫富差距问题普遍存在。只有实行城乡没有差别的一元化社会福利制度，大力增加农村居民的社会福利供给能力，农村居民的福利需求才能得到满足。因此，中国最紧迫的任务是建立城乡统一的一元化社会福利制度，只有我国农村居民与城市居民享有均等的社会福利才能使得HDI指标得以改善。当前最需要做的就是建立城乡统一的低保制度、医疗卫生制度、义务教育制度以及不存在任何歧视的就业制度等，赋予城乡居民公平地分享社会福利服务的均等机会。

二、根据以需为本的福利原则，构建完善的社会福利法规体系

社会福利对象是我国经济社会发展中的弱势群体。随着经济社会的发展，我国的社会福利制度将覆盖全体城乡居民。所谓的社会福利法律制度就是指在特定时期内一个国家针对社会福利所制定出来的所有法律规范。政府在实施社会福利制度时所采用的正式规范制度就是社会福利法规，它是政府依靠法律来调整社会福利行为的制度规范。因此，我们在制定社会福利法律法规时，首要保障的是生存权。从法律的角度来说，“所谓生存权是指公民所享有的维持自己及家属的自由、健康和福利所需要的最基本的权利。生存权是必须首先要实现的权利，是法律化的人权，是公民个人得以在社会上生存，享有作为人的尊严以及得到进一步发展的基本前提”。[①] 其次，社会福利法律法规要保护他们的安全、社会交往、尊重、自我实现等需要的实现。帮助他们寻找就业路径，实现自我价值；帮助他们接受教育，提高自身素质；帮助他们积累资产，实现生活水平的提高。因此，政府部门在制定法律法规时，应该代替弱势群体作出“需要表达”，或听取社会弱势群体的福利需要诉求，使社会福利对象参与到我国立法中，根据自己的要求来设计社会福利法律制度，并以法律形式保障其实施。以社会福利需求为导向，根据不同人群、不同层次的福利需求去设计社会福利目标，从而更好地回应改善民生和增长公众福利的需求。而社会福利的本义就是满足人们的物质和文化的需要，增进人们福祉和国民幸福感。从社会福利的宗旨来看，应当适应经济社会发展和改善民生的需要[②]。确立以需为本的福利原则，在社会福利法律法规的构建中，要突出强调满足人的需要，致力于构建“需求导向型”“福利友好型”的社会福

① 曹艳春：《我国适度普惠型社会福利制度发展研究》，第 349 页。

② 彭华民：《论需要为本的中国社会福利转型的目标定位》。

利法律法规，不断满足广大人民群众物质和文化的需要。

改革开放以来，我国加快制定出台了一系列社会福利的法律法规，形成了包括《未成年人保护法》《妇女、儿童权益保护法》《老年人权益保障法》《社会保险法》为法律依据的制度体系。当前，我国正在建设适度普惠型社会福利制度，所以必须要建立完善的法律法规，针对社会福利制度的发展不断更新和完善相关法律法规体系。从西方国家社会福利历史发展的角度来看，成熟的社会福利体系先要有社会福利法律法规作为基础。随着我国民众对社会福利需求的日益扩大，我国社会福利法律制度可以从近期、中期、长期三个阶段来考虑。近期，对现有的社会福利法律政策框架进行梳理，对不符合现实实际的法律条文予以调整，并以福利需求为导向对法律条文加以适度扩大和完善相关配套政策。如在老年人福利保障方面，加大产业政策的导向和调整；在残疾人保障法中，应对福利企业安置残疾人就业的原则性方面作出更有操作性的规定；对于涉及多部门的福利政策要在同一平台内进行整合，保证政策与政策之间能够合理衔接。中期，对既有的法律法规进行修订，针对福利工作颁布专门的条例，针对残疾人、老年人和儿童逐步构建福利事业条例，不断完善政府行政法律体系，为颁布实施国家福利法创造良好的条件。从目前条件来看，由于现有的涉及社会福利的法律大多是一些原则性规定，加大条例的可操作化就显得尤为必要。长期，基于既有的法律法规，整合各种分散的法律法规，颁布并实施综合性法律法规，促进社会福利法律体系的完整性和系统性。总之，我国适度普惠型社会福利是社会福利发展的基本条件。近期、中期、远期三种思路是考虑到当前我国的现状和中长期发展目标的一种综合分析，制度建设需要结合实际，应以福利需求为导向进行合理搭配和整合。

在我国社会福利法规体系的具体建设方面，我们可以从以下三个方面着手：第一，要注意相关福利立法的衔接。近期要注重既有社会福利立法与尚未正式颁布的立法之间的统一与衔接，对陈旧的社会福利法律法规进行修改或者废除，使各项社会福利立法之间协调统一，对于涉及多个部门的福利法规要在同一平台上加以整合，促进部门间法律的统一，提高整合能力。第二，要建立平衡的社会福利法律制度体系。使社会保险在社会福利法律制度体系中的主导地位得以弱化，建立平衡的社会福利法律制度体系。当前的社会福利法律体系主要是覆盖了那些有工作能力的人，这种模式具有显著缺陷，就是将社会弱势群体和自由职业、灵活就业人员等群体排斥在社会福利法律制度体系之外，使社会福利法律制度的“广覆盖”无法达到。第三，要建立与社会福利法律制度体系相配套的其他法律法规制度体系。独立的社会福利法律制度体系无法正常运行，制度体系的确定通常与财政、工资、计划、税收等具有密切关系，都需要一些配套制度予以支撑。以健康福利制度为例，单纯的医疗保险制度无法从根本上解决人们的看病难、看病贵的问题，要解决这一问题，需要医院管理体制、医疗保险机构运作机制以及药品流通体制等方面的配套措施保障医疗保险制度改革目标得以实现。第四，要建设完备的社会福利法。长期来看，只有在当前三点建议都得以实现的基础上，完备的社会福利法才可能产生，这时社会保险法和即将出台的社会救助法就会让位于社会福利法，社会福利法律法规体系才会完善。

三、以“福利多元主义”为指导，构建多主体合作的责任分担机制

“谁转嫁什么给谁”是福利多元主义的关注重点，主要探讨了多个主体在社会福利制度中的协作与分工。在我国福利文化中，社会分工和多元主义并不陌生。中国的社会福利一直注重“家庭为本”的家庭福利文化、“缓急相济，有无相通”的互助合作的邻里福利文化。家庭和邻居在福利提供中具有举足轻重的作用。我国并不像西方发达国家那样，有着十分雄厚的经济基础，所以在提供福利时，不能将西方发达国家的经验生搬硬套。当前，福利多元主义为人们提供了具有借鉴作用的理论模式：能对不同的福利提供者进行平衡，避免福利完全由政府垄断以及过分依赖福利。重点关注我国的福利文化特征，将多元主义嵌入我国正在构建的适度普惠

型社会福利制度体系之中，构建一个更加和谐、更加稳定的社会福利制度。我国适度普惠型社会福利制度构建的方式就是将以国家为中心的福利模式转变为福利多元主义模式。当前，政府的财政能力明显不能适应人们的福利需求，为此，要在横向上构建社会、市场、政府相互衔接，相互补充的责任构架，并在纵向方面依据政府的层级合理设置责任分担架构。

在横向架构层面，社会福利属于一种刚性的、制度化的政府责任。因此在制度内容、运作方式乃至福利程度上都具有一定的内在规定，要依据这些规定将相应的社会责任主体纳入合作框架中，如政府、市场、社会（包含企业、家庭、社会组织以及社区）和个人，构建一个既相互合作，又责任分担的社会福利责任架构。相互合作要求各福利分担的主体以比较优势为基础，形成一种良好的合作关系。政府的主要职责表现在监督管理、立法、财政支持、制度设计等方面，它是社会责任的主要承担者，主要作用是从宏观层面进行顶层设计和财政兜底。责任分担要求准确界定各福利供给主体，对各自的供给责任要求予以划分，以免各福利主体之间的责任模糊。就中央政府和地方政府来说，建立能够体现普惠和底线公平的社会福利体系，对各项社会福利的底线福利待遇进行合理预测，为农民、城镇居民以及灵活就业人员在既有税收和财政实现分离的体制下实施经费保障和财政支持是中央政府的责任；而依照中央政府的要求，对福利其他供给主体参与社会福利供给予以引导，对企业为其员工缴纳的各类社会保险进行监督，并提供相应的社会福利，对与当地经济发展水平相适应的公共福利进行组织，不断致力于资源分配以及筹集福利目的[①]，确保实现适度普惠型社会福利则是地方政府的责任。当前，政府最紧迫的一项工作就是加大财政投入的力度。尽管改革开放以来，政府财政对社会福利事业的投入呈现出增长态势，但是投入仅限于对老弱病残的民政投入，支出规模小，占 GNP 的比重也在下降，合理增加政府的财政投入，能行之有效地

① ［美］尼尔·吉尔伯特、［美］特雷：《社会福利政策导论》，黄晨熹等译，华东理工大学出版社 2003 年版，第 18 页。

提高人们的生活质量，改善民生与弥补社会福利的历史欠账。此外，要不断强化和改善弱势群体的福利待遇。尤其是在既有制度下的边缘群体，更加需要政府为他们解决各种困难，保障他们生活无忧。

首先，在政府主导之下处理好政府与市场的关系。“市场”在责任架构中应侧重于承担微观经营和资金投入的职责。20世纪70年代后期福利国家的改革通过私营化的方式，加大市场力量在国民福利分配中的作用。在这一过程中，大量的社会福利方案被予以市场化改造，可以说“市场”是在合作主义架构中真正与“政府”达成了“等位合作”的关键因素。在中国，政府与市场达成合作，一方面应该强调政策的控制，引领社会上的营利性资本投入福利领域，进一步拓展混合福利经济和私营经济的规模，促进社会福利领域由资本结构单一化向资本结构多元化转变；另一方面应该遵循有限责任原则，政府应该适当地退出某些福利领域，做到政事分离，政府充当出资者，民办公助，推动福利型企业和福利机构进行市场化运作。从长远角度来看，处理好政府与市场之间的关系是社会福利发展的大势所趋，将极大地决定中国社会福利的效率程度和整体水平，从而决定了中国社会福利必须坚持社会福利社会化的发展思路。

其次，要处理好政府与社会的关系。单纯依靠国家作为主体提供社会福利，会忽视少数群体的福利需求，也会降低社会成员对社会福利制度的责任感，同时给政府带来过重的财政负担。让社会担负起社会福利资源供给的来源能够满足民众对福利的需求。社会福利制度的社会主体包括家庭、社会组织（非政府组织）、企业和社区等。就家庭来说，它既是福利的组织者和实施者，也是福利资源最基本、最重要的来源。在现代社会福利制度中，家庭仍然承担着一定的不可或缺的福利功能①。长期以来，中国拥有“家庭为本”的福利文化，家庭始终作为社会福利供给的基础。随着福利需求的增多，政府供给福利还不能很好地满足社会成员的福利需求，而家庭能更好地提供社会福利服务，家庭特有的精神慰藉的功能是其

① 范斌：《福利社会学》，第158页。

他社会福利供给主体所难以替代的，特别是老年人、儿童、病残者照顾等方面。随着中国家庭结构日益核心化，家庭在社会福利供给能力方面有所下降。政府在与家庭在合作构建多元社会福利责任机制时，应该为家庭特别是那些承担养老、育幼的家庭提供经济帮助，提供发展型家庭政策，以支持家庭承担其相应的福利功能，同时由于农村土地保障功能的持续弱化，还应适当增加政府在农村的制度性福利责任，以均衡农村家庭的福利负担。作为社会福利制度主体之一，非政府组织是国家主体的重要合作者。在中国社会福利制度中，非政府组织发挥的作用越来越重要。作为政府和民众之间的中介，非政府组织熟悉社会成员的福利需求，能更好地为他们提供福利服务。当前，中国非政府组织自身发展还不完善，阻碍了社会福利制度主体作用的发挥。例如，有些非政府组织的公益性行为偏离了公益的宗旨，往往与较高的营利性动机联系在一起；有些非政府社会组织内部管理混乱，缺乏规范机制；有些非政府组织财务透明度较低等。为了非政府组织的长远发展，完善中国社会福利制度，政府应该首先厘清社会福利中的政府责任和民间责任，绝大部分的社会福利服务可以由政府转移给非政府部门，政府主要对社会福利起宏观管理和指导的作用。其次，要建立社会福利服务的非政府组织的准入制度，明确哪些领域服务可以开放给非政府组织提供，并对其进入的各项标准和条件作出具体的规定，从设立上加以规范。

最后，强化非政府组织运营监管。当代世界大多数国家在对非政府组织进行积极扶持的同时，也在强化管理，包括规制范围的扩大，规则的具体化和细密化，加强管理机构的权利、完善监督控制的程序等，这些对我国也有很好的借鉴意义①。

在纵向架构层面，应该以政府责任划分和公共产品理论为基础，各地方政府之间要形成社会福利责任构架②。从理论上来讲，作为制度性的社

① 董保华等：《社会保障的法学观》，北京大学出版社2005年版，第127—132页。

② 江志强：《适度普惠型模式探索》，转引自王振耀、王齐彦、冯晓丽：《新时期中国社会福利制度转型理论探索获奖论文集》，中国社会出版社2009年版，第45—46页。

会福利具有公共产品属性，中央政府负担福利水平均等化的责任，地方政府负担本辖区社会福利产品的供给责任。与此相应，中央政府的均等化责任具体体现为制定宏观规划和政策以及对地方政府实施必要的财政转移支付，地方政府则制定本区域内的区域性发展规划和政策并安排实际的财政投入。我国当前政府间福利责任关系是基于行政层级式架构的，社会福利服务被列为地方政府层级之间的事务责任，然而，政府福利责任的划分在财政方面缺乏硬性的法律安排，因而不能很好地约束各级政府在福利方面的资金投入，中央财政预算除了有些福利制度上相应安排人头经费之外基本没有专项预算，民政部门主要使用福利彩票公益金支持财政困难地区发展福利服务项目，省以下各级财政也没有专门的社会福利专项资金，这种纵向政府责任没有明确划分或者执行不到位，都无法切实保证社会福利发展的资金需求。所以必须要优化纵向福利框架。首先应按照归属地进行管理，分级承担责任。对中央政府和省级以下政府责任的比例进行合理划分，由于中央财政居于主体地位，所以社会福利服务水平均等化的责任必须由其承担。结合各地经济发展水平和财政的实际情况，社会福利服务建设所需资金进行统筹安排；为了对地方政府社会发展的绩效进行考核，还应创建综合性的社会福利发展指标体系。社会福利的实施主体主要为省以下的各级地方政府，因此相应的地方政府应对其管辖区域内的福利发展规划进行编制，并在其财政预算中纳入社会福利支出。而省级政府承担的职责主要是对地方财政进行绩效考核和转移支付。在贯彻执行政府主导责任时，纵向福利责任居于关键地位。在福利财政责任上，各级政府会不断进行博弈，进而造成在福利领域政府性缺位。究其原因，主要在于这种责任关系缺乏硬性的制度约束。在政府部门的责任划分上，我国不同于西方发达国家。就行政方面而言，我国属于多层集权型的政体，不同于西方国家的联邦主义，我国财政上实行分级分税制。在发展社会福利时，可能存在委托代理链条过长、信息不对称、交易费用过大等一系列问题。所以必须要正确处理政府责任的划分比例，不能让其制约社会福利的整体发展。

四、走“先福带动后福”发展之路，实施阶梯式的社会福利制度

依照发达国家的相关经验可知，人均 GDP 达到 10000 美元是决定和影响社会福利发展水平的重要分界线。对于那些人均 GDP 达到了 10000 美元的国家，则意味着福利水平达到了“福利起飞”的条件，反之则不具备这一条件。根据我国的实际情况来看，东部沿海地区已经有条件建立普惠型社会福利制度，而广大中西部地区由于经济不够发达，至今还缺乏相应的经济条件来建立普惠型社会福利制度。为此，可以在东部沿海地区试行适度普惠型社会福利制度，国家对有条件的地区给予一定的政策支持与鼓励，使其率先试行适度普惠型社会福利制度。早在 2008 年，上海市的人均 GDP 就率先达到 10000 美元，成为首个迈进“人均 GDP10000 美元”的省份；北京市的人均 GDP 于 2009 年达到了 10000 美元，天津市则于 2010 年达到；两年后，江苏省、浙江省、内蒙古自治区相继突破了这一界限。近年来，越来越多的省份人均 GDP 都突破了 10000 美元，如福建省、广东省、辽宁省和山东省。这其中，三大直辖市天津、北京、上海已逐步在向人均 GDP20000 美元趋近。如果按照世界银行的标准来划分，我国多个省市已经达到了世界高收入国家的行列，如北京市、天津市、上海市、广东省和江苏省。同时也有多个省份已达到了世界中等偏上收入国家的行列，如浙江省、辽宁省、山东省、福建省和内蒙古自治区。上述这 10 个省市的经济条件尚可，能建设实施适度普惠型社会福利制度，尤其是北京市、天津市、上海市、广东省和江苏省，这五个省市不管是从财政收入和经济实力，或者是从居民的生活水平来看，都在国内处于遥遥领先的地位，所以这些省市完全具备了改善民生和提高福利水平的基础。最近几年，这些省市为了促进社会福利发展，都采取了措施推动社会福利发展，强调适度普惠型社会福利制度要与经济社会发展水平相适应，实现社会公平与经济效率的协调，同时兼顾经济的增长与民生的改善，这种社会

福利发展之路从根本上符合我国的基本国情，有助于充分保持福利的柔性调节，吸取西方福利国家的经验教训。因此，构建适度普惠型社会福利的发展道路，要考虑到我国经济区域差异，在沿海经济发达地区先行试点，鼓励符合条件的地区施行“福利起飞”，率先建成适度普惠型社会福利制度，通过“先福带动后福”“以点带面，逐步推广”的方式，最终在全国建成具有中国特色的适度普惠型社会福利制度体系。

从福利需求的层次来看，适度普惠型社会福利制度包括生存型福利、安全型福利和发展型福利这三种不同类型的福利。这三类福利之中，生存型福利是为满足生存型民生福利需求，由政府提供最基本的福利给社会的贫困群体和弱势群体，起到政府承担基本生活福利保障和财政兜底的责任，目的是保证社会贫困和弱势群体能够维持最起码的生活，它包括的社会福利如城乡居民低保、临时救助、紧急救助以及基础性的义务教育和基本医疗卫生服务等公共服务，它以底线福利和弱者优先为原则。安全型福利是为全体劳动者和在职职工提供的安全保障，其目的是保障劳动者在遭遇各种社会风险情况下维持日常生活。发展型福利是为有需要的公民甚至全体公民提供发展型的、均等型的社会服务，为他们提供更高水平、更高层次的福利。这三个层次的福利制度表现出按照福利由低到高逐级递进的关系，分别满足贫困群体、在职人口及有需要的公民的生存型、安全型和发展型福利需求，只有低层次的福利得以满足以后，高一层次的福利才有发展的可能。这些层次的各项福利制度共同构成了比较健全的社会福利网。因此，我们在福利供给的次序上，要遵循优先解决生存福利、安全福利，适度解决发展福利，最终变消极福利为积极福利，实现补救型福利过渡到预防型福利、发展型福利。从福利供给的类型来看，适度普惠型社会福利制度包括四种不同的社会福利类型，即社会救助、社会保险、社会服务和公共服务。其中，社会救助是为贫困、弱势群体提供公共保障，包括城乡居民低保、医疗救助、教育救助等专项救助。社会保险主要是为全体劳动者提供安全保障，包括养老、医疗、工伤、失业和生育保险这五大社会保险制度。社会服务则是针对弱势群体和有需求的公民提供一定的支持性服务，主要包含残疾人、老年人、困境儿童、居家养老等福利服务。公共服务为有需要的群体甚至全体公民提供普惠型、发展型的公共福利。它包括的福利制度如医疗卫生、教育、住房等高层次的公共福利。

我们根据福利需求的层次和福利供给的次序组合不同，将适度普惠型社会福利制度划分为社会救助、社会保险、社会服务与公共福利四种不同类型的福利制度（见图7－3）。其中，社会救助是“底线民生”，保障民众的A类需求，是适度普惠型社会福利制度的基石；社会保险是“基本民生”，主要是满足B类需求，是适度普惠型社会福利制度的主体；社会服务是“重要民生”，它既可满足A类需求，又可满足C类需求，是适度普惠型社会福利制度的关键环节；公共福利是“高级民生”，主要满足C类需求，是适度普惠型社会福利制度的主心骨。上述这四种福利制度基本上覆盖了全部民生项目，也实现了对全部民众的全覆盖；这四种福利制度组合成功能相互补充、相互支撑、层次有别、多重保障的适度普惠型社会福利体系。另外，阶梯式适度普惠型社会福利制度发展模式，整体上涵盖了底线民生、基本民生、重要民生、高级民生等多层次民生，总体上覆盖了弱势群体、劳动人口、特殊群体、有需要者以及普通大众等多层次群体，依次满足了生存型福利、安全型福利、发展型福利等多重福利需求。在某种程度上，这种阶梯式的适度普惠型社会福利制度不仅改善了基本生活保障、社会保险、教育、医疗卫生、住房等基本社会服务，还提升了民众人力资本，消除了社会排斥，增强自身发展的能力；不仅优先照顾弱者，满足了他们最低保障需求，而且还增进了全民福利，获得了可持续发展能力，从而实现了从补救型福利向发展型福利的整体转型。

从本质上来讲，阶梯式适度普惠型社会福利不仅是福利项目和福利对象的全覆盖，而且是社会福利权利的全覆盖，其社会福利供给优先照顾弱者又兼顾了普通公民服务需要，既体现出公民权利的普遍性又注重了弱势群体的差异性。这种阶梯式适度普惠型社会福利制度，既融合了公平与效率的价值追求，又立足于中国现实的国情，满足了个人需求又促进了社会团结，惠及多重民生，合乎福利本意和中国特色福利社会的发展方向。

C类需求（高级民生）
有需要的公民
公共福利制度

A类、C类需求（重要民生）
有需要的公民
社会服务制度

B类需求（基本民生）
劳动人口
社会保险制度

A类需求（底线民生）
贫弱群体
社会救助制度

图7—3　阶梯式社会福利的供给方式及次序①

五、树立“福利资源公平分配”理念，将分配重点放在弱势群体上

市场配置追求的是效率，而政府配置追求的是公平。政府进行资源配置的目的是通过国民收入的再分配达到调节收入差距，实现国民收入均衡分配的目的。从我国的现实国情来看，地区收入差距、城乡收入差距、行业收入差距始终是困扰我国经济社会均衡发展的重大问题。通过市场的“效率”原则不可能达到国民收入的均衡分配，只有依靠政府来弥补市场失灵造成的缺陷，依靠政府的“福利资源公平分配”的福利价值观念，来调节收入差距、缩小贫富悬殊，而实现这一目标的根本手段在于运用公共财政手段，均衡分配福利资源。这里所说的公共财政，是指为了满足公共

① 刘敏：《适度普惠型社会福利制度：中国现代化的探索》，中国社会科学出版社2015年版，第118页。

需求而开展的财政运行机制或者政府收支活动。政府公共财政遵循“福利资源公平分配”理念来均衡地分配福利资源。公共财政的“福利资源公平分配”，把社会资源转移支付给社会上最迫切需要救助和帮助的弱势群体。而这样分配的结果是，一方面社会总财富并没有增加，但是另一方面社会福利资源总量却增加了。公共财政直接涉及广大民众的民生保障重大问题，包括养老、医疗、卫生、教育、就业、社会保障、基础设施、廉租房等一切福利资源。其财政支出结构的合理性，不仅是我国而且是世界上所有国家面临的共同问题。我国近年来加大了对民生福利资源的财政投入，将更多的政府财政投入到教育、医疗卫生、就业和社会保障等民生福利方面，但是仍然存在着将过多的财政投入到固定资产建设等方面。因此，基于我国现实的基本国情，政府应该在推进各项社会福利事业协调发展的基础上，将公共财政支出的重点放在民生保障方面。接下来，要破解地区发展不平衡和城乡二元的问题，增强中央财政向西部经济欠发达地区和偏远农村的财政转移支付。同时，缩减财政的经济职能，加强财政的公共服务职能。

具体来讲，在构建适度普惠型社会福利制度的过程中，当前阶段尤其要重视对社会弱势群体需求的满足上。所谓弱势群体，即那些需要社会给予一定帮助，无法通过自身力量保持自身和其家庭成员基本生活的群体[①]。可以将弱势群体划分为两种类型，其一为生理性的；其二为社会性的。我国的弱势群体更加倾向于第二种类型，特别是在经济转轨、社会转型过程中产生的大规模弱势群体。政府财政应该针对城乡弱势群体予以高度关注和政策性照顾。建议以城乡社会弱势群体的代表作为全国人民代表大会的出席代表，让弱势群体自己表达自己的福利诉求，使福利需求的呼声能够传达到政府。公共财政作为构建和谐社会的重要制度保障，通过调整支出结构，加大对社会救助、义务教育、公共医疗卫生和住房等领域的

① 郑杭生、李迎生：《全面建设小康社会与弱势群体的社会救助》，《中国人民大学学报》2003年第1期。

投入力度，提供均等化的公共服务，既可以帮助和扶持业已存在的弱势群体，又可以防止产生新的弱势群体。第一，构建城乡统一的社会救助制度。政府首先要保证处于绝对贫困人口的生存权，政府应该划拨财政专款救助绝对贫困的人口。使他们能够享受到作为人应该享受到的尊严，满足基本生存的福利需求，为此需要构建城乡统一的社会救助制度。社会救助的资金来源主要是政府的财政拨款，面向贫困人口的单一性支付，也是最能体现政府对弱势群体的公共财政性质。要加快建立覆盖城乡居民的最低生活保障制度，并实现保障标准的统一化，保证资金有充足的来源，对资金实行严格管理，保证资金供给充足、能够足额且按时发放。第二，加大力度发展教育事业。教育是保证社会公平实现的基础，教育也是提升弱势群体的最有效的方法。中央要逐步增加教育投入占GDP的比重，增加向贫困地区义务教育的扶持力度；合理配置教育资源，改善城乡教育不均衡发展的现状；逐步完善职业教育贫困生资助体系，加大对农民工的职业培训。具体来讲即通过改善他们生存的设施条件，并通过职业技能培训授予他们提高获取生存条件的能力。通过教育，使得贫困儿童从根本上摆脱贫困对他们生存和发展的负面效应，彻底改变贫困代际传递的恶性循环，提升其整体素质。第三，大力支持公共卫生和医疗服务体系的建设。疾病与贫困往往是相伴而生的，甚至会形成“因病致贫，因贫致病”的恶性循环。政府要加大对公共卫生体系的财政投入力度，建立完善的公共卫生应急机制；构建以解决大病医疗问题为核心，城乡统一的大病医疗救助制度；强化政府对城乡社区卫生服务体系的资金投入，健全和完善社区卫生服务补助制度。通过政府增加对医疗卫生资源的投入，来改变其自身的健康，从而提升整体的人力资本。第四，建设完善的住房福利制度，构建城乡一体化和多层次的住房福利制度。要高度重视弱势群体的住房问题，完善廉租房、公租房制度，采取租赁住房补贴、租金减免、实物配租等多种形式，来建设完善的住房福利体制。优先解决家庭中的住房困难户，改善经济适用房制度。经济适用房供给的对象主要是城乡低收入家庭，健全和完善购房人准入和退出的机制。进一步改善农民工的居住条件，加大破旧住宅小区整治力度和全力推进旧城改造等各项工作。

六、建立统一的、有效的社会福利管理体制、运行机制及监控机制

首先，应当考虑渐进式建立高效、完善的社会福利管理体制。中国社会福利制度的管理部门涉及人力资源和社会保障部管理的社会保险、国家医疗保障局管理的城镇职工、城乡居民基本医疗保险和生育保险、民政部管理的社会救助、退役军人事务部管理的优抚安置、卫生部门管理的医疗卫生服务和商业银行管理的住房公积金等。中央缺乏一个统一整合的管理机构来对各种社会福利项目进行整合和统一协调。再加之社会福利行政的管理都是依靠权利与义务的契约规定，所以不一定需要强调上下排比的组织形式，相关管理者之间都是一种平等或平行的关系。为了构建城乡一体化的社会福利系统，必须要理顺其行政管理体制，可以采用大部制统一管理的方式，将各部（局）统一整合到一起，建立权责明确、相对统一的社会福利事业监督管理机构。（图 7－4 中细体字表示的是在原部门之中保留 5 个部门的职能，而其中的公共就业、工资和福利、社会保险、社会救助、社会管理与服务、狭义社会福利、优抚安置、城镇职工基本医疗保险和生育保险、城乡居民基本医疗保险、新农合、城乡医疗救助以及城镇职工住房公积金、城乡居民住房保障等职能属于社会福利大部制的范畴。）通过图 7－4 可得出：与社会福利相关的各种业务都将涵盖在新组建的社会福利部中，当前民政部所涉及的所有业务都属于新建社会福利部的内容。当前，分别有人社部、卫计委、住建部所管理的社会保险、医疗保险、医疗救助、住房福利和公积金等被整合为由社会福利部管理的大部制。并依据监督、行政、立法等职能分离的制度理念，构建起相互制约、相互监督、职责权限相对应的社会福利监管体制（参见图 7－5）。更确切地说，社会福利是由人民代表大会行使立法权，其职责是用正式的法律来替代政府部门出台的行政法规；政府各级的社会福利行政机构负责本辖区

内的社会福利运行事务，由各社会福利经办机构负责社会福利基金的各项收支；形成内部自控、社会监督和行政审计监督并重的管理体制；社会保险费用由税务部统一征收，社会保险资金将收入国库，实施专户专项管理。经财政部的核算之后再转拨到社会保险基金的支付与运转机构，也就意味着社会保险资金是由相应的经办机构来支付的，社会救助、优抚安置和社会福利（狭义）等各项待遇均由社会津贴发放机构负责支付，由基金运营管理机构来负责对社会保险基金的投资与运营。社会保险经办机构与相关津贴发放机构必须要遵循事业单位的管理体制，运营管理机构由个人和参保单位构成，在管理上实行自治。①

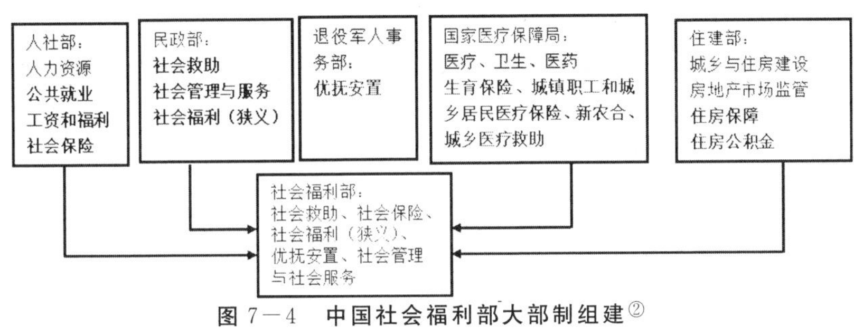

图 7—4　中国社会福利部大部制组建②

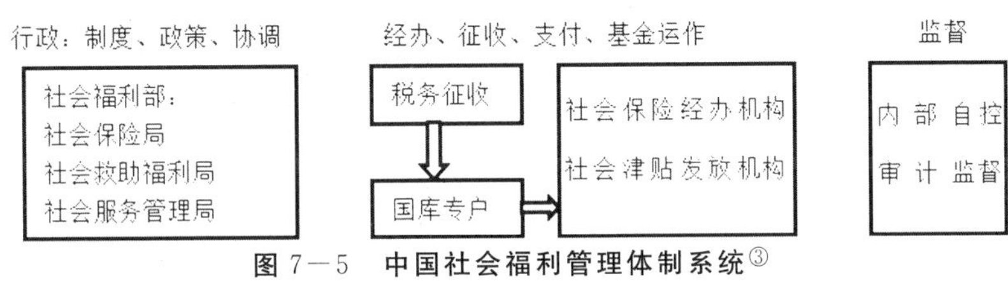

图 7—5　中国社会福利管理体制系统③

其次，应当建立统一的、有效的社会福利运行机制。要建立与社会主

① 袁国敏、林治芬：《按大部制整合中国社会保障管理体制的思考》，《北京航空航天大学学报》（社会科学版）2016 年第 3 期。

② 袁国敏、林治芬：《按大部制整合中国社会保障管理体制的思考》，《北京航空航天大学学报》（社会科学版）2016 年第 3 期。图示内容根据现行国务院机构设置进行了相应的调整。

③ 袁国敏、林治芬：《按大部制整合中国社会保障管理体制的思考》，《北京航空航天大学学报》（社会科学版）2016 年第 3 期。图示内容根据现行国务院机构设置进行了相应的调整。

义市场经济要求相一致的社会福利运行机制。社会福利运行机制必须科学、合理，各层级、各系统既能满足社会福利正常运转的需要，又能实现相互制衡促使社会福利运行机制科学化、合理化。社会福利运行机制必须实现一体化。社会福利运行机制应当坚持立法、实施与管理相互分离又相互制约的原则，实现运行机制的一体化，即各系统构成一个紧密相关、协调运转的大系统。社会福利运行机制必须高效、经济、灵敏。追求高效率，反映在社会福利运行机制上必须引入市场化因素，这可以更好地体现市场经济的公平竞争原则，强调社会福利的效率与效益原则，更好地促进社会福利事业单位与市场经济协同发展，有利于进一步提升效益、强化管理，更好地增强市场竞争力。同时我们尤其应该注意到，我们采用市场化运作机制，并不意味着将社会福利机构完全推向市场，政府可以不闻不问，完全放任其参与市场竞争。而是政府作为直接管理和运营的社会福利机构也采取企业管理的方式[①]。

最后，严格的监控机制。各国的发展进程均证明，追求公平的效率会自掘坟墓，追求没有效率的公平也注定了不可能获得成功。同样的道理，各国的社会福利制度发展进程也证明，建立完善的监控机制有利于社会福利的可持续发展，如果相应的社会福利制度缺乏有效监控，则不能保证其在预设的轨道中正常行驶[②]。因此，社会福利制度的良性运行，决定了必须构建相应的监督机制。应该建立对社会福利运营的企事业单位由政府为实施主体的行政监督机制。政府和专门的监督机构应该查验企事业单位是否保持了追求非营利性的福利性质，是否完成了福利事业单位规定的各项服务要求，是否完成了福利企业标准吸纳了一定比例的残疾人就业以及各项资产经营及服务指标等。对违反福利企事业单位的法规政策规定的各种行为，责令在一定期限内加以改正，情节严重的，则根据法律规范加以惩罚。此外，监督系统的构成除了常见的行政监督系统之外，还有社会监

① 成海军：《构建适度"普惠制"社会福利的思考》，《社会福利》2008 年第 5 期。

② 刘秋艳，易守宽：《我国社会保障机制存在的问题及相应解决建议》，《知识经济》2009 年第 16 期。

督、司法监督、专门监督等系统。所有系统均应该遵照其法定职责履行其职责范围内的监控责任。

另外，由于我国的社会、经济、市场、政府之间的关系与西方国家存在十分明显的差异，我国的社会福利不可能走西方福利国家发展的旧途，也一定不会是西方福利国家的克隆。因此，对西方社会福利制度进行照葫芦画瓢的观点是错误的，相关历史实践早已得到了印证。在我国构建适度普惠型社会福利制度体系的过程中，要寻求中国社会福利的“中国式”发展道路，重视家庭和社区发挥作用，注重运用企事业单位和非政府组织发挥其作用。同时吸取西方福利国家注重福利的平等性、普惠性的长处，克服福利国家暴露出来的弊端，基于市场经济体制和新社会发展创新我国福利体系，营造出具有中国福利文化特色的福利模式。

七、普及社会大众的慈善意识，大力发展社团组织保障

慈善既指一种无偿的关心、爱护和帮助弱势群体的行为和活动，也指对公益事业的无偿捐赠。当这种个体和组织的行为发展到全社会的共同行为和共同心态时，慈善就获得了社会心理、伦理道德和社会行为的意义①。慈善事业已被定义为社会保障制度的一个补充，是中国特色社会福利体系的一个组成部分。在市场经济条件下，人们追求自身的经济利益，弱势群体的福利不受保障。而在政府追求的对民众普遍权利的保障中，不可能照顾到特殊群体的方方面面，于是在市场机制和政府机制方面就存在一个漏洞，这个漏洞需要通过慈善捐赠和志愿者提供的慈善服务来满足这些弱势群体在物质、精神方面的需要。慈善属于收入的第三次分配，经济学家厉以宁指出，第一次分配是以市场按照效率来进行的分配；第二次分配是按照效率与公平兼顾的原则通过政府来进行分配；第三次是按照道德

① 范斌：《福利社会学》，第212页。

力量进行的个人自愿的、非强制性的分配[①]。这种个人自愿的、非强制性的分配就是人们的慈善行为。慈善事业的发展，离不开外在的经济政治环境改善，人们收入增加，捐赠行为就会增加。同时也离不开民众慈善意识的提高，即人们的慈善思想、道德和文化价值观的慈善意识的提升。从某种程度上来说，慈善事业的发展离不开内力和外力的双重作用，“内力重于外力”，慈善意识的内力对慈善事业的影响力度更大，效果也更为持久[②]。

从福利社会学的观点来看，慈善文化属于福利文化的观念文化范畴，慈善意识来自利他主义的价值观和“爱人如己”的宗教思想，即慈善是一种发自内心的爱，使每个人的善心开启，鼓励人们通过做善事来反馈社会，不讲收获，只讲付出，体现出自我价值观和社会价值观。社会成员的慈善意识提高程度和普及程度决定了慈善捐赠行为的普及程度。慈善文化在社会大众中普及程度越高，其慈善事业越发达。中国和西方社会在慈善文化方面存在着较大的差异是中西方慈善事业发展迥异的原因。就人均捐赠方面而言，在 2005 年，美国和中国的人均捐赠分别为 870 美元和 0.16 美元，这两个数值之间相去甚远，相差了 5437 倍。2012 年，美国慈善捐款总额为 3612 亿美元，中国为 817 亿元（款物合计），前者是后者的 12.5 倍。而同期，美国的 GDP 大致是中国 GDP 的不到 2 倍；美国慈善捐款总额在全美 GDP 中占了 2%；中国占了 0.16%；美国人均捐赠为 1007.6 美元，中国为 60.4 元[③]，相当于中国的 103 倍。如果说中国人口多影响了这一数字，那么人均捐赠占人均可支配收入的比例足以说明两者慈善文化的巨大差异。在中国，这个数字是 0.25%，美国是 8.4%[④]。据中国慈善捐助信息中心发布的数据表明，在 2014 年，我国接收的国内外

① 厉以宁：《共同富裕的经济发展道路》，转引自北京大学马克思列宁主义研究所编：《马克思主义与中国社会主义现代化》，文津出版社 1992 年版，第 77—80 页。

② 杨方方：《谈慈善事业的规律和关系》，《理论与改革》2004 年第 3 期。

③ 民政部慈善协调办公室、中国慈善捐助信息中心：《2007 年度中国慈善捐款情况分析报告》，见 http://www.gov.cn/gzdt/2008-01/31/content_876526.htm。

④ 陈一梅：《中美慈善文化比较》，中国发展简报网，2015 年 7 月 8 日。

社会捐赠总额为1042.26亿元，占全年GDP的0.16%。而美国慈善捐赠占GDP2%以上，2007年为3550亿美元，经历了2008年金融危机后，2009年慈善捐赠仍然维持在3000亿美元左右，达到2983亿美元。

政府主导型的经济社会发展模式，也使得以慈善为主要宗旨的社会团体的发展受到很大的限制。随着市场经济的发展，我国也出现了一些从事慈善的社会福利事业的社会团体。但总体上来说，这些社团多半具有明显的官民二重性，其自主性、自愿性和非政府性不明显，受到政府的影响极大。目前，家庭保障的功能正在逐步退化。因此，我国社会福利社会化的改革亟须加以强势推进，使得社团组织保障成为我国多支柱社会福利体系中的一个重要支柱。怎样推进社团组织保障呢？可以从几个方面着手：首先，要厘清社会福利中的政府责任和民间责任。比如，绝大部分的社会福利（狭义）服务以及一些具体的微观管理可以由政府部门移交给非政府部门等社会团体加以办理，政府对社会福利承担宏观管理和指导、立法的任务。再如，对贫困即弱势群体的社会救助、对军人及家属的优抚安置等方面，政府也应该采取积极的措施和优惠的政策吸引社会慈善团体的参与，以减轻政府的社会福利压力。其次，要改善社会团体的发展基础。一方面，要面向公民进行社会公益事业的教育与宣传，提高人们的参与意识，使他们积极参与到社会福利事业中。另一方面，国家也应该在税收等政策上进行合理的引导，加大对于慈善捐助的税收优惠力度。最后，要培育独立的社会福利社会团体。应将一些“官方”或“半官方”的社会福利管理服务机构与政府部门脱钩，变事无巨细的直接管理为宏观业务指导的间接管理。并从政策与财政上对从事福利保障的社会团体加以扶持与支持，对从事公益慈善保障的社会团体，政府可给予一定的财力支持，如可以对其给予免税或减税的待遇，对其实行政府的财政补贴等手段，等等。

八、消除福利制度覆盖盲区，构建流动人口福利机制

当前在我国的城镇化浪潮中，形成了一个十分庞大而独特的经济社会

群体，即流动人口。他们受户籍制度的限制，大多没有永久居住地，不停地变更其居住地，他们多年来一直在城乡之间、东中西部地域之间以及大中小城市之间不断往返迁徙，形成了规模庞大的人口流动大潮。我国适度普惠型社会福利制度在构建过程中要着力消除福利制度覆盖的盲区，要让各类社会群体共享社会福利权益，流动人口由于其流动性特征成为制度覆盖的关键环节。

（一）构建流动人口福利权益保障责任主体的多元协调机制

目前，我国流动人口福利权益保障主体的权利与义务相当混乱，福利责任由政府垄断性承担，导致其他主体缺失福利供给责任，在对流动人口的福利提供上尤其如此，彰显出流动人口福利权益保障对政府的依赖性。为了使流动人口的福利权益得到有效保障，必须要明确地对相关社会组织、政府、用人单位以及流动人口自身在社会福利方面的责任，构建流动人口权益保障责任主体的多元协调机制[①]。政府应继续强化保障流动人口权益的意识，制定保障流动人口的福利权益法律政策和监管措施，积极引导各福利供给主体提供社会福利，建立流动人口群体的保障福利制度。同时，科学划分中央和地方在保障流动人口权益方面的责任，如中央政府主要负责推动建立全国范围内流动人口跨地区转移的机制；地方政府则负责相应辖区内流动人口社会福利的服务及管理。在政府部门的宏观管理与监督下，要求用人单位必须要为流动人口缴纳社会保险，这是用人单位务必要承担的义务；在一定情况下相关非政府组织需承担部分流动人口社会福利的责任，提供一部分社会福利服务，或者对微观事务进行管理；就其自身来说，按照“权利的成本：自由依赖于税”的原则，流动人口自身也应缴纳一部分社会保险，这样才能有效保障自身权益。

---

① 徐愫：《社会福利视野下流动人口的群益保障问题》，《南京大学学报》（哲学人文社会科学版）2010年第4期。

(二)构建内容多元化的流动人口社会保险体系

城市户籍人口享有养老、医疗、公共服务等社会保障待遇，流动人口同样应该享受与之同等的社会保障待遇。所以，必须要建立多元化的社会保障体系，多维度地保障流动人口的医疗、就业、养老，以解除他们的后顾之忧。在建设流动人口的社会保险体系时，最复杂、难度最大的就是构建农民工的养老保险体系。虽然国家已经明文提出要在全国范围内构建统一的养老保险制度，但合理的、简便的、农民工跨地区可携带的养老保险转移机制还没有开始构建，更不用说已经形成了。此外，传统的家庭养老模式严重影响着农民工。农民工的年龄往往不大，但他们具有比较沉重的家庭经济负担。他们能清楚地看到未来的养老问题，却又无暇顾及。为了确保农民工不会因为流动关系而失去养老保险的权益，除了提升其参加养老保险的意识外，还应该针对农民工制定一种有效的养老责任分担机制。也就是说从政策方面对农民工养老金的权益进行分段计算，可以在相应的生活地和工作地缴费参加养老保险，依据农民工的实际务工时间，由流入地对其颁发养老金权益证书，最终在全国统一的养老保险结算体系中予以结算。除此之外，还应该针对农民工跨地区流动的现象，尽快形成便捷有效的养老保险转移机制，从根本上实现养老保险的异地接续。[①]

在构建流动人口社会保险体系时，政府除了制定社会保险的相关政策以外，还应对出台相关配套政策予以配合实施，这些政策覆盖了流动人口的就业、住房、子女教育以及户籍等方方面面。下面仅就住房和子女教育这两方面来展开分析与探究。就住房方面来说，由于农民工的收入不稳定且工资低，所以应该与城市低收入群体一同享有国家提供的公租房、廉租房等住房保障体系。政府应该在年度预算安排中纳入公租房、廉租房的建设资金，针对农民工的实际情况建设住房以供其租赁，通过用人单位采用廉价租赁或者免费提供的方式供农民工居住。如果农民工慢慢在城市稳定

① 郑功成：《中国流动人口的社会保障问题》，《理论视野》2007年第6期。

地生活和工作之后，可以在政府引导下，采取市场运作的方式，为农民工量身定制商品房和经济适用房，在农民工的经济承受范围内出售或者出租给他们，为农民工转变为城市居民奠定扎实的基础。在子女教育方面，要保证流动人口子女同城市户籍人口一样能充分享受《义务教育法》中所规定的各项权利。首先，政府应该不断加大教育投资，不断改建、扩建公办中小学，并在财政上补助那些接受农民工子女的学校，并对相关经费是否用于农民工子女接受教育上进行监督。采取发放助学金和减免费用的方式帮助农民工子女接受教育。另外，政府应该鼓励和引导社会力量参与农民工子弟学校的兴办，承认民办农民工子弟学校的合法地位，并在政策上对其予以扶持，坚决捍卫农民工子女的教育权利。①

（三）构建形式多样的流动人口社会政策支持网络

单单只通过保障的方式无法有效解决流动人口的社会支持缺失问题，为此必须要构建各种各样的社会支持网络，充分保障流动人口的精神权益，使他们能更好地适应生活环境。在这些多元化社会支持网络中，政府、社区、用人单位、非政府组织为农民工提供了十分强大的支持力量。然而，重要的问题是如何有效发挥各种社会支持力量的作用。在构建社会支持网络时，社会工作这种新型综合力量不可或缺。社会工作能为社会福利提供专业服务，其介入多元化的社会支持网络中主要是为了增强农民工的自信心，使其能更好地适应社会生活，并获得社会的认可与支持。采用个案工作的方式，向流动人口传达和解释与其利益息息相关的法律政策，为他们提供就业信息和心理辅导，使其能尽快适应都市生活；建立专门的工作小组，帮助流动人口构建多样化的互助小组，以便共享维权信息、交流经验，不断强化他们的生活信心与能力；采用社区工作的方式进行宣传教育，消除城市居民对农民工的偏见。充分整合各种社会资源，为农民工提供便利的生活环境和娱乐环境；借助社会工作的行政力量，可使维护流

① 徐愫：《社会福利视野下流动人口的群益保障问题》。

动人口权益的各项政策更具可行性和可操作性。[①]

九、以发展型社会政策为指导，进行社会福利制度建设

社会政策的发展视角或发展模式被称作发展型社会政策。梅志里、吉登斯、阿玛蒂亚·森等都是发展型社会政策的代表人物。在基本理念上，发展型社会政策是一种将发展理念与目标结合在一起的社会政策模式。它尤为重视公民特别是弱势群体以及贫困者的人力资本积累，将社会政策当作一种投资行为，注重让弱势群体和福利接受者参与劳动，关注社会与经济的和谐发展，认为国家和地区的健康、稳定发展与发展型社会政策紧密相关[②]。从内容方面来说，生产力是发展型社会政策最为关注的要素，能有效地促进社会经济的发展，重视经济与社会政策协同发展。[③] 社会政策、经济、政治之间的关系是相互补充、相互制约的。发展型社会政策通过社会资本和人力资本的整合能从本质上改善贫困代际转移和贫困人口升级的问题，能有效确保社会公平与制度平等；从效果方面来说，发展型社会政策能帮助个人提升其参与能力与发展能力。发展型社会政策的对象不仅仅是弱势群体和遭遇不幸的人，而属于一种能促进社会能力提升和增加全体社会成员经济的资源再分配机制。其核心是通过社会政策来提升人们的竞争力，从而抵御贫困[④]。

对我国来说，在构建适度普惠型社会福利要重点关注弱势群体的福利需求，不仅重视满足国民生存型福利需求，而且要强调满足国民的发展型福利需求。

第一，促使社会政策和经济政策和谐统一，不断提升公民可持续生计

① 徐愫：《社会福利视野下流动人口的群益保障问题》。

② 姚云云、郑克岭：《发展型社会政策嵌入我国农村反贫困路径研究》，《中国矿业大学学报》（社会科学版）2012 年第 2 期。

③ ［英］安东尼·哈尔、詹姆斯·梅志里：《发展型社会政策》，罗敏等译，社会科学文献出版社 2006 年版，第 402 页。

④ 林闽钢：《社会政策—全球本地化视角的研究》，中国劳动社会保障出版社 2007 年版，第 64—65 页。

能力，不断改善人民的福利水平。在如今社会发展过程中，最显著的问题是经济在得到高速发展的同时，社会福利的改善和自由、平等、公正等人类的基本价值追求的忽视，导致“国富”的同时“民穷”却持续存在。很多时候，社会政策都是作为经济政策的附属品出现的。所以最关键的问题不是经济政策不合理，而是经济政策不能与社会政策同步发展，二者之间呈现出严重的失衡现象，无法协调经济目标和社会发展目标。不能行之有效地保障社会经济惠及社会上大多数人，特别是那些贫困地区和落后的城市地区。所以对广大贫困地区而言，必须要转变社会政策对于经济政策的依附关系，转变社会政策的目标，也就是说将政策目标由缓解贫困向增加贫困群体的可持续生计能力转变。首先，针对社会政策进行体系化建设和整体化建设，以避免社会政策的单向性、滞后性，增强其稳定性。[①] 其次，建设社会资本和人力资本，特别是要强调对乡村地区的医疗卫生以及教育培训。重点投资农村儿童和家庭，从而有效避免贫困的代际转移，提升农村人口的综合素质。最后，要促进城乡公共服务一体化发展，所创建的社会服务体系要全面覆盖城乡居民，保障每一个城乡居民所享有的社会福利都是公平的、平等的。

第二，针对弱势群体实施发展型家庭策略，并加大力度投资人力资本，不断提升其自我发展能力。一是要加大对教育、培训和健康等的投资。因为教育和医疗支出已经成为我国城乡居民因病致贫和因病返贫的两个主要原因。因而处理好教育和医疗问题，不仅可以有效预防贫困，而且对人力资本的提升也大有裨益。在投资健康上，可以从以下几方面入手：改变贫困人群医疗服务相关费用的支付方式，采用“事前预付”法；由政府主导，为贫困者提供免费的健康卡；其他社会组织参与城乡医疗救助制度。[②] 针对贫困群体进行技能培训，主要是帮助贫困群体获取新的知识和技术，使他们能更好地适应新的生活环境和就业环境，并基于自身知识与

① 张新文：《发展型社会政策与我国农村扶贫》，广西师范大学出版社 2011 年版，第 45 页。

② 吴佳：《发展型农村医疗救助政策的探讨》，《中国初级卫生保健》2008 年第 2 期。

技能，提高其原有的生计能力来创造出新的价值[①]，帮助弱势群体积累知识，改进以往的生活技能[②]，增加弱势群体的参与能力，缓解其参与障碍，使他们能更好地适应社会发展。二是对家庭和儿童进行投资。为了更好地对儿童进行投资和对家庭进行支持，应构建发展型家庭政策。这是一种有效的反贫困策略，能起到良好的上游干预作用，相较于普通家庭而言，贫困家庭的儿童人力资本的投资更为缺乏，他们的生长条件非常差，成长资源十分匮乏，贫困的际遇为他们设置了重重障碍。发展型社会政策应为这些贫困家庭的儿童给予一定补贴，为他们免除学杂费。提供 3 年的免费幼儿教育，将 9 年义务教育延长到 12 年。因此采取支持家庭和投资儿童的政策不仅能有效避免贫困的代际转移，同时也可以提高我国劳动力整体素质和国家竞争力，这就需要我国在教育制度上向贫困群体家庭更多地倾斜和让步。

第三，倡导社会福利服务专业化模式，为贫困者群体提供专业服务。一些发达国家的实践证明社会工作在反贫困及弱势群体救助领域有着不可替代的功效。社会工作为贫困群体与弱势群体提供社会福利服务是通过实施发展型社会政策，进而解决我国贫困的一种有效途径。发展型社会政策要求开展专业社会福利服务为贫困或弱势群体提供“以人为本”的“以情为怀”的眷注。在这种社会政策下，尤为重视社会服务的持久与全面。它促进了传统社会工作专业服务的变革，由早前的重视治疗型和剩余型转变为发展型和制度型。社会福利服务作为一种专业的助人服务形式，其具体的社会工作不再单单只是解决弱势群体的物质匮乏和贫困等基本生存问题[③]，而是需要经过专门培训的社工采用专业的方式对弱势群体的实际需求及困难进行测定，从本质上探寻其弱势和贫困的原因，并基于赋权理论和优势视角理论，对弱势群体的自身优势进行充分挖掘，从而有效地激发

---

① 张新文：《发展型社会政策与我国农村扶贫》，第 44 页。

② Machaei. F J.，Poor’s People’s Knowledge：Helping Poor People to Earn From Their Knowledge. World Bank and Oxford University Press. 2003：p. 25.

③ 熊跃根：《社会政策：理念与分析方法》，中国人民大学出版社 2009 年版，第 164—169 页。

出他们的抗逆力，为弱势群体或贫困者增能、赋权，构建各种正式或非正式的社会支持网络，针对项目的实施和问题的解决提供最佳的方式与方案[①]。

社工需要通过个案、团体、社区的社会工作和社会工作行政等专业方式为弱势群体提供帮助，帮助改善其生存与发展的环境，并倡导和实施有利于社会弱势群体的福利政策。作为一种专业的福利服务模式，社会工作一方面对贫困或弱势群体的基本福利需求加以满足，另一方面通过专业化的社会工作和社会福利对于贫困或弱势群体的心理、情感以及社会归属需求予以满足。因此，对贫困群体或弱势群体的救助需要社会工作提供专业服务，通过这些专业化福利服务，对其生存和发展予以支撑。

十、提高弱势群体的权利意识，完善福利需求表达机制

公共服务决策的渠道有两种：自上而下的供给和自下而上的表达。自上而下的供给渠道，它的优势是综合全面；自下而上的表达渠道，它的优势在于反映准确；两条渠道相辅相成，相得益彰。既不能过分强调前一条渠道，也不能片面依靠后一条渠道。构建我国适度普惠型社会福利制度的前提和基础是及时、准确地反映社会大众的福利需求。合理、畅通的福利需求表达渠道一方面可以作为社会福利制度、政策制定的基本依据，另一方面也可以纠正社会福利制度、政策实施中出现的错误。

然而就目前来看，国内不同社会群体之间的福利需求表达能力不尽一致，尤其是弱势群体，至今尚未建立行之有效的福利需求表达机制。因为这些弱势群体自身尚不成熟，缺乏福利需求表达意识。由于在社会关系结构处于不利地位，导致弱势群体的经济资源贫乏；因为他们与社会权力中心相去甚远，在权力资源和政治资源的分配中，这些弱势群体往往处于劣

① ［英］安东尼·哈尔、詹姆斯·梅志里：《发展型社会政策》，罗敏等译，社会科学文献出版社 2006 年版，第 302—304 页。

势，因为他们的传媒和信息声音非常微弱，普遍缺乏教育资源和应有的职业培训，所以他们在社会声望与职场方面处于显著的不利地位。[①] 弱势群体福利需求表达渠道不完善。过去的十几年中，我国“群体性事件的数量呈上升趋势，群体性事件的规模呈现出扩大趋势，群体性事件的方式也呈现出激烈对抗的趋势，群体性事件的主体呈现出日益多元化趋势”[②]。其中一个重要的原因就是福利需求表达渠道不完善和不健全，缺乏向政府和有关部门反映诉求的制度化的福利需求表达渠道。由于弱势群体福利需求表达渠道受阻，通常他们只能采取极端化的方式或采取对社会稳定有害的行为。当前，中国社会正全面进入转型时期，利益多元化趋势日益突出，社会阶层分化也日益明显，各种利益冲突在所难免。因此，现阶段，特别要提高弱势群体的权利意识，完善福利需求表达机制，以便于帮助弱势群体走出困境，达到利益均衡。这种制度安排能有效消除非制度性权利所存在的弊端。

首先，要不断强化弱势群体的维权意识，提高其福利需求的表达意识。事实证明，人们的教育程度越高就越自信，且在活动开展时拥有越多的资源，对民主的要求也越高，同时也越具有政治自信，其福利需求的表达意识也越强。[③] 目前国内的弱势群体还没有较高的文化程度，缺乏可靠的信息来源渠道与有效的知识获取途径。此外，在法律知识的掌握方面也非常匮乏，因此，他们在行使话语权时会增加难度，难以准确表达福利需求；由于自身教育素质不足，导致其福利需求表达能力的提升受到限制。要想有效提升弱势群体的福利需求表达能力，就必须要提升其文化知识，并加强对其法律知识的教育，以便于形成有助于培养弱势群体福利需求表达意识的文化条件及价值观。当前，弱势群体在表达其福利需求时存在显著的分散化和个体化特征，究其缘由，主要是他们在福利需求方面缺乏代表与组织，所以无法整合分散的福利需求，使之成为具体政策要求而在具

① 徐玲惠：《当前社会弱势群体问题概述》，《学术界》2006年第4期。

② 张胜前：《群体性事件对策的若干思考》，《求实》2006年第2期。

③ 叶国平：《完善弱势群体的利益表达机制的对策思考》，《广西社会科学》2008年第9期。

体的政策议程中输入。因此，在完善弱势群体的福利需求表达机制时，要不断发挥社会团体和行业组织的作用。不断构建能够代表各类弱势群体切实利益的组织，诸如工会、农会、出租车司机协会、农民工协会等，不断提升其组织化程度，使之能真正代表弱势群体，为他们谋取更多的福利。

其次，针对弱势群体的福利需求建立完善的诉求表达机制，并不断致力于拓展其诉求渠道。所谓弱势群体的福利需求诉求表达渠道就是指为弱势群体的福利需求表达诉求所提供的各种途径和组织，使分散的福利需求诉求能够上传至政府决策层面，以便于形成具体的政策、决策。当前，人民代表大会制度、听证制度以及信访制度都属于常见的弱势群体诉求表达渠道。这是弱势群体福利需求诉求表达的基础，是构建弱势群体的福利需求诉求表达机制的关键所在。

（1）不断提高人民代表大会的政治信用，坚决维护弱势群体参与政治的权利。中国共产党是中国最广大人民根本利益的代表者、实现者以及维护者。政府应该责无旁贷地承担起为广大弱势群体谋求福利的责任。作为我国的一项根本政治制度，人民代表大会是我国政治文明建设中最为重要的一项制度。首先要扩大直接选举的范围。我国经过改革开放40年的发展，整体国力以及国民素质都显著提升，拓展直接选举的客观条件已基本成熟。所以应该采取渐进式和分阶段的方式，合理提升直接选举的层级，可以在县城地区进行试点，再慢慢拓展到省市一级，有效提升选民与人民代表之间的联系。应不断增加能代表弱势群体利益的人大代表的比例。过去选举基层人大代表，是自由选举和一人一票制。从表面上看，公民具有平等的投票权，然而每一票的价值却是不平等的。在此境况下，必须要改变城乡人大代表的数量比例，采用分阶段和渐进式的方式来缩小不合理的比例。要行之有效地在基层解决弱势群体所反映的问题，满足其福利需求诉求的表达。有机结合弱势群体所提出的难点、热点，对社会造成重大影响的问题及与人大执法检查、专题审议工作和人大评议工作，不断致力于提升弱势群体人大代表的履行职责能力。

（2）要畅通信访渠道，改革信访制度。信访制度是具有中国特色的老百姓的纠纷解决和民意表达的一种机制，在我国福利需求诉求表达的渠道中是比较直接和独特的渠道，也是解决弱势群体的福利需求诉求表达和权益保障不可或缺的途径。可以说弱势群体表达自身利益主要是通过信访制度这一渠道来实现的。然而根据相关调查表明，在弱势群体中，极少采用这种正当合法的方式来表达自身的利益诉求，往往更倾向于采用非正常的方式表达其福利诉求。中国社会科学院研究员于建嵘在其课题组中专门研究调查了我国的信访制度。根据其调查结果显示，通过信访渠道来解决其诉求的仅占2‰[①]。就目前来看，国内的信访机构还比较分散，在处理问题时没有较高的效率。为此，应该统一整合信访资源，通过对相关资源的统一调配，构建颇为完整的信访问题处理体系。切实形成在政府的统一引领下，各部门各司其职、标本兼治、统筹兼顾，创立良好的“大信访”格局。另外，应当在各级人民代表大会内部创建一个统一的信访受理机构。由于在国内信访制度属于民意表达机构，而人民代表大会代表的是广大人民群众的利益，所以将其设置在各级人民代表大会内，使其如实反映民情、听取民意，这是非常合理合情的。

（3）要提高基层民众参与，完善听证制度。听证制度属于民主协商制度的范畴，能够听取不同的意见，并对各方利益进行协调。毋庸置疑，听证制度是维护弱势群体利益的重要制度之一，它富有浓郁的民主色彩，直接关系到利益诉求的表达。普通民众和政府之间的沟通是通过听证会所达成的，可以说听证会在其中发挥了桥梁和纽带的作用，是公民参与社会管理的一个主要载体。听证会的主要功能就是为各种意见提供比较与表达的机会[②]，拥有自己的话语权，使政府部门能听到他们发自肺腑的声音，这是弱势群体在实现诉求、表达权力的关键所在。因为弱势群体缺乏专业知识，所以必须由能够代表其诉求福利需求的专家来出席听证会，帮助弱势群体争取自己的合法权益，听证代表不能一味凭组织者来指定。在具体听

① 赵凌：《新信访条例能否带来新一轮信访洪峰》，《南方周末》2005年1月20日。

② 王金倩：《我国现阶段社会弱势群体的利益表达机制研究》，《河南大学学报》（社会科学版）2010年第1期。

证过程中要增设辩论环节，让各方参与主体能进行多轮对话与辩论，使道理越辩越明。听证全程应该允许包括弱势群体在内的广大人民群众来旁听，可以采取媒体直播的方式使更多群众了解听证会的整个过程。当听证会结束之后，相关政府决策机构应明确解释说明听证会上所存在的分歧意见。同时针对某些意见的采纳或者拒绝提出依据，使听证会的公允性得到维护与提升。最后，要通过立法或制定规范性文件来明确规定听证的功能、范围、相关参加者的资格及具体程序，以避免各种人为因素的干扰。

（4）让知识精英和公共传媒帮助社会弱势群体传达他们的福利需求[①]。因为知识精英和公共传媒往往掌握着一定的话语权，借助他们的力量，可以产生强大的舆论压力，从而引起社会的关注。在经济全球化、信息化加深的当今时代，公共媒体和立法、司法以及行政一起并称为四大权力，在表达福利需求和政府监督方面具有极大的影响力。特别是互联网媒体能够将信息迅速加以整合，继而传播到整个社会，形成一股强大的信息流，弱势群体的福利需求诉求表达的相关信息很容易为政府所获知并引起政府相关部门的关注而妥善地加以解决，特别是有助于避免信息发生缺失或误导及改变基层政府组织弄虚作假和“信息传播打折扣”的现实，为弱势群体的利益表达提供了良好的渠道。所以，必须要加大力度促使网络传媒支持弱势群体的话题，特别是要关注与弱势群体切身利益相关的各项话题。必须要加大网络传媒福利需求表达的平台建设，针对传媒与政府部门之间构建良好的对接机制，切实保证传媒作为弱势群体利益的“传声筒”[②]。提倡和鼓励具有民生意识和社会责任感的专家传达弱势群体的心声，为其呐喊摇旗，同时也要求社会给予其应有的言论自由和尊重。

最后，建设基层民主协商机制，提升弱势群体表达其福利需求诉求的能力。通过世界各国的历史可以发现，通过各大利益相关主体与社会成员之间进行有效的沟通与对话，能有效减少或者缓解社会成员或群体之间的

① 叶国平：《完善弱势群体的利益表达机制的对策思考》。

② 李冬平、殷小娟：《弱势群体网络利益表达机制的构建》，《贵阳市委党校学报》2013年第2期。

利益冲突，有利于社会和谐。目前，弱势群体服务需求诉求主要是集中在养老、医疗、住房、子女教育、生态环境等与其切身利益息息相关的领域，利益冲突或者矛盾多半集中在社会基层，然而问题的本质却在上级政府部门。所以要小心之有效地解决，弱势群体的福利需求诉求表达问题，除了关注社会基层之外，还应该着重考虑政府部门，要从有效整合这两方面力量进行统筹考量。具体措施：①应该针对区域范围内关乎群众切身利益和社会经济发展的重大问题进行广泛的民主协商；针对重大问题构建听证制度，做到集思广益，广纳群言。②建立完善的基层民主协商制度，有机融合基层群众自治与基层民主协商制度[①]。借助议事会、网络社区论坛、民主恳谈会等形式，在社区开展多元化小范围的民主协商。并不断完善各类议事规则，让所有社区公民都能公平、平等地参与公共事务的决策，使自己的福利需求诉求能充分合理地表达出来，并由各大利益主体进行博弈，达成共识。③采用项目委托的方式，在社会上征求具有一定实力的社会组织来辅导弱势群体的福利需求表达和民主协商，同时采取特定的激励措施，来提升和激发弱势群体福利需求的表达积极性。在具体的社区公共事务协商中不断培养弱势群体的基本自主意识及精神，提升其福利需求表达能力和民主协商能力[②]。

---

① 钱翠玉、钱正武、叶雷：《构建和完善弱势群体的利益表达机制》，《当代经济》2014年第12期。

② 钱翠玉、钱正武、叶雷：《构建和完善弱势群体的利益表达机制》。

结　语

我国为何要建立适度普惠型社会福利制度？或者说构建我国适度普惠型社会福利制度的理论基础是什么？研究之后，我们得出适度普惠型社会福利制度构建的第一个理论支撑是中国古代传统的社会福利思想。作为中国社会思想的一个组成部分，自古以来，中国的社会福利思想就非常发达，从殷周时期的“天命靡常、惟德是辅”的民本思想，到明清时期的“赈灾救荒、尊老养幼”的福利主张；从秦汉时期的“恤民振穷、大同之世”的福利观，到明清之际的“安养生息、救民爱人”的重民论等，都属于中国古代传统的社会福利思想，对我国社会福利的发展产生了深远影响。1840 年鸦片战争爆发后，中国进入长达八十多年的近代时期。在这一时期，中国社会的变化可谓日新月异。从社会福利思想来看，这一时期具有十分鲜明的中外融合的历史特色。近代一些先进知识分子将西方国家的社会福利制度和政策引入国内，他们在处理社会福利问题时，基本是以此为依据的。这代表了中国社会福利思想开始向近代化和制度化发展。由此，中国近代社会福利思想成为构建我国适度普惠型社会福利制度的第二个理论支撑。1949 年，中华人民共和国成立，开启了中国历史的新纪元。改革开放和社会主义建设使得中国产生了巨大的变革，也引发了社会福利思想的重大变化。毛泽东提出的“社会福利适度、合理”思想，邓小平提出的共同富裕思想，江泽民提出的“全面建设小康社会”思想，胡锦涛提出的和谐社会思想，这些都为社会福利发展创新提供了指导思想。适度普惠型社会福利制度是共同富裕、全面建设小康社会与和谐社会思想的具体实践，中国共产党的现代社会福利思想成为构建我国适度普惠型社会福利制度的第三个理论支撑。相较于西方发达国家的社会福利制度，中国相对落后。我国社会福利制度的思路和做法基本上借鉴了西方的做法。因此，构建我国适度普惠型社会福利制度的第四个理论支撑是西方社会福利理论。我国当代的社会福利制度框架是从西方发达国家引入的，所以，在构建我国适度普惠型社会福利制度时必须要研究西方社会福利理论。构建我国适度普惠型社会福利制度第五个也是最重要的理论支撑是广大中国学者对中国社会福利的研究。中国社会福利制度模式在计划经济时期和市场经济初期很长一段时间内，都是剩余型社会福利制度。我国实行的城乡二元结构的剩余型社会福利制度模式，政府只负责城镇的社会福利，实行的是政府主导下的非专业化福利供给，提供的社会福利非常有限，无法满足全体居民的福利需求。随着我国经济不断增长，虽然在一定程度上增加了社会风险，但社会福利思想却在不断发展。一些学者相继提出了“社会福利社会化”思想、“大福利”理论、“基础整合”理论、“底线公平”理论、“全民共享发展”思想以及“适度普惠”思想等，这些思想、理论都为我国适度普惠型社会福利制度的构建提供了理论依据。

构建中国适度普惠型社会福利制度的路径在哪里？通往福利社会的中国道路在何方？构建我国适度普惠型社会福利制度的路径选择包括目标选择、模式选择和战略选择三个层面的内容。首先，科学的理念和目标的确立优于制度模式设计，制度模式设计优于具体技术方案执行。因此，构建我国适度普惠型社会福利制度首先要找准其科学的目标定位，整理建设适度社会福利制度中的各种错综复杂的关系。本书从福利观念、福利理论、福利认识、福利制度四个变革和经济基础、社会基础和文化基础三个变化指出了我国社会福利制度目标转变的可行性条件已经具备，并从公平与效率、生存与发展、稳定与调节以及民族与传统四个维度对我国适度普惠型社会福利制度构建的目标定位进行了系统分析和详细探讨。在我国适度普惠型社会福利制度构建过程中，相对于具体技术方案执行来说，制度模式设计更加有效；相对于制度模式设计来说，确定科学的理念和目标更加有效。倘若目标定位不正确，必然导致制度模式设计有误，具体技术方案执行走偏。基于我国适度普惠型社会福利制度的中长期目标定位的要求和构建的基本原则，根据社会成员的基本福利需求来确定社会福利制度涵盖的主要项目，同时根据满足基本福利需求的水平和程度，构建了我国适度普惠型社会福利制度的基本模式。我国各地经济社会发展很不平衡，各地经济社会发展和社会福利水平的差距很大，在全国范围内一蹴而就地建成适度普惠型社会福利制度的难度比较大，至少在现阶段不具有可行性。我国适度普惠型社会福利制度的实现要分阶段、分层次、分步骤，针对部分沿海发达地区、底线民生和基础民生项目、部分贫困群体和弱势群体率先推动福利实施，然后通过“先福带动后福”，逐步从区域普惠到全国普惠，低层普惠到高层普惠，从弱者普惠到全民普惠，逐步构建层次有别，功能互补、多重保障的适度普惠型社会福利体系，最终建成中国特色福利社会。为此，本书提出了我国适度普惠性社会福利制度从 2011 年开始至 2050 年分为三步走的发展战略。其中 2011—2020 年为初级阶段，2021—2030 年为中级阶段，2031—2050 年为高级阶段。三个阶段社会保障与社会福利的支出占财政的比例为 12％～15％、20％以上、25％。第二阶段和第三阶段基尼系数控制在 0.4 以内和 0.35 以内。在此基础上，从权利意识的增强、福利法规体系的完善、福利责任主体的架构、阶梯式福利的实施、福利体制机制的完善、流动人口的保障以及福利需求表达机制的完善等方面提出了我国适度普惠型社会福利建设方面的对策建议。这些对策建议对于构建我国适度普惠型社会福利制度具有较强的针对性、可操作性和较大的可行性。这些对策建议从宏观或者微观层面进行拓展也会对我国建设适度普惠型社会福利制度提供有益的经验。

道路决定命运，这是真理。邓小平同志早已告诫我们，“福利主义不能搞，搞不走……”因此，我们绝不能步西方福利国家的后尘。中国特色社会主义事业告诉我们，只有社会主义才能救中国，只有中国特色社会主义才能发展中国。2016 年 6 月，民政部和国家发展改革委员会联合发布了《民政事业发展第十三个五年计划》，在规划中指出未来五年，将着力解决民政事业发展城乡不平衡、区域差距大、同类民政对象保障不平衡等问题，整体设计民政公共服务内容、标准，统筹推进民政公共服务软硬件建设，加大对重要领域、特殊区域倾斜，努力缩小城乡之间、区域之间和不同民政对象之间的民政社会服务差距，不断提升民政公共服务均等化水平。截至 2017 年年底，全国已经有 9 个省市和自治区人均 GDP 突破 1 万美元，包括天津、北京、上海、江苏、浙江、福建、内蒙古、广东、山东。一些国家和地区在人均 GDP 超过 1 万美元时，已经很好地完成了产业结构升级，能充足地供给公共产品，在居民收入分配和社会保障等方面都很不错。相较而言，虽然我国很多地方的人均 GDP 超过 1 万美元，但是在居民收入分配以及社会保障方面，依然存在着较大的差距。当前，我国正在如火如荼地进行社会主义现代化建设，正在全面建设小康社会，可以说，我们离实现建设中国特色福利社会的“中国梦”可谓是前所未有地接近。然而要想实现“中国梦”和“民生梦”，就必须以适度普惠型社会福利制度为具体现实手段。其中，“适度”是立足于我国的既有国情，表明我国的福利水平和经济发展保持平衡协调的状态；“普惠”指代着社会福利的发展趋向，是人类对价值共同追求的体现。“适度”和“普惠”相辅相成、相得益彰，为建设具有中国特色的福利社会指明了前进的方向。可以预见的是，随着社会经济的不断发展，总体民生福利水平及公共服务均等化不断提升。因此，可以预见我国社会福利制度体系将更加平等、更具包容性。

附　录

附录 1　北京市适度普惠型社会福利制度建设的经验

2017 年，北京市 GDP 总量在全国城市中排名第二，达到了 28000.4 亿元。按照常住人口计算，全市人均 GDP 已达 12.9 万元（折算后为 19105 美元），地方财政收入已达 5430.8 亿元，城镇和农村居民人均可支配收入分别为 62406 元和 24240 元，扣除各种价格因素的影响之后，其城镇居民的收入增长率达到了 9%，农村居民的收入增长率达到了 8.7%①。不管是社会发展水平还是经济发展水平，北京市都在全国处于领先的地位。2017 年，世界银行将人均 GDP 超过 12476 美元的国家和地区认定为高收入国家和地区，由于北京市的人均 GDP 在 2017 年达到了 19105 美元，显然属于高收入地区②。按照《北京市"十三五"时期民政事业发展规划》，要加大力度推动民生建设，不断致力于建设与民生需求相适应并符合经济发展水平的福利体系，建立水平适宜、覆盖城乡的基本民生保障体系，使各项相关标准、制度和政策日臻完善，民生建设应重视"保基本、兜底线"，民生保障水平应与经济发展相适应。此外，还应建立供给充裕、种类繁多的民政社会福利体系，使民政服务市场和领域得以向全民

---

① 资料来源：北京市统计局、国家统计局北京调查总队：《北京市 2017 年国民经济和社会发展统计公报》，北京市统计信息网，2018 年 2 月 27 日。

② 实际上早在 2012 年北京市人均 GDP 达到 13875 美元，已超过世界银行 2012 年制定的高收入国家标准（高于人均 GDP12616 美元），在国内进入了高收入地区。

拓展。民政服务的主要推动力量是产业化和社会化，当前，北京民政服务产业集群已经初具规模，具有非常丰富的服务产品，大致能满足人民群众的多元化服务需求。最近几年，北京市主要从推进福利城乡一体化，实现部分项目全覆盖；扩大福利覆盖面，实现社会福利升级；整合碎片化福利项目，构建多层次福利体系等方面，探索适度普惠型社会福利制度的构建。

1. 推进福利城乡一体化，实现部分项目全覆盖

从2010年到2014年，北京市不断加大社会救助工作力度，始终坚持以“无社会救助盲点”为目标，使城乡居民的最低生活保障标准得到了极大提高，先后5次调整城乡居民低保标准，城市居民低保标准从月人均430元、480元、520元、580元调整到650元，农村居民低保标准从月人均210元、300元、380元、460元调整到560元，城乡低保标准分别从月人均2.05∶1缩小到1.16∶1。2015年7月1日，北京市延庆区实施了城乡低保标准统一，该县的农村低保标准提升至月人均710元，这也标志着北京市正式结束了长期推行的城乡低保二元化的格局。并且，北京市近年来仍然在不断提升城乡居民的低保标准，2016年和2017年分别调整为月人均800元和月人均900元。

除了当前我国推行的基本养老保险制度之外，北京市还针对没有保障的老年人设立了福利养老金制度，这一制度是专门针对老年人中的弱势群体所设立的，能真正实现城乡居民的全面覆盖，确保社会公平的一种社会保障制度。北京市自2008年开始，针对没有社会保障的老年居民实施养老保障，颁布并实施了《北京市城乡无社会保障老年居民养老保障办法》，规定北京市60周岁以上没有保障的城乡老年人每月可领取福利性养老金200元。基于此，北京市又于2009年建立了城乡一体化的居民养老保障制度。同时，还将56岁到59岁的城乡女性纳入相应的居民养老保障制度体系之中，至此不再拓展城乡老年保障制度的享受人群。在全国范围内率先实现了城乡养老保障制度的全面覆盖和城乡一体化。2015—2017年，

北京市城乡老年居民福利养老金又三次提高，分别达到300元、350元、475元。

2015年，北京市建立了城乡一体化工伤、生育保险制度。工伤保险制度体系覆盖到了灵活就业人员、镇村自主创业人员和农村合作组织成员。除此之外，也将生育保险覆盖范围拓展到全体灵活就业人员。积极探索制定城乡居民生育保险办法，在城乡居民医疗报销的范围内纳入生育和计划生育相关费用，从而确保生育保险北京城乡一体化、居民全覆盖。

2. 扩大福利覆盖面，实现社会福利升级

自2007年开始，北京市在大病医疗保险制度上，渐进地纳入“一老一小”，也就是把城镇无保障老年人和在校学生、学龄前婴幼儿纳入基本医疗保险体系中，并正式启动相应的试点工作。这类群体涉及了城镇无保障老年人25万人以及在校学生和学龄前婴幼儿200万人。相应的区县财政全额补助城市低保居民、生活无保障的城镇老年人和学生儿童、退离居委会老积极分子和退养人员。北京市于2011年在城镇居民基本医疗保险及新农合范畴内纳入原本没参保的重残人员、重病患者以及超过60周岁的老人，并对他们进行了资助；给予城镇无业居民中重病患者每年600元的资助；给予重残人员和城镇老年人每年分别300元的资助。在新农合中，由区县财政全额资助个人缴费部分。

根据《北京市残疾人入住社会福利机构补贴办法》，自2012年起，国家补贴社会力量兴办的福利机构和入住各类社会福利机构的残疾人，大致每人每月个人补贴和机构运营补贴分别为200～1000元和200～300元，具体补贴标准与福利机构收住的残疾人数量和残疾人的残疾程度相关。2014年，补贴标准规定为给予个人补贴和机构运营补贴分别为300元和500元。同时还规定，对非营利性社会福利机构（会员制养老机构除外）收住的无法生活自理的老人和能够自理生活的老人每人每月分别资助500元和300元。自2015年1月开始，北京市为超过80周岁的老年人和16～79岁重度残疾人提供北京通——养老助残卡。这一举措使北京市养老助

残的服务质量得到了极大提升，极大地促进了国内民政服务管理的智能化和精准化。此外，2013 年，北京市还下发了《京政办发〔2013〕30 号》文件，规定年满 90～99 周岁的老年人和超过 100 岁的老年人给予一定的高龄津贴，分别为每人每月 100 元和 200 元。自 2017 年起，凡北京市超过 60 周岁以上的老年人和获得北京市《居住证》的 60 周岁及以上的外地持暂住证的人员，均允许申办北京通——养老助残卡（此卡具有发放政策性津贴、提供社会优待、市政交通及金融借记账户等众多功能。它取代了原本的老年优待卡，但不改变其优待政策）。持有此类养老助残卡的老年人可享受一定的优惠待遇及居家消费折扣。2016 年，北京市规定年满 16 周岁和超过 60 周岁的人如果未参加城镇职工医疗保险，除了每月发放养老助残券 100 元之外，还针对老年残疾人发放了养老助残金 710 元。

3. 整合碎片化福利项目，构建多层次福利体系

在建设适度普惠型社会福利制度时，北京市着力突破以往狭义福利覆盖面狭窄的缺陷，不断延伸社会福利覆盖群体，使之面向更广泛的低收入人群、老年人及残疾人。将社会福利的供给重点从保障低收入、救济穷困的贫困低收入人群向更广泛的社会群体延伸；将福利提供的重点从关注贫困救济、低收入保障拓展到提升整个社会的福利水平和实现公共服务均等化等方面，不断增加社会福利的投入。在 2008 年到 2016 年，北京市民政事业费支出从 57.50 亿元增长至 255.89 亿元，累计增长 345.03%，年均增长 38.34%。大力发展社会服务，2008 年至 2016 年，北京市社区服务机构从 2567 个增加到 11913 个，累计增长 364.08%，年均增长 40.45%。北京市通过整合“碎片化”的社会福利项目，大致建立了以基本生活福利、养老福利、健康福利、就业和工作福利、教育福利和住房福利为主的保障项目，力求全面覆盖社会群体，建立多层次的社会福利体系。在这些福利项目中，养老福利主要包括城镇职工基本养老保险、机关事业单位工作人员基本养老保险、城乡居民养老保险和老年人福利服务；健康福利包括城镇职工基本医疗保险、城乡居民基本医疗保险和城乡居民大病医疗保

险；工作和就业福利包括城乡居民工伤保险、城镇下岗职工再就业服务和农民工就业保护；教育福利包括城乡居民免费义务教育、职业教育和专项教育救助；住房福利包括经济适用房、廉租房、住房公积金和专项住房救助。

附录2 上海市适度普惠型社会福利制度建设的经验

2017年，上海市GDP总量为30133.86亿元，在全国城市中位居首位，按常住人口计算，上海市人均GDP为12.46万元（折算后为19400美元），地方财政收入6642.26亿元，城镇和农村常住居民人均可支配收入分别为62596元和27825元，扣除价格因素的影响，其实际增长率分别为8.5%和6.1%。整个上海市的人均消费支出39792元，相较于上一年增长率达到了6.2%。作为全国最大的城市，上海市不管是经济发展水平还是社会发展水平，均在全国处于领先水平。2017年上海市的人均GDP达到了19400美元，远远超出了当时世界银行对高收入国家和地区人均GDP12476美元的划分界限，可见，上海市显然属于高收入地区①。近年来，上海市的民生投入不断增加，正不断致力于建设与经济发展水平相适应的适度普惠型社会福利制度。2016年8月30日，上海市民政局正式发布《上海市民政事业改革与发展“十三五”规划》，规划指出未来五年，上海民政事业要解决突出问题，着力补足短板，兜住底线，不断深化改革与建设国际大都市相适应的现代民政事业。通过搭平台、促整合，努力提供发展更加均衡、供给有效扩大、服务方便可及、群众普遍满意的公共服务和产品②。近年来上海市主要从提高救助标准，完善最后“安全网”；增加养老服务资源供给，构建“9073”养老服务模式；构建多元化福利供给主体，推动社会工作专业化、职业化等方面，探索适度普惠型社会福利制度的构建。

1. 提高社会救助标准，完善最后“安全网”

由于各种原因的影响，导致个人或者家庭难以维持最基本的生活保

① 实际上早在2012年上海市人均GDP已经达到13524美元，已经超过世界银行2012年制定的高收入国家标准（高于人均GDP12616美元），已经在国内进入了高收入地区。

② 上海市民政局：《上海市民政事业改革与发展“十三五”规划》，上海市政府网，2016年8月15日。

障，由政府或社会对其进行救助和帮助称之为社会救助，这种制度能保障特殊困难群体的最基本生活权益，属于维护公民基本生存权的“最后安全网”，它具有维护社会公平的功能。上海市立足于保障民生和改善民生，不断发展专项救助和综合救助，逐步建立了城乡居民最低生活保障制度，并辅之以教育救助、医疗救助、住房救助、综合帮扶的社会救助体系。此外，还建立了一系列调整机制，如最低工资标准、人均消费指数、物价指数等的调节机制，并多次提供临时的价格补贴，使社会救助的受益人群达到了130万人次。

从2004年到2014年，上海市加大社会救助的工作力度，以较大幅度提高了城乡居民最低生活保障标准，先后11次调整城乡居民低保标准，城市居民低保标准从月人均290元、300元、320元、350元、400元、425元、450元、505元、570元、640元调整到710元，农村居民低保标准从月人均187元、195元、213元、233元、267元、283元、300元、360元、430元、500元到620元，城乡低保标准分别从月人均1.55∶1缩小到1.15∶1。2015年4月1日，上海城乡低保标准实现城乡一体化，城乡低保标准统一调整为每人每月790元，其中城镇居民低保标准提高11.27%，农村居民低保标准提高27.42%。至此，上海市结束了城乡低保两条标准的历史，率先在全国省级单位实现了城乡低保标准的统一。而且近年来上海市还在大幅度提高城乡居民低保标准，2016年和2017年城乡低保标准分别提高至每人每月880元和每人每月970元。

2015年，上海市区县实施了40.4余万户次的临时救助，其中本地户籍人口和非本地户籍人口分别为39.95万次和4932户次。总共涉及2.90亿元临时救助资金，其中财政预算和其他资金分别为1.85亿元和1.48亿元。帮扶对象和金额分别为5.20万人次和1.37亿元。此外，上海市还面向义务教育阶段低收入和低保家庭的学生发放3.96万人次的教育助学券。进行了60.31万人次的全民医疗救助，共计涉及金额高达2.67亿元。截至该年年底，整个上海市对20.91万人进行了各类救济，其中城镇居民、农村居民和农村特困供养对象分别为17.56万人、3.09万人和2599人。

与此同时，还实施 60.31 万人次和 40.4 余万户次的医疗救助与临时救助。该年度共计支出 16.87 亿元的社会救助资金，在这之中，城镇居民低保金、农村居民低保金和粮油帮困资金分别为 1.94 亿元、1767.03 万元和 5453.66 万元。除此之外，还支出 2.9 亿元和 2.67 亿元的临时救助资金和医疗救助金[①]。

2. 增加养老服务资源供给，构建“9073”养老服务模式

2014 年 4 月 11 日，上海市政府发布了《关于加快发展养老服务业推进社会养老服务体系建设的实施意见》，在这份文件的指导下，上海市对构建社会养老服务体系进行了顶层设计，不断深化“9073”的养老服务模式的构建，不断增加养老服务资源供给。所谓“9073”养老服务模式，是由上海市率先在“十一五规划”中提出来的，在这一模式下，老年人由家庭自我照顾，享受社区居家养老服务和机构养老服务的比例分别为 90％、7％和 3％。根据这一规划，上海市大致形成了基于居家养老，依托社区，以机构为补充的多层次发展、多元化投资、专业化服务的新型养老服务格局。截至 2016 年年底，上海市共有养老机构和养老床位分别为 702 家和 12.6 万张；累计建成的社区老年人日间服务中心、长者照护之家、社区老年人助餐服务点和标准化老年活动室分别达到了 442 家、22 家、634 个和 5407 间；上海市总共有 30.2 万人享受到了社区居家养老服务，在这之中共计 13 万人享受了政府提供的居家养老服务补贴，此外，还实施了“老伙伴计划”，即推动 3 万名低龄健康老人为 15 万高龄独居老人进行家庭互助服务。实现了困难家庭的居室适老性改造共计 4000 户，并在上海市全市的 100 个街镇进行老年宜居社区建设的试点[②]。率先发布了中国第一个养老机构地方性法规——《上海市养老机构条例》。为了进一步规范养老机构的地方标准，上海市相继编制和出台了一系列规范性文件：《上

① 资料来源：上海市民政局《2015 年上海民政工作发展报告》。

② 资料来源：上海市民政局《2015 年上海民政工作发展报告》。

海市养老设施布局专项规划（2013—2020年）》《上海养老护理员队伍建设规划》《养老机构服务与设施要求》和《老年人照护等级评估要求》等。此外，上海市还在养老服务机制的创新，老年人照护统一需求评估以及老年人医养结合等方面取得了一定的突破。

3. 构建多元化福利供给主体，推动社会工作专业化、职业化

现代社会福利供给推崇多元化的福利供给主体，政府、市场、社会都是福利供给的主体。上海市充分发挥政府、市场和社会三方的优势，构建了三方合作的平台，推动了社会公益项目的创投。自2011年至今，已连续举办六届“上海公益伙伴日”，对三方交流平台进行了搭建，实现了三方资源的整合与共享，使三方之间的伙伴关系得到了更好的巩固与深化。作为全国经济中心，上海市在吸引人才方面具有得天独厚的优势。上海市充分利用这一优势，推动社会工作人才队伍建设，使之更加职业化和专业化。据上海市民政局职业社会工作与志愿服务处统计数据显示，截至2015年年底，上海市共计有14151人持有社会工作证，其中，获得全国职业水平证书的有9408人，有147家登记注册的专业社工机构，这一数据在全国城市中位居前列①。除此之外，上海市还不断加大力度建设社会组织，并创办了一系列新平台，如市民中心、民间组织服务中心、街道社会组织联合会等。截止到2016年年末，上海市共计有14178个社会组织被民政部门核准登记，其中社会团体、民办非企业单位和基金会分别为4004个、9839个以及335个②。此外，上海市民政局还联合社工委等九大部门针对加快发展上海社区社会组织出台了相应的试行意见，该文件中明确提出了放宽社区社会组织办公场所和降低开办资金数额的具体策略，并对社区生活服务、文体活动、公益慈善等组织进行了重点扶持，为社区治理的创新做出了极大贡献。

---

① 资料来源：上海市民政局《2015年上海民政工作发展报告》。
② 资料来源：上海市民政局《2015年上海民政工作发展报告》。

附录3 广东省适度普惠型社会福利制度建设的经验

2017年，广东省GDP总量为89879.23亿元（折算后为13312亿美元），连续29年领跑全国，人均GDP为81089元（折算后为12009美元），相较于全国人均GDP而言，广东省的人均GDP为它的1.36倍。在这一年，广东省共计有11315.21亿元地方财政收入，城镇居民和农村居民的人均可支配收入分别为30197.9元和13199.6元。早在2013年，广东省的经济规模突破万亿美元关口，达到了62164亿元，并且人均GDP超过了9000美元，成为全国第一个经济总量突破万亿美元和超过6万亿元人民币的省份。2017年广东省的整个经济规模在世界范围内排名第11位，超过一些老牌资本主义国家，包括排名第12位的西班牙（GDP为13188亿美元）和第13位的澳大利亚（GDP为13172亿元）和排名第14位的俄罗斯（GDP为13093亿美元）等。根据2012年世界银行对高、中、低收入国家和地区的界定标准，广东省已经步了中等偏上收入地区的行列。

2009年，广东省人民政府发布《广东省基本公共服务均等化规划纲要（2009—2020年）》，提出了到2018年，广东省要在全国首先建立城乡统一的基本公共服务体制，率先实现广东省各地区基本公共服务财政保障能力均等化，基本公共服务标准明显提高，使公共服务水平达到全国领先状态[①]。广东省于2011年出台的《广东省关于加强社会建设的通知》，该文件中提出应该有效整合公共服务资源，建立完善健全的公共服务体系，确保社会保险、社会福利、社会救助以及各种慈善事业能够合理地衔接，逐步实现和提升城乡均等化的基本公共服务[②]。2016年12月30日，《广东省民政事业“十三五”规划》发布，该规划明确指出，在今后的五

① 广东省人民政府：《印发广东省基本公共服务均等化纲要（2009—2020年）的通知》，广东省人民政府网，2009年12月11日。

② 广东省人民政府：《印发广东省关于加强社会建设的通知》，广东省人民政府网，2011年7月15日。

年内，广东省民政事业发展应遵循以下目标：在战略部署方面应该始终围绕“三个定位，两个率先”开展，建立和健全六大保障体系：如基本民生保障、养老服务、基础社会服务、基层社会治理、国防和军队建设服务以及民政综合能力保障。发展到2020年，要确保广东省的民政制度更趋完善、体系更加健全、覆盖更加广泛、功能更加强大，建立与广东经济社会发展水平相适应的现代化民政事业发展格局①。随着广东经济社会发展水平不断提高，区域范围内民生不断得到改善，努力建设与经济发展水平相适应的适度普惠型社会福利制度。近年来广东省主要从增加民生类财政支出，构建幸福广东指标体系；推动政府购买服务实施，实现“政府、社会、市场”共赢等方面，探索构建适度普惠型社会福利制度。

1. 增加民生类财政支出，构建幸福广东指标体系

据广东省统计局数据显示，从2007年到2015年，广东省在教育、医疗卫生、就业与社会保障、一般公共服务四个方面的累计财政投入超过2万亿元。分项目来说，2007—2015年，广东省用于教育的地方财政支出从575.90亿元增加到2040.65亿元，增幅达254.34%，年均增速28.26%；用于医疗卫生与计划生育的地方财政支出从140.77亿元增加到918.36亿元，增幅达552.38%，年均增速61.38%；用于就业和社会保障的地方财政支出从283.48亿元增加到1064.91亿元，增幅达275.66%，年均增速30.63%；用于一般公共服务的财政支出从523.39亿元增加到1018.91亿元，增幅达94.68%，年均增速10.52%。据有关数据显示，2015年广东省民生类支出完成8912.66亿元，占一般公共预算支出的69.6%，比2014年提高2个百分点。在这之中，整个广东省的民生事业支出为139.4亿元，达到了预算的110.9%；整个广东省的省级民生支出为900.28亿元，达到了预算的113.6%；整个广东省的底线民

① 广东省民政厅：《广东省民政事业“十三五”规划》，广东省民政厅官网，2016年12月30日。

生支出为254.05亿元，达到了预算的110.8%，整个广东省的省级底线民生保障支出为139.9亿元，完成预算的123.1%①。早在2011年，广东省率先在全国发布了《幸福广东指标体系》这一省级指标体系②，将各种广义的社会福利纳入广东省的幸福指数关键指标当中，如医疗卫生与健康、教育、就业、社会保障、收入分配等。并将这些指标当作广东省各级地方政府考评的依据。通过建立幸福广东指标体系，该省将改善民生问题的重点当作增加民生类福利支出，并在政绩考评范畴内纳入各种重要的民生指标，如就业和社会保障、收入分配、教育等，确保指标体系的导向功能得以充分发挥出，形成良好的反向倒逼机制，落实各级政府幸福广东的建设工作，坚持以人为本，以增加普通民众的幸福感为向导，增强各级地方政府的自觉感与行动力。

2. 推动政府购买服务实施，实现“政府、社会、市场”共赢

所谓“政府购买服务”，即采用公开招标或者直接拨款的形式，将原本直接提供给公共服务的事项移交给具有相关资质的社会服务机构，其中由事业单位转型而来的社会组织也包括在内。最终依据中标者所提供的服务质量与数量进行支付。早在1994年，深圳就开始试行在环境卫生领域进行政府购买服务。通过参考香港的成功经验，深圳市罗湖区解除了环卫

---

① 广东省2015年财政支出民生类占近七成，中国发展网，2016-01-21。

② 幸福广东指标体系由客观指标和主观指标两部分构成。结合各市实际情况，客观指标部分将全省21个市按珠三角和粤东西北分为两类地区，并分别设置类别指标和差别权重。在指标设置上，具体包含两级指标，其中，一级指标按“就业和收入、教育和文化、医疗卫生和健康、社会保障、消费和住房、公用设施、社会安全、社会服务、权益保障、人居环境”十个方面设置，下设二级指标49个，包括共同指标44个，类别指标（地区独有指标）5个。类别指标中，珠三角地区有1项，为“规范化幼儿园达标率”；粤东西北地区有4项，分别为“高中阶段教育毛入学率”“农村低收入住房困难户住房改造建设完成率”“农村饮用水安全普及率”和“行政村通客运班车率”。主观指标部分名称为“广东群众幸福感测评指标体系”，主要是反映群众对幸福广东建设实现程度的感受，具体设置一个“对个人幸福程度总体评价”的总指标，一级指标设置“个人发展、生活质量、精神生活、社会环境、社会公平、政府服务、生态环境”七个方面，下设二级指标35个。主观指标体系采用统一的问卷评价法，不实行分区域差别评价，通过委托广东调查总队开展问卷调查进行评价。

工与政府之间的合同关系，并对相应环卫工进行指引，成立了专业的环卫公司，并由政府出面，向这些公司购买环卫服务，这一举措极大提升了保洁卫生的成效。为了给社会组织创造良好的发展空间，广东省于2012年提出不再增加事业编制，如果有新的公共服务需要增加，则由各级部门采用购买社会组织服务的方式来提供公共服务。伴随着政府职能的不断转变，为了实现社会、市场与政府这三大服务供给主体的共赢，亟待制定出全新的制度设计，2012年6月，广东省在全国率先发布了《政府向社会组织购买社会服务暂行办法》，首次明确了政府向社会组织购买服务的范围、程序、方式和资金安排等。同年8月，广东省财政厅发布《2012年省级政府向社会组织购买服务项目目录》，在首批政府采购服务范围中，共计涉及服务项目262项，如基本公共服务、行业管理与协调事项、社会事务服务等。为了不断推进政府购买服务改革，广东省于2015年3月5日制定了《政府购买服务管理办法（暂行）》，并对2012年编制的首批政府向社会组织购买服务目录进行了完善与修订，重新发布了新的购买服务目录，极大提升了项目的透明度，一定程度上引导了社会力量承接和参与政府购买服务和社会管理。近年来，在政府购买服务方面，广东省各地的发展趋向各有差异。比方说广州市着重建设家庭综合服务中心，并于2013年在家庭综合服务中心的构建方面投入3.06亿元用于政府购买服务。珠海市则着重购买行业协会之类的公共服务。2009年，东莞市主要购买岗位社工，后逐渐转变为购买项目服务。2013年，东莞市总共向社会组织购买服务266项，这些服务共计涉及5大类别，如医疗、体育、交通、文化、教育。珠海市在购买服务方面主要集中在教育服务、就业创业帮扶服务和养老服务上。2013年，佛山市用于购买社会服务的财政资金共计为2.45亿元，民间公益组织承接购买服务集中的领域多在养老服务、教育服务和就业创业帮扶服务①。

---

① 卢丽涛、林伟江：《政府购买服务的广东经验》，《第一财经日报（上海）》2013年11月15日。

参考文献

一、中文参考文献

《孙中山选集》，人民出版社 1981 年版。

《毛泽东选集》（第 5 卷），人民出版社 1977 年版。

《毛泽东选集》（第 7 卷），人民出版社 1999 年版。

《毛泽东选集》（第 8 卷），人民出版社 1996 年版。

《毛泽东选集》（第 1 卷），人民出版社 1991 年版。

《邓小平文选》（第 1 卷），人民出版社 1994 年版。

《邓小平文选》（第 2 卷），人民出版社 1991 年版。

《邓小平文选》（第 3 卷），人民出版社 1993 年版。

《江泽民文选》（第 3 卷），人民出版社 2006 年版。

江泽民：全面建设小康社会，开创中国特色社会主义事业新局面——在中国共产党第十六次全国代表大会上的讲话，人民日报，2002-11-18。

《十六大以来重要文献选编》（上），中央文献出版社 2005 年版。

胡锦涛：在省部级主要领导干部提高构建社会主义和谐社会能力专题研讨班上的讲话，新华网，2005-06-26。

亚里士多德：《政治学》，吴寿彭译，商务印书馆 1997 年版。

［日］大隈重信：《东西文明之调和》，转引自魏常海：《日本文化概论》，中国文化书院 1987 年版。

［日］一番濑康子：《社会福利基础理论》，沈洁等译，华中师范大学出版社 1998 年版。

[英] 安东尼·吉登斯：《第三条道路，社会民主主义的复兴》，郑戈译，北京大学出版社2000年版。

[英] 安东尼·吉登斯：《超越左与右——激进政治的未来》，李慧斌、杨雪冬译，社会科学文献出版社2003年版。

[英] 马林诺夫斯基：《文化论》，费孝通译，华夏出版社2001年版。

[英] 贝弗里奇：《贝弗里奇报告》，劳动和社会保障部社会保险所译，中国劳动社会保障出版社2004年版。

[英] 沙琳编：《需要和权利资格：转型期中国社会政策研究的新视角》，中国劳动保障出版社2007年版。

[英] 理查德·蒂特马斯：《社会政策十讲》，江绍康译，吉林出版集团有限责任公司2011年版。

[英] 简·米勒主编：《解析社会保障》，郑飞北、杨慧译，上海人民出版社2012年版。

[美] 约翰·罗尔斯：《正义论》，何怀宏等译，中国社会科学出版社1987年版。

[美] 罗迈尼辛·M. 约翰：《社会福利观念的变迁》，辛炳尧译，厦门大学出版社1990年版。

[美] 米奇利：《社会福利视角下的发展观》，苗正民译，上海人民出版社2009年版。

[美] 尼尔·吉尔伯特：《社会福利的目标定位——全球发展趋势与展望》，郑秉文等译，中国劳动社会保障出版社2004年版。

[美] Neil Gilbert、Paul Terrell：《社会福利政策导论》，黄晨熹、周烨、刘红译，华东理工大学出版社2003年版。

[美] 安东尼·哈尔、詹姆斯·梅志里：《发展型社会政策》，罗敏、范酉庆译，社会科学文献出版社2006年版。

[印度] 阿玛蒂亚·森：《以自由看待发展》，任赜、于真译，中国人民大学出版社2002年版。

景天魁等：《建设中国特色福利社会》，中国社会科学出版社2016

年版。

景天魁、毕天云、高和荣：《当代中国社会福利思想与制度：从小福利迈向大福利》，中国社会出版社2011年版。

景天魁等：《福利社会学》，北京师范大学出版社2010年版。

景天魁等：《普遍整合的福利体系》，中国社会科学出版社2014年版。

景天魁：《底线公平福利模式》，中国社会科学出版社2013年版。

景天魁主编：《基础整合的社会保障体系》，华夏出版社2001年版。

郑功成：《社会保障学——理念、制度、实践与思辨》：商务印书馆2000年版。

郑功成：《中国社会保障改革与发展战略——理念、目标与行动方案》，人民出版社2008年版。

郑功成：《中国社会保障制度变迁与评估》，中国人民大学出版社2002年版。

郑功成：《中国社会保障30年》，人民出版社2008年版。

彭华民：《西方社会福利理论前沿：论国家、社会、体制与政策》，中国社会出版社2009年版。

彭华民：《从沉寂到创新：中国社会福利构建》，中国社会科学出版社2012年版。

彭华民：《社会福利与需要满足》，社会科学文献出版社2008年版。

彭华民主编：《东亚福利：福利责任与福利提供》，中国社会科学出版社2014年版。

钱宁主编：《现代社会福利思想》，高等教育出版社2006年版。

钱宁主编：《现代社会福利思想》（第二版），高等教育出版社2013年版。

钱宁：《社会正义、公民权利和集体主义——社会福利的政治与道德基础》，社会科学文献出版社2007年版。

林义：《社会保险制度分析引论》，西南财经大学出版社1997年版。

林义主编：《农村社会保障的国际比较及启示研究》，中国劳动社会保障出版社2006年版。

林义等：《统筹城乡社会保障制度建设研究》，社会科学文献出版社2013年版。

丁建定、魏科科：《社会福利思想》，华中科技大学出版社2005年版。

丁建定：《社会福利思想》（第二版），华中科技大学出版社2009年版。

陈红霞编著：《社会福利思想》，社会科学文献出版社2002年版。

张士昌、陶立明、朱皓主编：《社会福利思想》，合肥工业大学出版社2005年版。

陈银娥：《社会福利》，中国人民大学出版社2004年版。

范斌：《福利社会学》，社会科学文献出版社2006年版。

杨伟民：《福利社会学》，中国人民大学出版社2013年版。

杨伟民：《社会政策导论》，中国人民大学出版社2004年版。

杨伟民：《社会政策导论》（第二版），中国人民大学出版社2010年版。

黄晨熹：《社会政策》，华东理工大学出版社2008年版。

关信平主编：《社会政策概论》，高等教育出版社2004年版。

张剑、赵宝爱主编：《社会福利思想》，山东人民出版社2014年版。

潘皓：《中国社会福利思想与制度》，台湾中华书局股份有限公司1991年版。

林万亿：《福利国家：历史比较的分析》，台湾巨流图书公司1994年版。

王顺民：《宗教福利》，台湾亚太图书出版社1999年版。

田毅鹏：《中国社会福利思想史》，吉林大学出版社1999年版。

田毅鹏等：《中国社会福利思想史》（第二版），中国人民大学出版社2017年版。

崔乃夫：《当代中国的民政》（下），当代中国出版社1994年版。

白益华、吴忠泽：《社会福利》，中国社会出版社1996年版。

王思斌等主编：《中国社会福利》，中华书局（香港）1998年版。

黄黎若莲：《边缘化与中国的社会福利》，商务印书馆（香港）2001年版。

黄黎若莲：《中国社会主义的社会福利——民政福利工作的研究》，唐钧等译，中国社会科学出版社1995年版。

王子今、刘悦斌、常宗虎：《中国社会福利史》，中国社会出版社2002年版。

中国发展研究基金会：《构建全民共享的发展型社会福利体系》，中国发展出版社2009年版。

韩克庆：《转型期中国社会福利研究》，中国人民大学出版社2011年版。

王卓祺：《东亚国家和地区福利制度：全球化、文化与政府角色》，中国社会出版社2011年版。

贡森、葛延风：《福利体制和社会政策的国际比较》，中国发展出版社2012年版。

周沛：《社会福利体系研究》，中国劳动社会保障出版社2007年版。

毕天云：《社会福利场域的惯习：福利文化民族性的实证研究》，中国社会科学出版社2006年版。

曹艳春：《我国适度普惠型社会福利制度发展研究》，上海世纪出版集团2013年版。

刘敏：《适度普惠型社会福利制度：中国现代化的探索》，中国社会科学出版社2015年版。

秦莉：《中国适度普惠型社会福利体系的建构研究》，上海交通大学出版社2016年版。

王振耀、王齐彦、冯晓丽：《新时期中国社会福利制度转型理论探索获奖论文集》，中国社会出版社2009年版。

林卡、陈梦雅：《社会政策的理论和研究范式》，中国劳动社会保障出版社2008年版。

徐道稳：《迈向发展型社会政策——中国社会政策转型研究》，中国社会科学出版社 2008 年版。

国际劳工局：《展望 21 世纪：社会保障的发展》，劳动人事出版社 1988 年版。

国际劳工组织主编：《社会保障基础》，王刚义、魏新武译，吉林大学出版社 1989 年版。

美国社会保障总署：《全球社会保障制度》，魏新武等译，华夏出版社 1989 年版。

陈良瑾：《社会保障教程》，知识出版社 1990 年版。

侯文若：《社会保障理论与实践》，中国劳动出版社 1991 年版。

莫泰基：《香港贫穷与社会保障》，香港中华书局 1993 年版。

卫兴华：《中国社会保障制度研究》，中国人民大学出版社 1994 年版。

成思危主编：《我国社会保障体系的改革与完善》，民主与建设出版社 2000 年版。

孙光德、董克用主编：《社会保障概论》，中国人民大学出版社 2000 年版。

多吉才让：《中国最低生活保障制度研究和实践》，人民出版社 2001 年版。

窦玉沛主编：《重构中国社会保障体系的探索》，中国社会科学出版社 2001 年版。

童星：《社会保障与管理》，南京大学出版社 2002 年版。

陈伯庚：《城镇住房改革的理论与实践》，上海人民出版社 2003 年版。

洪大用：《转型时期中国社会救助》，辽宁教育出版社 2004 年版。

董保华等：《社会保障的法学观》，北京大学出版社 2005 年版。

周荣：《明清社会保障制度与两湖基层社会》，武汉大学出版社 2006 年版。

童星：《社会转型与社会保障》，中国劳动社会保障出版社 2007 年版。

张秀兰、徐月宾、梅志里编：《中国发展型社会政策论纲》，中国劳动社会保障出版社2007年版。

王延中主编：社会保障绿皮书：《中国社会保障发展报告（2012）No.5 _ 社会保障与收入再分配》，社会科学文献出版社2012年版。

王延中主编：《中国社会保障收入再分配状况调查》，社会科学文献出版社2013年版。

张军：《统筹城乡社会救助制度建设研究：以重庆市为例》，西南财经大学出版社2013年版。

张军：《社会保障制度的福利文化解析——基于历史和比较的视角》，西南财经大学出版社2010年版。

张映芹：《制度理性与福利公正——基于国民幸福视角的分析》，中国社会科学出版社2011年版。

北京大学马克思列宁主义研究所编：《马克思主义与中国社会主义现代化》，文津出版社1992年版。

胡鞍钢、邹平：《社会与发展——中国社会发展地区差距报告》，浙江人民出版社2000年版。

韦森：《减税富民，启动内需之本：社会科学家茶座》，山东人民出版社2009年版。

王绍光：《安邦之道——国家转型的目标与途径》，生活·读书·新知三联书店2007年版。

王建芹：《第三种力量——中国后市场经济论》，中国政法大学出版社2003年版。

王治河：《福柯》，湖南教育出版社1999年版。

李泽厚：《中国古代思想史论》，人民出版社1986年版。

邹理民等编：《观念史大辞典》，台湾幼狮出版公司1987年版。

胡寄窗：《中国经济思想史》（上），上海人民出版社1998年版。

雷洁琼主编：《中国社会保障体系的建构》，山西人民出版社1999年版。

王处辉：《中国社会思想史》，中国人民大学出版社2002年版。

郑杭生：《社会学概论新修》，中国人民大学出版社2003年版。

苏京春：《避陷阱，求坦途——中等收入阶段的福利赶超与经济超越》，经济科学出版社2013年版。

易松国：《社会福利社会化的理论与实践》，中国社会科学出版社2006年版。

北京大学社会学人类学研究所编：《东亚社会研究》，北京大学出版社1993年版。

景天魁：《中国社会保障的理念基础》，《吉林大学社会科学学报》2003第5期。

景天魁、毕天云：《从小福利迈向大福利：中国特色福利制度的新阶段》，《理论前沿》2009年第11期。

景天魁：《建设具有中国特色普惠型社会福利社会》，《人民论坛》2009第20期。

景天魁：《社会民意与福利模式》，《探索与争鸣》2011第6期。

王思斌：《我国适度普惠型社会福利制度的建构》，《北京大学学报》（哲学社会科学版）2009年第3期。

尚晓援：《“社会福利”与“社会保障”再认识》，《中国社会科学》2001第3期。

郑功成：《迈向中国特色社会主义福利社会三部曲——访中国人民大学教授郑功成教授》，《前线》2011第5期。

郑功成：《中国流动人口的社会保障问题》，《理论视野》2007第6期。

郑功成：《中国社会福利改革与发展战略：从照顾弱者到普惠全民》，《中国人民大学学报》2011第2期。

刘继同：《社会福利：中国社会的建构与制度创新路向》，《哈尔滨工业大学学报》（社会科学版）2003年第1期。

刘继同：《国家与社会：社会福利体系结构性变迁规律与制度框架特征》，《社会科学研究》2006年第3期。

刘继同：《略论民政工作的“社会福利”性质与“需要满足”功能》，《中国社会报》2002年3月20日。

刘华丽、李正南：《中国古代社会福利思想综述》，《南昌高专学报》2003年第1期。

张映芹、吴石：《基于公民权利理念的社会福利权利研究》，《安徽理工大学学报》（社会科学版）2011第3期。

窦玉沛：《中国社会福利的改革与发展》，《社会保障研究》2006年第2期。

郑杭生、李迎生：《全面建设小康社会与弱势群体的社会救助》，《中国人民大学学报》2003年第1期。

宋士云：《新中国社会福利制度发展的历史考察》，《中国经济史研究》2009年第3期。

宋士云：《1955—2000年中国农村合作医疗保障制度的历史考察》，《青岛科技大学学报》（社会科学版）2007年第3期。

李伟民、梁玉成：《特殊信任与普遍信任：中国人信任的结构与特征》，《社会学研究》2002年第3期。

代恒猛：《从“补缺型”到“适度普惠型”社会转型与我国社会福利的目标定位》，《当代世界与社会主义》2009年第2期。

彭华民：《论需要为本的中国社会福利转型的目标定位》，《南开学报》（哲学社会科学版）2010年第4期。

胡志红：《社会保障信息化建设中的问题及对策》，《工会论坛》2009年第4期。

袁国敏、林治芬：《按大部制整合中国社会保障管理体制的思考》，《北京航空航天大学学报》（社会科学版）2016年第2期。

张五常：《社会福利主义中看不中用》，《经济管理者》2008年第1期。

郝宇青：《从权威政治到日常政治：中国执政环境的变化》，《中共浦东干部学院学报》2011年第4期。

陈卫：《中国未来人口发展：2005—2050年》，《人口研究》2006年第4期。

袁国敏、林治芬：《按大部制整合中国社会保障管理体制的思考》，《北京航空航天大学学报》（社会科学版）2016年第3期。

徐玲惠：《当前社会弱势群体问题概述》，《学术界》2006年第4期。

杨方方：《谈慈善事业的规律和关系》，《理论与改革》2004年第3期。

徐愫：《社会福利视野下流动人口的权益保障问题》，《南京大学学报》（哲学人文社会科学版）2010年第4期。

成海军：《计划经济时期中国社会福利制度的历史考察》，《当代中国史研究》2008年第5期。

成海军：《三十年来中国社会福利改革与转型》，《马克思主义与现实》2011年第1期。

叶国平：《完善弱势群体的利益表达机制的对策思考》，《广西社会科学》2008年第9期。

陈映芳：《贫困群体利益表达渠道调查》，《战略与管理》2003年第6期。

李冬平、殷小娟：《弱势群体网络利益表达机制的构建》，《贵阳市委党校学报》2013年第2期。

王金倩：《我国现阶段社会弱势群体的利益表达机制研究》，《河南大学学报》（社会科学版）2010年第1期。

胡象明：《广义的社会福利理论及其对公共政策的意义》，《武汉大学学报》（社会科学版）2002年第4期。

丛峰、王涛、傅兴宇：《中国离“全民社保”时代有多远》，《半月谈》（内部版）2006年第8期。

杨艳东：《我国劳动者的福利差距与社会保障制度的公平性——基于就业所有制性质的视角》，《学术界》2013年第3期。

刘旭东：《国民福利由补缺型向适度普惠型转变的思考》，《经济问题》

2008年第10期。

钱翠玉、钱正武、叶雷：《构建和完善弱势群体的利益表达机制》，《当代经济》2014年第12期。

朱勇、朱红：《社会福利社会化春天来了》，《中国民政》2000年第1期。

路风：《单位：一种特殊的社会组织形式》，《中国社会科学》1989年第1期。

熊必俊、冯秀春：《对发展社区助老服务产业的理论研究和战略思考》，《老龄问题研究》2001年第8期。

田北海：《社会福利研究中的若干争议问题探讨》，《学习与实践》2006年第9期。

贾美艳：《试论我国社会福利的转型——从“补缺型”到“适度普惠型”》，《太原城市职业技术学院学报》2012年第4期。

王磊、王祎：《我国老年人社会福利的发展现状及对策思考》，《劳动保障世界》2013年第10期。

郑秉文：《中国社保“碎片化制度”危害与“碎片化冲动”》，《甘肃社会科学》2009年第3期。

任丽新：《农民工社会保障：现状、困境与影响因素分析》，《社会科学》2009年第7期。

杜飞进、张怡恬：《中国社会保障制度的公平与效率问题研究》，《学习与探索》2008年第1期。

张秀兰：《发展型社会政策：实现科学发展观的一个操作化模式》，转引自李培林、王思斌、梁祖彬等：《构建我国发展型的社会政策——“科学发展观与社会政策”笔谈》，《中国社会科学》2004年第6期。

王思斌：《社会政策时代和政府社会政策能力建设》，转引自李培林、王思斌、梁祖彬等：《构建我国发展型的社会政策——“科学发展观与社会政策”笔谈》，《中国社会科学》2004年第6期。

何秀芝：《我国社会保障水平的区域差异、影响因素与政策优化路径》，博士学位论文，南京大学公共管理学院，2015 年。

景天魁、毕天云：《论底线公平福利模式》，《社会科学战线》2011 年第 5 期。

荣燕：《社会保障对社会稳定的效应分析》，《价格月刊》2008 年第 8 期。

荣燕：《社会保障与社会稳定关联性探析》，《武警学院学报》2008 年第 5 期。

白先经、吕旭尧：《论社会福利与社会稳定》，《学术论坛》1991 年第 4 期。

王莉丽：《论社会保障的稳定效用》，《社会主义研究》2002 年第 5 期。

［波］A. 阿格：《人性与基本需要的概念》，《国外社会科学》1982 年第 6 期。

章长城、刘杰：《略论传统保障的现代构造和重塑》，《学习月刊》2006 年第 7 期（下）。

宋宝安、李艳艳：《论社会分层与社会福利制度的关系》，《社会保障研究》2009 年第 1 期。

［日］弗朗西斯·福山：《贫困、不平等与民主：拉丁美洲的经验》，张远航译，《经济社会体制比较》2009 年第 4 期。

财政部财政科学研究所《在发展中控制贫富差距扩大》课题组：《中国贫富差距合理边界——在发展中控制贫富差距扩大研究报告之三》，《政府理财》2011 年第 1 期。

林闽钢：《适度普惠型社会福利的城乡一体化》，《理论月刊》2011 年第 7 期。

林闽钢：《中国适度普惠型社会福利体系发展战略》，《中共天津市委党校学报》2011 年第 4 期。

王磊：《福利需求与满足：一个文献综述》，《生产力研究》2012 年第 8 期。

徐道稳：《社会政策的四维视角》，《社会科学研究》2005年第3期。

穆怀中：《中国社会福利水平研究》，《人口研究》1997年第1期。

梁辰、陈谦明：《比较域下中国社会福利水平及动态模拟制度》，《统计与决策》2014年第12期。

曹艳春、戴建兵：《我国适度普惠型社会福利制度的财政支持分析》，《现代经济探讨》2012第5期。

戴建兵：《构建我国与中等收入水平相适应的适度普惠型社会福利制度》，《华东经济管理》2012年第8期。

毛捷：《中国社会福利体系适度性研究——国际比较与实证分析》，《财贸经济》2012年第2期。

张军、陈元刚：《中西社会保障制度的福利文化比较论纲》，《社会保障研究》（北京）2011第1期。

张军：《中西福利文化下社会保障制度比较分析——基于中国、日本、美国、瑞典四国的考查》，《探索》2011年第5期。

张军：《主导、冲突与融合：中国福利文化下社会保障制度的历史演进》，《经济问题探索》2012年第4期。

张军：《中国社会保障模式选择的民意基础——基于重庆市城乡居民福利态度的实证调查》，《西北人口》2014年第6期。

张军：《“社会福利”与“社会保障”的再解读——基于我国适度普惠型社会福利制度构建的视角》，《社会福利》2018年第1期。

褚福灵：《关于社会福利发展战略的若干理论问题》，人民网，2011年10月17日。

张洁宇：《全球化时代的我国文化反思：我们现在怎样做中国人——张旭东教授访谈录》，中华读书报2002年7月17日。

杨蓉蓉：《福利文化下的福利制度道路选择》，中国社会保障网，2007年11月28日。

杨团：《二元社会保障结构的问题与整合趋势》，中国社会学网，2003年2月22日。

韩裕民：《适度普惠型福利模式探索》，第三届全国社会福利理论与政策研讨会论文集，中华人民共和国民政部网站，2008 年 12 月 18 日。

赵顺盘：《社会福利事业的基本架构及其发展趋势》，中华人民共和国民政部网站，2007 年 12 月 25 日。

联合国开发计划署：《2005 年人类发展报告》，联合开发计划署（UNDP），2005。

联合国开发计划署：《2016 年中国人类发展报告》，联合开发计划署（UNDP），2016。

赵凌：《国内首份信访条例会否带来新一轮信访高峰》，《南方周末》2005 年 1 月 20 日。

王刚：韩国：《从少数人受益到全民医保》，《法制日报》2009 年 6 月 19 日。

谌新民：《“民工荒”实质上也是“民工权利荒”》，《南方日报》2010 年 3 月 1 日。

郑秉文：《高福利适应中国？不能简单套用西方福利制度》，《人民日报（海外版）》2006 年 8 月 30 日。

吴世民：《大民政与适度普惠型社会福利制度》，《北京日报》2011 年 2 月 28 日。

二、英文参考文献

Midgley, *Socail Welfare in Global Context*, Thousand Oaks; Sage, 1997.

Bradsha, Jonathan, “The concept of Social Need”, in Gilbert, Neil & Specht, Harry (eds.), *Planning for social Welfare*, Clayton susan, 1971.

Piven, Cloward, *Regulating the Poor: The Funcions of Puvlic Welfare*, Updated Edition, New York: Vintage Books, 1993.

Robson, *Welfare State and Welfare Society: Illusion and Reality*, London: George Allen & Unwin, 1976.

Forder, Anthony, *Concept in Aocial Admininistration: A Framework for Analysis.* , London: Macmllilan , 1974.

Beoek, *The Law of the Poor*, California: SAR, 1966.

Macarov, *Social Welfare Structure and Practice*, California, Sage, 1995.

Pinker R. (1986), *Social Welfare in Japan and Britain: A comparative View Formal and Informal Aspects of Welfare*,, Comparing Welfare State and Their Future. England: Gower.

Wong L. J. (1998), *Marginalization and Social Welfare in China.* , London; New York: Routledge/LSE.

George Victor and Paul Wilding, *Ideology and Social Welfare*, Routledge & Kegan Paul plc.

Robson, *Welfare State and Welfare Society: Illusion and Reality*, London: George Allen & Unwin, 1976.

Lin KA. , *Confucian Welfare Cluster: A Cultural Interpretation of Social Welfare.* , University of Tampere.

Ginsburg, *Divisions of Welfare: A Critical Introduction tu Comparative Social Policy*, London: Sage, 1992.

Encyclopedia Britannica Inc, ed. , *The New Encyclopedia Britannica*, Chicago, Encyclopedia Britannica Inc, 1990.

T. shall, *The rights to welfare, i talking about welfare: Readings in Philosophy and Social Policy* , edited by Noel Tmms and David Watson , Routledge & Kegan Paul, London, 1976.

Romanyshyn, *Social Welfare, Charity in Justice*, New York; Random House , 1997.

Macarov, *Social Welfare Structure and Practice*, California, Sage, 1995.

Robson, *Welfare State and Welfare Society: Illusion and Reality*, London: George Allen & Unwin, 1976.

Hartley Dean & Zafar Khan, *Muslim Perspectives on Welfare*. Journal of Social Policy, 1997.

Hill, *Understanding Social Policy*, Oxford: Basic Blackwell, 1980.

Rothman, *Practice with Highly Vulnerable Clients*, *Case Management and community - Based Service*, New Jersey: Prencice Hall, 1995.

Mencher, *Poor Law to Poverty Program*; *Economic Security Policy in Britain and the United States*, Pittssburgh: University of Pittsburgh Press, 1974.

Abbas J. Ali et al. 2000, "Human Resource Stragety: The Ten Commandments Perspective". *International Journal of Sociology and Social Policy*, 2005.

图表索引